맹자, 마음의 정치학 2

일러두기

1. 이 책은 『맹자』 열네 편을 장별로 나누어 번역하고 해설한 것이다. 각 편과 장은
   아래와 같이 표기했다.
   제1편 「양혜왕 상」 제4장 → 1:4
   제12편 「고자 하」 제3장 → 12:3

   『맹자』를 해설하면서 공자의 『논어』를 많이 인용했다. 『논어』의 각 편과 장은 아래와
   같이 표기했다.
   『논어』, 제3편 「팔일」 제5장 → 『논어』, 3:5

2. 『논어』, 『시경』, 『묵자』, 『한비자』 등 『맹자』를 해설하기 위해 인용한 다른 고전의 경우,
   필자가 꼭 필요하다고 생각하는 곳에만 원문을 병기했다.

3. 본문의 한자는 낱글자는 물론 현대의 지명이나 인명도 모두 한국 한자음으로
   표기했다. 단, 국내에 중국어 음으로만 소개된 저자는 그 표기를 따랐다.
   예) 쿵로이슌信廣來, 바이시白奚

4. 동양 고전의 체제는 『 』, 「 」, ' ' 기호를 사용해 표기했다.
   예) 『시경』의 「빈풍」편 '칠월'의 노래 → 『시경』, 「빈풍」, '칠월'

5. 이 책은 앞서 나온 다음의 주석서들을 두루 참고했다. 그 참고 내용은 본문에 (조기),
   (주희), (양백준) 등으로 표기했다.
   조기趙岐(108~201, 중국 후한後漢)의 『맹자장구孟子章句』
   주희朱熹(1130~1200, 중국 송대宋代)의 『맹자집주孟子集註』
   이토 진사이伊藤仁斎(1627~1705, 일본 에도江戸시대)의 『맹자고의孟子古義』
   양백준楊伯峻(1909~1992, 현대 중국)의 『맹자역주孟子譯註』
   성백효(1945~ , 현대 한국)의 『현토완역 맹자집주懸吐完譯 孟子集註』

맹자, 마음의 정치학 2

배병삼
옮기고
풀어 씀

사계절

제6편 등문공 하 滕文公下

제7편 이루 상 離婁上

제8편   **이루 하** 離婁下

제6편

등문공하 滕文公下

소국의 생존 방략과 당대 경쟁 학파들과의
논전을 다루고 있다. 모두 10장이다.

6:1. 도덕성은 효율성으로 측정할 수 없다

陳代[1]曰, "不見諸侯, 宜若[2]小然; 今一見之, 大則以王, 小則以覇. 且志曰, '枉[3]尺而直[4]尋[5].' 宜若可爲也."

孟子曰, "昔齊景公田[6], 招[7]虞人[8]以旌[9], 不至, 將殺之. '志士不忘在溝壑[10], 勇士不忘喪其元[11].' 孔子奚取焉? 取非其招不往也. 如不待其招而往, 何哉? 且夫[12]枉尺而直尋者, 以利言也. 如以利, 則枉尋直尺而利, 亦可爲與?

昔者趙簡子[13]使王良[14]與嬖奚[15]乘, 終日而不獲一禽. 嬖奚反命曰, '天下之賤

---

1 陳代(진대): 맹자의 제자(조기). 제나라 벌열 가문인 '陳'씨의 일족.

2 宜若(의약): 아마 ~인 듯하다.

3 枉(왕): 굽히다.

4 直(직): 펴다.

5 尋(심): 여덟 자(八尺), 한 길. '심상치 않다'는 말도 '尋'과 관련이 있다. "심상尋常은 고대 중국의 길이를 나타내는 단위이다. '심'은 여덟 자 길이를 뜻하고 '상'은 열여섯 자를 뜻한다. 우후죽순처럼 많은 나라들이 저마다 들고 일어나던 춘추전국시대에 제후들은 얼마 되지 않는 '심상의 땅'을 가지고 다투었다. 평수로 따지면 한 평 남짓한 땅을 빼앗기 위해 싸웠다는 뜻으로 아주 작은 규모였음을 알 수 있다. 이렇듯 심상은 짧은 길이를 가리키는 말이었는데, 이것이 곧 작고 보잘것없는 것을 가리키는 말에 비견되기도 했다."(이재운·유동숙·박숙희 편저, 『뜻도 모르고 자주 쓰는 우리말 어원 500가지』, 예담, 2008)

6 田(전): 사냥하다. '畋(전)'과 같다.

7 招(초): 부르다.

8 虞人(우인): 사냥터지기.

9 旌(정): 천자나 제후가 대부를 부르는 신호용 깃발. 깃대 위에 검정소의 꼬리를 달고 새털로 장식하였다.

10 溝壑(구학): '溝'는 도랑. '壑'은 구렁.

11 元(원): 머리.

12 且夫(차부): 게다가.

13 趙簡子(조간자): 춘추시대 진晉나라 재상인 조앙趙鞅을 이른다.

工也.’ 或以告王良. 良曰, ‘請復之.’ 彊¹⁶而後可, 一朝而獲十禽. 嬖奚反命曰, ‘天下之良工也.’ 簡子曰, ‘我使掌與女乘¹⁷.’ 謂王良. 良不可, 曰, ‘吾爲之範¹⁸ 我馳驅¹⁹, 終日不獲一; 爲之詭遇²⁰, 一朝而獲十. 詩²¹云,「不失其馳, 舍²²矢如破.」我不貫²³與小人乘, 請辭.’

御者且羞與射者比²⁴; 比而得禽獸, 雖若丘陵²⁵, 弗爲也. 如枉道而從彼, 何也? 且子過矣: 枉己者, 未有能直人者也.”

진대가 말했다.

"제후를 찾아가 만나보지 않는 것은 사소한 절개일 듯합니다. 선생께서 만약 한 번이라도 제후를 찾아가 만나보면 크게는 왕도를, 작게는 패도를 실현할 수 있을 터입니다. 더욱이 기록에

14 王良(왕량): 전국시대 유명한 마부. 전국시대 서책들에 자주 등장한다. 예컨대 "왕량은 조보와 더불어 천하의 탁월한 마부다王良·造父, 天下之善御者也."(『한비자韓非子』)

15 嬖奚(폐해): 조간자의 총신. '嬖'는 앞서 '비서실장 장창'을 가리키는 말로 쓰인 '嬖人臧倉(폐인장창)'의 '嬖'와 같다(2:16). '奚'는 이름.

16 彊(강): '强(강)'으로 된 판본도 있다. '강요하다'라는 뜻.

17 我使掌與女乘(아사장여여승): 내가 그로 하여금 너의 수레를 도맡게 하겠다.

18 範(범): 법도.

19 馳驅(치구): '馳'는 달리다. '驅'는 몰다.

20 詭遇(궤우): "짐승과 수레가 같은 속도로 나란히 달리게 하면서 활을 쏘게 해주는 것."(신영복, 『담론』, 돌베개, 2015, 118쪽) '편법을 써서 몰아주다'라고 번역하였다.

21 詩(시):『시경詩經』,「소아小雅」, '거공車攻'.

22 舍(사): 놓다. '捨(사)'와 같다. '쏘다'라는 뜻.

23 貫(관): 익숙하다(習也).

24 比(비): 아첨하다.

25 丘陵(구릉): '산더미'라고 번역했다. '陵'은 큰 언덕.

도 '한 자를 굽혀 한 길을 편다'라는 말이 있으니, 해볼 만할 듯합니다."

맹자, 말씀하시다.

"옛날 제나라 경공이 사냥할 적에 정旌 깃발로 사냥터지기를 불렀는데, 오지 않자 그를 죽이려 하였다. 공자는 '지사는 굶주리다 도랑과 골짝에 굴러떨어져 죽기를 각오하며 살고, 용사는 전쟁터에서 머리통이 날아갈 것을 각오하며 산다'라며 그를 기렸다. 공자가 사냥터지기의 무엇을 기린 것일까? 합당한 부름이 아니면 가지 않은 점을 취한 것이다. 하물며 선비가 청하지도 않은 제후를 찾아가서 어쩌자는 것이냐? 게다가 '한 자를 굽혀 한 길을 편다'라는 말은 이익을 위주로 한 것인데, 만일 한 길을 굽혀 한 자를 펴더라도 이롭기만 하다면[26] 그래도 하겠는가?

옛날 조간자가 왕량으로 하여금 총신 해와 함께 수레를 타도록 하였는데 진종일 새 한 마리 잡지 못했다. 총신 해가 돌아와 아뢰기를 '천하에 가장 서툰 수레꾼'이라고 하였다. 누군가 이

---

26 뒤에 나오는 "형의 팔뚝을 비틀어 빼앗아야 밥을 먹을 수 있고, 그렇지 않으면 먹을 수 없다고 해서 형의 팔뚝을 비틀 것인가?" 또는 "이웃집 담장을 넘어가 처녀를 훔쳐야 혼인할 수 있고 그렇지 않으면 혼인할 수 없다고 해서 이웃집 처녀를 훔치겠는가?"라는 질문이 이에 해당한다(12:1). 도덕성은 효율성으로 잴 수 없다는 뜻이다. 섭공이 아비가 양을 훔친 것을 고발한 자식을 정직하다(直)고 평가하자 공자는 부모와 자식 사이는 범죄를 고발하는 것이 아니라 서로 숨겨주는 가운데 정직이 깃든다고 비평한 것이 시발이다(『논어論語』, 13:18).

말을 왕량에게 귀띔했더니 왕량은 '한 번 더 몰겠노라'고 강청하여 겨우 허락을 얻어 수레를 몰게 되었다. 이번엔 아침나절에 새를 열 마리나 잡았다. 총신 해가 돌아와 아뢰기를 '천하에 가장 뛰어난 수레꾼'이라고 하였다. 조간자가 '내가 그로 하여금 너의 수레를 도맡게 해주겠다' 하고는 왕량에게 명하자, 왕량은 거절하며 말했다. '내가 그를 위해 법도에 맞게 말을 몰면 종일 새 한 마리 잡지 못하고, 편법을 써서 말을 몰아주면 아침나절에 열 마리를 잡더이다. 『시경』, 「소아」, '거공'에 "마부는 법도대로 말을 몰고, 궁수는 활을 쏘면 깨뜨리듯 명중하네"라고 노래했지요. 저는 소인배와 함께 수레를 타는 것이 몸에 익지 못하오이다'[27]라며 그만두기를 청했다. 수레꾼도 궁수에게 아첨하기를 부끄러워하여, 아첨해서 사냥물이 산더미처럼 쌓인다 해도 그런 짓을 하지 않았다. 하물며 선비가 도를 굽혀 제후를 추종해서 어찌하겠다는 것인가!

더욱이 자네는 잘못되었네. 자기를 굽혀 남을 바로잡는 경우는 있을 수 없네."[28]

---

27 소인배와 함께하는 것이 익숙하지 않다는 것은 총신 해를 함께하지 못할 자, 곧 비부鄙夫(비천한 놈)로 여긴다는 뜻.

28 따라서 선비의 중요한 덕목은 수신守身, 곧 자기 자신을 지키는 일이다. 뒤에 "지키는 일 가운데 무엇이 큰가? 제 몸을 지키는 일이 가장 크다"(7:19)라고 하였다.

맹자, 마음의 정치학 2

질문자 진대陳代라는 녀석, 맹자의 지향을 이해하지 못한다. "선생께서 만약 한 번이라도 제후를 찾아가 만나보면 크게는 왕도를, 작게는 패도를 실현할 수 있을 터"라는 말투가 그러하다. 맹자의 지향은 왕도 한 길뿐이지, 왕패王霸를 겸하는 것이 아니다. 하긴 제자라는 공손추도 맹자를 왕도든 패도든 아무거나 성취할 수 있는 기술자로 여긴 바 있다(3:2). 왕도에 대한 논의는 거기서 다 하였으니 더 따질 것이 없다.

1. 선비의 길

이 장의 쟁점은 따로 있다. "제후를 찾아가 만나보지 않는 것은 사소한 절개일 듯합니다"라는 진대의 말에 담긴 선비의 출처와 진퇴에 대한 시비가 그것이다. 여기 인용된 삽화의 주인공들은 공직의 말단인 사냥터지기와 말몰이꾼이다. 고용인에 불과한 사냥터지기조차 합당한 부름이 아니면 꼼짝을 않았고, 한낱 기사(엔지니어)에 지나지 않는 마부도 한 번만 눈을 감으면 큰 재물(산더미 같은 사냥물)과 출세가 기다리고 있는데도 법도를 무너뜨리지 않았다. 이로 인해 그들은 불이익을 당할, 아니 목숨을 잃을 위기에 처한다. 하물며 군자를 지향하는 선비(맹자)가 초청장도 없는데 자기 손을 들고, 제 발로 찾아가 스스로 몸을 굽혀 권력자의 이익을 위한 도구가 되기를 자원하라는 말인가?

왕량이라는 마부, 비록 수레를 몰아 밥을 벌어 육신을 보전하지만 의로운 사람이다. 수오지심羞惡之心을 간직한 점에서 그렇다. 더러운 것을 더럽게 여겨 권력자에게 아양 떨기를 부끄러워하고, 간신배에 대한 증오심을 드러내 제 목줄이 떨어지더라도 위험을 감내하는 개결한 몸짓이 그러하다. 수羞와 오惡를 겸비하였으니 그는 곧 의사義士가 된다. 말몰이꾼이긴 하나 『시경』의 글귀로 제 행동을 정당화하고, 부당한 권력자를 증오하며, 나아가 군주의 잘못된 명령을 거부할 줄도 알았으니 왕량은 혹 '시정에 숨어 사는 현자'[29]였는지도 모른다. 하물며 공공성을 실현하려 글을 읽고 몸을 닦은 선비랴!

   이익, 효율성(이른바 현실주의, 상황주의)에 맥을 놓고 눈을 감으면 머지 않아 내 몸이 거기로 끌려들어 간다. 이것이 "만일 한 길을 굽혀 한 자를 펴더라도 이롭기만 하다면 그래도 하겠는가?"의 말뜻이다. 이익과 효율성을 기준으로 행동하다 보면 끝내 한 길(尋)을 굽혀 고작 한 자(尺)를 펴는 전도된 사태를 만나게 된다(14:1에서 볼 수 있듯 양혜왕이 땅을 탐하다가 자식을 죽인 경우가 그렇다). 이런 측면에서 이 장은 『맹자』 첫 편 첫 장인 '하필왈리何必曰利'를 부연한 것이다. 선비는 가치를 지향하고, 도덕성을 기준으로 삼을 때에만 공공성과 정당성을 실현할 수 있다. 선비의 처신이 칼같이 반듯해야 하는 이유가 여기 있다. 시작의 사소한 차이가 끝내 하늘과 땅을 가르는 법(이어지는 6:2의 대장부론을 참고할 것).

   한편 임금의 잘못된 부름(招)에 목숨을 걸고 응하지 않은 사냥터지기의 처신을 공자가 칭찬한 까닭을, 맹자는 합당한 초청이 아니면 나아가

---

29   산속에 숨어 사는 은둔자와 달리 문지기나 야경꾼으로 박봉을 벌면서 의리를 잃지 않은 도회지 은둔자를 '시정에 숨어 사는 현자', 곧 시은市隱이라고 일컬었다.

지 않았기 때문으로 해석하였다. 정치적 처신, 즉 출처와 진퇴에 대한 공자의 뜻을 맹자가 계승하는 대목이다. 무엇보다 합당한 초청을 기다리는[30] 이유는 선비가 획득한 지혜가 공공선을 위해 올바로 쓰여야 때문이다. 초청받지 않았는데 스스로 나선다면, 다시 말해 상대방(군주)의 청이 없는데도 스스로 손을 들고서 찾아가면 그동안 쌓은 기량이 고작 군주의 사적 이익에 소모되고 만다. 맹자는 당시 지식인(유세객)들의 처신이 대략 이와 같다고 보았다. 선비란 공공을 위해 투신한 존재인데 권력자의 사적인 용도로 쓰일 바엔 차라리 버려지는 게 낫다는 것이 맹자의 생각이다. 이는 공자에게서 계승한 유교 지식인의 정체성이다. 요컨대 "남이 알아주지 않아도 성나지 않는다면 또한 군자가 아니랴!"(『논어』, 1:1)

2. '구매자'를 기다린다

본문의 대기초待其招, 곧 '그 부름을 기다린다'는 뜻의 세 글자는 내력이 있는 말이다. 이는 공자가 '제값을 쳐줄 장사꾼을 기다린다(待賈)'라던 기다림에까지 닿는다. 맹자와 진대의 대화는 『논어』에 나오는 공자와 자공 사이의 문답과 구조적으로 같다. 잠시 보자.

자공이 말했다.

"여기 아름다운 옥구슬이 있습니다. 궤짝에 넣어 숨겨두어야(藏) 할

---

30 제나라 속담 "호미가 있다 한들 봄을 기다리는 것만 못하다雖有鎡基, 不如待時"(3:1)라고 할 때도 기다림의 중요성을 말하였다.

까요? 아니면 좋은 값을 구하여(求) 팔아야 할까요?"

공자, 말씀하시다.

"팔아야지, 팔아야 하고말고! 다만 나는 제값을 쳐줄 장사꾼을 기다리고(待) 있지."

_『논어』, 9:12

자공이 비유한 '아름다운 옥구슬'은 공자를 지목한 것이다. 제자 자공의 눈에 스승 공자의 지혜와 재능은 마치 빛나는 옥구슬과 같았던 것이리라. 지금 제자는 스승의 빛나는 재능이 사회에 쓰이지 않음을 안타까워하고 있다. 게다가 여러 나라를 방문하여 평화 사상을 설파하면서도 그것을 실현할 정치적 지위를 얻으려 노력하지 않는 스승의 처신이 의아하기도 하다. 혹시 스승이 말씀으로는 출사出仕, 즉 정치 참여를 중시한다면서 실제로는 장자莊子와 같이 은둔을 지향하는 것은 아닌지 그 모순을 염두에 두고 질문을 던진 것이다. 자공의 질문은 스승의 참뜻이 '참여냐 은둔이냐', 즉 진과 퇴 가운데 무엇이냐는 것이다. 자공의 의심은 진대가 맹자에게 품은 의문과 동질적이다.

그런데 공자의 응답이 묘하다. 먼저 공자는 거듭 옥구슬은 팔아야 한다고 못을 박는다. "팔아야지, 팔아야 하고말고!"라는 반응이 그렇다. 다만 "제값을 쳐줄 장사꾼을 기다리고 있지"라는 꼬리말이 의미심장하다. 정치 참여는 옳지만 그렇다고 헐값으로 아무 정권에나 참여할 수는 없다는 것. 공자는 지금 '은둔이냐 참여냐'의 선택을 직위를 '구하느냐(求) 기다리느냐(待)'의 차원으로 전환하고 있다. 그러면 '구하다'와 '기다리다'의 차이는 무엇일까?

지위를 구함, 즉 구직求職에는 자기 재능을 직무에 써먹겠다, 재능과 재화를 바꿔 먹겠다는 의도가 전제되어 있다. 소설『삼국지三國志』의 삼고초려三顧草廬에 비유하면 유비(구매자)가 요구하는 일(지위)에 제갈공명의 재능이 이용되는 것이다. 구직의 차원에서는 직위(권력자의 요구 사항)가 우선이고, 사람(구직자)은 부차적이다. 벼슬이 주체요, 사람은 도구다. 곧 선비가 청하여 얻은 직위라면, 그가 배우고 익힌 지식과 지혜는 직위를 제공한 자의 요구에 구속될 수밖에 없다. 직위를 준 자의 요구에 재능이 이용되는 것이다. 공자가 자공의 교묘한 질문 "좋은 값을 구하여 팔아야 할까요?"에서 뒷부분의 '팔아야 함'은 승인하면서도 앞부분의 '구한다'는 거부한 까닭에는, 정치에 참여하는 것이 선비의 도리이지만 자칫 그 참여가 권력자의 도구로 전락해서는 안 된다는 강경한 뜻이 담겼다.

여기서 공자는 '지위를 기다린다'는 차원을 제시한다. "제값을 쳐줄 장사꾼을 기다리고 있지"라는 응답이 그것이다. 맹자는 이를 '그 부름을 기다린다(待其招)'라는 세 마디로 이어받는다. 사줄 장사꾼을 기다리는 까닭은 고작 자존심 때문이 아니다. 권력자(장사꾼)가 찾아오지 않는데 먼저 자기 재능(물건)을 팔려고 나서다가는 재능이 만백성에게 쓰이지(공공성) 않고, 도리어 권력자의 사적 이익 도모에 쓰일 가능성이 크기 때문이다. 삼고초려의 고사를 빌리면, 권력자가 고개를 숙이고 진심으로 선비를 초빙하였을 때라야 공공을 위한다는 본래 뜻을 실현할 수 있다. 공자는 공공을 위한다는 헌신이 권력자의 사익 추구에 이용될 수도 있는, 권력 세계의 마성魔性 혹은 권력의 아이러니를 통찰한 것이다.

공자와 자공, 맹자와 진대 사이의 대화는 '참여냐 은둔이냐'의 선택 문제를 '권력자에 복종하는 기능적 인간이 될 것인가, 공익을 실현하는 주체적 인간이 될 것인가'라는 정체성 담론으로 전환한다. 정치에 마땅히 참여해야 하지만 참여 일변도로 나아가면 권력에 먹혀버리고, 그것이 두려워 숨는다면 야만의 세계(춘추전국시대)를 구제하지 못한다. 이 둘 사이의 딜레마를 선비는 어떻게 헤쳐 나갈 것인가라는 미묘한 문제가 이들의 대화에 들어 있다.

그러니 어찌 선비의 정치적 행동이 녹록할 수 있으랴! 사람다움을 보존하기 위해 은둔을 중시한 노장 사상과 출사를 당연시한 법가 사상 사이의 샛길에 유교 정치사상의 고민과 특징이 놓여 있다. 참여와 은둔 사이에 서린 긴장과 갈등을 이해하고, 배운 것으로 공공을 위해 헌신하려는 의도를 살리면서, 동시에 권력의 수족으로 타락하지 않는 좁은 길 찾기. 이것이 유교 지식인이 봉착한 정체성 문제였다. 이 장에 관한 주희朱熹의 주석도 좋다. 여기서 맹자의 정치학이 송대의 성리학으로 전수되는 것을 볼 수 있다.

누가 말했다.
"지금 세상에 출처와 거취를 낱낱이 따지다간 살아갈 수 없다. 일일이 따지다가는 배운 도를 실천할 기회를 잃어버리고 말 것이다."
양시[31]가 말했다.

31　楊時(양시): 북송北宋대의 성리학자.

"어쩌면 저리도 경망스러울 수 있을까! 자기 몸을 굽혀 남을 바로잡는 경우가 있던가? 옛사람들은 배운 도를 실행할 수 없을지언정 거취를 가볍게 하지 않았다. 공자와 맹자가 비록 춘추전국시대라는 험한 세상을 사셨지만, 나아가기를 반드시 올바름을 기준으로 삼았기에 배운 것을 행하지 못하고 죽고 만 것이 아니었던가. 거취를 가볍게 여기고 배운 것을 실천하는 것이 옳다면, 공자와 맹자가 마땅히 먼저 그렇게 했을 것이다. 공자와 맹자인들 어찌 배운 바를 실천하고 싶지 않았겠으랴!"

_『맹자집주孟子集註』

이 뜻은 또 조선 유자들이 계승하여 정치적 행동의 좌표축으로 삼았다. 남명 조식이 "선비의 대절大節은 출처와 진퇴를 선택하는 순간에 있을 따름"이라던 말이 그러하다.

6:2. 대장부론

景春^{32}曰, "公孫衍^{33}·張儀^{34}, 豈不誠^{35}大丈夫哉! 一怒而諸侯懼, 安居而天下熄^{36}."

孟子曰, "是焉得爲大丈夫乎! 子未學禮乎? 丈夫^{37}之冠^{38}也, 父命^{39}之; 女子^{40}之嫁^{41}也, 母命之, 往送之門, 戒^{42}之曰, '往之女家, 必敬必戒, 無違夫子^{43}!' 以順爲正者, 妾婦^{44}之道也.

居天下之廣居^{45}, 立天下之正位, 行天下之大道^{46}. 得志, 與民由^{47}之; 不得志, 獨行其道. 富貴不能淫^{48}, 貧賤不能移, 威武不能屈, 此之謂大丈夫."

---

32 景春(경춘): 종횡가의 학술을 행하였던 자(조기).

33 公孫衍(공손연): '公孫'은 성씨. '衍'은 이름. 위魏나라 출신으로, 서수犀首로도 불렸다. 저명한 종횡가의 유세객. 다섯 나라의 재상을 겸하였다. 『사기史記』, 「장의열전張儀列傳」에 그의 전기가 있다.

34 張儀(장의): 역시 위나라 출신으로 전국시대 종횡가의 대표적인 유세객. 소진蘇秦의 합종책에 대하여 연횡책을 제시하였다. 『사기』, 「장의열전」 및 「소진열전蘇秦列傳」 참고.

35 誠(성): 정말로.

36 熄(식): (불이) 꺼지다, 고요하다.

37 丈夫(장부): 사내. 여기서는 아들을 뜻한다.

38 冠(관): 관례冠禮. 곧 성인식을 말한다.

39 命(명): 분부하다.

40 女子(여자): 딸을 뜻한다.

41 嫁(가): 시집가다. '혼례婚禮'라고 번역하였다.

42 戒(계): 훈계하다.

43 夫子(부자): 지아비를 뜻한다.

44 妾婦(첩부): 첩과 아내.

45 廣居(광거): 너른 집. 인仁을 뜻한다. 13:36에서도 같은 표현이 나오고, 7:10에서는 "사람의 편안한 집"이라고 했다. 모두 인을 은유한다.

경춘이 말했다.

"공손연, 장의야말로 어찌 진정한 대장부가 아니겠습니까! 이들이 한 번 성을 내면 제후들이 두려워하고, 조용히 있으면 천하가 고요하니까요."

맹자, 말씀하시다.

"그 따위들이 어찌 대장부라고 할 수 있단 말이오! 그대는 예를 배우지 못했소? 아들의 관례에는 아버지가 분부하고 딸의 혼례에는 어머니가 분부하는데, 딸이 시집갈 때 어머니가 문밖에서 전송하면서 '너의 시집에 가거든 반드시 공경하고 빈틈없이 조심하여 지아비와 어긋나지 말지어다'라고 훈계하니 순종을 정체로 삼는 것은 처첩의 도리외다.

진정한 대장부는 천하의 너른 집에 살면서 천하의 올바른 자리에 바로 서서 천하의 큰길을 걷는 사람이오. 뜻을 얻으면[49] 사람들과 함께 그 길을 가고, 뜻을 얻지 못하면 홀로 그 길을 걷지요. 부귀에 현혹되지 않고, 빈천에 동요되지 않으며, 위력에 굴복하지 않는 사람을 일러 대장부라고 하외다."

46 大道(대도): 의義를 뜻한다. "의는 사람의 올바른 길이다義, 人之正路也"(7:10)라고도 하니 '大道'와 '正路(정로)'는 모두 '義'의 비유다.

47 由(유): 행하다.

48 淫(음): 현혹하다.

49 得志(득지): 호연지기를 논한 3:2에서 '志'를 기를 통솔하는 장수에 비유하였다. '志'는 의義를 지향하는 마음이므로 '得志'란 의로운 군주를 만났다는 뜻이다. 이윤伊尹이 탕임금을 만난 것이 그 예다.

공손연, 장의는 전국시대의 유명한 외교가들이다. 소진과 장의가 각국을 가로로 또는 세로로 연결하여 '동맹이다, 연합이다' 하며 서로 외교전을 벌이던 데서 이른바 합종연횡合縱連橫이란 말이 나왔다. 세 치 혀로 나라들 간에 합종과 연횡을 도모하여 천하를 전쟁 상태에 빠뜨리기도 하고, 또 잠정적이나마 정전 체제를 만들기도 하였다. 경춘은 이런 외교가들이야말로 온 천하의 정세를 주무르니 대단하다며 '대장부'라는 말은 이런 사람들에게 붙이는 이름이라고 찬탄한 것이다.

맹자는 경춘의 이런 호들갑이 마뜩치 않다. '흥! 그놈들이 대장부라고? 천만에. 여기 붙고 저기 붙는 기생첩과 진배없지!' 맹자의 일갈이다. 맹자가 외교술을 통한 국가들의 동맹이나 연합전술을 시큰둥하게 여기는 대목은 여기저기서 산견된다.

'임금을 위하여 외국과 조약을 잘 맺고 전쟁을 하면 반드시 이길 수 있다'라고 하는 자를 오늘날은 좋은 신하라고 하지만, 옛날에는 백성의 도적이라고 했다.

_ 12:9

전쟁을 잘하는 자는 극형에 처해야 하고, 제후들을 합종연횡하려는 자는 그다음 형벌에 처해야 한다.

_ 7:14

이런 대목들이 그 예다. 외교술을 마뜩치 않게 여기는 까닭은 그것이 영구적 평화를 성취할 근본 대책이 아니라 권력자의 이익을 위해 상황을 조정하는 현상 유지 전술에 불과하기 때문이다. 경춘이 대장부라고 이름 붙인 종횡가의 지식이란 고작 조삼모사朝三暮四요, 아랫돌 빼서 윗돌 괴는 식으로 권력자의 이익에 따라(順) 오락가락하는 술수에 불과하다는 것(당시 사상계의 지형에서 읽자면, 이 장은 '종횡가 비판'이다).

맹자는 종횡가의 핵심어를 순順이라는 한마디로 요약한다. 정세를 근본적으로 개혁하는 것이 아니라, 주어진 상황을 이용하여 이리저리 조합하고 조절해서 제후의 이익 보전에 골몰하는 잗다란 기술이라는 뜻이다. 이런 기술을 사내 마음에 들려고 아양 떨고 순종하는 처첩의 행태와 같다고 비하한다. 곧 "순종을 정체로 삼는 것은 처첩의 도리외다." 종횡가의 기술이란 고작 권력자의 이익에 복무하는 것에 지나지 않는다는 말(이런 점에서 이 장은 앞의 6:1의 뜻을 잇고 있다). 긴 전쟁을 종식하고 새 체제를 건설할 근본적 처방이 아니라, 상황과 정세를 이용하여 견강부회하는 이 따위 잔꾀로는 영구적인 평화 체제를 추동할 수 없을 뿐 아니라 도탄에 빠진 천하를 구해낼 수는 더더욱 없다.

순종의 반대는 거부(拒)일 터. 앞서 증자가 토로한 대로 "스스로 돌이켜 보아 똑바르다면 상대가 천 사람 만 사람이라도 나아가 대적하겠노라"는 것이 거부의 길이다. 곧 대장부의 책무란 시대의 권력에 순종하여 그 이익 증진에 복무하는 것이 아니라, 세태를 거슬러 정치의 근본을 혁명하고 사람의 본질을 혁신하는 것이다. 공자와 맹자가 광사狂士를 사랑한 이유와도 연결된다. '순順'자와 관련하여 특기할 만한 사실은 공자 사상의 핵심이라 할 네 글자 효제충신孝悌忠信을 효제충순孝悌忠順으로 바꿔치기하여 이른바 충효 사상으로 공식화한 것이 법가의 한비자라는 점이다. 다시 말해 한비자는 유교의 중요 덕목인 '신信'을 발음은 비슷하나 그 뜻은 외려 상반되는 '순順'으로 교묘하게 왜곡하여 본시 사랑(孝悌)과 자립(忠信)을 주제로 한 공자의 사상을 부형에 대한 맹종(孝悌)과 군주에 대한 복종(忠順)으로, 요컨대 '노예의 윤리'로 끌어내렸다(『한비자』, 「충효忠孝」 참고). 본문에서 맹자가 제후들의 권력에 아부하는 종횡가의 행태를 순종으로 지목하였듯, 법가 사상이라는 것도 그 핵심은 고작 권력자에 대한 철저한 복종이었음을 여기서 유념할 필요가 있겠다.

그렇다면 대장부란 어떤 존재인가? 맹자의 대장부는 전국시대의 대혼란을 근본적으로 혁신할 수 있는 도덕적 주체다. 인仁을 체화하고, 예禮로써 관계 맺으며, 의義를 지향하는 선비다. '왕도王道=여민與民'의 뜻을 수용하는 정부라면 종사하여 백성과 더불어 도덕 세계 창도의 길로 나아가지만("뜻을 얻으면 사람들과 함께 그 길을 가고"), 그 뜻이 받아들여지지 않아 함께할 사람이 없다면 홀로 그 길을 뚜벅뚜벅 걸어갈 뿐인 사람이 대장부다("뜻을 얻지 못하면 홀로 그 길을 걷는 사람"). 사람의 뜻이 깊고 커서 힘으로 제압할 수 없고, 돈으로 매수할 수도 없으며, 곤경에 몰아넣어도 꺾을 수 없고, 높은 벼슬로도 유혹할 수 없는 존재. 이런 인격체라야만 전국시대를 근본적으로 혁신할 대장부라 할 것이다. 앞서 보았던 호연지기浩然之氣를 품은 사람, 그리고 호걸지사豪傑之士가 그 다른 이름임을 알겠다(14:37에서 보듯 대장부의 반대편에 향원鄕原이 있다).

『논어』 제1편 제1장에 대장부의 원형이 담겼다. 맹자가 얼마나 『논어』를 깊고 넓게 읽었던가를 보여주는 또 한 예다.

> (1) 공자, 말씀하시다. "배우고 늘 익히면 기쁘지 않으랴!"
> (2) "벗이 먼 데서 날 보러 오면 즐겁지 않으랴!"
> (3) "남이 알아주지 않아도 성나지 않는다면 군자가 아니랴!"

본문에 "천하의 너른 집에 살면서 천하의 올바른 자리에 바로 서서 천하의 큰길을 걷는다"는 도덕적 자립을 의미하니 『논어』식으로 하면 (1) 배우고 늘 익히니 기쁜 것에 해당한다. 그리고 "뜻을 얻으면 사람들과 함께 그 길을 가고"는 붕우와 함께 길을 간다는 말이니 (2) 벗이 먼 데서 찾아와 기쁜 경우요, "뜻을 얻지 못하면 홀로 그 길을 걷는다"는 또한 홀로 길을 갈 따름이라는 뜻이니 (3) 남이 알아주지 않아도 성나지 않는 경우에 합당하다. 공자는 "거친 밥을 먹고, 맹물을 마시며, 팔뚝을 베고 잠을 자더라도 즐거움이 그 한가운데 있으리니, 의롭지 않은 부귀는 내게 뜬구름과 같다"(『논어』, 7:15)라고 자평하였다. 맹자의 대장부론이 공자의 군자론과 뜻이 같음을 알겠다.

6:3. 추천 없이 벼슬해서는 안 된다

周霄[50]問曰, "古之君子仕乎?"

孟子曰, "仕. 傳曰, '孔子三月無君[51], 則皇皇[52]如也, 出疆[53]必載質[54].' 公明儀[55]曰, '古之人三月無君, 則弔[56].'"

"三月無君則弔, 不以[57]急乎?"

曰, "士之失位也, 猶諸侯之失國家也. 禮[58]曰, '諸侯耕助[59], 以供粢盛[60]; 夫人蠶繅[61], 以爲衣服. 犧牲[62]不成, 粢盛不潔, 衣服不備, 不敢以祭. 惟士無田[63], 則

---

50 周霄(주소): 위魏나라 사람(조기). 『전국책戰國策』, 「위책魏策」에도 출연한다. 연대를 추정하면 양나라 혜왕惠王과 양왕襄王의 시기에 걸친다(양백준). 그렇다면 '周霄'와의 대화는 맹자가 양나라에 체류할 때 있었다.

51 三月無君(삼월무군): '無君'은 직장을 잃었다는 뜻. '三月無君'은 일용직(문지기나 야경꾼)을 포함한 직책 없는 무직자 생활이 3개월이라는 것. '석 달 동안 벼슬이 없다'라고 번역하였다.

52 皇皇(황황): 마음이 급해 허둥지둥하는 모양. '皇'은 급하다.

53 出疆(출강): 지위를 잃고 나라를 떠나는 것(주희). '疆'은 국경.

54 質(지): 폐백. '贄(지)'와 같다. 선비는 주로 꿩을 썼다. "출국하며 폐백을 실은 것은 타국에서 직장을 얻고자 함이다."(주희)

55 公明儀(공명의): 증자의 제자.

56 弔(조): 위문하다.

57 以(이): 너무. '已(이)'와 같다.

58 禮(예): 『예기禮記』, 「곡례曲禮」에 이 내용이 있다.

59 助(조): 군왕이 조상의 제사를 위해 직접 짓는 농사. 흉내만 내고 농부들의 힘으로 지었으므로 '助'라고 하였다. 곧 적전藉田을 말한다.

60 粢盛(자성): 제수용 곡식. '粢'는 기장. '盛'은 제기에 곡식을 담다. 비슷한 뜻의 글자로 '盈(영)'이 있다.

61 夫人蠶繅(부인잠소): '夫人'은 제후의 아내. '蠶'은 누에. '繅'는 고치를 켜다.

맹자, 마음의 정치학 2

亦不祭.' 牲殺[64]·器皿[65]·衣服不備, 不敢以祭, 則不敢以宴[66], 亦不足弔乎?"

"出疆必載質, 何也?"

曰, "士之仕也, 猶農夫之耕也; 農夫豈爲出疆[67]舍[68]其耒耜[69]哉!"

曰, "晉國[70]亦仕國也, 未嘗聞仕如此其急. 仕如此其急也, 君子[71]之難仕[72], 何也?"

曰, "丈夫生而願爲之有室, 女子生而願爲之有家; 父母之心, 人皆有之. 不待父母之命, 媒妁[73]之言, 鑽穴隙[74]相窺[75], 踰牆[76]相從, 則父母國人皆賤之. 古之人未嘗不欲仕也, 又惡不由其道. 不由其道而往者, 與鑽穴隙之類也."

---

62 犧牲(희생): 천지와 산천의 신과 종묘의 조상신 제사에 제물로 올린 짐승 고기. 산양이나 소 혹은 돼지고기를 주로 썼다.

63 田(전): 공직자에게 지급한 제사용 규전圭田을 말한다(5:3 참고). 무전無田은 직장이 없다는 뜻.

64 牲殺(생살): "희생에는 반드시 수컷 소를 잡았다牲必特殺也."(주희)

65 器皿(기명): 제기. '皿'은 그릇.

66 宴(연): 잔치. 제사 후에 고기를 나누는 것을 가리키는 듯하다.

67 疆(강): 땅. 농사군에게는 농지. 벼슬 사는 사대부에겐 국토가 '疆'이다.

68 舍(사): 버리다. '捨(사)'와 같다.

69 耒耜(뇌사): '耒'는 쟁기. '耜'는 보습.

70 晉國(진국): 양나라를 말한다(1:1 해설 참고).

71 君子(군자): 맹자를 가리킨다. "주소는 맹자가 제후를 만나지 않는 것을 출사하기를 꺼리는 것으로 여겼다. 그래서 먼저 옛날에 군자가 벼슬을 했는지를 물은 다음, 이 질문을 하여 맹자를 풍자한 것이다."(주희)

72 難仕(난사): 벼슬살이를 어렵게 여기다. 공자는 벼슬살이를 거절하는 피인지사辟人之士 (『논어』, 18:6), 곧 '낯을 가리는 선비'로 지목된 바 있다.

73 媒妁(매작): 중매와 같은 말.

74 鑽穴隙(찬혈극): '鑽'은 뚫다. '穴'은 구멍. '隙'은 틈.

75 窺(규): 엿보다.

76 踰牆(유장): '踰'는 넘다. '牆'은 담장.

주소가 물었다.

"옛날 군자들은 벼슬을 살았던가요?"

맹자, 말씀하시다.

"벼슬을 살았지요. 기록에 '공자는 석 달 동안 벼슬이 없으면 허둥지둥하였고[77], 나라를 떠날 때면 반드시 폐백을 실었다'라고 했고, 공명의도 '옛사람들은 석 달 동안 벼슬이 없으면 위로하였다'라고 하였소이다."

주소가 말했다.

"석 달 동안 벼슬이 없다고 위로하는 건 너무 성급하지 않습니까?"

맹자가 말했다.

"사가 벼슬을 잃은 것은 제후가 국가를 잃은 것과 같습니다. 예법서에 '제후는 적전을 경작하여 거둔 곡식으로 제수를 마련하고, 제후의 부인은 누에를 치고 고치를 켜서 제례복을 짓는다. 희생에 쓸 가축이 살지지 않고, 제사상에 올릴 곡식이 청결하지 않고, 제례복이 갖춰지지 않으면 감히 제사를 지내지 못한다. 사가 직위가 없으면 또 제사를 지내지 못한다[78]'라고 하였소.

---

77 공자에게 따로 재산이 없었다는 뜻이다. 공직의 봉록이 없으면 곧 적빈으로 떨어지는 것이다.

78 惟士無田, 則亦不祭(유사무전, 즉역부제): 사는 봉록이 없으면 제사를 지내지 못한다. "有田則祭, 無田則薦(유전즉제, 무전즉천)"이라 하였다(『예기』, 「왕제王制」). '제사에 희생을 쓰는 것이 祭요, 희생이 없는 것을 薦이라고 한다'는 뜻이다.

히생과 제기와 제례복을 갖추지 못해 제사를 지내지 못하면 감히 연회를 베풀 수도 없으니 역시 위로할 만하지 않겠소이까?"

주소가 말했다.

"나라를 떠나면서 반드시 폐백을 수레에 실었다는 것은 어째서입니까?"

맹자가 말했다.

"사의 벼슬살이는 농사꾼이 밭을 경작하는 것과 같소. 농사꾼이 토지를 떠나면서 어떻게 보습과 쟁기를 버리고 갈 수 있겠소이까!"

주소가 말했다.

"우리 진나라[79] 또한 관리들이 벼슬을 사는 곳입니다만, 이처럼 다급하게 출사한다는 말은 듣지 못했습니다. 벼슬살이가 그리도 급하다면서 군자께서 벼슬하기를 까다롭게 하는 것은 어째서인지요?"

맹자가 말했다.

"아들이 태어나면 장가들기 바라고, 딸이 태어나면 시집가기 바라는 것이 부모 마음으로 모든 사람이 다 같지요. 한데 부모님의 명령과 중매쟁이의 혼담을 기다리지 않고, 담장에 구멍을 뚫고 벽에 틈을 내어 서로 눈을 맞추며, 담을 타 넘어 서로 만난다면 부모나 동네 사람들이 모두 비천하게 여기지요. 그렇듯이

79　실제는 양나라인데, 춘추시대 진晉나라의 후신이므로 이렇게 불렀다.

옛사람들이 벼슬 살기를 바라지 않았던 것은 아니나 정당한 소개 절차 없이[80] 벼슬하려는 짓을 미워한 것이외다. 정당한 소개 절차를 통하지 않고 출사하는 짓은 담장에 구멍을 뚫고 틈을 내는 짓과 같은 종류올시다."

질문자 주소는 양나라 사람으로 혜왕과 양왕의 시대에 걸쳐 산 인물이다(양백준). 그런데 그의 질문이 왠지 삐뚜름하다. "옛날 군자들은 벼슬을 살았던가요?"라니 맹자의 처신에 불만을 품은 힐문으로 보아야겠다. 유교 지식인에게 출사, 곧 정치 참여는 당연한 일이다. 선비가 "정치에 참여하지 않는 것은 의롭지 않고不仕無義", "군자가 벼슬을 사는 것은 그 의리를 실행하고자 함君子之仕也, 行其義也"(『논어』, 18:7)이기 때문이다. 이 때문에 맹자는 지금 혜왕의 간곡한 청을 받아들여 양나라에 와 있는 처지다.

이 대화의 시점은 혜왕이 죽고 양왕이 즉위하자 맹자가 실망하여 나라를 떠나려던 때인 듯하다. 양왕에 대한 맹자의 실망감은 앞에서 드러난 바 있다(1:6). 주소의 눈에 비친 맹자의 행태는 입으로는 이상 정치론

---

80 不由其道(불유기도): 정당한 절차를 통하지 않다. '其道'는 임용 과정의 합당한 절차. '由'는 그 과정을 통하다.

맹자, 마음의 정치학 2

과 인정仁政책을 설파하면서 막상 실무는 회피하는 것으로 보였던 모양이다. 이에 속마음을 드러내기를, 유자들은 정치에 참여해야 한다고 하면서도 이 나라 저 나라 떠돌기만 할 뿐 실무에 종사하는 데는 왜 까탈을 부리고 회피하느냐고 비아냥거린 것이다.

이 장의 핵심어는 중매쟁이를 뜻하는 '매작媒妁'이다. 혼사에 중매쟁이가 있어야 예에 합당한 결혼이 되듯, 정치에 추천과 소개 절차가 없다면 정당한 출사가 아니라는 것. 부부의 인연을 맺는 데 중매가 중요한 절차임을 빌려, 정치의 공공성을 확보하려면 그 임용 과정에 추천, 곧 천거薦擧가 있어야 함을 비유한 것이다. 유교 정치론이 인사人事로 귀결됨은 앞서 여러 번 논했다. 인사는 지인知人(사람됨을 앎)과 용인用人(그 사람을 적재적소에 임용함)으로 구성된다. 지인과 용인 사이를 잇는 연결고리가 있어야 하는데, 그것이 여기 소개와 추천의 절차다. 이 중개 과정이 없다면 지인과 용인은 서로 연결될 수 없고, 따라서 인사가 올바로 행해지지 않으며, 결과적으로 정치는 정당성을 확보할 수 없다. 군주 한 사람이 만사람의 재능을 다 파악할 수는 없는 노릇이므로, 주변의 추천과 소개는 현자와 능력자를 얻을 수 있는 유일한 통로이기도 하다(과거제도는 훗날 당나라 시대나 되어서야 성행했다).

공자는 추천의 중요성을 부정적 측면과 긍정적 측면 모두에서 강조하였다. 노나라 재상 장문중이 유하혜의 사람됨을 알면서도 임금께 소개, 추천하지 않았다며 직무 유기로 비난한 것이 일례다(『논어』, 15:13). 또 아랫사람인 선僎을 자기와 동렬인 대부로 추천하여 발탁케 한 공숙문자公叔文子를 공자가 크게 칭찬한 까닭도 같은 이유다(『논어』, 14:19). 사람의 기량을 알아보고 적극적으로 추천하여 그에 맞는 지위에 등용한 공숙문자의 정치력을 높게 평가한 것이다. 게다가 자기 아랫사람을 같은 직급에 올리기는 더욱 어려운 처사이기에 그의 시호인 문文에 합당하다고 극찬하였다.

이 장에서 맹자는 공자를 계승하여 매작이라는 개념으로 추천의 중요성을 강조한다. 예를 갖춘 초청, 절차에 합당한 추천의 결과 실권이 보장된 임용이 이루어진다면 군주-신하의 관계가 공식화한다. 만일 초청을 기다리지 않고 제 손을 들고 스스로 나서거나(6:1), 추천도 없이 사사로이 직위를 요구하여(여기 6:3) 군주와 결탁한다면, 정치는 사사로운 짓이 되고 출사자는 권력자의 이익 증진에 이용되다가 버려지고 만다. 정치의 공공성을 확보하기 위해서는 기필코 임용 과정에서 합당한 절차를 거쳐야 한다는 것이 맹자가 주장하는 바다. 청대의 경학자 최술崔述은 이 장을 검토한 뒤, 맹자가 양나라에서 벼슬을 살지 않았다는 설을 주장했는데 함께 고려할 만하다.

> 주소가 "벼슬하기를 어렵게 생각한다"라고 맹자를 의심한 것을 보면, 맹자는 양나라에 있을 때 다만 빈객으로 있었고 벼슬과 녹봉도 받지 않았을 것이다. 또 맹자의 "구멍을 뚫고 담장을 넘었다"라는 비유를 보면 당시에 벼슬을 구하던 사람들은 대체로 연줄이 있는 곳을 따라 벼슬을 얻었지만, 맹자는 반드시 임금이 스스로 알아주어 임명해주는 것을 기다리며, 당시 유세객들이 하던 짓을 따르려 하지 않았던 것 같다. 그래서 『사기』에는 "제나라에 가서 제선왕을 섬겼

맹자, 마음의 정치학 2

다"라고 했지만 양나라에 있을 때에는 단지 "양나라에 갔다"라고만 했다. 아마도 맹자는 객경客卿의 자리도 받지 않았을 것이다.[81]

한편 출사하려는 선비의 처지에서 보자면, 제아무리 큰 포부와 총명한 지혜를 가지고 있다 한들 '알아주는 사람(知人)' 없이 혼자 힘으로는 일을 성취할 수 없다는 뜻도 말밑에 깔려 있다. 매작, 곧 소개자 혹은 추천인이란 후보자의 됨됨이를 알고 이해하는 벗(朋友)을 달리 부르는 이름이기도 하다. 현자로 소문난 설거주薛居州를 폭군 주변에 두어 왕을 변화시키려던 송나라 재상의 시도에 대해 맹자가 "설거주 혼자 힘으로 송나라 왕을 어떻게 할 수 있겠소?"(6:6)라며 비관한 것은 함께할 동료가 없다면 일을 성취할 수 없다고 보았기 때문이리라. 뿐만 아니다. 공자가 소개해줄 '아는 사람' 하나 없이 초나라 길로 나섰다가 죽을 위험을 겪은 사건을 놓고 "군자께서 진나라와 채나라 사이에서 고초를 당한 까닭은 아래위 사람들과 교유가 없었기 때문이다"(14:18)라고 냉정하게 비평한 것도 마찬가지다. 추천할 만한 동료가 있어 그와 더불어 할 때만이 사업을 성취할 수 있다는 뜻이 매작이라는 말에 담겨 있다. 여기서 또 여민의 냄새를 맡는다.

만약 사士가 자기 나라에서 임용되지 못하여 폐백을 수레에 싣고 타국으로 갔는데 추천자가 없어 지위를 얻지 못하면 어떻게 해야 하나? 그러면 일용직, 곧 문지기나 야경꾼이라도 해서 밥을 벌어야 한다(10:5). 조

---

81 최술, 박준원 옮김, 『맹자사실록孟子事實錄』, 지식을만드는지식, 2010, 66쪽.

선 후기의 실학자 박제가가 지적했듯 조선 선비들은 이 허드렛일을 마다 했기에 망국에 이르렀다. 한편 제후가 나라를 잃으면 어떻게 해야 하나? 제후라면 이웃 제후에게 의탁하여 공밥을 먹어도 예에 어긋나지 않는다 (10:6). 농부라면 어떠한가? 농부가 고향에서 살 수 없다면 쟁기를 짊어 지고 다른 나라로 망명하는 것이 가능하다(여기 6:3). 그 예는 신농학파 허행의 무리와 진신 형제를 통해 보았다(5:4).

한편 이 장의 근원을 거슬러 올라가면 공자의 정치적 행동, 즉 출사론 에 닿는다. 선비라면 마땅히 정치에 참여해야 하지만 아무 데나, 누구에 게나 나아갈 수는 없다. 이 사이에 공자의 머뭇거림이 있었다. 노나라 대 부 양화陽貨는 이런 공자의 머뭇거림을 두고 비아냥거린 터다. "공직에 종 사하기를 좋아한다면서 자꾸 기회를 잃는 것이 과연 지혜롭다고 할 수 있 소? …… 해와 달은 흘러가고, 세월은 나를 기다려주지 않소."(『논어』, 17:1)

공자가 살던 춘추시대는 신하가 군주를 역모하는 일이 비일비재했던 시해弑害의 시절이었다. 양화와 비슷하게 공산불요公山弗擾라는 자가 쿠 데타를 일으키고서 공자를 청했을 때 공자는 덥석 그 제안을 수락하였 다. 그 수락의 이유에 눈여겨볼 말들이 들어 있다.

공산불요가 비費 땅에서 역모를 일으켰다. 공자를 초청하자 공자는 그에게 가려고 하였다. 제자 자로가 불쾌해하며 말했다.

"그만두시지요. 하필이면 공산 씨에게 가려 하십니까?"

공자, 말씀하시다.

"대저 '나를 초청한(召我)' 자가 어찌 생각 없이 그리했겠느냐? 만일

'나를 등용할 수 있는(用我)' 자라면, 내 그 나라를 동주東周로 만들 수 있을 터!"

_『논어』, 17:5

　주목할 곳은 '나를 초청함'과 '나를 등용함'의 '사이'다. 나를 초청하는 방식이 예에 합당하다면 가서 만나보는 것이야 나쁘지 않다는 뜻이 '소아召我'에 들어 있다. 뒤에 맹자가 논하듯 공자가 세속의 놀음인 엽각獵較도 마다하지 않은 까닭이요, 폭군의 선물이라도 예에 합당하다면 접수해도 좋다고 한 이유다(10:4). 무엇보다 의를 실현하기 위해서는 출사가 옳고, 또한 스스로를 악을 맑게 할 수 있는 단단하고 결백한 정화제라 믿기에(『논어』, 17:7) 군주의 초청에 응하는 소아는 나쁠 것이 없고 또 당연하기까지 하다.

　그러나 소아가 곧바로 임용을 뜻하는 것은 아니다. 초청한 군주가 선비를 형량하듯이(예컨대 『논어』, 18:3에서 제경공이 공자를 만나 계씨와 맹씨 사이로 대접하겠다던 것이 그렇다. 이 경우는 '연봉 타결' 직전까지 간 것이다) 선비 또한 군주를 형량할 수 있고, 해야만 한다. 이 쌍방의 형량이 용아用我, 즉 '나를 등용함'의 범주에 속한다. 용아에는 군주와 선비가 서로 의사를 맞춰보고 합의하는 과정이 포함되어 있다. 공자가 "군자가 벼슬을 사는 것은 그 의리를 실행하고자 함이다"(『논어』, 18:7)라고 한 데서 명확하듯, 세상을 광정匡正하려는 선비가 초청에 응하는 것은 어렵지 않지만, 실제로 등용되기는 어려울 수밖에 없다. 비유하자면 우물 가까이 오게 할 수는 있으나(召我), 우물 안으로 들일 수는(用我) 없다(『논어』, 6:24).

여기 소아와 용아 사이에서 공자의 정치적 행동이 진동한다. '참여해야 마땅하지만 아무렇게나 몸을 던질 수는 없다'라는 원칙이 적용되는 공간이 이 '사이'다. 저 뒤에 맹자가 "공자는 예에 합당하면 출사하였고 의를 헤아려 물러났다"(9:8)라고 했을 때, 그 출사의 기준으로 삼은 것 역시 이 '사이'에 있다.

한편 "옛날 군자들은 벼슬을 살았던가요?"라는 주소의 첫 질문은 군주가 초청하면 사는 주저 없이 몸을 맡기는 것이라는 오해, 즉 '소아=용아'라는 관점을 취한 것이다. 맹자의 제자들(만장, 공손추, 진진 등)도 같은 오해를 했고, 제나라 벼슬아치(윤사), 다른 학파의 지식인들(순우곤 등)은 더 그랬으며, 은둔자들은 더더욱 그랬다. 이들이 공자와 맹자가 참여와 머뭇거림 사이에서 진동하는 것을 '간이나 보는 짓'으로 매도하고, "공직에 종사하기를 좋아한다면서 자꾸 기회를 잃는 것이 과연 지혜롭다고 할 수 있소?"(양화)라며 비난한 까닭이다. 그러나 정치 참여가 권력을 획득하거나 한 자리 얻어 편히 살고자 함이 아니라, 시대의 불의를 광정하고 인의의 도덕 세계를 실현하려는 활동이라면 이런 세심한 탐색 과정은 필수적이다.

彭更⁸²問曰, "後車數十乘, 從者數百人, 以傳食⁸³於諸侯, 不以泰⁸⁴乎?"

孟子曰, "非其道, 則一簞食⁸⁵不可受於人; 如其道, 則舜受堯之天下, 不以爲泰 — 子以爲泰乎?"

曰, "否; 士無事而食, 不可也."

曰, "子不通功易事⁸⁶, 以羨⁸⁷補不足, 則農有餘粟, 女有餘布; 子如通之, 則梓匠輪輿⁸⁸皆得食於子. 於此有人焉, 入則孝, 出則悌, 守先王之道, 以待後之學者, 而不得食於子; 子何尊梓匠輪輿而輕爲仁義者哉?"

曰, "梓匠輪輿, 其志將以求食也; 君子之爲道也, 其志亦將以求食與?"

曰, "子何以其志爲哉? 其有功於子, 可食⁸⁹而食之矣. 且子食志乎? 食功乎?"

曰, "食志."

曰, "有人於此, 毁瓦畫墁⁹⁰, 其志將以求食也, 則子食之乎?"

---

82 彭更(팽경): 주희는 맹자의 제자라고 했으나 아닐 수도 있다. 맹자는 '彭更'을 존칭인 '그대(子)'로 부르고 '彭更'은 또 맹자에게 적대감을 풀지 않는다.

83 傳食(전식): 전전하며 공밥을 얻어먹다. '轉食(전식)'과 같다.

84 以泰(이태): '以'는 '너무, 몹시'를 뜻하는 '已(이)'와 같다. '泰'는 방만함.

85 一簞食(일단사): 한 그릇 밥. '簞'은 대그릇. '食'는 밥.

86 通功易事(통공역사): 생산물을 유통하고 사업을 교환하다. '功'은 '工(공)'과 같은 뜻으로 생산물. '事'는 사업. 농사꾼에겐 농사일, 직녀織女에겐 베 짜는 일. '通'은 생산물을 유통시키는 것. '易'은 서로 다른 사업을 교역하는 것.

87 羨(선): 남다, 남는 생산물.

88 梓匠輪輿(재장윤여): 목수와 수레 장인. '梓'와 '匠'은 목수. '輪'은 수레바퀴. '輿'는 수레.

89 食(사): 먹이다. 이 뒤에 나오는 '食'은 모두 '사'로 읽는다.

曰, "否."

曰, "然則子非食志也, 食功也."

팽경이 물었다.

"수레 수십 대가 뒤따르고, 제자 수백 명을 거느리고서 제후들을
전전하며 공밥을 얻어먹는 것은 너무 방만한 짓이 아닙니까?"

맹자, 말씀하시다.

"도에 합당하지 않으면 한 그릇 밥도 공짜로 먹어선 안 되지만,
합당한 도리라면 순이 요임금으로부터 천하를 물려받더라도
방만하다고 하지는 못할 터―시방 그대는 순이 방만해 보이시
는가?"

팽경이 말했다.

"그게 아닙니다. 사가 하릴없이 공밥 먹는 것이 옳지 않다는 말
입니다."

맹자가 말했다.

"그대가 생산물을 유통하고 사업을 교환하여 남는 물자를 부족
한 곳에 채워주지 않으면 농부에게는 곡식이 넘치고 직녀에게
는 베가 남아돌 것이나, 생산물을 유통시키면 목수와 수레 장
인도 그대 덕에 생계를 얻을 수 있을 터. 여기 어떤 사람이 집에

---

90 毀瓦畵墁(훼와획만): 깨진 기왓장으로 수선한 담장에 낙서를 하다. 이상한 짓거리. '毀'는
헐다. '瓦'는 기왓장. '畵'은 그리다. '墁'은 (흰색 회를) 담장에 칠한 것.

서는 효도하고, 밖에서는 공경하며, 선왕의 도를 지키고 제자를 기르는데[91] (자네 말대로라면 이런 일은 생산 활동이 아니니) 그대에게 밥을 얻을 수 없게 되는데 그대는 어찌하여 목수와 수레 장인은 존중하면서 인의를 행하는 사람은 홀대하는가?"

팽경이 말했다.

"목수와 수레 장인이야 그 뜻이 밥을 구하려는 데 있지만, 군자가 도를 행하는 것도 그 뜻이 밥을 구하는 데 있답니까?"

맹자가 말했다.

"그대가 어째서 뜻을 말하는가?[92] 그대에게 공이 있어 밥을 먹을 만하면 누구나 마땅히 먹을 것을 주어야 하는 법. 한데 그대는 뜻을 보고 밥을 주는가, 실적을 보고 밥을 주는가?"

팽경이 말했다.

"뜻을 보고 밥을 줍니다."

맹자가 말했다.

"여기 누가 수선한 흰 담장에다 깨진 기왓장으로 낙서를 해놓

---

91 守先王之道, 以待後之學者(수선왕지도, 이대후지학자): 짧은 구절 속에 '守'와 '待', '先王'과 '後之學'이 각각 조응한다. 양백준은 초순焦循의 설을 따라 '待'를 '부지扶持하다'로 해석하여 '待後之學者'를 '후학을 기르다'라고 하였다(『맹자역주』). 그런데 '待'를 공자의 '대가待賈(제값을 쳐줄 장사꾼을 기다림)'의 '待'와 같이 볼 수도 있다. 이 경우 '待後之學者'의 '後之學'이란 고작 수업을 받는 젊은 제자가 아니라, 자기 뜻을 알아줄 정치가가 되니 6:2(대장부론)의 득지得志와 통한다.

92 군자가 뜻을 밥에 두든 다른 데 두든, 사회에 기여하는 공적이 있으면 그에 합당하게 보답하면 되지, 웬 뜻?

고, 밥을 얻는 데 뜻이 있었다고 한다면 그대는 그에게 밥을 주겠는가?"

팽경이 말했다.

"아닙니다."

맹자가 말했다.

"그러하다면 그대 역시 뜻을 보고 밥을 주는 게 아니라, 실적을 보고 밥을 주는 것이네."

해설

여기 팽경의 질문은 낯익다. "수레 수십 대가 뒤따르고, 제자 수백 명을 거느리고서 제후들을 전전하며 공밥을 얻어먹는 것은 너무 방만한 짓이 아닙니까?"라는 당돌한(?) 질문을 통해 우리는 전국시대 유세객(지식인)들의 행태를 손에 잡힐 듯이 그려볼 수 있다. 추레한 몰골로 전전하던 춘추시대 유세 행렬과 비교해 사의 위상이 크게 향상되었음도 엿볼 수 있다. 오랜 전쟁 통에 나라마다 부국강병을 꾀하다 보니 '국가 발전 전략'을 제시하는 지식인들의 몸값이 높아진 덕이다. 팽경이 힐난한, 기름진 공밥을 얻어먹으며 공리공담을 논하는 전국시대 지식인의 행태는 제나라 직하학궁 소속 학자들의 모습에서 잘 보인다.[93]

93　바이시, 이임찬 옮김, 『직하학 연구』, 소나무, 2013, 309~310쪽.

팽경의 맹자 비판은 "사가 하릴없이 공밥 먹는 것이 옳지 않다는 뜻입니다"라는 말에 요약되어 있다. '통공역사通功易事' 가운데 공功(생산물)과 사事(농사)는 일에 속하지만, 통通(소통)과 역易(교역)은 일이 아니라는 생각이 말밑에 깔려 있다. 사회질서, 시장제도, 윤리와 도덕, 교육 활동은 육안에 보이지 않는 '사회 구조social structure'다. 사회 구조는 경제재의 생산을 보장하는 사회의 기반이다. 팽경은 구조는 보지 못하고(눈에 보이지 않으니까), 눈에 보이는 재화와 생산물만이 가치 있다는 물질주의, 경제주의 관점을 갖고 있다.

더욱이 팽경은 사악하기까지 하다. "목수와 수레 장인이야 그 뜻이 밥을 구하려는 데 있지만, 군자가 도를 행하는 것도 그 뜻이 밥을 구하는 데 있답니까?"라는 질문이 그렇다. 팽경은 끝까지 '밥'을 벗어나지 못한다. 당신의 지식 활동 역시 밥(이익)을 얻으려는 수작이 아니냐는 것. '하필왈리'의 범위가 여기까지 미친다. 사람에게 고유한 '사람-다움'을 그는 상상할 수 없다. '사람-다움'을 보존하는 사회 질서와 교역, 교육이 생산 활동이 아니라고 방기하면 인간은 고작 먹고 싸는 짐승 수준으로 추락하고 말 터이고, 사회는 홉스Thomas Hobbes가 말한 약육강식의 전쟁 상태에 멈출 것이다.

여기서 맹자는 사회 구조의 가치가 곡식과 의복, 주택처럼 눈에 보이는 생산물보다 외려 본질적이며 중요하다는 점을 '구조맹構造盲'인 팽경에게 가르쳐주려 한다. 교육 활동, 국가 경영, 시장 기능을 원활하게 유지할 때 수레 장인과 바퀴 장인의 생계도 '부가적으로' 충족된다. 앞에서 요순 등 역대 정치가들이 농사를 지을 바탕, 기반을 구축한 역사적 사실을 죽 나열했듯(5:4) 눈에 보이지 않는 통공역사가 외려 농사꾼, 방직공, 나아가 장인들의 생존을 가능하게 하는 숨은 구조임에 주목하라는 것. 또 뒤에서 "논밭과 들판이 개간되지 않고 재화가 쌓이지 않은 것이 나라의 해악이 아니다. 윗사람이 무례하면 아랫사람이 배우지 못해 도적이 된 백성이 들고 일어나 나라를 잃는 것은 하루도 걸리지 않으리라"(7:1)라고 준엄하게 경고하듯, 윗사람이 예를 익히고 아랫사람이 예를 배우는 일은 나라의 존망과 직결된다. 그렇다면 공동체의 생존에 재화 생산보다 더 중요한 것이 있지 않은가? 지금 맹자와 팽경 사이의 쟁론에는 '정치가의 역할은 무엇인가', '지식인은 무엇을 하는 사람인가', 나아가 '사회란 무엇인가'라는 근본 질문이 깔려 있다(왕자 점의 사士에 대한 질문이 여기 팽경의 것과 겹친다. 13:32 및 13:33 참조).

이쯤에서 맹자는 되묻는다. "그대는 뜻을 보고 밥을 주는가, 실적을 보고 밥을 주는가?" 팽경이 "뜻을 보고 밥을 줍니다"라고 뻗대자 맹자는 "여기 누가 수선한 흰 담장에다 깨진 기왓장으로 낙서를 해놓고, 밥을 얻는 데 뜻이 있었다고 한다면 그대는 그에게 밥을 주겠는가?"라고 되묻는다. 궁지에 몰린 팽경으로서는 수긍할 수밖에 없는 처지. 여기서 맹자는 메다꽂듯 결론을 짓는다. "그러하다면 그대 역시 뜻을 보고 밥을 주는 게 아니라, 실적을 보고 밥을 주는 것이네."

서툰 목수가 큰 나무를 잘게 쪼개놓고는 일을 했으니 밥을 달라고 한다면 줄 사람이 없듯, 공동체를 망칠 지식을 제 마음대로 토설해놓고 밥을 달라면 줄 수 없는 일이다(6:9에 나오는 처사횡의處士橫議의 경우). 반면 옥장이 기술을 군주가 대신할 수 없고, 장인의 성취에는 그에 합당한 보상을 해줘야 하듯 지식인의 사회적 기여, 예컨대 전통의 계승, 천하 질서 모색, 학술 연구와 교육 등도 공동체 유지에 필수적인 활동이므로 보상을 해줘야 마땅하다. 만약 지식과 도덕, 교육의 가치를 도외시한다면 인간 사회는 짐승보다 못한 세계로 퇴보할 것이다. 그들이 생산한 언어와 사상이 값어치가 없다면 배척해야 하지만, 가치가 있다면 마땅히 제값으로 보상해줘야 한다. 맹자가 수레 수백 대를 정말 소유했는지는 몰라도, 천하를 경륜할 지식인이라면 그런 대접은 받아도 마땅하다고 본 것이다 ("도에 합당하지 않으면 한 그릇 밥도 공짜로 먹어선 안 되지만, 합당한 도리라면 순이 요임금으로부터 천하를 물려받더라도 방만하다고 하지는 못할 터").

맹자의 뜻을 요약하자면, 인간 사회의 밑바탕에는 구조가 존재한다. 사회의 숨은 구조를 드러내고 운영하는 것이 정치요, 그 일을 하는 사람이 공직자이며 그 가치를 생산하는 사람이 지식인이다. 맹자는 이 업무를 통공역사라고 표현했다. 생산물을 유통하고, 사업을 교환하는 일은 그 사회의 역량에 속한다. 공직자와 지식인은 '눈에 보이지 않는' 사회 구조를 형성하고 유지 보수하는 일로 밥을 먹는 사람, 즉 노심자勞心者다. 구성원들이 그 지식 노동에 보상을 제공하는 것은 당연하다(시혜가 아니다).

6:5. 제자 만장과의 만남

萬章⁹⁴問曰, "宋, 小國也; 今將⁹⁵行王政, 齊楚惡而伐之, 則如之何?"

孟子曰, "湯居亳⁹⁶, 與葛⁹⁷爲鄰, 葛伯放⁹⁸而不祀. 湯使人問之曰, '何爲不祀?'

曰, '無以供犧牲也.' 湯使遺⁹⁹之牛羊. 葛伯食之, 又不以祀. 湯又使人問之曰,

'何爲不祀?' 曰, '無以供粢盛也.' 湯使亳衆往爲之耕, 老弱饋食¹⁰⁰. 葛伯帥¹⁰¹

其民, 要其有酒食黍稻¹⁰²者奪之, 不授者殺之. 有童子以黍肉餉¹⁰³, 殺而奪之.

書曰, '葛伯仇¹⁰⁴餉.' 此之謂也. 爲¹⁰⁵其殺是童子而征之, 四海之內皆曰, '非富

天下¹⁰⁶也, 爲匹夫匹婦復讐¹⁰⁷也.' 湯始征, 自葛載¹⁰⁸, 十一征而無敵於天下.

---

94 萬章(만장): 맹자의 제자. '萬'은 성. '章'은 이름. 사마천司馬遷은 맹자가 세상에 뜻을 펴지 못하자 "물러나서 만장을 위시한 제자들과 함께 『시경』, 『서경』을 서술하고, 공자의 뜻을 기술하여 『맹자』 7편을 지었다退而與萬章之徒, 序詩書, 述仲尼之意, 作孟子七篇"라고 하였다(『사기』, 「맹자순경열전孟子荀卿列傳」).

95 今將(금장): 만약.

96 亳(박): 탕임금의 첫 도읍지. 오늘날 상구商邱 땅 북쪽에 위치한다(양백준).

97 葛(갈): 은나라와 접경한 나라. 오늘날 하남성河南省 영릉현寧陵縣 북쪽 15리(양백준).

98 放(방): 방종하다.

99 遺(유): 주다.

100 饋食(궤사): '饋'는 먹이다. '食'는 밥.

101 帥(솔): 거느리다. '率(솔)'과 같다.

102 黍稻(서도): 곡식. '黍'는 기장. '稻'는 벼.

103 以黍肉餉(이서육향): 밥과 고기를 나르다. '餉'은 음식을 먹이다. '饋(궤)'와 같다.

104 仇(구): 원수.

105 爲(위): ~ 때문에. '以(이)'와 용법이 같다.

106 非富天下(비부천하): 천하를 탐냄이 아니다. 곧 "탕이 천하를 차지하려고 욕심내어 갈 땅을 취한 것이 아니라는 말이다."(주희)

107 讐(수): 원수.

맹자, 마음의 정치학 2

東面而征, 西夷怨; 南面而征, 北狄怨, 曰, '奚爲後我!' 民之望之, 若大旱之望雨也. 歸市者弗止, 芸[109]者不變. 誅其君, 弔其民, 如時雨降, 民大悅. 書曰, '徯[110]我后[111], 后來其無罰!'

'有攸不爲臣[112], 東征, 綏厥士女[113], 匪厥玄黃[114], 紹[115]我周王[116]見休[117], 惟臣附于大邑周.' 其君子實[118]玄黃于匪以迎其君子, 其小人簞食壺漿[119]以迎其小人; 救民於水火之中, 取其殘[120]而已矣. 太誓[121]曰, '我武惟揚[122], 侵于之疆[123], 則取于殘. 殺伐用張[124], 于湯有光[125].' 不行王政云爾; 苟行王政, 四海之內皆

---

108 載(재): 시작하다.

109 芸(운): 김매다. '耘(운)'과 같다.

110 徯(혜): 기다리다.

111 后(후): 임금.

112 有攸不爲臣(유유불위신): 유나라가 신복하지 않다. '有攸'는 유나라(攸國)를 뜻한다. 옛날엔 '攸'를 '所(소)'로 해석했으나 국명으로 보는 것이 옳다. '爲'는 '惟(유)'로 된 판본도 있다.

113 綏厥士女(수궐사녀): 그 나라 남녀를 편하게 해주다. '綏'는 편안하다, 안돈하다. '厥'은 그(其). '士'는 남자.

114 匪厥玄黃(비궐현황): 대광주리에 검고 누런 비단을 담다. '匪'는 '篚(비)'와 같으니 광주리를 뜻한다. '玄黃'은 검고 누런 고급 비단, 고급 예물이다.

115 紹(소): 소개하다.

116 周王(주왕): 주나라 임금. 곧 무왕武王을 가리킨다.

117 休(휴): 아름다움. '美(미)'와 같다.

118 實(실): 채우다.

119 簞食壺漿(단사호장): 대그릇 밥(도시락)과 음료수 병. '簞'은 대나무 그릇. '食'는 밥. '壺'는 병. '漿'은 식혜.

120 殘(잔): 잔학함. 폭군을 뜻한다.

121 太誓(태서): 곧 '태서泰誓'를 이른다. 『서경』, 「주서周書」에 속하는데 일찍이 사라졌다. 지금 전하는 '太誓'는 가짜다. 동진東晉 때 매색梅賾이 본문의 여러 구를 '태서 중'에 집어넣었다(양백준).

122 揚(양): 떨치다.

舉首而望之, 欲以爲君; 齊楚雖大, 何畏焉!"

만장이 물었다.

"우리 송나라는 소국입니다. 만약 왕정을 시행하려는데 제나라와 초나라가 싫어하여 침공하면 어떻게 합니까?"

맹자, 말씀하시다.

"탕임금이 도읍한 박 땅은 갈나라와 이웃해 있었다. 갈백[126]이 방자하여 제사를 지내지 않았다. 탕임금이 사람을 보내 '어째서 제사를 지내지 않는가?'라고 묻자, '희생으로 쓸 짐승이 없다'라고 하였다. 탕임금은 소와 양을 보내주었다. 갈백이 이걸 먹어치우고 또 제사를 지내지 않았다. 탕임금이 또 사람을 보내 '어째서 제사를 지내지 않는가?'라고 묻자, 그는 '제물로 쓸 곡식이 없다'라고 하였다. 탕임금이 박읍 사람들을 보내 농사 짓게 해주고, 늙은이와 아이들로는 밥을 나르게 하였다. 갈백은 자기 백성을 이끌고 술과 밥, 곡식을 강요하여 탈취하고 주지 않으면 죽이기까지 하였다. 밥과 고기를 나르던 한 아이를 죽이고 음식을 빼앗은 일이 있었다. 『서경』에 '갈백구향'[127]이라는

---

123 侵于之疆(침우지강): 우나라의 경계를 공격하다. '于'는 나라 이름. '邘(우)'와 같다. '疆'은 경계(양백준).

124 殺伐用張(살벌용장): 죽이고 벌하는 공적을 펼치다. '用'은 '以(이)'와 같다. '張'은 펼치다.

125 于湯有光(우탕유광): 탕임금보다 더 빛나다. '于'는 ~보다. '有'는 '又(우)'와 같다.

126 葛伯(갈백): 갈나라의 우두머리.

맹자, 마음의 정치학 2

말이 그것이다. 갈백이 아이를 죽인 것 때문에 탕임금이 갈나라를 정벌하였는데, 천하 사람들은 한목소리로 '천하를 탐내서가 아니라 일반 백성을 위해 복수한 것이다'라고 하였다.

탕임금이 첫 정벌을 갈나라에서 시작한[128] 후 열한 개 나라를 정벌하였는데 천하에 대적할 자가 없었다. 동쪽 방면을 정벌하면 서방 오랑캐들이 원망하고, 남쪽 방면을 정벌하면 북방 오랑캐들이 원망하기를 '어찌하여 우리를 뒤로 미루시는가!'라고 하였다. 사람들이 탕임금을 고대하기를 마치 큰 가뭄에 비를 바라듯 하였다. 장을 보러 가는 사람은 길을 멈추지 않았고, 김매는 사람은 변함없이 김을 맸다. 죄지은 임금을 죽일 따름, 그 백성은 위로하니 마침맞게 내리는 비와 같아서 사람들은 크게 기뻐했다. 『서경』에 '우리 임금을 기다리네. 임금님이 오셔야 형벌이 없어지리라'[129]던 말이 이것이다.

또 『서경』에 '유나라가 신복하지 않자 무왕이 동쪽으로 정벌하여 그 남녀 백성을 편안하게 해주자, 검은 비단과 누런 비단을

---

127 葛伯仇餉(갈백구향): 조기는 "옛 『서경』 기사인 듯하나 전해지지 않는다"라고 했는데, 현본 『서경』, 「상서商書」, '중훼지고仲虺之誥'에는 실려 있다. 매색이 『위고문상서僞古文尙書』를 조작하면서 집어넣은 듯하다(매색의 『위고문상서』에 대한 비판은 정약용의 『매씨서평梅氏書評』 참고).

128 湯始征, 自葛載(탕시정, 자갈재): 앞에 '書曰(서왈)'이 빠졌다. 2:11에는 '湯一征, 自葛始(탕일정, 자갈시)'로 되어 있다. 여기서부터 "마침맞게 내리는 비와 같아서 사람들은 크게 기뻐했다"까지가 『서경』, 「상서」, '중훼지고'의 말인데, 지금 『서경』의 내용과는 또 약간 다르다(주희). '自'는 ~로부터. '載'는 시작하다.

129 徯我后, 后來其無罰(혜아후, 후래기무벌): 2:11에서는 '徯我后, 后來其蘇(혜아후, 후래기소)'라고 하였으니 약간 다르다.

대광주리에 담아 우리 주나라 왕을 소개받고 그 아름다움을 보자 큰 나라 주에 귀의하여 복종하였다'[130]라고 하였다. 그 나라 군자들은 대광주리에 검고 누런 비단을 담아 주나라 군자들을 영접하고, 소인들은 대그릇에 밥을 담고 병에 식혜를 담아 주나라 소인들을 환대하였으니 이것은 도탄에 빠진 백성을 구원하고 잔학한 폭군은 처단했기 때문이다. 그리고 『서경』, 「주서」, '태서'에는 '우리 무왕이 위엄을 드날려 우나라 경계를 공격하여 잔학한 폭군의 목을 베었다. 죽이고 벌하는 공적을 천하에 펼치니 저 탕임금보다 더 빛나도다!'라고 하였다.

왕정을 시행하지 않는다면 모르나 정작 왕정을 행하기만 하면 천하 사람이 모두 목을 빼어 우러러 바라보면서 자기 임금으로 삼으려 할 터인데, 제나라와 초나라가 비록 대국이지만 무얼 두려워할 게 있으랴!"

해설

만장은 맹자의 제자가 될 사람인데 송나라 출신이다. 이 장은 맹자가 송나라에 머물 때 처음으로 그와 만난 기록인 듯하다. 양혜왕이

---

130 有攸(유유)~大邑周(대읍주): 『고문상서』의 내용인데, 지금은 사라졌다. 매색이 이것을 「위무성僞武成」에 끼워 넣었다(양백준).

든 제선왕이든 등문공이든 맹자의 첫마디는 언제나 왕도 정치였듯 만장과의 첫 만남에서도 그랬던 모양이다. 그러니 만장의 첫 질문이 "우리 송나라는 소국입니다. 만약 왕정을 시행하려는데 제나라와 초나라가 싫어하여 침공하면 어떻게 합니까?"이다. 요컨대 왕도 정치는 좋은 것 같은데 막상 그 '이상주의'를 실현하는 와중에 강대국인 제나라와 초나라에서 쳐들어오면 어떻게 하느냐는 말이다.

당시 송나라 임금은 희대의 폭군 언偃이었다. 주희는 맹자가 만장을 만난 때를 "송왕 언이 등滕나라를 멸하고, 설薛나라를 정복하고, 제나라, 초나라, 위나라 군사를 패퇴시키면서 천하의 패자가 되려고 하던 때"로 추정했다.[131] 결국 송나라는 송왕 언의 폭정으로 망하게 되는데 그의 정치 이력을 검토하면 만장의 질문이 국가 존망의 대위기 앞에서 터져 나온 절박한 것임을 알 수 있다.

> 송나라 척성의 재위 41년째, 동생 언이 습격하여 그를 살해하고 스스로 즉위하여 제후가 되었다. 언은 재위 11년째, 스스로 왕을 칭하였다. 동쪽으로 제나라와 싸워 이겨 다섯 성을 취하였다. 남쪽으로는 초나라와 싸워 이겨 토지 300리를 얻었다. 서쪽으로는 위나라 군대와 싸워 이겼다. 이에 제·위·초는 송과 적국이 되었다.
>
> _『사기』, 「송미자세가宋微子世家」

---

131 등나라 문공은 인접한 대국인 제나라와 초나라의 침략을 크게 두려워했는데, 정작 멸망 당하기는 송나라에 의해서였음을 알 수 있다(2:12, 2:13 참고).

이 시점에 맹자와 만장의 회견이 있었던 것이겠다. 한편 송왕 언의 폭정과 송나라 멸망에 대해 사마천은 이렇게 기록하고 있다.

> 송왕 언은 소가죽 주머니에 피를 담아 걸고 활을 쏘아 맞추면서, 이것을 사천射天(하느님에게 활쏘기)이라고 불렀다. 술과 여인에 빠져 황음무도한 짓을 일삼았다. 대신 중에 간언하는 자가 있으면 즉시 쏘아 죽였다. 제후들은 그를 걸송桀宋(송나라 폭군)이라 부르면서 말하기를 "송나라 왕이 다시 그의 조상인 주紂(은나라 폭군)의 전철을 밟고 있으니 제거하지 않을 수 없다"고들 하였다. 모두 제나라가 송을 토벌하기를 요구하였다. 언의 재위 47년, 제나라 민왕湣王은 위나라, 초나라와 함께 송을 정벌하여 송왕 언을 죽이고 송나라를 멸망시켰다. 그 땅은 세 나라가 나눠 가졌다.
>
> _ 『사기』, 「송미자세가」

군주의 패악에 송나라 지배층은 골머리를 앓았고 그를 계도할 현자들을 물색하였던 듯하다. 이에 설나라 출신인 설거주를 초빙하여 임금의 스승으로 삼기도 하고(6:6), 또 맹자도 초청하여 정치 개혁 방안을 문의한 것이리라(6:8). 지금 이 장은 송나라에 와서 임금의 패악을 목도한 맹자가 임금과 회견하기를 거절한 상태(6:7)에서 명민한 젊은이 만장을 만나 자기 속내를 토로하는 장면으로 볼 수 있다. 만장은 꼭 세자 시절의 등문공처럼 조국이 생존할 길이 없음을 두려워하며 맹자가 제시하는 왕도 정치론이 위기에 처한 조국의 마지막 탈출구라 여겼던 듯하다. 한편으로 왕정론의 근본주의적(이상주의적?) 성질은 의심하면서도, 다른 한편으로 맹자가 『시경』, 『서경』 등의 고전에서 인용, 제시하는 왕정의 성공 사례에는 솔깃했던 것 같다. 이에 '어렵지만 불가능하지만은 않은' 희소한 가능성을 찾아 맹자의 제자가 된 것이리라.

한편 맹자가 만장의 질문에 『서경』의 내용을 여기저기 인용하면서 탕임금의 은나라 건국을 논하고, 이어 주나라 무왕의 위업을 열정적으로 말한 데는 까닭이 있을 것이다. 송나라는 은왕조의 후손이 세운 나라인 만큼 송나라의 시조가 탕임금이기 때문이리라. 또 주나라 무왕은 은왕조를 멸한 후, 송을 제후에 봉하여 은왕조 선조의 제사를 받들게 함으로써 송나라 건국에 은혜를 베풀었기 때문이겠다. 『사기』 기록에 따르면 "주공周公은 은나라 마지막 왕인 주의 아들 무경武庚이 관숙管叔과 함께 반란을 일으키자 이들을 주살한 후, 미자微子를 새로 옹립하여 송나라 제후로 삼아 조상의 제사를 맡겼다."(『사기』, 「송미자세가」)

물론 맹자가 만장–송나라–탕임금–무왕의 사사로운 인연으로만 이 장을 논한 것은 아닐 터다. 탕임금과 무왕이 공유하는 '왕정=덕치, 인정'의 정책을 송나라의 후예인 만장에게 설하여 마치 등문공에게 기대한 것처럼 왕도 정치의 부흥을 희망한 것이리라. 말하자면 송나라의 기원인 탕임금(은나라 시조)과 무왕(송의 시조를 세움)이 공유한 정치철학인 왕도 정치의 재건을 권한 것이다(맹자와 만장의 논전은 뒤의 제9, 10편에서 집중적으로 다루어진다).

孟子謂戴不勝[132]曰, "子欲子之王之善與? 我明告子. 有楚大夫於此, 欲其子
之齊語也, 則使齊人傳[133]諸? 使楚人傳諸?"

曰, "使齊人傳之."

曰, "一齊人傳之, 衆楚人咻[134]之, 雖日撻[135]而求其齊也, 不可得矣; 引而置[136]
之莊嶽[137]之間數年, 雖日撻而求其楚, 亦不可得矣. 子謂薛居州[138], 善士也,
使之居於王所. 在於王所者, 長幼卑尊[139]皆薛居州也, 王誰與爲不善? 在王所
者, 長幼卑尊皆非薛居州也, 王誰與爲善? 一薛居州, 獨如宋王何?"

맹자가 대불승에게 말했다.

"당신은 그대 임금을 선하게 만들고 싶으신가요? 내가 당신께
분명하게 알려주리다. 여기 초나라 대부가 있는데 자식에게 제
나라 말을 가르치고 싶다면 제나라 사람을 선생으로 모셔야겠
소, 아니면 초나라 사람을 선생으로 삼아야겠소?"

---

132 戴不勝(대불승): 송나라 신하(조기). 설나라를 쳐서 복속시킨 장군인 듯하다.

133 傳(부): 스승, 후견인.

134 咻(휴): 떠들다.

135 撻(달): 회초리로 치다.

136 置(치): 두다, 놓다.

137 莊嶽(장악): '莊'은 '육거리의 번화가'를 뜻한다. "네거리를 衢(구), 오거리를 康(강), 육거
리를 莊이라고 한다."(『이아爾雅』) '嶽'은 제나라 지명.

138 薛居州(설거주): 성씨로 보아 설나라 귀족인 듯하다.

139 長幼卑尊(장유비존): 늙고 젊고 낮고 높은 사람들, 곧 모든 사람.

대불승이 말했다.

"제나라 사람을 선생으로 모셔야지요."

맹자가 말했다.

"제나라 말을 가르치는 선생은 하나인데, 뭇사람이 모두 초나라 말로 떠들어댄다면 비록 날마다 회초리로 치면서 제나라 말을 가르쳐도 하지 못할 것이오. 거꾸로 그 자식을 제나라의 번화가 장악에 몇 년간 놓아둔다면, 날마다 회초리로 치면서 초나라 말을 하래도 그러지 못할 것이외다. 그대가 설거주가 '좋은 선비'라며 왕궁에 거처하게 했는데, 왕궁에 있는 늙고 젊고 낮고 높은 사람이 모두 설거주와 같은 사람이라면 왕이 누구와 함께 불선을 행할 것이며, 또 왕궁의 늙고 젊고 높고 낮은 사람이 모두 설거주와 같은 사람이 아니라면 왕은 또 누구와 함께 선을 행할 수 있겠소이까? 한낱 설거주 혼자 힘으로 송나라 왕을 어떻게 할 수 있겠소?"

해설

공자는 이인위미里仁爲美라, '어진 마을을 선택하여 사는 것이 지혜'라고 하였다(『논어』, 4:1). 역시 맹모삼천孟母三遷이라, 맹자의 어머니가 좋은 환경을 좇아 이사를 여러 차례 한 것도 인간이란 존재에게 함께 더불어 사는 사회적 특성이 있음에 주의했기 때문이다. 사람으로서 홀로 이룰 수 있는 일은 거의 없다. 함께 더불어 일을 이루기에 인간을 사회적 동물이라 하는 것이다. 그러니 제아무리 탁월한 재주와 고매한 인격을 갖춘 현자라도 혼자서 무엇을 할 수 있으랴. 여기 끝 문단, "왕은 또 누구와 함께 선을 행할 수 있겠소이까? 한낱 설거주 혼자 힘으로 송나라 왕을 어떻게 할 수 있겠소?"라는 대목의 '함께(與)'와 '혼자(獨)'는 실은 『맹자』 전체를 관통하는 적대적 개념 쌍이다. 공자조차 진나라와 채나라 사이에서 고초를 당한 까닭은 홀로 그 길을 갔기 때문이지 않았던가. "군자께서 진나라와 채나라 사이에서 고초를 당한 까닭은 아래위 사람들과 교유가 없었기 때문이다."(14:18) 맹자 역시 선생 혼자서 가르치는 교육의 효과를 의문시한 적이 있다. "왕이 지혜롭지 않다고 이상하게 생각할 것이 없다. 설령 하늘 아래 가장 빨리 크는 식물이 있다 해도 햇볕을 하루 쪼이고 열흘을 차갑게 한다면 살아남을 수 없으리라. 내가 임금을 만나는 것은 드물고, 내가 물러나면 왕의 마음을 차갑게 하는 자들이 이르니 싹이 있은들 내가 어떻게 할 수 있을까?"(11:9) 요컨대 혼자로는 제아무리 탁월한 현자라도 안 된다. 오로지 '함께 더불어'만이 미풍양속의 사회를 형성할 수 있고, 그 속에서야 '좋은 정치'를 이룰 수 있다.

형과 관계를 끊고 어미를 멀리하며 세상이 더럽다고 홀로 숨어 사는 진중자陳仲子를 맹자가 극력 비난한 까닭도(6:10) '함께 더불어' 사는 인간의 기초 단위인 가족을 방기했기 때문이다. "물 한 잔으로 한 수레 가득 실은 땔감의 불을 끄듯 한다"(11:18)라는 비유가 가리키는 지점도 같다.

본문에 현자로 출연하는 설거주는 혹 설나라 출신의 귀족이었는지 모른다. 송나라가 설나라를 정복했다는 주희의 말을 참고하면(6:5 해설), 송나라 총사령관인 대불승이 설나라를 정복하고 돌아올 적에 현자로 알려진 설거주를 동반한 듯하다. 그리고 송왕 언의 폭정을 막아보려 그를 궁중에 왕사王師로 모셨던 것으로 보인다. 그러나 친인척과 지배층도 제어하지 못하는 송왕의 패악을 어떻게 외부 인사 한 사람이 바꿀 수 있겠는가. 거꾸로 송나라 사람들의 처지에서 헤아리자면, 국가의 멸망이 예견되는 절박한 상황에서 지푸라기라도 잡아보려는 심정으로 영웅 대망론을 널리 공유하지 않았을까? 국가를 구원할 영웅의 출현을 바라는 마음이 현인 초빙론으로 표출되었고, 이에 설거주며 맹자를 모셔와 일거에 폭군을 회개시키려는 마지막 시도를 했던 듯하다(구한말 온 나라에 퍼졌던 각종 영웅주의 담론과 출판물을 연상하자). 그러나 영웅주의로는 군신이 모두 부패한 송나라의 정치 현실을 타개할 수 없다는 것이 맹자의 냉정한 판단이었다.

한편 이 장을 통해 우리는 전국시대 중국 초나라의 남방 언어와 제나라의 동방 언어가 서로 달라 통역이 필요할 정도였음도 알 수 있다.

6:7. 추천 없는 출세의 말로

公孫丑問曰, "不見諸侯何義?"

孟子曰, "古者不爲臣不見. 段干木[140]踰垣[141]而辟[142]之, 泄柳[143]閉門而不內[144], 是皆已甚; 迫[145], 斯可以見矣. 陽貨[146]欲見孔子而惡無禮. 大夫有賜[147]於士, 不得受於其家, 則往拜其門. 陽貨瞷[148]孔子之亡[149]也, 而饋[150]孔子蒸豚[151]; 孔子亦瞷其亡也, 而往拜之. 當是時, 陽貨先, 豈得不見?

曾子曰, '脅肩諂笑[152], 病于夏畦[153].' 子路曰, '未同而言, 觀其色赧赧然[154]. 非

140　段干木(단간목): 전국시대 위魏나라 현자. 성은 '段干'이고 이름이 '木'. 공자의 제자 자하子夏에게 학문을 배웠다.

141　垣(원): 담.

142　辟(피): 피하다. '避(피)'와 같다. 여기 "담을 넘어 피했다"는 것은 위문후魏文侯가 벼슬을 맡길 요량으로 찾아오자 달아나버렸다는 뜻이다(최술, 이재하 옮김, 『수사고신여록』, 한길사, 2009, 323쪽).

143　泄柳(설류): 춘추시대 노나라 목공 때의 현자.

144　內(납): 들이다. '納(납)'으로 된 판본도 있다.

145　迫(박): 궁하다, 간절하다.

146　陽貨(양화): 춘추시대 노나라 집정자 계씨의 가신으로 이름은 호虎. '貨'는 자字다. 일찍이 계환자季桓子를 감금하고 국정을 농단한 인물이다(주희, 『논어집주論語集註』).

147　賜(사): 주다.

148　瞷(감): 엿보다.

149　亡(무): 없다. '無(무)'와 같다.

150　饋(궤): 보내다.

151　蒸豚(증돈): 삶은 돼지고기.

152　脅肩諂笑(협견첨소): 어깨를 옹송그리고 아첨하는 웃음. '脅'은 올리다. '肩'은 어깨. '諂'은 아첨하다. '笑'는 억지로 웃는 모양.

153　病于夏畦(병우하휴): 한여름 밭에서 김매기보다 힘들다. '病'은 피곤하다. '畦'는 밭두둑. '夏畦'는 여름날 김매는 것.

由之所知也.’ 由是觀之, 則君子之所養, 可知已矣.”

공손추가 물었다.

"선생님이 제후를 만나지 않는 데는 무슨 뜻이 있습니까?"

맹자, 말씀하시다.

"옛날에는 임금이 신하로 삼지 않은 사람을 불러서 만날 수 없었다. 단간목은 담을 넘어 임금을 피했고, 설류는 문을 닫아걸고 집 안에 들이지 않았다. 이는 모두 너무 지나치다고 하겠는데 임금의 뜻이 간절하면 만나도 괜찮을 것이다. 양화는 공자가 자기를 찾아오게 하고 싶었으나, 예의 없는 짓이라 할까 두려웠다. 다만 대부가 사에게 물건을 줄 때 그의 집에서 직접 받지 못하면 대부의 집에 찾아와 절을 하는 예법이 있으니, 양화는 공자의 거동을 엿보다가 출타한 틈을 타 삶은 돼지고기를 보냈다. 공자도 그가 출타한 틈을 타 그 집에 가서 절을 했다. 당시 양화가 먼저 공자를 찾아왔다면 어찌 만나지 못했겠느냐.

증자가 말했지. '어깨를 옹송그리고 아첨하는 웃음을 짓는 것은 한여름 밭에서 김매는 일보다 힘들다'라고. 자로도 말했지. '동의하지 않으면서 맞장구치는 자들의 얼굴을 보면 화끈화끈하다. 나로서는 도무지 알 수 없는 짓'이라고. 이를 보면 군자가 기르려는 바[155]를 알 수 있으리라."

---

154 赧赧然(난난연): 부끄러워 얼굴을 붉히는 모양. '赧'은 얼굴을 붉히다.

공손추의 질문은 "선생님이 제후를 만나지 않는 데는 무슨 뜻이 있습니까?"인데(아마 송왕 언의 패악을 목도한 맹자가 송나라 제후를 만나기를 포기했던 듯하다), 맹자는 외려 현자가 권력자를 찾아가 만나는 법은 없고, 권력자가 현자를 찾아오더라도 만나주지 않는 경우는 있다고 답한다. 양화가 공자를 만나지 못한 까닭은 무엇인가? '불러서' 만나고자 하였기 때문이다(참고를 볼 것). 그렇다면 양화가 공자를 만날 방법은 무엇인가? 급한 사람이 우물을 판다는 속담처럼 권력자가 지혜를 빌리러 와야지, 우물이 사람을 찾아가서 목을 축여주는 법은 없다. 양화가 치국의 방략을 알고 싶어 스스로 사제 간의 예를 차려 공자를 찾아왔다면 공자가 거부하기까지야 했겠느냐는 것.

문제는 오느냐, 가느냐의 자존심 다툼이 아니라 '배우려' 하느냐, '부리려' 하느냐의 차이다(4:2 참고). 둘은 천양지차다. 배우려 들 때는 경청하게 되고 그런 끝엔 왕이 된다(3:8 대순大舜의 경우). 반면 부리려 들 때는 선비들조차 임금을 원수로 대하는 일이 생긴다(8:3). 함부로 오라 마라 할 수 없는 현자(不召之臣)를 신하로 모실 깜냥이 되는 군주(大有爲之君)만이 현자를 찾아가 사제 간 예를 취한 뒤 배움을 얻고 그를 임용할 수 있다(4:2). 노평공이 자기를 찾아오려다가 그만둔 행각을 두고 맹자가 시큰

---

155 君子之所養(군자지소양): '君子'는 공자를 지칭한다. 증자나 자로는 모두 공자의 제자이니 두 제자의 말을 헤아려보면 공자가 기르고자 한 가치를 미루어 짐작할 수 있다는 것. '養'은 뜻을 기르다(養志).

등하게 여긴 까닭도 이와 같았다(2:16). 절실한 뜻이 없으면 혹은 절박함이 없으면, 찾아온들 제대로 배우려 하지 않을 것이기 때문이다. 한편 군주-신하의 계약을 맺지 않은 보통의 백성은 신하가 아니니 군주가 함부로 오라 가라 할 수 없다. 공자는 한밤중에 군주의 부름을 받으면 마차가 완전히 짜이기도 전에 출발했다고 하는데, 이는 그가 직위를 가진 신하였기 때문이다(10:7 참고).

『맹자』 전편을 간추려볼 때 군주와 평민의 만남에는 네 가지 경로가 있다. 첫째는 대상이 평민일지라도 군주가 만나고 싶다면 폐백을 갖춰 직접 찾아가야 한다. 그가 군주를 회피한다면 만날 수 없고(단간목, 설류의 경우), 받아들인다면 일단 스승-제자 관계가 성립한다. 삼고초려의 고사인 탕과 이윤의 사이, 유비와 제갈량의 사이를 예로 들 수 있다. 둘째, 신하가 되려는 사람이 폐백을 갖춰 군주를 찾아가거나 추천을 받아 군주를 만나는 경우. 이때는 군주와 후보자가 서로의 사람됨을 관찰한 후 뜻이 맞으면(이른바 득지得志) 군신 관계가 성립한다. 공자가 폐백을 수레에 싣고 주군을 찾아 나선 것, 임금의 명을 받으면 마차가 꾸려지기도 전에 서둘러 달려간 것이 그 예가 된다. 셋째는 군주와 평민이 붕우로서 사귀는 경우다. 이른바 덕교德交라고 할 수 있다. 권력과 상관없이 서로 오가며 만나는 것이니 대등한 교유 관계가 된다. 덧붙여 군주가 평민을 법규에 따라 징발하여 군역이나 부역을 시행할 수는 있다. 이는 공동체의 일원으로서 해야 할 의무에 속한다(10:7의 시정지신市井之臣과 초망지신草莽之臣, 참고).

각각의 경로에는 각기 적합한 코드, 즉 예禮가 따로 있다. 그 예에 맞춰 서로가 발화-응대할 때 올바른 소통이 이뤄진다. 따라서 평민의 출처와 진퇴, 군주의 소환과 응접, 만남과 등용은 모두 정치적 행동이므로 의식적으로 조심스럽게 수행해야 한다("공경심이 예의 단서恭敬之心, 禮之端"인 까닭이다). 맹자가 꿈꾼 새로운 문명 세계는 만남의 예법을 올바로 수립하고 통용하는 일이 그 출발점이 되고, 각각의 경로를 따라 정확하게 소통하는 것이 그 완성이 된다. 마치 공자가 '이름을 바로잡는 일(正名)'을 정치의 첫걸음으로 중시하였던 것처럼, 맹자는 각 경로에 합당한 만남과 절차, 곧 예를 천하 질서의 핵심으로 삼았다.

끝 단락에 "어깨를 옹송그리고 아첨하는 웃음을 짓는 것은 한여름 밭에서 김매는 일보다 힘들다"라는 증자의 비아냥거림과 "동의하지 않으면서 맞장구치는 자들의 얼굴을 보면 화끈화끈하다. 나로서는 도무지 알 수 없는 짓"이라는 자로의 푸념에 당시 관료들의 부끄러운 몸짓이 드러나 있다(8:33에 나오는 '무덤 타는 사내'의 우화도 마찬가지다). 권력과 재력에 목이 꿰인 자들의 옹색한 모습이다. 장자는 이들의 행각을 권력자의 똥구멍에 난 치질을 핥아주고 수레를 얻는 짓에 비유하기도 했다. 그러나 유교 지식인, 선비라면 이 따위들과 전혀 다른 길을 갈 터이다. 끝에 "군자가 기르려는 바를 알 수 있으리라"라는 맹자의 말에서 '기르려는 바'란 도덕적 주체로 서서 정치에 참여하되 아니라면 그만두는 대장부의 자질을 이른다.

참고　양화와 공자 사이의 밀고 당기는 실랑이는 『논어』에 실감 나게 실려 있다.

양화가 공자를 만나고자 하였다. 공자가 만나주지 않자 공자의 집에 돼지고기를 보냈다. 공자도 그가 없는 때를 타서 인사를 하려 했더니 길에서 만나고 말았다.

양화가 공자에게 말했다.

"오시죠. 내가 당신과 할 말이 있소이다. 보배를 품고서도 그 나라를 혼미하게 버려두는 것을 인仁이라 이를 수 있소이까?"

공자가 말했다.

"아니외다."

양화가 말했다.

"하면 공직에 종사하기를 좋아한다면서 자꾸 기회(時)를 잃는 것이 과연 지혜롭다(知)고 할 수 있소?"

공자가 말했다.

"아니외다."

양화가 말했다.

"해와 달은 흘러가고, 세월은 나를 기다려주지 않소."

공자가 말했다.

"알겠소. 내 장차 벼슬하리다."

_『논어』, 17:1

양화는 나름 지성을 갖춘 인물이었던 듯한데, 맹자도 '유항산, 유항심有恒産, 有恒心(일정한 생업이 있어야 일관된 마음이 있다)' 논리를 술회하는 가운데 그 근거로 양화의 말을 인용한 바 있다. "양호(양화)가 말했지요. '부자가 되려면 인할 수 없고, 인하려면 부자가 될 수 없다'라고."(5:3) 양화는 노나라 정권을 장악한 계씨의 참모였는데 계씨 정권을 뒤엎고 일약 대부大夫로 승격한 인물이다. 그는 지략과 배포, 추진력이 대단한 정략가였다. 노나라에서 정변에 실패한 후 제나라로 망명하였다가 구금되었는데, 뒷날 조趙나라에서도 등용되었다고 전한다(『한비자』, 『사기』, 『회남자淮南子』 참고). 흥미롭게도 공자와 양화는 생김새가 흡사하였다. 이로 말미암아 20여 년 후 공자가 천하를 주유하던 시절, 광匡 땅에서 곤경에 처하기도 했다(『사기』, 「공자세가孔子世家」).

주목할 것은 양화의 세 가지 질문에 대한 공자의 반응이다. 특히 마지막 구절 "알겠소. 내 장차 벼슬하리다諾. 吾將仕矣"라는 대답의 의미다. 공자가 쿠데타 주모자라고 할 양화의 권유에 긍정적으로 대응하고 있다. 여기서 '락諾'은 '심사숙고 끝에 대답하다'라는 뜻이다. 그러니 공자가 곤경을 모면하기 위해 벼슬을 살겠다 말했다고 보기는 어렵다. 즉 양화의 세 가지 질문에 공자가 설복당했다고 봐야 한다. 공자는 당시 제후를 대신한 '대부 정치'를 비판적으로 보았던 것 같다. 이에 사 계급의 쿠데타를 용인한 것인지 모른다.[156]

戴盈之[157]曰, "什一[158], 去關市之征, 今玆[159]未能, 請輕之. 以待來年, 然後已, 何如?"

孟子曰, "今有人日攘[160]其鄰之鷄者, 或告之曰, '是非君子之道.' 曰, '請損[161]之, 月攘一鷄, 以待來年, 然後已.' ─ 如知其非義, 斯速已矣, 何待來年?"

대영지가 말했다.

"10분의 1 세제를 행하고 관세와 시장세를 없애는 것은 올해 당장 시행하기 어렵습니다. 세금을 낮춰가며 다음 해를 기다렸다가 철폐하고자 합니다만, 어떨지요?"

맹자, 말씀하시다.

"여기 날마다 이웃집 닭을 슬쩍하는 자가 있는데 누가 그에게 '이건 군자의 도리가 아니다'라고 하니, 그자가 '그러면 줄여서 달마다 한 마리씩 슬쩍하다가 내년을 기다려 그만두도록 하겠다'라고 한다면 어떨까요? ─ 이것이 의롭지 않은 줄 안다면 곧장 그만두어야지 어찌 내년을 기다린단 말입니까?"

---

157 戴盈之(대영지): 송나라 대부.

158 什一(십일): 10분의 1 세제. 곧 철법徹法을 뜻한다(참고를 볼 것).

159 今玆(금자): 올해. 내년은 '來玆(내자)'라고 한다.

160 攘(양): 슬쩍하다. 적극적으로 남의 것을 훔치는 짓은 '盜(도)', 내 집에 들어온 남의 물건을 취하는 것은 '攘'.

161 損(손): 덜다.

　　양나라나 제나라 같은 강대국이든, 등나라 같은 약소국이든, 또 여기 송나라 같은 강소국이든 규모를 막론하고 맹자의 급선무는 민사民事, 곧 민간의 경제를 살리는 정책이다. 등문공이 국가 경영책(爲國)을 물었을 때, 맹자가 "민간 경제는 늦출 수 없다民事不可緩也"며 제시했던 '유항산, 유항심' 대책이 송나라에서는 농민에 대한 세금 경감책, 즉 10분의 1 세제 시행과 관세, 시장세 철폐로 압축하여 제시된다. 이미 춘추시대에 5분의 1 세제도 부족하다는 군주의 하소연을 염두에 두면(참고를 볼 것) 당시 10분의 1 세제(철법)는 대단히 약소한 세율임을 짐작할 수 있다. 철법 시행으로 민간 경제의 기반을 다지고, 관세와 시장세를 철폐하여 유통과 교역(통공역사)을 진흥하는 경제 개혁 방안은 맹자가 구상한 혁신 국가의 기본 틀이다(5:3, 5:4 참고).

　　'지금 여기'의 급선무를 선별하고(때와 급선무를 선별하는 능력이 정치가의 지혜다. 공자가 성지시자聖之時者로 평가되는 데서도 '시時'가 핵심이다), 그것을 급급하게 실행하느냐 아니면 뒤로 미루느냐(주어진 조건 아래서 실행하는 것도 정치적 능력이다)에 따라 좋은 정치와 나쁜 정치가 판가름 난다. 요와 순이 성왕인 까닭도 급선무를 파악하여 급급하게 시행했기 때문이다. 뒤에 "요순 임금의 지혜로도 만물을 다 알지 못한 것은 먼저 알아야 할 것을 급하게 여겼기 때문이다. 요순 임금의 인으로도 만인을 모두 사랑하지 못한 것은 가족과 현자를 앞세웠기 때문이다"(13:46)라고 했다. 요순의 정치, 곧 왕도의 실천 원리란 급선무를 파악하여 시급하게 해결하는 것이었음을 알 수 있다.

그런데 지금 송나라 재상 대영지는 맹자의 급선무 대책을 시큰둥하게 받아넘긴다. "올해 당장 시행하기 어렵습니다. 세금을 낮춰가며 다음 해를 기다렸다가 철폐하고자 합니다만, 어떨지요?"라는 질문이 그렇다. 이는 의례적인 인사일 뿐 시행하고 싶지 않은 발뺌임을 맹자는 잘 알고 있다. 이에 맹자는 이웃집 닭을 훔치는 사람의 예를 들어 당장 시행하거나, 아니면 그만두거나 할 따름이라고 강조한 것이다.

뜨거운 불덩이가 얼굴에 덮치는 것처럼, 그동안의 잘못된 정책에 대한 통절한 부끄러움(남의 것을 훔쳐 먹었구나!)과 여민을 바탕으로 한 왕정 대책으로 서둘러 전환하고자 하는 열정이 "한마음에서 우러나 낯과 눈에 드러나지中心達於面目"(5:5) 않는다면 개혁 정치의 동력과 지구력을 확보할 수 없다. 다시금 '마음의 정치학'으로 귀환한다. '하늘이 무너지고 있구나. 땅이 꺼질 판인데 우리는 이렇게 미적거리고만 있구나'라는 눈이 어질어질한 각성이 마음에서 우러나지 않는다면 근본적인 개혁은 불가능하다. "의롭지 않은 줄 안다면 곧장 그만두어야지如知其非義, 斯速已矣"라는 끝마디가 품은 뜻이 그렇다. 결국 미봉책이나 일삼으며 내일, 또 내일로 미루다가는 민심의 이반을 초래하고, 국가의 내란 상태를 자초하며, 자멸하는 시기를 앞당길 뿐이다(『사기』, 「송미자세가」의 끝부분 송나라 멸망 기록 참고).

이 장은 현대 사회과학으로 접근할 수도 있다. 경제학자 앨버트 O. 허시면Albert O. Hirschman은 보수파가 개혁에 반대하고, 나아가 좌절시키는 논법을 네 가지로 정리한다. 첫째 역효과. 개혁의 의도와 반대되는 결과를 낳을 수 있다는 점에서 반대한다. 둘째 무용하다. 계획이 비현실적이라는 이유로 반대한다. 셋째 위험하다. 경험한 사례가 없어 위험하기에 반대한다. 덧붙여 시기상조론도 있다. 개혁이 본질적으로 옳고 정당하다 해도 때가 되지 않았기 때문에 반대한다. 영국의 고전학자 프랜시스 콘퍼드Francis Cornford는 이를 '시기상조의 원칙'이라고 이름 붙였다.[162] 이는 꼭 대영지의 발뺌을 유념하고 세운 가설 같다.

맥락을 짚어보면 6:5~6:8은 맹자가 송나라에 체류할 때 실제로 겪었던 일인 듯하다. 6:5에서 맹자는 '제자가 될' 만장의 질문에 왕도 정치론을 원론적으로 설하였다. 6:6에서는 송나라 대부 대불승이 군주를 선도하려는 것을 두고 그 불가능성을 논했다. 이 두 사례와 6:7 공손추의 물음(제후를 찾아가서 만나지 않는 이유)을 연결하면 맹자는 송왕 언의 포악함을 알고서 왕을 직접 회견하지 않았음이 분명하다. 그리고 여기 6:8에서는 송나라 재상 대영지의 현상 유지 미봉책을 강하게 비판하고 있다.

만장은 맹자가 송나라에 체류하는 동안 곁에서 그를 보필하며 이 과정을 지켜봤던 것 같다. 10:6~10:8에서 만장이 스승에게 던지는 질문이 여기 내용과 대동소이한 것이 그 방증이다. 거기서 만장은 맹자의 출처와 진퇴에 대해 날카롭게 질문하는데, 맹자는 선비의 정치적 행동의 원칙으로 난진이퇴難進易退(출사는 어렵게 하고 은퇴는 쉽게 하다)를 제시하고, 그 까닭을 논하고 있다. 겹쳐서 봐야겠다.

---

162 앨버트 O. 허시먼, 이근영 옮김, 『보수는 어떻게 지배하는가』, 웅진지식하우스, 2010, 127쪽.

　　　　　　　　　　　　　　　　　　　맹자, 마음의 정치학 2

이 장은 꼭 노나라 군주 애공哀公과 공자의 제자 유약有若이 세금 문제로 대화한 것을 연상케 한다.

> 애공이 유약에게 물었다.
> "올해 흉년이 들어 재용이 부족한데 어찌하면 좋겠소?"
> 유약이 대하여 말했다.
> "어찌 철법(10분의 1 세제)을 쓰지 않으시는지요?"
> 애공이 말했다.
> "10분의 2를 거둬도 오히려 부족할 판에 어떻게 철법을 쓰라고 하시오?"
> 유약이 말했다.
> "백성이 풍족하다면 임금께서 누구와 더불어 부족할 것이며, 백성이 부족하다면 임금께서는 누구와 함께 풍족할 수 있겠습니까?"
> _『논어』, 12:9

유약의 답변 가운데 백성과 '함께 더불어'에 유의하면 맹자의 여민 철학이 공자 학파의 정통을 계승했음을 알 수 있다. 또 본문에 맹자가 송나라 재상 대영지에게 설파한 10분의 1 세제의 기원을 헤아려볼 수도 있다. 역시 맹자의 정치경제학은 민사民事, 즉 민간의 경제에 핵심이 있음을 재확인할 수 있다. '황금알 낳는 거위'라는 우화가 주는 교훈처럼, 황금알에 급급하여 거위를 죽이는 어리석음을 권력자들은 언제나 저지르는 법인가 보다.

6:9. 두려움으로 공자와 소통하다

公都子[163]曰, "外人皆稱夫子好辯[164], 敢問何也?"

孟子曰, "予豈好辯哉? 予不得已也. 天下之生久矣, 一治一亂. 當堯之時, 水逆行, 氾濫[165]於中國, 蛇龍[166]居之, 民無所定; 下者爲巢[167], 上者爲營窟[168]. 書[169]曰, '洚水[170]警余.' 洚水者, 洪水也. 使禹治之. 禹掘地[171]而注之海, 驅[172]蛇龍而放之菹[173]; 水由[174]地中行, 江·淮·河·漢是也. 險阻[175]旣遠[176], 鳥獸之害人者消[177], 然後人得平土而居之.

堯舜旣沒, 聖人之道衰. 暴君代作, 壞宮室以爲汙池[178], 民無所安息[179]; 棄田

---

163 公都子(공도자): 맹자의 제자.

164 辯(변): 말을 잘하다. '논쟁하다'라고 번역하였다.

165 氾濫(범람): 물이 넘치다.

166 蛇龍(사룡): 뱀과 이무기.

167 巢(소): 둥지.

168 營窟(영굴): 토굴집. '穴居(혈거)'와 같다. 오늘날도 중국 서북 지방에는 요동窰洞이라는 동굴집이 있다.

169 書(서): 현본 『고문상서』, 「대우모大禹謨」. 한대漢代의 조기는 이 대목을 "『서경』가운데 일실된 편이다尚書逸篇也"라고 하였다. 이 편이 뒷날 채집 혹은 각색된 것임을 알 수 있다.

170 洚水(홍수): 큰 물.

171 掘地(굴지): 물의 흐름을 가로막은 장애물을 파내는 것.

172 驅(구): 몰다.

173 菹(저): 늪.

174 由(유): 따르다.

175 險阻(험조): "홍수가 범람하여 만든 저습지."(주희) '險'은 험하다. '阻'는 막다.

176 遠(원): 제거하다.

177 消(소): 사라지다.

178 汙池(오지): 웅덩이와 연못.

以爲園囿[180], 使民不得衣食. 邪說暴行又作, 園囿·汙池·沛澤[181]多而禽獸至. 及紂之身, 天下又大亂.

周公相武王誅紂, 伐奄[182]三年討其君, 驅飛廉[183]於海隅[184]而戮[185]之, 滅國者五十, 驅虎·豹·犀·象[186]而遠之, 天下大悅. 書[187]曰 '丕[188]顯哉, 文王謨[189]! 丕承哉, 武王烈[190]! 佑啓[191]我後人, 咸[192]以正無缺[193].'

世衰道微, 邪說暴行有[194]作. 臣弑其君者有之, 子弑其父者有之. 孔子懼, 作春秋. 春秋, 天子之事也; 是故孔子曰, '知我者其惟[195]春秋乎! 罪我者其惟春秋乎!'

聖王不作, 諸侯放恣[196], 處士橫議, 楊朱·墨翟 之言盈[197]天下. 天下之言不歸

---

179 息(식): 쉬다.

180 園囿(원유): 정원과 동산.

181 沛澤(패택): 늪과 못.

182 奄(엄): 나라 이름.

183 飛廉(비렴): 폭군 주왕의 총신.

184 隅(우): 구석.

185 戮(륙): 죽이다.

186 虎·豹·犀·象(호·표·서·상): 호랑이와 표범, 코뿔소와 코끼리. 전국시대에는 코뿔소와 코끼리가 중국 북부 지역 황하 유역에도 살았다(마크 엘빈, 정철웅 옮김, 『코끼리의 후퇴』, 사계절, 2011).

187 書(서): 『서경』, 「주서」, '군아군아'.

188 丕(비): 크다.

189 謨(모): 꾀, 생각.

190 烈(렬): 공적(功).

191 佑啓(우계): '佑'는 돕다. '啓'는 열다.

192 咸(함): 모두.

193 缺(결): 흠.

194 有(유): 또. '又(우)'와 같다.

195 其惟(기유): 오직 ~뿐.

楊, 則歸墨. 楊氏爲我, 是無君也; 墨氏兼愛, 是無父也. 無父無君, 是禽獸也. 公明儀曰, '庖[198]有肥肉, 廏[199]有肥馬; 民有飢色, 野有餓莩[200], 此率獸而食人也.' 楊墨之道不息, 孔子之道不著[201], 是邪說誣[202]民, 充塞[203]仁義也. 仁義充塞, 則率獸食人, 人將相食. 吾爲此懼, 閑[204]先聖之道, 距[205]楊墨, 放淫辭, 邪說者不得作. 作於其心, 害於其事; 作於其事, 害於其政. 聖人復[206]起, 不易吾言矣.

昔者禹抑洪水而天下平, 周公兼夷狄, 驅猛獸而百姓寧[207], 孔子成春秋而亂臣賊子懼. 詩云, '戎狄[208]是膺[209], 荊舒[210]是懲[211], 則莫我敢承[212].' 無父無君, 是周公所膺也. 我亦欲正人心, 息邪說, 距詖[213]行, 放淫辭, 以承三聖者; 豈好辯

196 恣(자): 멋대로 하다.
197 盈(영): 차다.
198 庖(포): 부엌.
199 廏(구): 마구간.
200 餓莩(아표): 주려 죽은 시체. '餓'는 굶주림. '莩'는 죽다.
201 著(저): 드러나다.
202 誣(무): 속이다.
203 充塞(충색): 막다.
204 閑(한): 보호하다.
205 距(거): 막다. '拒(거)'와 같다.
206 復(부): 다시.
207 寧(녕): 편안하다.
208 戎狄(융적): 오랑캐. '戎'은 서방 오랑캐. '狄'은 북방 오랑캐.
209 膺(응): 응징하다.
210 荊舒(형서): '荊'은 남방 오랑캐. '舒'는 동방 오랑캐.
211 懲(징): 징계하다.
212 承(승): 당하다. '當(당)'과 같다.
213 詖(피): 치우치다.

哉? 予不得已也. 能言距楊墨者, 聖人之徒也."

공도자가 말했다.

"바깥 사람들이 선생님더러 논쟁하기를 좋아한다고들 합니다. 어째서 그런 소리를 듣게 됐는지 감히 여쭙습니다."

맹자, 말씀하시다.

"내 어찌 논쟁하기를 좋아하겠느냐? 내 부득이해서 그러는 것이다. 하늘 아래 사람이 살아온 지 오래되었는데 일치일란이라 치세와 난세가 번갈아들었다. 요임금 시대를 맞아 큰물이 역류하여 도성에까지 흘러넘쳐 뱀과 이무기가 똬리를 틀자, 사람이 살 터전이 사라져 낮은 지대 사람들은 나무 위에 둥지를 짓고, 높은 지대 사람들은 토굴을 파고 살았다. 『서경』에 '홍수가 나를 경계한다'라고 하였는데, 홍수란 큰물을 말한다.

우에게 물을 다스리게 하시니 우는 땅을 파서 물을 바다로 흘려 보내고 뱀과 이무기를 늪으로 몰아넣었다. 물이 수로를 따라 흐르게 되니 강수, 회수, 하수, 한수가 이것이다. 저습지가 사라지고 사람을 해치던 새와 짐승도 사라지자 사람들이 평지에 거주하게 되었다.

요임금과 순임금이 서거한 뒤 성왕의 정치가 쇠락하자 폭군들이 연달아 일어나 백성의 거주지를 부수고 웅덩이와 연못을 만들자 백성은 안식할 집을 잃고, 논밭을 뒤집어 정원과 동산으로 만드니 백성은 의복과 음식 얻을 땅을 잃었다. 삿된 학설과 폭

행이 다시 일어나 정원과 동산, 웅덩이와 연못, 늪과 못이 많아
지자 짐승과 새들이 다시 모여들었고, 주紂왕의 시대에 이르자
천하는 다시 대혼란에 빠졌다.

주공이 무왕을 도와 주왕을 징벌하고 엄나라를 정벌한 지 3년
만에 그 임금을 주벌하고, 비렴을 바닷가 외진 곳에 몰아 처단
하니 멸망시킨 나라가 50여 국이었다. 호랑이와 표범, 코뿔소
와 코끼리를 몰아서 멀리 쫓아내니 천하가 크게 기뻐하였다.
『서경』에 '위대하고 밝았구나, 문왕의 생각이여! 고스란히 이
었구나, 무왕의 빛나는 공적이여! 우리 후손을 도와 길을 열어
주시니 하나같이 올바르고 흠이 없도다!'라고 기렸다.

다시 세태가 쇠락하고 도가 미약해지자 삿된 학설과 폭정이 되
살아나 임금을 시해하는 신하와 아비를 해치는 자식이 생겼다.
공자께서 이 사태를 두려워하여『춘추』를 지었는데[214]『춘추』
는 천자가 해야 할 사업이다. 이에 공자는 '나를 아는 자는 오
직『춘추』를 보고서일 터요, 나를 벌할 자도 오직『춘추』를 보
고서일 터'라고 하셨다.[215]

---

214 作春秋(작춘추):『춘추』는 노나라 은공隱公 원년(기원전 722)에서 애공哀公 14년(기원전
481)까지 약 240년의 사적事跡을 연대순으로 기록한 역사서다. 책명을 따라 이 기간을 춘
추시대라고 부른다. 맹자는『춘추』의 편찬자를 공자로 지목한다(8:21). '作春秋'에서 '作'
의 의미는 8:21 해설 참고.

215 공자가『춘추』를 지은 것은 부득이不得已해서라는 뜻이다. 서두에 맹자가 다변인 까닭은
부득이해서라고 하였다. 그렇다면 맹자는 지금 공자가 부득이하게『춘추』를 지어 시비를
가리고 의와 불의를 판정한 저술의 정신을 계승하고 있는 것이다.

맹자, 마음의 정치학 2

성왕이 나오지 않으니 제후들은 방자해지고 처사들이 함부로 비난하였다[216]. 특히 양주[217]와 묵적[218]의 학설이 천하에 넘실거리는데[219] 오늘날 천하 학설은 양주를 따르거나 묵적을 붙좇고 있다. 양씨는 위아[220]를 주장하니 이는 임금(사회·정치)이 없는 것이요, 묵씨는 겸애[221]를 주장하니 이는 아비(가족)가 없는 것

216 處士橫議(처사횡의): '處士'는 재야의 학자들. 순자荀子는 '사士'를 '사사仕士'와 '處士'로 구분하였다. "사사는 조정에 들어가 벼슬하는 선비를 말하고仕士, 謂士之入仕", "처사는 벼슬하지 않는 자處士, 不仕者也"를 말한다(왕선겸, 『순자집해』). '橫議'는 함부로 비난하다. '議'는 '시비를 평론하는 것인데 대개 질책함을 가리킨다評論是非, 多指非議."(바이시, 앞의 책, 96쪽)

217 楊朱(양주): '楊朱'의 주장은 "타고난 본능을 보전하고, 기운을 보호하며, 외부의 욕망에 몸을 얽어매지 않기全性保眞, 不以物累形"로 요약된다. '楊朱'의 전모는 전해지지 않는다. 다만 『열자』에 「楊朱」편이 있어 그 면모를 헤아릴 수 있고, 『회남자』와 『장자莊子』, 「잡편雜篇」의 일부('천하天下')가 '楊朱'학파의 저술로 여겨진다. '楊朱'학파에 대한 해설은 앵거스 그레이엄, 나성 옮김, 『도의 논쟁자들』, 새물결, 2011 가운데 제1장 제3절을 참고할 것.

218 墨翟(묵적): 묵가墨家의 창시자. 노나라 또는 송나라 사람. 태어난 해는 주경왕周敬王 말년일 것이며, 이때는 공자가 죽기 전이거나 늦게 잡더라도 공자 사후 10년을 넘지 않을 것이다. 생애는 80세를 넘겼을 것인데 죽은 해도 맹자가 출생하기 전 10년 안팎으로 마땅히 주안왕周安王 10년 전후일 것이다(양백준). '墨翟'의 사상에 대한 간략한 해설은 벤자민 슈워츠, 나성 옮김, 『중국 고대 사상의 세계』, 살림, 2004의 제4장을 참고할 것.

219 "양주 묵적의 말이 천하에 넘실거리다"에서 '넘실거림(盈)'은 요임금 시절 홍수가 범람하였다고 할 때의 범람氾濫과 겹친다.

220 爲我(위아): 보통 우리는 양주학파의 '爲我'를 이기주의egoism로 이해해왔다. 앵거스 그레이엄은 이기주의와 '爲我'는 말뜻에서 차이가 있음을 지적한다. 그는 '爲我'가 이기주의가 아니라 정치 사회적인 의義보다는 자기 생명 보전이 중요하다(selfishness)는 뜻으로 이해한다. 사회적 존재이기 이전에 생물학적 존재임을 강조한 이들이 양주학파라는 뜻. 한편 "양주학파는 타인과 정치 질서에 무관심한 것이 아니라 각자가 자기 자신에게 관심을 가지는 것이 외려 사회 질서를 가능하게 하는 방법으로 보았다"(쾅로이슌, 이장희 옮김, 『맨얼굴의 맹자』, 동과서, 2017, 99쪽)는 주장도 있다.

이다. 사람이 아비가 없고 임금이 없으면 짐승이 된다. 공명의
가 말했지. '임금의 푸줏간에는 살진 고기가 가득하고 마구간
에는 살진 말들이 그득한데, 백성의 얼굴에는 주린 기색이 완연
하고 들판에는 주려 죽은 시체가 너부러져 있다. 이것은 짐승을
몰아 사람을 잡아먹는 짓이다!'라고. 양주·묵적의 학설이 사라
지지 않으면 공자의 도는 드러나지 않을 것이다. 이는 삿된 학
설이 사람들을 속이고 인의를 틀어막기 때문이다. 인의가 막히
면 짐승을 몰아 사람을 잡아먹다가 끝내 사람이 사람을 잡아먹
게 되리라. 나는 이 사태가 두렵다.

그래서 옛 성인의 도를 보존하고, 양주·묵적을 막아내며, 궤변
을 내쳐서 삿된 학설을 지껄이는 처사들을 몰아내고자 한다.
'그 마음에서 생겨나 사업을 해치고, 그 사업에서 일어나 정사
를 해치는 법'이라 성인이 다시 태어나셔도 내 말을 바꾸지 않
을 것이다.

옛날 우임금이 홍수를 막아 천하가 태평하였고, 주공이 오랑
캐를 정벌하고 맹수를 몰아내자 백성이 평안해졌으며, 공자가
『춘추』를 짓자 난신과 적자들이 두려워하였다. 『시경』, 「노송」
에 '서방과 북방의 오랑캐를 응징하고, 남방과 동방의 오랑캐

---

221 兼愛(겸애): '兼'은 그 글꼴이 본시 벼 두 다발을 한 손에 쥐는 모양이니 이익을 타인과 함
께 갖는다는 뜻이다. 묵가의 겸애는 일종의 공리주의utilitarianism라는 점에서 기독교의 박
애와 다르다. "묵가는 겸애의 실천이 자기 자신이나 자신과 관계있는 이들에게 이익(利)
을 준다는 것이다."(쳉로이슌, 앞의 책, 73~74쪽)

를 징벌하니 나를 감히 당할 자가 없도다'라고 노래하였으니 아비 없고 임금 없는 자는 바로 주공이 응징한 자들이다.

나 또한 인심을 바로잡아 삿된 학설을 종식하고, 치우친 행동을 가로막고, 궤변을 쳐내어 세 분 성인의 뜻을 잇고자[222] 하느니, 내 어찌 논쟁을 좋아해서이겠는가? 내 부득이해서 그러는 것이다! 양주와 묵적의 학설을 논파할 수 있는 사람이라면 성인의 후예라 할 만하리라."

해설

맹자의 웅변이 유감없이 발휘된 장이다. 그 문장 역시 문학의 범전이 될 만하다. 일치일란一治一亂은 잘 알려진 맹자의 역사관이다. 자연이 음과 양으로 서로 변역變易하면서 시간을 이루듯이, 또 밀물과 썰물이 갈마들듯이 역사는 평화와 혼란이 교대하듯 찾아오는 일이 패턴처럼 거듭된다는 관점이다. 진보 일변도의 역사관도 아니고, 그렇다고 퇴행적 역사관도 아니다.

여기서는 특별히 맹자가 살던 시대에 주목하자. 맹자가 처한 '지금 이 자리'는 춘추전국시대 대전란(一亂)의 끝자락이자 새로운 평화시대의 회

---

222 承三聖(승삼성): '承'은 잇다, 계승하다. 위에 인용한 『시경』의 끝말 '承'과 연결된다. 즉 "나를 감히 당할 자가 없도다莫我敢承"의 '承'과 여기 '承三聖'의 '承'이 같다. '三聖'은 우임금, 주공, 공자를 가리킨다.

복(一治)를 꿈꾸는 시점이다. 어둠의 끝이지만 아직 아침이 밝아오지 않은 어슴푸레한 신새벽이 맹자의 시간적 위상이다. 이 자리에서 그는 두렵고도 안타깝다. 지금이 말세의 끝자락이라는 느낌과 더불어 새로 열릴 신새벽의 기운을 맹자는 감지하고 있다(또는 절실하게 바라고 있다). 그는 평생을 두고 선왕과 선현이 남긴 서책들을 열람하며 획득한 통찰력으로 곧 도래할 평화의 역사를 믿어 의심치 않는다. 다만 그 새벽을 열 지도자가 출현하지 않는다는 사실이 두렵고 안타까울 뿐이다. 이것이 맹자가 다변多辯과 호변好辯을 하는 까닭이다. 이 장을 거듭 읽을수록 맹자의 간절한 마음이 손에 잡힐 듯하다.

1. 일치일란
그렇다면 일치일란 역사관의 패턴을 정리해보자.

- 첫 번째 혼란(一亂): 요임금 시대를 맞아 큰물이 역류하여 도성에까지 흘러넘쳐 뱀과 이무기가 똬리를 틀자, 사람이 살 터전이 사라졌다.
- 첫 번째 평화(一治): 우에게 물을 다스리게 하시니 우는 땅을 파서 물을 바다로 흘려 보내고 뱀과 이무기를 늪지로 몰아넣었다. ……저습지가 사라지고 사람을 해치던 새와 짐승도 사라지자 사람들이 평지에 거주하게 되었다.

- 두 번째 혼란: 요임금과 순임금이 서거한 뒤 성왕의 정치가 쇠락

하자 폭군들이 연달아 일어나…… 주왕의 시대에 이르자 천하는 다시 대혼란에 빠졌다.

• 두 번째 평화: 주공이 무왕을 도와 주왕을 징벌하고 엄나라를 정벌한 지 3년 만에…… 천하가 크게 기뻐하였다.

• 세 번째 혼란: 다시 세태가 쇠락하고 도가 미약해지자 삿된 학설과 폭정이 되살아나 임금을 시해하는 신하와 아비를 해치는 자식이 생겼다.

• 세 번째 평화: 공자께서 이 사태를 두려워하여 『춘추』를 지었다.

• 네 번째 혼란: 성왕이 나오지 않으니 제후들은 방자해지고 처사들이 함부로 비난하였다. 특히 양주와 묵적의 학설이 천하에 넘실거리는데 오늘날 천하 학설은 양주를 따르거나 묵적을 붙좇고 있다.

• 맹자의 과업: 양주·묵적의 학설이 사라지지 않으면 공자의 도는 드러나지 않을 것이다. …… 나는 이 사태가 두렵다. …… 나 또한 인심을 바로잡아 삿된 학설을 종식하고, 치우친 행동을 가로막고, 궤변을 쳐내어 세 분 성인의 뜻을 잇고자 하느니, 내 어찌 논쟁을 좋아해서이겠는가? 내 부득이해서 그러는 것이다!

지금 맹자는 네 번째 대혼란의 끝자락에서 두려움에 떨고 있다. 사람이 사람을 잡아먹는 세상으로 곧 타락할 것 같은 두려움이요, 500년 역사의 주기가 끝났음에도 새 세상이 열리지 않는 것에 대한 불안감이다.

『맹자』의 마지막 장에서는 이 장의 불안과 염려를 재언한다.

> 요순에서 탕임금에 이르기까지 500여 년. 우와 고요는 요순의 치세
> 를 보고 도를 알았고, 탕임금은 들어서 알았다. 탕임금에서 문왕에
> 이르기가 500여 년. 이윤과 래주는 보고서 알았고, 문왕은 들어서
> 알았다. 문왕에서 공자까지 또 500여 년. 태공망, 산의생은 보고 알
> 았고, 공자는 들어서 알았다.
> 공자로부터 오늘에 이르기는 고작 100여 년. 성인의 세대와 이렇게
> 나 멀지 않고, 성인의 거처가 이렇게도 가까운데 성인의 도를 아는
> 자가 없으니 또 앞으로도 없겠구나!"
> _ 14:38

시대에 대한 두려움과 평화에 대한 기대감이 혼재하는 불안한 마음이
맹자의 심리 상태였던 것.

2. 공자, 시대를 두려워하다

맹자가 공자를 만난 해석학적 통로는 '두려움(懼)'이라는 한 글
자다. 맹자의 실낱같은 희망이 절묘하게도 공자의 두려움과 자신의 두려
움이 중첩된 구멍에 있다. 해당 부분을 간추려보면 이렇다.

(1) 공자: 세태가 쇠락하고 도가 미약해지자 삿된 학설과 폭정이 되
살아나 임금을 시해하는 신하와 아비를 해치는 자식이 생겼다. '공

자께서 이 사태를 두려워하여 『춘추』를 지었다(孔子懼, 作春秋).'

(2) 맹자: 양주·묵적의 학설이 사라지지 않으면 공자의 도는 드러나지 않을 것이다. 이는 삿된 학설이 사람들을 속이고 인의를 틀어막기 때문이다. 인의가 막히면 짐승을 몰아 사람을 잡아먹다가 끝내 사람이 사람을 잡아먹게 되리라. '나는 이 사태가 두렵다(吾爲此懼).'

여기 주목할 단어는 단연 (1)문단의 끝 "孔子懼(공자구)"와 (2)문단의 끝 "吾爲此懼(오위차구)"의 '懼'다. 맹자는 백가를 섭렵하는 가운데 공자의 사유가 '사람의 처지에 대한 두려움'에 비롯하였다는 사실을 발견했고, 공자의 두려움이 현재 자신이 느끼는 "사람이 짐승으로 추락할 것" 같은 두려움과 동질적임을 우뚝 깨달았다(현대 철학의 표현을 빌리자면, 해석학적 지평에서 조우하였다encounter). 이에 그는 백가의 기술적 지식이나 세계관과는 결코 비교할 수 없는 인간 중심 사상을 온몸으로 받아들였다. "공자를 사숙하였다"라든지, "인류가 생겨난 이래로 공자만 한 분이 없었다"라는 맹자의 토로에는 이런 감동의 내력이 숨어 있다.

그러나 시간 순서로는 천하 인민의 위태로운 처지에 전율한 맹자의 두려움이 먼저 있고, 그 두려움의 해소 방안을 찾아 헤매다가 자기와 똑같이 사람의 처지를 두려워한 공자를 만났다고 보아야 하리라. 맹자다움의 출발점이 시대의 고통을 온몸으로 체감하고, 당대 인민의 참혹한 삶과 더불어 함께함에 있었다는 것. 이 민감(敏)과 공감(與), 절망과 분노, 급기야 몸을 일으켜 그 원인을 찾아 나선 용기가 없었다면 맹자는 공자를 만나지 못했을 것이다.

본문에 선명하게 드러난 양주·묵적에 대한 비판적 인식과『맹자』전 편에 걸쳐 드러나는 법가法家, 농가農家, 종횡가縱橫家, 병가兵家 등 제반 학술에 대한 비판은 맹자가 당시 전국시대 유력 학파들을 섭렵하였음을 보여준다. 그러는 가운데 그는 제반 학술이 공통적으로 '기술적 사유'에 서 벗어나지 못하고 있음을 발견하였다. 겉보기로는 법이니, 외교니, 군 사니, 경제니 다양한 듯 보여도 그 내막은 권력자, 군주, 지배 계급을 위 한 전술 전략에 불과하여 결국은 사람을 소외시키고, 대상화하며, 사물 화하는 기술적 지식에 불과하다는 것. 이 섭렵의 와중에 그가 발견한 것 은 '오직' 공자의 학술만이, 그리고 그 사상의 핵심인 인仁만이 사람을 사람으로 영접하는 길이고, 사람이 함께 더불어 사는 문명 세계를 건설 할 유일한 방도라는 사실이었다. 즉 맹자는 공자를 '발견한' 것이다! 그 만남의 실마리가 바로 두려움의 공유다. 여기서 맹자의 지적 편력을 다 음과 같이 추리할 수 있다.

(1) 시대에 대한 두려움(懼)이 먼저 있었다. "사람이 사람을 잡아먹 게 될 것 같은" 두려움이!

(2) 그 해결 방안을 찾아 백가(묵가, 양주학파, 법가, 종횡가, 신농학파, 병 가 등)를 섭렵하였다.

(3) 그러나 백가 학설들의 귀결이 군주 혹은 자기 학파의 이익(利)으 로 요약됨을 알고 크게 실망하였다.

(4) 이 와중에 공자를 만났다. 공자만이 사람을 사람으로서 대하고, 재난에 처한 인간의 처지를 아파하며, 그 살길을 고민하고 실천한

사람임을 '발견하고' 무릎을 꿇었다("사숙하였다").

(5) 공자를 공부하면 할수록 전국시대에 되살릴 유일한 진리가 바로 공자의 왕도(여민 체제)임을 확신하고, 맹자는 흔연히 기뻐하였다.

(6) 공자의 행로를 따라 천하를 돌면서 군주들에게 '유일한 길'로서 왕도와 인정仁政을 유세하였다(실천). 그리고 처사횡의의 잡설들을 바로잡고, 새로운 세계로 인도할 안내자로 자임하였다.

우리가 이 장에서 새롭게 인식해야 할 점은 맹자가 인류의 참혹한 현실에 절실한 두려움을 느꼈고, 그 해결책을 찾으려 고투하며 백가를 섭렵하다가 공자를 발견하고 희열했다는 것, 그리고 공자를 당대에 걸맞게 해석하고 실천에 나섰다는 사실이다. 맹자가 체험한 염려와 공포, 기쁨이라는 '가슴'의 울림에 공감하지 못하고, 고작 '머리'로만 알려 들면 맹자의 진면목을 이해할 수 없다는 것이 내 생각이다.

3. 맹자 역시 시대를 두려워하다

그렇다면 '두려움의 시대'를 극복하기 위한 실천 방안은 무엇인가? 첫째 사람의 마음을 바로잡는다(正人心). 공자로부터 계승한 도덕심 원리, 본성 이론, 천인 관계론 등을 널리 펼쳐 평화 세계의 기반을 조성하겠다는 의지다. 맹자는 정치적 행동의 근원으로서 마음 연구에 골몰한 사람이다. 그는 마음이란 이익을 추구하고 생명을 보존하는 이기심에 지나지 않는다는 당시의 '생물학적 인간론'을 넘어 도덕심을 발견하였다. 이 도덕심을 발현하고 확충하는 일을 정치로 보았다. '사람의 마음을 바로잡는다'가 그의 첫 번째 정치적 과업이 되는 까닭이다.

둘째 과업으로서 '삿된 학술을 잠재우는 일(息邪說)'을 자임한다. 인간을 이기적, 생물적 존재로 인식한 법가 사상, 사랑의 현실적 원리인 차등애를 이해하지 못한 묵가의 겸애론, 제 한 몸의 안위에 골몰하여 사회적 특성을 몰각한 양주학파 사상은 모두 사설邪說로 도덕 세계 건설의 큰 장애물이다. 이 학설들은 잘못된 마음에서 생겨나 사업을 해치고, 결국 정사에 해를 끼치는 결과를 빚는다고 맹자는 비판한다. 생각은 행동을 이끌게 마련.

셋째 과업은 이들 사상을 통해 세상에 혼란을 초래하는 '치우친 행동을 막는 일(距詖行)'이다. 묵가의 야박한 문화 인식(절장), 양주학파의 이기적 행동과 은둔, 법가의 가혹한 법 집행, 신농학파의 반反역사적 회고주의 등을 교정하는 일이 그 과업에 속한다.

넷째, 이런 잘못된 학설을 논파하여 공자의 사상을 유일한 가치로 천명하는 작업, 곧 방음사放淫辭가 최종 과업이 된다. 이 장의 끝에 "양주와 묵적의 학설을 논파할 수 있는 사람이라면 성인의 후예라 할 만하리라"는 확언이 그것이다. 오늘날 보기에는 '종파적 독선주의'라며 경계할 만큼 각박한 어투에 맹자의 사상 투쟁 의지가 결집돼 있다(그러나 여민주의는 새로운 의견과 이견에 포용적인 열린 체제다).

참고   동서양을 막론하고 정치의 출발은 두려움이었던 듯하다. 위에서 공자의 두려움을 맹자가 공유하면서 유교 정치학이 출발하였음을 보았는데, 서양에서도 정치학의 출발점이 '두려움'이었다는 주장이 있으니 참고가 된다.

> 제우스는 전체 인류가 절멸할 것을 두려워하게 되었으며, 그리
> 하여 헤르메스를 사람들에게 보내 도시에 질서를 부여하는 원리
> 및 우애와 화해의 유대로서 존중과 정의를 전달하게 했습니다.
> 헤르메스가 사람들에게 정의와 존중을 어떻게 분배해야 하느냐
> 고, 즉 "그것들을 보통의 다른 기예들이 분배되는 방식으로, 곧
> 선택된 소수에게만 나누어 주어야 하는가, 아니면 모두에게 배
> 분해야 하는가?"라고 제우스에게 물었습니다.
> 제우스는 "모두에게"라고 답하면서 다음과 같이 덧붙였습니다.
> "나는 그들 모두가 자기 몫을 갖기를 바라네. 만약 기예들과 마
> 찬가지로 소수의 사람만이 그 덕을 공유한다면 도시는 더는 존
> 속할 수 없기 때문이네."[223]

공자가 폭행과 폭정으로 인한 무질서를 두려워하여 『춘추』를 지었다
는 '설화'와 공자를 계승하여 시대적 두려움 때문에 몸을 일으켰다는
맹자의 토로, 인류의 절멸을 두려워한 제우스의 공포와 헤르메스의
행동은 동서양이 공유하는 정치의 출발점을 엿보게 한다.

---

[223] 셸던 월린, 강정인·이지윤·공진성 옮김, 『정치와 비전 1』, 후마니타스, 2007, 38~39쪽.

匡章[224]曰, "陳仲子[225]豈不誠廉士哉. 居於陵[226], 三日不食, 耳無聞, 目無見也. 井上有李[227], 螬[228]食實者過半矣, 匍匐[229]往, 將[230]食之, 三咽[231], 然後耳有聞, 目有見."

孟子曰, "於齊國之士, 吾必以仲子爲巨擘[232]焉. 雖然, 仲子惡能廉? 充仲子之操[233], 則蚓[234]而後可者也. 夫蚓, 上食槁壤[235], 下飮黃泉[236]. 仲子所居之室, 伯夷之所築與? 抑亦[237]盜跖[238]之所築與? 所食之粟, 伯夷之所樹[239]與? 抑亦盜

---

224 匡章(광장): 제나라 유력 가문 출신으로 연나라 정벌에 나섰던 장군이다. 어머니의 시신 처리를 둘러싸고 아버지와 갈등을 빚어 불효자로 온 나라 사람들로부터 배척을 당했다. 그러나 맹자는 광장을 불효자라 칭할 수 없다며, 그와 교유할 뿐 아니라 예로써 섬겼다 (8:30 참고).

225 陳仲子(진중자): 제나라 유력 가문인 진씨 집안 출신. 오릉에서 살았다고 오릉중자於陵仲子로도 불렸다. 맹자가 혐오한 인물로 양주학파 계통으로 보인다(13:34 참고).

226 於陵(오릉): 지명.

227 李(이): 자두, 오얏 열매.

228 螬(조): 굼벵이, 매미의 유충.

229 匍匐(포복): 기어가다.

230 將(장): 취取하다. '줍다'라고 번역했다.

231 咽(연): 삼키다.

232 巨擘(거벽): 엄지손가락. 대지大指와 같다. '으뜸'이라는 뜻.

233 操(조): 절개, 지조.

234 蚓(인): 지렁이.

235 槁壤(고양): 마른 흙. '槁'는 마르다. '壤'은 흙.

236 黃泉(황천): 흙탕물.

237 抑亦(억역): 아니면.

238 盜跖(도척): 대도大盜의 이름.

239 樹(수): 심다.

跖之所樹與? 是未可知也."

曰, "是何傷哉? 彼身織屨[240], 妻辟纑[241], 以易之也."

曰, "仲子, 齊之世家也; 兄戴, 蓋[242]祿萬鍾; 以兄之祿爲不義之祿而不食也, 以兄之室爲不義之室而不居也. 辟[243]兄離母, 處於於陵. 他日歸, 則有饋[244]其兄生鵝[245]者, 己頻顣[246]曰, '惡用是鶂鶂[247]者爲哉?' 他日, 其母殺是鵝也, 與之食之. 其兄自外至, 曰, '是鶂鶂之肉也.' 出而哇[248]之.

以母則不食, 以妻則食之; 以兄之室則弗居, 以於陵則居之, 是尚[249]爲能充其類[250]也乎? 若仲子者, 蚓而後充其操者也."

　　광장이 말했다.

　　"진중자야말로 어찌 진정한 염사[251]가 아니겠소? 오릉에 살면

---

240 織屨(직구): 신을 삼다. '織'은 짜다. '屨'는 신.

241 辟纑(벽로): 실을 잣고 삼을 누이다. '辟'은 길쌈하다. '纑'는 삼을 누이다.

242 蓋(합): 지명.

243 辟(피): 피하다. '避(피)'와 같다.

244 饋(궤): 선물하다.

245 生鵝(생아): 산 거위.

246 頻顣(빈축): 눈살을 찌푸리다. '頻'은 찡그리다. '顣'은 찌푸리다.

247 鶂鶂(예예): '鶂'는 거위 또는 거위의 울음소리. '꽥꽥'이라고 번역하였다.

248 哇(와): 토하다.

249 尙(상): 하물며.

250 類(류): 법도, 원칙. 전한前漢 말 양웅揚雄의 『방언方言』 권7을 보면, 제나라 지방에서는 법을 '類'라고 부른다고 하였다(우치야마 도시히코, 석하고전연구회 옮김, 『순자 교양강의』, 돌베개, 2013, 156쪽 주석 참고).

251 廉士(염사): 올곧은 선비. '廉'은 모가 반듯하게 난 모양을 말한다. '廉'은 곧 '義'를 뜻하므로 의사義士와 같다(14:37 해설 참고).

서 사흘을 굶주리자 귀에는 들리는 것이 없고, 눈에는 보이는 것이 없었답니다. 굼벵이가 절반이나 파먹은 자두가 우물가에 떨어져 있어 겨우 기어가서 주워 먹었는데 세 번을 씹어 삼키자 그제야 귀가 열리고 눈이 뜨이더랍니다."

맹자, 말씀하시다.

"저 또한 진중자를 제나라 선비들 가운데 으뜸으로 꼽겠지만 어찌 염사라고 일컬을 수야 있겠습니까? 진중자의 절개를 채우려면 지렁이가 되고서야 가능할 것이외다. 지렁이란 놈은 땅 위의 마른 흙을 먹고, 땅속 흙탕물을 마시며 살지요. 진중자가 사는 집은 백이가 지었답니까? 아니면 도척이 지었답니까? 또 먹는 곡식은 백이가 심은 것이랍니까? 아니면 도척이 심은 것이랍니까? 저는 이게 늘 궁금합니다."

광장이 말했다.

"그게 무슨 문제이겠소? 그는 손수 신을 삼고, 아내는 길쌈하고 삼을 누여 곡식과 바꿔서 먹고사는걸."

맹자가 말했다.

"진중자는 제나라 명문가 자손입니다.[252] 그의 형 대는 합 땅에서 만종의 봉록을 수취합니다.[253] 그는 형의 봉록을 의롭지 않다고 여겨 먹지 않고, 형의 집을 의롭지 않다고 하여 함께 살지

---

252 仲子, 齊之世家也(중자, 제지세가야): '世家'는 역대로 경대부의 지위를 누린 집안이다. 제나라는 원래 강姜씨의 나라였다. 뒤에 전田씨, 곧 진陳씨가 권력을 찬탈했다. 진중자는 제나라의 명문거족에 속하였던 것(『사기』, 「전완세가田完世家」 참고).

맹자, 마음의 정치학 2

않습니다. 형을 피하고 어미를 떠나 오릉에서 따로 삽니다. 어느 날 집에 돌아왔을 때 누가 산 거위를 형에게 선물하는 것을 보자 눈살을 찌푸리며 '웬 꽥꽥거리는 물건인고!'라고 비아냥거렸답니다. 다음 날 어머니가 거위를 잡아서 그와 같이 먹고 있는데 밖에서 돌아온 형이 그걸 보고 '어, 꽥꽥거린다는 그 고기네!'라고 하자 밖으로 뛰쳐나가 웩웩거리며 토하더랍니다. 어미가 해준 밥은 먹지 않으면서 아내가 해주는 밥은 먹고, 형의 집에서는 살지 않고 오릉의 집에서는 살아간다? 하물며 자신의 원칙이나마 충족할 수 있겠답니까? 진중자와 같은 자는 지렁이가 된 다음에나 자기 절개를 충족할 수 있을 것이외다."

해설

맹자는 지금 진중자의 별쭝나게 구는 짓을 땅속에서 흙을 먹고 탁한 물을 마시며 사는 지렁이(蚓)에다 비유하고 있다. 사람이 별쭝나게 구는 까닭은 자고자대自高自大, 즉 스스로 특출나거나 비범하다고 여기

---

253 합蓋 땅은 제선왕의 총신 왕환王驩의 소유지라고도 한다. 합 지방은 땅이 넓어 반은 제나라 공실의 영역이고, 나머지는 진씨(곧 진중자 집안)의 사유지였던 듯하다. 양백준은 청나라 경학자 염약거閻若璩의 설을 인용하여 "합 땅의 절반은 나라에서 준 하읍下邑으로 왕환이 다스렸고, 반은 경卿 집안의 사읍私邑으로 진씨가 대대로 소유하였다"(『맹자역주』)고 하였다. 그 절반의 땅에서 얻는 수입이 한 해 만종萬鍾에 달했다는 것.

기 때문이다. 여기서 '홀로 독獨'이 생겨난다. 지렁이는 홀로 살아도 된다. 마른 흙을 먹고 흙탕물을 마셔도 자족하는 벌레이기 때문이다. 그러나 사람은 함께 더불어 살 수밖에 없기에 인간人間이다. 지금 진중자는 타인과의 관계는 물론이고(신농학파 허행처럼 신을 삼고 자리를 짜서 팔아 밥을 먹는다), 부모 형제와도 관계를 끊고 따로 산다(형의 살림을 불의하다고 여겨 어미와 형을 떠나서 아내와 산다). 그 와중에 식량이 떨어져 사흘을 굶으니 눈에 뵈는 게 없다가 우물가에 벌레 먹은 자두가 떨어져 있기에 겨우 기어가서(지렁이처럼!) 세 번을 삼키니 그제야 눈이 뜨이고 귀가 열리더라고 했다(아, 이 소식은 또 누가 전한 것일까? 제 입으로 나팔을 분 것이겠지. 이렇게 가난해도 개결하게 사노라고! 그러니 염사, 즉 청렴한 선비라고 소문이 났겠지).

이에 대한 맹자의 생각은 '그냥 굶어 죽지, 지렁이처럼 기어가서 먹을 것은 뭐야? 세 번 삼키든, 네 번 삼키든 배를 곯으면 죽는 줄 몰랐단 말이야?'쯤 된다. 고고하게 살겠다고 부모 형제와는 이별해놓고 아내는 왜 끼고 살며, 더러운 세상과 결별하고 쌀쌀맞게 '혼밥' 먹겠다면서 신은 삼아 왜 내다파는 것일까(누군가 사줘야 밥을 바꿔 먹을 것 아닌가? 이건 남에게 기대는 것 아닌가? 이건 신농학파 허행과의 다툼에서 이미 결판난 문제!)? 아니, 진중자를 염사라고 칭송한다는데 염사란 본디 의와 불의를 칼같이 따진다는 뜻이다('염廉'의 글꼴이 그렇다). 과연 고독자로 자처하고 가족과 절연하는 자에게 의든 불의든 붙을 자리가 어디 있단 말일까.

주희가 말한 대로 유교는 일용지간日用之間이라 일상의 비근한 삶에서, 함께 더불어 사는 삶에서 진리를 찾는다. 진리는 저 산속이나 하늘 위에 있지 않고, 또 죽어서 가는 저승이나 천당에 있지도 않다. 지금 여기(here and now), 매일매일 살아가는 음식남녀의 일상 속에 삶의 진실이 있을 따름이다. 더욱이 사람다움이란 '너와 나 사이(그래서 人-間이다!)'에 있다. 그래서 사람은 함께 더불어 살아가는 사회적 존재다. 그러니 사람다움의 진실, 곧 인의는 너와 나 사이에서 빚어지는 사회 속에 있는데, 가장 가까운 사회는 역시 가족이다.

그러나 진중자는 가족(어미와 형)을 버리고 관계를 떠나 외부에서 홀로 한 몸을 보전하려 한다. 구체적 삶의 현장인 가족을 방기한 것이다. 맹자는 진중자에게 말한다. 그만 멈추라! 인간의 일상적 삶이란 가족 안에서 이뤄지는 것. 네가 귀족 가문에서 났으면 그 안에서 바른 길을 찾는 것이 옳지 않으냐. 그대의 일용지간, 부모 형제를 벗어난 고립된 '보편적 진리'란 따로 존재하지 않는다. '네가 먹는 밥과 네가 사는 집이 과연 백이가 만든 것이냐, 도척이 만든 것이냐?'라는 질문이 여기서 생겨난다.

진중자는 양주학파의 일원으로 보인다. 그의 생활 모습으로 보건대 맹자가 앞 장에서 "양씨는 위아爲我를 주장하니 이는 임금(사회·정치)이 없는 것"이라고 비난한 양주학파와 같기 때문이다. 다시금 맹자는 말한다. 남의 눈(평가)에 기대거나 얻어들은 정보로 세상을 이해하고 판단하지 말라! 자신의 눈과 귀를 열어라. 마음의 눈, 심안心眼을 밝히라. 그대가 디디고 선 지금 이 자리, 그 생활공간의 주인이 되어라. 그러기 위해서는 그대 자신과 가장 가까운 곳에서, 낯익은 가족 안에서 2퍼센트의 사람다움, 곧 인의를 파지把持(꽉 움켜쥐다)하라! 극기복례克己復禮라, 나를 이겨 관계 속에 숨 쉬는 진리를 발견함이 그것이요, 반구저기反求諸己라, 내 마음속에서 세계를 발견하는 길이 그것이다.

『맹자』 전편을 검토하면, 진중자에 대한 맹자의 인물평은 '감상적 로맨티스트'쯤으로 해석할 수 있다. 그의 집안 진씨陳氏는 당시 제나라 권력을 전단한 전씨田氏와 같은 벌문 귀족이다(진중자의 이름이 전중자로 기록된 곳도 있으니 진씨와 전씨가 한 가문임을 알 수 있다). 진중자 '개인'이 행하는 독선, '홀로' 하는 선비 행각에서 맹자는 사회와 소통이 결여된, 한낱 감상적 낭만파의 가식을 본다. 개인으로서는 그런 행실이 '제나라에서 첫 손가락에 꼽힐 만한 개결함'이라고 평할 수도 있다. 그러나 그의 생활양식에는 전국시대 현실의 치열함이 결여되어 있다. 비유하자면 일제강점기 대농장을 둔 시골 부호의 자식으로 태어나 일본 도쿄에서 공부하고 서울에서 사회주의 운동을 하던 인텔리 사회주의자랄까? 이런 비유에 동의한다면, 진중자는 '반反사회적 사회주의 운동가'(모순!)로 비평할 수 있다. 이런 모순이 제 한 몸 깨끗이 하고자 동료들과 절연하게 하고, 결국 그 사회를 타락시킨다. 또한 동서고금을 막론하고 (마르크스 운동이든 생태주의 운동이든) 가치를 지향하는 운동의 내부를 망친다.

앞서 신농학파 허행의 고립된 삶, 독립된 경제 생활의 허구를 맹자가 꼬집어 비판했듯 여기 진중자 역시 신을 삼든 베를 짜든 그의 노동은 결코 개별적일 수 없고, 또 다른 이웃의 노동(재료/도구)에 기댈 수밖에 없다. 그는 청렴한 자가 아니라, 이웃과 더불어 살아야 하는 인간 조건을 도외시하고 인간 삶의 사회적 특성을 방기한 자다. 인간의 사회적 본질을 내던지고 개체의 고립을 취했을 따름이다(우치다 타츠루가 말했듯 "자립과 고립은 다르다"). 그럼에도 청렴한 선비라 소문이 난 허망한 인물이다. 발은 땅바닥이 아니라 허공에 떠 있고, 머리는 허망한 관념으로 가득 차 있는데 사람들은 그의 겉치레에 속고 있다. 그는 거짓된 지식인, 즉 문사聞士에 불과하다. 저 뒤에 기록된 진중자에 대한 또 다른 비평은 본문과 서로 참고가 된다.

> 사람들은 중자가 의롭지 않다면 제나라를 거저 줘도 받지 않을 것이라고 모두 믿지만, 이건 한 그릇의 밥과 국을 거절하는 따위의 의리다. 사람에게 친척, 군신, 상하 관계를 없애는 짓보다 큰일이 없다. 작은 것을 가지고 큰 것을 하리라고 믿는다면 어찌 옳겠는가!
>
> _ 13:34

이 장의 전후 맥락을 살펴보면 앞서 6:9의 양주·묵적 비판과 여기의 진중자 비판이 서로 연결된다. 묵자 비판은 앞서 여러 차례 있었으니(1:1의 하필왈리, 6:5의 이지 비판 등), 여기서는 양주학파를 작심하고 비판한 것으로 여겨진다. 이로써 당시 양대 학파였던 양주와 묵적에 대한 비판이 완성된다. 한편 앞의 6:2에서 경춘이 소진과 장의를 대장부라 칭하자 맹자가 극력 비판한 말(대장부라고? 흥, 기생첩이라고 하지!)과 여기 광장이 진중자를 염사라고 칭하자 맹자가 비판한 말(굼벵이 파먹은 사과를 먹을 만큼 청렴한 선비라고? 흥, 지렁이라고 하지!)은 동질적이다. 교차하여 보면 좋을 듯하다. 덧붙여 진중자의 집과 곡식은 "백이가 지어준 것이랍디까? 도척이 지어준 것이랍디까?"라며 백이와 도척을 각각 청렴과 이익의 상징으로 삼는 것은 당시 상식이었던 듯하다. 『장자』에도 백이와 도척의 대결이 나온다.

백이는 명예(名)를 위해 수양산 밑에서 죽었고, 도척은 이욕(利) 때문에 등룡산 위에서 죽었다. 이 두 사람이 죽은 이유는 다르지만, 생명을 훼손하고 본성에 상해를 입힌 점에서는 똑같다. 왜 우리는 반드시 백이의 대안이 옳고 도척의 대안은 그르다고 판단해야만 하는가?

_『장자』, 「외편外篇」, '변무駢拇'

제7편

이루 상 離婁上

왕도 정치론에 다각적으로 접근한다. 정치가의
선한 마음만이 아니라 현실 정치로 현상할 '제도의
중요성'을 강조하는 것에 주목할 만하다.
'한낱 선善만으로 정치를 할 수 없고,
법法은 스스로 작동하지 않는다'라고 말하는
첫 장이 그렇다. 모두 28장이다.

7 : 1. 마음만으로는 부족하고, 법은 스스로 작동하지 않는다

孟子曰, "離婁¹之明·公輸子²之巧, 不以規矩³, 不能成方員⁴; 師曠⁵之聰, 不
以六律⁶, 不能正五音⁷; 堯舜之道, 不以仁政, 不能平治天下. 今有仁心仁聞而
民不被其澤, 不可法於後世者, 不行先王之道也. 故曰, '徒⁸善不足以爲政, 徒
法不能以自行.' 詩⁹云, '不愆¹⁰不忘, 率¹¹由舊章¹².' 遵¹³先王之法而過者, 未

1   離婁(이루): 이주離朱라고도 한다. 황제黃帝 때 사람으로 눈이 매우 맑아 백 보 밖 가을 터
    럭의 끝을 볼 수 있었다고 한다(양백준).
2   公輸子(공수자): 성은 '公輸', 이름은 般般. 노나라 사람. 초나라 혜왕을 위해 공성전에 사
    용할 구름다리를 만들어 송나라를 공격하게 하였으나 묵자가 이를 저지하였다고 한다.
    행적은 『묵자』, 『전국책』 및 『예기』, 「단궁檀弓」 등에 보인다(양백준).
3   規矩(규구): '規'는 그림쇠(컴퍼스). '矩'는 곱자(직각자). 벤자민 슈워츠는 법도를 '規矩'에
    비유한 것을 묵가의 영향으로 보았다(벤자민 슈워츠, 앞의 책 참고).
4   員(원): '圓(원)'과 같다.
5   師曠(사광): 춘추시대 진평공晉平公의 악사樂師.
6   六律(육률): 6음률. 12율 가운데 양성陽聲에 속하는 여섯 음. 황종黃鐘, 태주太蔟, 고선姑洗,
    유빈蕤賓, 이칙夷則, 무야無射. 참고로 "고대 중국에서는 소리를 도량형의 기준으로도 삼
    았다. 사물의 미세한 차이를 식별하는 데에는 귀의 능력이 가장 뛰어나기 때문일 터이다.
    같은 소리를 내는 피리는 재질이 같다면 길이와 두께, 구멍의 크기도 같다. 도량형의 기
    준이 되는 피리를 황종율관이라 했는데 그 길이가 척尺, 그 무게가 관貫, 안에 들어가는
    기장(黍)의 부피가 두斗의 기준이었다."(전우용, "도량형기", 〈한겨레〉, 2016년 1월 25일자)
7   五音(오음): 음률의 기본이 되는 궁宮·상商·각角·치徵·우羽 등 5음계.
8   徒(도): 한낱.
9   詩(시): 『시경』, 「대아大雅」, '가락假樂'.
10 愆(건): 허물하다.
11 率(솔): 따르다.
12 舊章(구장): 선왕의 범전.
13 遵(준): 따르다.

之有也. 聖人既竭[14]目力焉, 繼[15]之以規矩準繩[16], 以爲方員平直, 不可勝用也; 既竭耳力焉, 繼之以六律正五音, 不可勝用也; 既竭心思焉, 繼之以不忍人之政, 而仁覆[17]天下矣. 故曰, 爲高必因[18]丘陵, 爲下必因川澤, 爲政不因先王之道, 可謂智乎?

是以惟仁者宜在高位. 不仁而在高位, 是播[19]其惡於衆也. 上無道揆[20]也, 下無法守[21]也; 朝不信道, 工不信度[22]; 君子犯義, 小人犯刑, 國之所存者幸也. 故曰, '城郭不完, 兵甲[23]不多, 非國之災也; 田野不辟[24], 貨財不聚[25], 非國之害也. 上無禮, 下無學, 賊民[26]興, 喪無日矣.'

詩[27]曰, '天之方蹶[28], 無然泄泄[29].' 泄泄猶沓沓[30]也. 事君無義, 進退無禮, 言則

---

14 竭(갈): 다하다. '盡(진)'과 같다.

15 繼(계): '불려나가다'라고 번역했다.

16 準繩(준승): '準'은 수평기. '繩'은 먹줄.

17 覆(부): 덮다, 덮개. '복'으로 읽을 때는 뒤집다. 예) 전복顚覆.

18 因(인): '이용하다'라고 번역하였다.

19 播(파): 뿌리다, 퍼뜨리다.

20 道揆(도규): 법도를 논하다. '道'는 말하다. '揆'는 법도. "앞의 성왕이든 뒤의 성왕이든 지향한 바는 똑같았구나先聖後聖, 其揆一也"(8:1)라는 용례가 또 있으니 '揆'가 법도, 규범, 지향하는 바를 뜻함을 알 수 있다.

21 法守(법수): 법규를 지키다. '法'은 지키다. '守'는 법규. 주석 20의 '道揆'와 함께 '道揆法守'라는 사자성어를 이루기도 한다.

22 工不信度(공불신도): '工'은 장인匠人을 뜻한다(조기). '度'는 도량형의 기준, 곧 척도.

23 兵甲(병갑): 무기와 갑주.

24 辟(벽): 개간하다. '闢(벽)'과 같다.

25 聚(취): 모으다.

26 賊民(적민): 도적이 된 백성.

27 詩(시): 『시경』, 「대아」, '판板'.

28 方蹶(방궐): 곧 무너뜨리다. '方'은 곧. '蹶'은 기울다.

非先王之道者, 猶沓沓也. 故曰, 責難於君謂之恭, 陳善閉邪謂之敬, 吾君不能謂之賊."

맹자, 말씀하시다.

"이루의 밝은 눈과 공수자의 정교한 솜씨로도 그림쇠와 곱자를 쓰지 않고는 네모와 동그라미를 그릴 수 없고, 사광의 밝은 귀로도 6음률을 쓰지 않고는 5음계를 바로잡을 수 없으며, 요순의 마음[31]으로도 인정을 쓰지 않는다면 천하를 평치할 수 없다. 지금 어진 마음이 있고 또 어질다는 소문은 있으나 백성이 그 혜택을 입지 못하고, 후세의 본보기[32]가 되지 못하는 까닭은 선왕의 도[33]를 시행하지 않기 때문이다. 그러므로 '한낱 선만으로 정치를 할 수 없고, 법은 스스로 작동하지 않는다'고 하였다.[34]

『시경』, 「대아」, '가락'에 '잘못되지 않고 잊지도 않는 것은 옛

---

29 泄(예): 느슨하다. '설'로 읽으면 새다.

30 沓沓(답답): 시끄럽게 떠들다. "沓에서 水(수)는 흐르는 물의 상형이다. 아래 曰(왈)은 시내에서 흔히 보는 가운데가 움푹 파인 돌의 상형이다. 흐르는 물이 그런 돌과 부딪칠 때 나는 시끌벅적한 소리를 나타내기 위해 만든 글자가 바로 沓이며 본뜻은 '시끄럽다'이다."(김언종, 『한자의 뿌리』, 문학동네, 2001)

31 堯舜之道(요순지도): 요순의 마음. 아래 주석 33의 '先王之道'와 다름에 유의할 것. '先王之道'는 정전제 등 왕정을 위한 정치 '제도'를 뜻한다.

32 法(법): 본보기.

33 先王之道(선왕지도): 주석 31의 '堯舜之道'가 '인의의 마음(仁義之心)'을 뜻했다면, 이것은 선왕의 정치 제도(仁政)를 뜻한다.

34 "여기까지는 인정仁政이 천하를 다스리는 법도임을 밝힌 것이다."(범조우范祖禹: 주희에서 재인용)

법도를 따르기 때문이라'고 노래했으니 선왕의 본보기를 좇아 잘못되는 경우는 없다. 성인聖人이 시력을 다하여 본보기를 만든 뒤 그림쇠·곱자·수준기·먹줄[35]로 불려나가니 네모와 동그라미, 수평과 수직을 만드는 데 이루 다 쓸 수 없고, 이미 청력을 다하여 본보기를 만든 뒤 6음률로 늘려나가니 5음계를 바로잡는 데 이루 다 쓸 수 없으며, 이미 마음과 생각을 다해서 본보기를 만든 뒤 '차마 어쩌지 못하는 사람의 정치'로 불려나가니 인으로 천하를 덮을 수 있었다. 그래서 '높은 것을 만들려면 반드시 언덕을 이용하고 낮은 것을 만들려면 반드시 내와 못을 이용하라'고 하였으니, 정치를 하겠다면서 '선왕의 도'를 쓰지 않는다면 과연 지혜롭다고 하겠는가![36]

이 때문에 높은 지위에는 오직 인한 사람이 있어야 한다. 만일 불인한 사람이 높은 지위에 있으면 이는 대중에게 악을 퍼뜨리는 짓이다. 위에서 법도를 논하지 않으면 아래는 법규를 지킬 수 없고, 조정에서 왕도를 신뢰하지 않으면 장인들은 척도를 믿지 않으니 군자가 의를 범하고, 소인이 법을 범하는데 나라가 보전된다면 이건 요행일 뿐이다. 그래서 '성곽이 단단하지 않고 무기와 갑주가 많지 않은 것이 나라의 재앙이 아니요[37], 논

---

35 規矩準繩(규구준승): 『묵자』에서 규범, 규칙, 기준의 의미로 빈번히 출현한다(묵가가 노동자 계급이라는 설이 그래서 나온다). 맹자가 당시 유행 학문인 묵가의 영향으로 그들의 개념을 차용했음을 보여주는 또 한 예다(『묵자』, 「법의法儀」 참고).

36 101쪽의 "지금 어진 마음이 있고"부터 여기까지는 '선왕의 도'를 논했다.

밭과 들판이 개간되지 않고 재화가 쌓이지 않은 것이 나라의 해악이 아니다[38]. 윗사람이 무례하면 아랫사람이 배우지 못해 도적이 된 백성이 들고 일어나 나라를 잃는 것은 하루도 걸리지 않으리라'고 한 것이다.[39]

『시경』, 「대아」, '판'에서 '하늘이 주나라를 무너뜨리려 하는데 그렇게 예예 하지 말라'고 노래하였으니 '예예'란 곧 시끄럽게 떠든다는 말이다. 임금을 섬기는 데 의가 없고, 조정을 들고 남에 예가 없으며[40], 말마다 선왕의 정치를 비난하는 것[41]이 시끄럽게 떠드는 짓이다. 그러므로 임금에게 어려운 일을 하도록 독려하는[42] 것을 공이라 하고, 좋은 정책을 진달하고 잘못된 정사를 가로막는 것을 경이라 하며[43], '우리 임금은 옳은 일을 할 수

---

37 전술 전략을 추구하는 병가에 대한 비판이다.

38 국부國富 증진을 추구하는 법가에 대한 비판이다.

39 102쪽의 "이 때문에 높은 지위에는"부터 여기까지는 '군주의 도'를 논했다.

40 종횡가에 대한 비판이다. 합종책을 시도한 소진은 5개국의 재상을 겸하였고, 연횡책으로 대응한 장의는 6개국의 재상을 겸하였으니 이것이 '임금을 섬김에 의가 없고, 진퇴에 예가 없음'에 해당한다. 뒤에 "임금의 악행을 조장하는 짓은 외려 그 죄가 작으나, 임금의 악행을 부추기는 짓은 그 죄가 크다"(12:7)에서 말한 '악행을 부추기는 짓(逢君之惡)'이 여기 해당한다.

41 병가, 법가, 종횡가 및 유세객들의 처사횡의를 지목한 것.

42 責難(책난): 독려하다. 올바르지만 힘든 일을 강청强請하는 것. 앞에 "임금을 가로막는 것은 곧 임금을 사랑하는 것입니다畜君者, 好君也"(2:4)와 같다.

43 앞에 임금을 책난하는 것을 공恭이라 하고, 여기 임금을 가로막는 것을 경敬이라 하니, 공경이 된다. 공경은 곧 예禮다(11:6). 따라서 임금의 잘못을 견책하고 어긋난 짓을 가로막는 것이 공경이자 예로 섬기는 것이 된다. 충신과 간신을 구별하는 리트머스 시험지가 여기 있다.

없다'라고 하는 자를 도적[44]이라 한다."[45]

해설

    왕도 정치를 세 방면에서 줄곧 논하고 권하는 곳이다. 첫째는 본보기(法)로서 선왕의 도를 해설한다. 둘째는 선왕의 도를 실현하기 위한 군주의 자격, 셋째는 선왕의 도를 실현하기 위한 신하의 조건을 논한다(해당 내용이 어느 부분인지는 주석에 밝혀두었다). 맹자가 제시하려는 이상적 정치의 이론과 실천 양면을 다 갖춰 보여주는 장이다.

    특별히 눈에 띄는 것은 정치에서 제도의 중요성을 강조하는 대목이다. 누구나 선한 마음을 가지고 있다(성선설). 또 누구에게든 좋은 정치를 베풀려는 포부가 있다(정치를 망치겠다고 정권을 잡는 사람은 없다). 선한 마음으로 좋은 정치를 시도하지만 대부분 실패하고 마는 까닭은 좋은 제도에 대한 인식과 운용, 곧 왕도 정치학에 무지하기 때문이다. 본문을 빌리면 "지금 어진 마음이 있고 또 어질다는 소문은 있으나 백성이 그 혜택을 입지 못하고, 후세의 본보기가 되지 못하는 까닭은 선왕의 도를 시행하지 않기 때문이다." 물론 "그 사람이 그 자리에 있어야 그 정사가 일어나지만其人存則其政擧"(『중용中庸』) 역시 제도라는 '다리'를 통해야만 착한

---

44   자괴하는 임금에게 도리어 부끄러워할 것이 없다며 악을 조장하는 진가(6:4), 자기 임금을 성왕에 비해 못난 자라고 무의식중에 토설한 윤사(4:12) 등이 이 경우다.

45   103쪽의 "『시경』, 「대아」, '판'에서"부터 여기까지는 '신하의 도'를 논했다.

마음을 좋은 정치로 현상할 수 있다. 한마디로 "한낱 선만으로 정치를 할 수 없고, 법은 스스로 작동하지 않는다."(아니, 마음에 제도를 덧붙이라는 말이 아니다. 정치가의 선한 마음에서야 좋은 제도를 발견할 수 있다. 마음이 정치의 근본인 이유다. 다만 한낱 선한 마음에만 머물러서는 죽도 밥도 아니라는 것)

정치에서 차지하는 제도의 중요성을 맹자는 지금 묵가에서 자주 사용하는 공작 도구들, 이를테면 규구승묵規矩繩墨에서 슬쩍 빌려 쓰고 있다. 지금은 다행스럽게도 '좋은 제도=선왕의 도'가 서책 속에 있으니, 그 방도를 배우고 본받아 따라 하기만 하면 된다.[46] 만일 이 길을 도외시하고 따로 정치의 방편을 찾는다면 그것은 바보짓이요, 허송세월하는 짓이다. 마치 옛사람들이 컴퍼스와 직각자를 만들어놓았으니 집을 지으려면 그 도구들을 사용하기만 하면 되는 것과 같다(정전제, 조법 세제, 상업 진흥, 학교 건설, 도덕 교육 등의 좋은 제도를 왕정王政이라 부른다. 5:3 참고).

에도시대 일본의 유학자 이토 진사이는 이 장을 해설하면서 "남을 사랑하는 마음이 있더라도 선왕의 도를 행하지 않으면 이른바 '그저 착하기만 한 것'일 뿐 그 마음을 실행할 수 없음이 분명하다. 맹자를 해석하면서 왕도(선왕의 도)를 위주로 하지 않고 오로지 '본성은 선하다'는 주장만 외치는 사람은 『맹자』를 잘 읽은 사람이 아니다"라고 짐짓 성리性理

---

46 제도가 선왕의 작품이라는 점에 천착하면 에도시대 일본의 유학자 오규 소라이荻生徂徠의 성인 제작설로 연결된다. 소라이에게 도道는 고대 성왕들이 제작한 제도·문물의 총칭이다. 성인의 제작에 의해 비로소 사람은 짐승을 벗어나 사회문화적으로 살게 되었다. 따라서 성인이란 인간 사회에 문화와 질서를 부여한 위대한 창조자이지 도덕적 인격자로 여겨선 안 된다는 것(오규 소라이, 『변도辨道』 참고).

만 논하는 유자들을 꾸짖었는데 제대로 짚었다.[47]

맹자의 정치학은 상황 변화에 따라 이럴 수도 있고, 저럴 수도 있다는 상황주의나 그런 변화에 맞춰 기술적으로 변모해야 한다는 기능주의 정치론이 아니다. 그보다는 상황이나 시대의 변화에도 불구하고 의연한 본질을 가지고 있다. '왕도 정치=여민 체제'가 그 본질의 속살이다. 본문에 여러 차례 등장하는 요순지도堯舜之道, 선왕지도先王之道, 선왕지법先王之法이라는 말이 그러하니 이른바 '선왕주의'가 맹자 정치학의 특질임을 알 수 있다. 맹자는 시대가 변하고 공간이 달라진다 해도 정치의 본질은 변치 않는다고 믿는다. 꼭 옛사람이나 지금 사람이나 마음의 바탕이 선하기는 똑같은 것과 같은 이치다. 만약 시대가 변했다고 정치 원리도 변해야 한다고 주장하는 자들이 있다면(법가=후왕주의) 이들은 심각한 잘못을 범하는 것이다. 맹자의 선왕주의는 요순으로 상징되는 옛 성왕의 성취, 즉 '왕도 정치=여민 체제'가 동서고금을 막론하고 올바른 정치의 표준이라는 믿음이다. 시대가 변하고 상황이 바뀌어도 정치란 근본적으로 왕도 정치일 때만 정치인 것이다. 불변의 가치를 전제하는 근본주의, 이것이 맹자 사상의 특징이다.

흥미롭게도 현상학자 에마뉘엘 레비나스Emmanuel Levinas는 수천 년 전 유대교 교리서인 『탈무드』가 현대 사회에도 충분히 적용 가능하다고 주장하는데, 요순·우탕 등 선왕의 정치를 전국시대 당대에도 실현할 수 있다는 맹자의 생각과 상통한다(2000여 년 전의 텍스트인 『맹자』를 주석하고 있

---

47   이토 진사이, 최경열 옮김, 『맹자고의』, 그린비, 2016 참고.

는 필자에게도 이런 믿음이 있다). 다음은 신앙에 대한 레비나스의 해설이다.

> 기원후 2세기에 성립된 미쉬나Mishnah나 기원후 5세기에 성립된 라마Rama 안에서 '산업사회나 근대 테크놀로지'가 초래하는 문제들에 대한 해답을 찾는 일도 가능하다고 레비나스는 생각한다. 왜냐하면 탈무드에서는 '모든 것이 사고되고 있'기 때문이다. 모든 것은, '현대 세계의 가장 예견 불가능한 측면조차도', 이 고대의 현자들에 의해 이미 사고되고 있기 때문이다.[48]

레비나스의 이런 근본주의를 동양식으로 표현하자면 선왕주의가 된다. 맹자의 인성론에는 선왕주의가 전제되어 있다. 오직 성선性善만을 유일한 가치로 확신하는 맹자의 인간론이 그렇다. 이런 성선설에 기초한 정치의 유일한 도는 '왕도=여민 체제'일 뿐이요, 이는 이미 요순·우탕·문무·주공의 정치에서 충분히 구현되었다는 것이 맹자의 믿음이다. 등나라 세자에게 거듭 강조한바, "맹자는 성선을 논하고, 말마다 꼭 요순을 일컬었다"(5:1)라는 말에도 이런 확신이 담겼다.

맹자의 선왕주의는 전국시대 사상계를 염두에 두고 읽을 수도 있다. 당시 법가를 중심으로 시대가 변하면 가치도 바뀌어야 한다는 이른바 후왕주의가 널리 설득력을 얻고 있었다. 이들은 선왕주의가 시대착오이므로 폐기하기를 촉구한다(한비자가 수주대토守株待兔, 곧 토끼가 나무 등걸에 부

---

48 우치다 타츠루, 이수정 옮김, 『레비나스와 사랑의 현상학』, 갈라파고스, 2013, 120쪽.

덮혀 죽는 것을 우연히 본 농부가 그 횡재를 기다려 나무뿌리 주변을 어슬렁거린다는 고사를 빌려 조롱한 대상이 선왕주의다). 법가의 후왕주의는 한마디로 "성인이라도 제정된 법도에는 따라야 한다聖人盡隨於萬物之規矩"(『한비자』, 「해로解老」)로 요약할 수 있다. 반면 맹자는 "법은 스스로 작동하지 않는다"[49]라고 말한다. 물론 선왕의 제도(규구)를 그대로 복사하자는 말은 아니다. 여기서 해석이 중요한 방법이 된다. 범전을 기본으로 하되 시공간에 적의하게 적용하는 정치적 지혜가 중요하다. 주공이 과거 성왕들의 범전을 따르되, 만약 부합하지 않는 특수 사례가 발생하면 "우러러 생각하기를 여러 밤낮을 계속했다. 다행히 방책을 얻으면 앉아서 아침이 밝기를 기다렸다"(8:20)는 것이 이 뜻이다.

후왕주의의 정치적 의미는 법규를 제정하는 권력을 현재의 권력자에게 맡기고, 일단 제정된 법규는 성인도 따라야 한다는 데 있다. 후왕주의는 당시 군주에게 무조건 복종하는 것, 즉 군주 독재로 귀결한다. 이에 대항하는 담론이 선왕주의다. 선왕주의는 여민주의다. 즉 선왕주의와 후왕주의의 대결이 지니는 정치적 의의는 여민 체제 건설이냐, 아니면 군주 중심의 통일이냐 하는 미래에 대한 지향의 차이에서 오는 갈등이다.

여기서 맹자가 꿈꾸는 나라가 어떤 나라인지도 드러난다. "위에서 법

---

49 이 점에 관한 한 순자도 맹자와 같은 생각이다. "법은 홀로 설 수 없다法不能獨立."(『순자』, 「군도君道」) 앵거스 그레이엄은 법가의 입장에서 유가의 법 개념을 살펴보면서 "법가의 참신성은 맹자와 순자가 거의 같은 말로 표현한 '법만으로는 스스로 움직일 수 없다'는 가정을 부정한다는 점이다. 법가의 생각으로는 만일 기준이 완전히 형성되면, 이는 자동적으로 작용할 수 있다. 결국 법가에서 '법'의 범위는 관료 통제와 인민 동원을 위한 서구의 술어 로law에 해당하는 것으로 축소된다."(앵거스 그레이엄, 앞의 책, 510~511쪽)

도를 논하지 않으면 아래는 법규를 지킬 수 없고, 조정에서 왕도를 신뢰하지 않으면 장인들은 척도를 믿지 않으니"라며 거듭하는 불신不信이란 단어에 그의 꿈이 숨어 있다. 결국 맹자의 나라는 '신뢰 국가the fiduciary state'라고 이름 붙일 수 있으리라. 신뢰의 중요성은 맹자가 『논어』에서 학습한 정치 이론으로 보이기도 한다. 군주와 신하 간이든, 정부와 인민 간이든 신뢰를 정치적 관계의 열쇠로 보았던 자하의 주장이 그렇다.

> 자하가 말했다.
> "군주는 신뢰를 얻은 다음 백성을 동원할 수 있다. 만일 군민 간에 신뢰가 없다면 백성은 저희를 괴롭힌다고 여길 것이다. 신하는 군주의 신뢰를 얻은 다음 간할 수 있다. 만일 신뢰가 없다면 군주는 자기를 헐뜯는다고 여길 것이다."
> _『논어』, 19:10

그러면 시공간의 변화에도 불구하고 불변하는 '성왕의 도'란 무엇인가. 조정에 공론장이 형성되어 군신 간의 토론을 통해 시의적절한 제도와 정책이 수립되고, 또 비판을 통해 그 정책을 교정하는 과정이다. 여기서 제정한 법도가 사회의 합리적 표준으로 수용될 때 인민은 국가를 신뢰하게 된다. 이런 열린 과정을 통해 정치의 표준을 선취한 정치가가 순임금인지라 그를 대순大舜이라고 칭탄한 것이다(2:8).

7:2. 왕도는 정치의 유일한 모델이다

孟子曰, "規矩, 方員之至⁵⁰也; 聖人, 人倫之至也. 欲爲君, 盡君道; 欲爲臣, 盡臣道. 二者皆法⁵¹堯舜而已矣. 不以舜之所以事堯事君, 不敬其君者也; 不以堯之所以治民治民, 賊其民者也. 孔子曰, '道二, 仁與不仁而已矣.' 暴其民甚, 則身弑國亡; 不甚, 則身危國削⁵², 名之曰, 幽 • 厲, 雖孝子慈孫, 百世不能改也. 詩⁵³云, '殷鑒⁵⁴不遠, 在夏后之世.' 此之謂也."

맹자, 말씀하시다.

"그림쇠와 곱자가 네모와 동그라미의 근원이듯, 성인은 인륜의 근원이다. 임금이 되려 한다면 임금의 도를 다해야 할 것이고, 신하가 되려 한다면 신하의 도를 다해야 할 것이다. 두 가지는 다만 요와 순을 모범으로 삼을 따름이다. 순이 요임금을 섬기는 방법으로 임금을 섬기지 않는다면 임금을 공경하지 않는 것이

---

50 至(지): 지극함, 극처. '근원'이라고 번역하였다.

51 法(법): 본받다. 맹자에게 '法'의 의미는 법가의 형법과 달리 규범legge을 뜻한다. 이 또한 묵가의 영향으로 보인다. "법이라는 개념이 최초로 우리의 관심을 끈 것은 『묵경』에서인데, 그것은 원을 식별하는 기준으로서 원이나 또 다른 원, 아니면 컴퍼스의 관념을 사용하는 경우에서이다."(앵거스 그레이엄, 앞의 책, 507쪽) 참고로 『묵경』, 「경설 상經說上」에 "법은 따라야 할 곳에서 그렇게 하는 것法, 所若而然也"이라 하였다(염정삼 주해, 『묵경 1』, 한길사, 2012, 289쪽).

52 削(삭): 깎다.

53 詩(시): 『시경』, 「대아大雅」, '탕蕩'.

54 鑒(감): 거울, 비치다.

맹자, 마음의 정치학 2

요, 요임금이 백성을 다스리던 방법으로 백성을 다스리지 않는 다면 백성을 해치는 짓이다.

공자가 '길은 두 갈래, 인과 불인일 뿐'이라고 하셨다. 백성에게 심하게 포악을 떨면 몸은 시해를 당하고 나라는 망하며, 포악이 심하지 않아도 몸은 위태롭고 나라는 위약해진다. 유·려[55]라는 이름이 붙게 되면 비록 효자와 착한 자손이 나더라도 영원토록 그 오명을 바꾸지 못하리라. 『시경』, 「대아」, '탕'에서 '은나라 가 거울로 삼을 것이 멀리 있지 않으니, 바로 하나라에 있도다' 라고 하였는데 이것을 이른 것이다."

해설

뜻이 앞 장을 잇고 있다. 앞서 왕도를 이루기 위한 두 방법으로 '군주의 자격(君道)'과 '신하의 조건(臣道)'을 논했다. 이 장에서는 거듭 왕도를 이룰 이 두 가지 원리가 역사적으로는 요순의 정치에서 추출된 다는 점을 밝힌다. 아니, 순의 행태에 군주와 신하의 도리가 응축되어 있다. 신하로서 요임금을 섬기던 순의 행태를 연구하면 신하의 보편적인 행동 규범이 나오고, 순이 백성을 다스리던 여민의 행태를 헤아리면 군주의

---

55 幽·厲(유·려): 주나라 두 폭군의 시호다. '幽'는 막혀서 통하지 않는 것 또는 함부로 제사 지내며 평상을 어지럽히는 것을 말하고, '厲'는 무고한 사람을 죽이고 해치는 것을 말한 다(양백준).

불변하는 행위 모델이 나온다. 요컨대 순에 대한 공부가 정치사상 연구의 핵심이다. 『맹자』에서 요순·우탕·문무 가운데 유독 순의 일화가 집중적으로 부각되는 이유이기도 하다. 가령 순은 맹자에 의해 효행의 표준인 대효大孝로 칭송되고, 또한 여민 정치의 모델인 대순大舜으로 추앙된 바다(9:1). 사람다움의 X축과 인륜의 Y축, 정치가의 Z축까지 겸비하여 체현한 내성외왕內聖外王의 범전을, 단 한 사람 순임금으로 상징한 이유의 일단이 여기서 밝혀진 셈이다.

집을 짓는 데 직각자와 컴퍼스를 이용하면 네모와 동그라미를 무궁무진하게 그리고 만들 수 있듯, 역사 속에 체현된 순의 모델을 가져다 쓰기만 하면 집안에서는 효자로, 조정에서는 군주 또는 신하로 왕도 정치를 언제, 어디서고 재현할 수 있다는 것이다. 등문공이 세자 시절 송나라에서 맹자를 만났을 때 맹자가 "말마다 꼭 요순을 일컬었다言必稱堯舜"(5:1)던 그 내용이 이와 같았을 것이다. 그러므로 군주가 되든 신하가 되든 선왕先王인 요와 순을 범례로 삼아 연구하면 될 따름이다. 다른 길, 이를테면 패도나 법가의 길을 택해 간다면 기다리는 것은 멸망과 죽음밖에 없으리라는 경고다. 다만 경고치고는 살벌하다. "백성에게 심하게 포악을 떨면 몸은 시해를 당하고 나라는 망하며, 포악이 심하지 않아도 몸은 위태롭고 나라는 위약해진다"라니. 이 경고 밑에는 백성이 국가의 주인이라는 전제가 깔려 있다. 여민 정치가 단순히 권고 사항이 아니라 생사와 존망이 걸린 유일한 길임을 알겠다.

한편 끝부분 "유·려라는 이름이 붙게 되면 비록 효자와 착한 자손이 나더라도 영원토록 그 오명을 바꾸지 못하리라"는 경고는 『논어』의 한 대목을 염두에 둔 표현이다.

> 자공이 말했다.
> "은나라 주왕의 악독함은 기록된 것만큼 심하지는 않았으리라. 그
> 러므로 군자는 하류에 거처하기를 싫어하는데, 천하의 악이 모두 다
> 몰려들기 때문이지."
> _『논어』, 19:20

    역사에 잘못된 이름으로 한 번 기록되면, 실제보다 훨씬 부풀려져 악
인의 대명사로 굳어버린다는 점을 자공은 은왕조의 마지막 폭군 주왕의
사례를 통해 증명한다. 자공의 날카로운 눈은 글로 전해지는 주왕의 갖
은 악행이 실제로 그가 저질렀던 일이라기보다는 '악의 상징'처럼 되었
을 가능성을 끌어냈다. 나라가 망하면 마지막 왕은 모든 책임을 혼자 짊
어지게 된다. 백제의 의자왕도 마찬가지 아니던가. 태자 시절에는 효행
이 탁월하여 '동방의 증자(海東曾子)'라는 칭호를 얻을 정도였는데, 나라
를 망치고 나니 모든 악행의 대명사로 기록되어 그 오명을 천년에 드리
우고 말았다(『삼국사기』).

7:3. 인하면 흥하고, 불인하면 망한다

孟子曰, "三代之得天下也以仁, 其失天下也以不仁. 國之所以廢興存亡者亦然. 天子不仁, 不保四海; 諸侯不仁, 不保社稷; 卿大夫不仁, 不保宗廟; 士庶人不仁, 不保四體[56]. 今惡死亡而樂[57]不仁, 是猶惡醉而强酒."

맹자, 말씀하시다.

"하·은·주 삼대가 천하를 얻은 까닭은 인했기 때문이요, 천하를 잃은 까닭은 불인했기 때문이다. 나라의 흥폐와 존망의 까닭도 역시 그러하다. 천자가 불인하면 천하를 보전하지 못하고, 제후가 불인하면 사직을 보존하지 못하며, 경·대부가 불인하면 종묘를 보존하지 못하고, 사·서인이 불인하면 몸을 보존하지 못하는 것. 지금 죽음과 멸망을 싫어한다면서 불인을 좋아하니, 이건 술에 취하기 싫어한다면서 억지로 술을 마시는 것과 같다."

---

56 四體(사체): 팔다리, 사지四肢와 같으니 '몸'을 뜻한다. 이 글에서는 천자의 강역을 사해四海라 했고, 사·서인士庶人의 관리 대상은 '四體'라 했다. 여기 '四'에 주목하면 '마음'이 사단四端으로 표현되는 것과 관련된다. '마음=四端, 몸=四體, 천하=四海'라는 四의 수비학數秘學에 유의하자.

57 樂(요): 좋아하다.

맹자, 마음의 정치학 2

앞 장을 이어 거듭 왕도를 올바른 정치의 활로로 논하고 있다. 모든 정치가의 앞에는 선택지가 놓여 있다. 제 한 몸 영위하는 일부터 가문을 추스르는 일과 나라를 다스리는 일, 그리고 천하를 유지하는 일에 이르기까지. 다만 어느 경우든 길은 오로지 두 갈래다. '살길(仁)'과 '죽음의 길(不仁)'이 그것이다. 그 가운데 '살길'을 선택하는 것이 지혜다. 공자가 "어진 마을을 택하여 살지 않는다면 어찌 지혜롭다 하리오"(『논어』, 4:1)라던 말을 계승한 것이 본문이다. 또 "하얗게 날선 칼끝 위를 걸을 수 있는 것이 사람이지만, 중용의 길을 걷기는 능숙하기 어렵다"라던 『중용』의 말도 이와 다를 바 없다.

본문은 유교 사상의 한 패턴이다. 앞에 "인하면 영예롭고, 불인하면 치욕을 당한다仁則榮, 不仁則辱"(3:4)라던 대목의 반복이다. 물론 인과 불인 사이에서 선택을 강요하는 이분법에 반발이 있을 수 있다. 맹자가 '엄격한 도덕주의'라는 비판을 받는 까닭이기도 한데, 그러나 여기 '인이냐 불인이냐'의 선택을 억압적인 강요로 읽어서는 안 될 일이다. 인이란 곧 '여민'이니 '함께 더불어 사는' 생명의 정치를 의미하고, 불인은 독선과 독단, 독재와 독점이니 죽음의 정치로 이끈다. 이 사이의 선택에 삶과 죽음, 나라의 존망이 걸렸음을 강조하여 본문에서는 "천자가 불인하면 천하를 보전하지 못하고, 제후가 불인하면 사직을 보존하지 못하며, 경·대부가 불인하면 종묘를 보존하지 못하고, 사·서인이 불인하면 몸을 보존하지 못하는 것"이라고 곡진하게 토로하였을 따름이다. 하나는 삶의 길이요 다른 하나는 죽음의 길이라면, 죽음이 아닌 생명의 길을 권고하는 것이 어찌 강요가 될까 보냐. 말 만들기 좋아하는 사람들에게 "죽음과 멸망을 싫어한다면서 불인을 좋아하니, 이건 술에 취하기 싫어한다면서 억지로 술을 마시는 것과 같"은 짓이라고 끝에다 경고를 붙였다.

그런데 제가 하는 짓이 무슨 짓인지 모른 채 의식 없이 살다 보면? 나라도 잃고 자식도 잃고 제 한 몸도 비극적으로 죽임을 당한다! 그 증거가 양혜왕의 말로다(14:1). 그러면 왜 이런 뒤집힌 결과가 발생하는가? 나라를 사랑하고 백성을 위해 애쓴 노력이 도리어 자식을 살해하고, 제 몸을 죽이고, 끝내 나라를 패망하게 한 전도된 결과를 낳은 이유는 무엇인가?

정치를 오해했기 때문이다. 정치를 '남을 위하여' 시혜를 베푸는 것으로 착각하는 자리에서 불인은 싹튼다. '위하여'라는 허깨비가 정치가들을 옥죄어 죽음과 멸망으로 이끈다. 당시 백가들이 요구하는 '위하여'란 과연 무엇을 위함인가를 직시하라는 것이 맹자의 경고다. '백성을 위한다'는 위민爲民 정치의 허깨비를 헤집어보면 결국 위아爲我(군주인 나를 위하여), 곧 자기 이익으로 귀결된다. 거기에 위민을 강권하는 유세객들의 자기 이익이 교묘하게 편승하는 것은 물론이다(양혜왕과 묵가 사상의 관련성은 1:1 해설 참고). 역시 '하필왈리'라는 공박이 여기서도 울림을 얻는다. 자승자박과 자기모순이 바로 이런 착각에서 비롯한다.

7:4. 내 탓이로소이다, 내 탓이로소이다

孟子曰, "愛人不親, 反其仁; 治人不治, 反其智; 禮人不答, 反其敬 ― 行有不得者皆反求諸己, 其身正而天下歸⁵⁸之. 詩⁵⁹云, '永言配命, 自求多福.'"

> 맹자, 말씀하시다.
> "남을 아껴주어도 친해지지 않으면 자신의 인을 돌이켜 보고, 남을 치유해줘도 고쳐지지 않으면 자신의 지를 돌이켜 보며, 남을 예로 대하는데도 답례가 없으면 자신의 경을 돌이켜 보아야 하느니 ― 도리를 합당하게 행하는데도 반응이 없거든 언제나 돌이켜 자신에게서 까닭을 찾아야 한다. 제 한 몸이 올바르면 천하가 귀의하는 법! 『시경』, 「대아」, '문왕'에 '길이 천명에 부합하면 스스로 많은 복을 얻게 된다'라고 노래했던 뜻이다.'"

해설

단지 나 자신이 행할 바다! 길흉화복吉凶禍福은 따로 하느님이나 귀신이 있어 그들이 내게 주는 것이 아니라, 스스로 닦아서 행함에 나

---

58 歸(귀): 돌아오다. 덕화의 효과를 표현한 것. '근자열, 원자래近者說, 遠者來'(『논어』, 13:16)의 '來'와 같다.

59 詩(시): 『시경』, 「대아」, '문왕'. 앞에 나왔다(3:4 참고).

자신이 획득하는 것이다. 본문에 인용한『시경』의 "길이 천명에 부합하면 스스로 많은 복을 얻게 된다"라는 노랫말 속 '스스로 많은 복을 얻는다'에 그 뜻이 명백하다. 바깥의 귀신에게 굽실거리면서 길과 복을 구하고, 흉과 화를 면하던 샤머니즘에서 벗어나 공자를 기점으로 자신에게서 덕을 찾는 내향성으로 전회한 후, 맹자는 자기 성찰의 중요성을 더욱 강조하고 있다. 유교 사상사로 보자면 공자로부터 제자 증자가 전수받아 제시한 '세 가지 성찰(三省)'을 또 맹자가 계승한 것이다. 다음은 증자의 증언이다.

> 증자가 말했다.
> "나는 하루에 세 번 스스로를 성찰한다(吾日三省吾身). 첫째, 남과 더불어 일을 도모할 때 성실하였는가? 둘째, 붕우와 사귐에 미덥게 했던가? 그리고 스승의 가르침을 몸에 익혔는가?"
> _『논어』, 1:4

　여태껏 탓을 바깥에서 찾던 눈길을 안으로 돌려 자신에게서 찾는, 불교식으로 말하면 '회광반조回光返照'의 코페르니쿠스적 전환이 여기 '삼성오신三省吾身' 속에서 일어나고 있다. 그렇다면 맹자는 무엇을 '나에게서 돌이켜 구하라'는 것인가? 참된 마음, 현대식으로 번역하면 진정성authenticity이다. 나의 사랑이, 나의 지혜가, 나의 예절이 막상 겉치레로 형식화하여 상대방을 소외시키는 것은 아닌가? 지금 여기 삶의 구체적 현장에서 나의 앎, 나의 사랑, 나의 예법이 '관료주의'로 경직된 것은 아닌가? 이와 같은 추궁이다. 그 핵심 요결이 공자가 중시했던 충忠이라는 말이다. 주희의 해석으로는 '자기를 다함(盡己)'이 충이요, 시인 윤동주의 표현을 빌리자면 "하늘을 우러러 한 점 부끄럼 없기를" 기약함이 충이다. 요컨대 남을 탓하기 전에 나를 돌이켜 내 안의 참마음을 검토하고 점검하라는 것(3:4 참고를 볼 것).

그런데 언제까지 어디까지 '내 탓이로소이다'를 연발하며 나 자신에게서만 탓을 찾을 것인가? 혹시 타인의 나쁜 의도, 제도의 악폐, 사회 구조의 잘못으로 이런 악순환이 계속되는 것은 아닐까? 보이지 않는 악의 문제는 어떻게 할 것인가? 그렇다! 맹자는 스스로 성찰하여 '하늘을 우러러 부끄럼이 없다면' 다시금 눈을 바깥으로 돌려 타인과 사회, 구조의 잘못을 지적하고 광정하라고 권한다. 만약 상대방이나 사회의 잘못이 확인된다면 그 잘못된 것(부정의)을 거부하고 저항하며 철폐하는 행동에 나서야 한다. 그럴 때라야 정의가 바로 선다. 수오지심이라, '증오가 정의의 한 실마리(義之端)'가 되는 까닭이다. 그러므로 '내 탓이로소이다'는 두어 번이면 족하지, 한정 없이 자기 안에서만 잘못을 찾으라는 말이 아니다. 그러다가 위축되고 주눅 들어 노예의 길로 미끄러지는 수가 있다. 이 장을 읽을 때 주의할 일이다. 그러나 부끄러움(내향성)과 증오(외향성)의 전환과 연결이 쉽지가 않다. 수(羞, 나를 부끄러워함)와 오(惡, 상대방을 증오함) 사이의 갈등과 고민은 8:28에 보인다. 이 장과 겹쳐 보아야 한다.

한편 이 장의 열쇳말인 '돌이켜 보기(反)'는 유교 경전에서 빈번히 출현한다. 이건 왕도 정치, 인정을 실현하기 위한 핵심 행동 강령이다. 치국과 평천하 프로그램의 출발점인 수신을 요약하면 '반구저기'가 되는데, 맹자도 앞서 궁사의 활쏘기 비유를 통해 제시한 바 있다.

인자는 마치 궁사와 같다. 궁사는 자세를 바로잡고 나서 활을 쏜다. 또 쏜 살이 과녁에 적중하지 못하면 이긴 사람을 원망하지 않고 자신에게 돌이켜 잘못을 찾는다.

_ 3:7

역시 『대학大學』, 『중용』에도 유사한 내용이 나온다.

정치가는 먼저 자신에게서 탓을 찾고 그다음 남에게서 찾는다. 다만 자기에게 잘못이 없고서야 남에게서 잘못을 찾아야 한다.

_ 『대학』, 제9장

공자, 말씀하시다.

"궁사에게 군자와 비슷한 점이 있다. 과녁의 정곡을 맞히지 못하면, 돌이켜 자신에게서 그 탓을 찾는다."

_ 『중용』, 제14장

　자기 성찰은 유교적 인간이 되기 위한 공부의 기본이다. 당시 사상계를 감안하면 이 장은 탓을 자신에게서 찾는 공부는 도외시하고 외부에서 문제를 찾으려는 사회과학주의 학술들(특히 묵가, 법가 등)에 대한 비판이다. 주희는 "이 장이 앞의 두 장의 뜻을 이었다"라고 평했는데, 그 뜻은 다음 장으로도 이어진다.

孟子曰, "人有恒[60]言, 皆曰, '天下國家.' 天下之本在國; 國之本在家; 家之本
在身."

맹자, 말씀하시다.

"요즘 사람들은 모두 입버릇처럼 '천하 국가'를 말하는데, 천하
의 근본은 국에 있고, 국의 근본은 가에 있으며, 가의 근본은 몸
에 있다."

해설

당시 제반 학술들은 전국시대를 극복할 해결책을 천하와 국가
단위에서 찾았다. 묵가, 법가, 종횡가, 병가 등이 모두 그러하다. 이를테
면 사회과학주의 학술이 횡행했다. 이 장은 이런 추세에 대한 비판으로
제출된 것이다. 천하 국가를 논하는 '매크로한' 관점에서는 국가 단위의
전쟁과 외교가 중시되고, 개개인의 가치는 철저히 무시된다. 필부필부의
구체적 삶, 생존과 빈곤, 질병 등 생사고락의 구체성은 소외되고 만다. 특
히 묵가의 논리가 그러했다. 그들은 천하 대란의 원인을 국가와 언어에

---

60   恒(항): 항상. '입버릇처럼'이라고 번역하였다.

서 찾았고, 사회 안정의 기초도 천하 단위에서 '매크로하게' 논한다. 묵자는 "천하 국가로부터 겸애를 실천하는 대업을 성취하면, 자연히 집안에 효도하지 않을 자식이 없고, 또 자식을 자애로 대하지 않을 부모가 없으리라"고 언명한 터다. 『묵자』의 도처에 천하 국가, 유국유토有國有土 등의 표현이 속출하는 까닭이다.

물론 묵가만 그랬던 것은 아니다. 당시 거의 모든 학술이 국가(군주)의 이익을 극대화하는 데 집중했으며, 강력한 군주의 집중된 힘으로 천하를 병합하여 통일하는 기술을 논했다. 법가의 형법, 병가의 군사 전술, 종횡가의 외교술 등이 그 예다. 각자 채택하는 방법은 달라도 군주의 이익 증진에 초점을 두었다는 점에서는 같다. 사람의 구체적인 삶과 현실의 문제, 마음에 대한 성찰은 도외시되었다. 몸, 곧 사람의 마음과 행실은 정치적 사안이 아니었다(이런 점에서 그들은 '사회과학자'다).

그런데 맹자는 문제를 바라보는 관점을 완전히 뒤집었다. 이 점에 주목해야 한다. 문제의 궁극적 원인은 내 몸(=마음)과 '지금 여기'의 구체적 현장에 있다는 것이다. 이른바 '생활 정치'의 제안이다. 인간의 구체적인 삶, 곧 몸 닿는 가까운 데서 정치를 찾아라! 실은 이런 생활 정치의 제안은 자공이 인에 대해 물었을 때 공자가 한 답변에서 비롯한다. 거기서도 자공은 천하를 단위로 '통 크게' 질문한 바였다.

자공이 말했다.

"만백성에게 널리 재물을 베풀고 만인을 구제할 수 있다면 어떻습니까? 인이라고 할 수 있을는지요?"

맹자, 마음의 정치학 2

공자, 말씀하시다.

"어찌 인에 그치랴, 성인의 경지라고 해야지. 요순 임금도 그리하지 못해 병통으로 여겼던 것을! 대저 인이란 내가 서고 싶으면 상대방도 세워주고, 내가 알고 싶은 것은 상대방에게도 알려주는 것이지. '능히 가까운 데서 비유를 취할 수 있다(能近取譬)'면 이것이 바로 인을 실천하는 방법인 게지."

_ 『논어』, 6:28

핵심은 능근취비能近取譬, 즉 '능히 가까운 데서 비유를 취함'에 있다. 지금 내가 살고 있는 생활공간과 그 주변에서 문제를 찾으라는 뜻이다. 내 주변, 즉 가족과 마을의 비근한 삶 속에 진리가 숨 쉰다. 여기서 사랑을 느끼고, 여기서 배운 지혜를 상대방에게 미루어 손을 내밀 때 인이 깃들 따름이다. 나에서 시작하여 상대방과 '더불어 우리'로 나아가는 것이 올바른 문제 해결 방향이라는 것.

요컨대 '반구저기反求諸己(나에게서 돌이켜 구함)'와 '추기급인推己及人(나를 헤아려 남에게 미침)'이 공자를 계승한 맹자의 정치론이다. 이것이 가까이로는 수신(공부=몸 훈련)에서부터 멀리로는 평천하(평화 만들기)에까지 적용되는 하나의 원리다. 이 점은 차후 『대학』에서 유교 프로그램의 대강령으로 표현될 참이다. 널리 알려진 "천하의 근본은 국에 있고, 국의 근본은 가에 있으며, 가의 근본은 몸에 있다天下之本在國; 國之本在家; 家之本在身"라는 대목이 그 예다.

이 장을 통해서 우리가 심드렁하게 여겼던 '수신→제가→치국→평천하'의 전개 과정이 당시로서는 상식을 뒤집은 파천황의 제안임을 감지할 수 있어야겠다. 맹자는 전통의 계승자라기보다는 당대의 관습적 인식과 상식에 문제를 제기하고 저항한 '프로테스탄트'였다.

참고   현대 정치철학자에게서 맹자와 동일한 관점을 발견할 때면 놀랍다. 마이클 왈저Michael Walzer가 특히 그렇다. "왈저는 '카뮈는 인류를 사랑한다면서도 자신과 더불어 사는 사람들을 경멸하는 철학자들을 싫어했다'라며 카뮈에게 찬성을 표했다. 카뮈와 마찬가지로 왈저는 세계적인 사상가의 특징인 철학적 초연함의 개념을 거부했다. '진정한 지성인에게도 부모, 친구, 친근한 장소, 따스한 기억이 있다. 존재론적 영웅주의 같은 완벽한 고독은 낭만적 발상이다.'"[61]

---

61   이안 사피로, 노승영 옮김, 『정치의 도덕적 기초』, 문학동네, 2017, 225쪽.

孟子曰, "爲政不難, 不得罪於巨室. 巨室之所慕[62], 一國慕之; 一國之所慕, 天下慕之. 故沛然[63]德敎[64], 溢[65]乎四海."

맹자, 말씀하시다.

"정치하는 일이 어렵지 않으니 대신의 가문[66]에 죄를 짓지 않으면 된다. 대신의 가문이 바라는 것을 온 나라가 바라고, 온 나라가 바라는 것을 온 천하가 바라는 법. 그리하면 장맛비 쏟아지듯 덕의 교화가 온 천하에 넘실대리라."

---

62 慕(모): 지향(向). "마음으로 기뻐하여 진실로 따르는 것."(주희)

63 沛然(패연): 비가 세차게 내리는 모양. '장맛비 쏟아지듯'이라고 번역하였다.

64 德敎(덕교): 덕의 교화. 여기 '敎'를 교화라고 번역한 까닭은 "사람 마음을 얻는 데는 선정善政이 선교善敎만 못하다. …… 선정은 백성의 재물을 취하지만, 선교는 백성의 마음을 얻는다"(13:14)를 감안한 것이다. 여기 '敎'는 교화력 또는 감화력, '政'은 강제력과 관련된다. 그러므로 '德敎'는 '덕의 교화'로 번역할 수 있다.

65 溢(일): 넘치다.

66 巨室(거실): 대신의 가문이니 세가世家를 말한다. 그런데 세가에게 왜 '죄를 짓지 말라'는 것일까? 함께 더불어 정사를 행해야지 홀로 독재하지 말라는 뜻이다. 앞에 순임금의 정치를 논하면서 "남과 소통하기를 잘하였다善與人同"(3:8)라 하였으니 여기 '세가에 죄를 짓지 말라'는 방증이 된다.

앞 장들의 뜻을 잇고 또 넓혀서 논하고 있다. 군주라고 독재, 독선, 독단에 빠져서는 안 되고, 여민과 여인與人의 정치를 행해야 한다는 경고다. 왕조와 함께해온 세가, 즉 명문거족은 민심을 수렴하여 군주에게 전하고 또 군주의 뜻을 정련하여 백성에게 파급하는 일종의 '오피니언 리딩 그룹opinion leading group'으로 상정된다. 군주의 정치적 의견이 사직과 운명을 같이해온 대신의 가문을 거쳐 인민에게 퍼져나가고 다시 회귀하는 경로는 덕치의 피드백 과정과 같다. 예컨대 군주가 온화하고 탁월하며 공손하고 검소하다면(溫良恭儉) 가까운 대신의 가문이 먼저 기뻐하고, 점점차차 도성 사람들과 지방의 서민도 즐거워하고, 급기야 먼 나라 사람들이 몰려드는 이른바 '근자열, 원자래'의 매력 경로가 형성된다. 요컨대 이 장은 군주의 덕이 확산하여 천하에 이르는 덕치의 실현 과정을 논하는 곳이다. 그 전파 속도는 역말이 왕명을 전달하는 것보다 빠르리라고 공자가 말한 바 있다(3:1).

아니, 그런데 군주가 독선과 독단에 빠져 독재한다면 어떻게 해야 하는가? 역대로 왕조와 운명을 같이해온 세가들은 군주가 왕조를 위태롭게 한다는 판단이 든다면, 의논하여 독재자를 추방하고 유덕자를 새 군주로 세울 수 있다. 일종의 '궁내혁명'이 가능하다(10:9 참조).

7:7. 지금은 전복적 상상력이 필요한 때!

孟子曰, "天下有道, 小德役[67]大德, 小賢役大賢; 天下無道, 小役大, 弱役强. 斯二者, 天[68]也. 順天者存, 逆天者亡. 齊景公曰, '旣不能令, 又不受命, 是絶物[69]也,' 涕[70]出而女[71]於吳. 今也小國師大國而恥受命焉, 是猶弟子而恥受命於先師也. 如恥之, 莫若師文王. 師文王, 大國五年, 小國七年, 必爲政於天下矣. 詩[72]云, '商[73]之孫子, 其麗[74]不億[75]. 上帝旣命, 侯[76]于周服. 侯服于周, 天命靡[77]常. 殷士膚[78]敏, 祼[79]將[80]于京.' 孔子曰, '仁不可爲衆也. 夫國君好仁, 天下無敵.' 今也欲無敵於天下而不以仁, 是猶執熱而不以濯[81]也. 詩[82]云, '誰能執熱, 逝不以濯[83]?'"

67　役(역): 부림을 받다.

68　天(천): '자연의 이치'라고 번역하였다.

69　物(물): 사람.

70　涕(체): 눈물.

71　女(녀): 딸(을 시집보내다).

72　詩(시): 『시경』, 「대아」, '문왕'.

73　商(상): 은왕조.

74　麗(려): 숫자.

75　億(억): 십만.

76　侯(후): 어조사로 '維(유)'와 같다.

77　靡(미): 아니다. '非(비)'와 같다.

78　膚(부): 아름답다. '美(미)'와 같다.

79　祼(관): 강신례降神禮. 향초로 만든 울창주를 땅에 부으며 신이 강림하도록 하는 것.

80　將(장): 돕다. '助(조)'와 같다.

81　濯(탁): 씻다.

82　詩(시): 『시경』, 「대아」, '상유桑柔'. 해설(詩序)에 따르면 '상유'는 '예 땅의 제후-(芮伯)'가 폭군 려왕厲王을 풍자한 노래다.

맹자, 말씀하시다.

"천하에 도가 있으면 작은 덕이 큰 덕의 부림을 받고, 작은 지혜가 큰 지혜의 부림을 받는다. 천하에 도가 없으면 작은 것이 큰 것에게 부림을 당하고 약자가 강자에게 부림을 당한다. 이 두 가지는 자연의 이치다. '자연의 이치에 순응하면 살아남고, 자연의 이치를 거스르면 망하는 법.' 제나라 경공이 '이미 명령을 내릴 수 없으면서 남의 명령을 받지도 않는다면 남과 관계를 끊는 것이라' 하고 눈물을 쏟으며 딸을 오나라로 시집보냈다.[84]

지금은 약소국이 강대국을 따라 하면서도 그의 명령을 받기는 치욕스러워하는데, 이는 제자가 스승의 가르침 받기를 부끄러워하는 것과 같다. 정녕 이 짓이 치욕스럽다면 문왕을 본받는 일만 못하니, 문왕을 스승으로 삼으면 큰 나라는 5년, 작은 나라는 7년[85]이면 반드시 천하에 정사를 펼칠 수 있으리라.

---

83   逝不以濯(서불이탁): '逝'는 어조사. 아래 7:9 끝에 맹자가 인용하는 '其何能淑, 載胥及溺(기하능숙, 재서급닉)'은 이 구절에 이어지는 시구다.

84   한나라 유향劉向이 편찬한 『설원說苑』에 이 고사가 소개되어 있다. "제경공이 자기 딸을 오왕 합려에게 시집보내며 교외에서 전송하였는데 울면서 '내가 죽을 때까지 너를 보지 못할 것 같구나'라고 하였다. 옆에 있던 고몽자가 '제나라는 바다를 등지고 산에 둘러싸였으니 설령 우리가 천하를 다 거두지는 못해도 누가 우리를 간섭할 수 있으리까. 임금께서 따님을 아끼신다면 가지 말게 하십시오'라고 했다. 그러자 경공이 '내가 비록 제나라의 견고함을 지니고 있다 하더라도 제후들에게 명령을 내려 다스릴 수 없고 또 명령을 듣게 할 수도 없으니 이 또한 환란을 만드는 것이오. 내가 듣기로 명령을 내릴 수 없으면 남을 따르는 것만 못하다不能令則莫若從고 하였소'라며 마침내 자식을 오나라로 시집보냈다."(양백준에서 재인용)

『시경』, 「대아」, '문왕'에 '상나라 자손들, 그 숫자가 10만뿐이 아니건만 하늘이 명을 이미 내리시니 모두 주나라에 복종하도다. 주나라에 복종하니 천명이란 고정된 것이 아니로다. 은나라의 아름답고 명민한 선비들이 주나라 서울에서 울창주를 부으며 제사를 돕는구나!'라고 노래하였다. 공자께서 '인에는 많은 사람도 감당치 못한다.[86] 대저 임금 한 사람이 인을 좋아하면 천하에 대적할 자가 없다'[87]라고 하셨다. 지금 천하에 대적할 자가 없기를 바라면서 인을 쓰지 않는 것은 뜨거운 물건을 손에 쥐고 물에 담그지 않는 것과 같다. 『시경』, 「대아」, '상유'에 '뉘라서 뜨거운 것을 손에 쥐고 물로 씻지 않겠는가?'라고 노래하였다."

---

85 이건 공자가 이미 확약한 바다. "선인善人이 백성을 교화하기를 7년 동안 행하면 백성을 종군하게 할 수 있다."(『논어』, 13:29)

86 仁不可爲衆也(인불가위중야): 인자에게는 사람 수가 많은 것으로 대적할 수 없다. "이 구절은 뜻으로 이해할 뿐이지 문자로 해석하면 어색하다. 『시경』, 「대아」, '문왕'의 모전毛傳에서도 '성덕한 이에게는 많은 무리라도 당해낼 수 없다'라고 하였다."(양백준)

87 이 구절도 하나의 패턴이다. 뒤에 "임금이 인하면 불인할 사람이 없고…… 한 번 임금을 바르게 하면 나라가 안정된다"(7:20), 또 "군주가 인하면 인하지 않을 자가 없다"(8:5), 그리고 "나라 임금이 인을 좋아하면 천하에 대적할 자가 없다"(14:4)로 거듭된다. 당연히 효율적인 정치 개혁은 임금 한 사람의 마음을 바로잡는 것이다. 공자, 맹자가 천하를 주유하며 여러 나라 군주들을 회견한 까닭이다.

어렵지만 불가능하지만은 않은 좁은 길이 인으로 난 길이다. 앞서 '인과 불인' 두 갈래 길밖에 없다고 지적했듯, 역시 그 현상된 세계도 둘이다. 하나는 유도有道의 세계요, 또 하나는 무도無道한 세계다. 지금은 무도한 시대, 불인한 세상의 끝자락에 와 있다. 무도에서 유도로 가는 길목이 평탄하게 연결되었을 리 없다. 이 둘은 전혀 차원이 다른 세계다. 무도한 세계에 젖어 살면서 유도의 세계를 상상하기는 어려운 일이다. 접속사로 비유하면 '그러므로'가 아니라 '그럼에도 불구하고'라는 도약으로만 겨우 닿는 세계, '전복적 상상력'을 통해서만 다가갈 수 있는 세계가 바로 유도의 세계다. 그래서 어렵고 두렵고 또 힘들다. 앞서 등문공이 세자이던 시절 맹자가 비유했던, 독한 약을 먹었을 때의 '어지럼증(眩冥)'을 통과해야만 닿는 곳이다.

맹자는 전복적 상상력을 가진 군주를 찾아다녔다. 최소한 그것을 이해하는 군주라도 찾아보려 했다(제선왕이 적격이었다. 젊은 데다 큰 나라를 가지고 있었으므로). 앞서 나온 대유위지군大有爲之君, 곧 '큰 꿈을 실현하려는 군주'라는 말뜻이 이것이다. '유위지군'이란 고작 천하를 제패하려는 야망을 가진 군주를 의미하지 않는다(천하 패권을 추구하는 군주는 당시 흔했다). 불인한 당대를 판단 중지할 줄 알고, 사람들의 처참한 처지를 안타까워하며, 그 측은지심을 바탕으로 사람다운 세계(왕도, 곧 여민 체제)를 전복적으로 상상할 수 있는 군주, 그 상상을 실현하려는 뜻을 가진 군주를 가리킨다. 본문에 "인에는 많은 사람도 감당치 못한다. 대저 임금 한 사람이 인을 좋아하면 천하에 대적할 자가 없다"라는 말이 그 뜻이다.

동시에 이 장에서는 맹자가 유치한 이상주의자가 아님도 잘 밝혀졌다. 맹자는 "제나라 경공이 '이미 명령을 내릴 수 없으면서 남의 명령을 받지도 않는다면 남과 관계를 끊는 것이라' 하고 눈물을 쏟으며 딸을 오나라로 시집보냈다"라는 사례를 지혜로운 정치적 행동으로 판정한다. 맹자는 힘power이 약하다면 문명대국(제나라)이라도 야만국(오나라)의 권력에 복종하지 않으면 안 된다는 '현실 정치real politics'를 충분히 이해하고 있었다. 무도의 세계를 움직이는 원리는 힘이다. 힘이 부족하다면 강자에게 복종해야 한다. 이것이 무도의 하늘 아래서 살아남는 생존 법칙이다. 다만 이 세계는 전쟁과 살상, 혼란이 끊임없을 것이다. 이 세계에선 강대국(제나라)일지라도 더 강한 나라(오나라)에 복종해야 한다. 곧 소국이 대국에게 부림을 받고, 힘이 약한 자가 강한 자를 받드는 것이 무도한 세상의 원칙이다. '순천자順天者는 살아남고, 역천자逆天者는 멸망한다'는 자연의 법칙을 맹자는 묵묵히 이해하였다.

그러나 하늘은 자연의 얼굴만이 아니라 사람의 얼굴을 갖고 있기도 하다. 이 사람의 얼굴을 한 하늘은 공자의 '발견'을 좇아 맹자가 '재발견한' 세상인데, 이름 붙이자면 유도의 세계다. 이곳은 상상력을 통해서야 겨우 닿을 수 있는 전도顚倒된 하늘(세계)이다. 곧 "작은 덕이 큰 덕에게 부림을 받고, 작은 지혜가 큰 지혜의 부림을 받는" 도덕과 우정의 세계, 평화의 세상이다. 이를 논하면 자칫 정치과학의 기초(마키아벨리즘)를 모르는 윤리도덕가의 순진한 발상이라고 비웃음을 살 것이다. 그러나 그렇지 않다. 이는 맹자가 리얼리즘(제경공의 눈물)을 숙지한 상태에서, 그 리얼리즘을 뛰어넘는 초-현실주의의 새 비전으로 '윤리도덕의 세계(有道)'를 파지한 것이지 한낱 백면서생의 백일몽이 아니다. 맹자가 권력 정치, 현실 정치를 모르는 사람이 아니며 도외시한 사람도 아니라는 사실을 분명히 인식해야 한다. 신영복 선생은 이 점을 이렇게도 지적했다.

> 맹자는 그 사상이 우원迂遠하였기 때문에 당시 패자들에게 수용되지 않은 것이 아니라 오히려 급진적이었기 때문에 수용되지 않았다고 할 수 있습니다. 특히 맹자의 민본사상은 패권을 추구하는 당시 군주들로서는 상상도 할 수 없을 정도로 진보적인 사상이었습니다.[88]

맹자는 전근대pre-modern의 윤리학을 권했던 인물이 아니다. 맹자는 '근대적modern 권력 정치의 세계'를 체험한 바탕에서 그다음 세계를 발견하고, 그 너머 세계로 나아가는 길을 제시하는, 이를테면 포스트-모던 post-modern 사상가다! 사람이 할 일은 사람의 하늘, 즉 '유도의 세계'를 상상하고 긍정하며 나아가는 일이다. 더욱 주목할 것은 무도의 세계에서 유도의 세계로 건너는 것이 일순간이라는 사실이다. 번쩍하는 한순간 시대가 급변할 수 있다. 이것이 『시경』을 인용한 까닭이다.

당시에는 은왕조가 천년만년 갈 줄 알았다. 그런데 하루아침에 천명이 바뀌고 말았다. 하늘이 얼굴을 바꾸니 역시 '순천자는 살아남고 역천자는 멸망'하였다. 혁명으로 파천황의 세상이 일순간 눈앞에 전개되는 것

---

88 신영복, 『강의』, 돌베개, 2004, 249쪽.

이 인간의 역사다! 사람의 하늘 아래 어제만 해도 떵떵거리던 은나라 귀족의 준수한 자제들이 고작 남의 나라(곧 주나라) 제삿밥이나 챙기며 굽실거리고 있으니 지혜 있는 자라면 지금 눈에 비치는 세계를 전부로 알지 말라는 경고다. 상식으로 여겨지던 익숙한 일들이 저처럼 급변한다. 천명은 영원하지 않다. 문득 하늘이 바뀌면 전혀 다른 하늘(세계)이 펼쳐진다. 아, 그렇다면 그 누가 진짜 하늘을 보았다고 하겠는가!

孟子曰, "不仁者可與言哉? 安其危而利其菑[89], 樂其所以亡者. 不仁而可與言,
則何亡國敗家之有? 有孺子[90]歌曰, '滄浪[91]之水淸兮, 可以濯我纓[92]; 滄浪之
水濁兮, 可以濯我足.' 孔子曰, '小子聽之! 淸斯濯纓, 濁斯濯足矣. 自取之也.'
夫人必自侮[93], 然後人侮之; 家必自毀[94], 而後人毀之; 國必自伐, 而後人伐之.
太甲[95]曰, '天作孽[96], 猶可違[97]; 自作孽, 不可活[98].' 此之謂也."

> 맹자, 말씀하시다.
> "불인한 자와 더불어 말할 수가 있겠더냐? 위태로움을 편안하
> 다 여기고, 재앙을 이롭다 여기며 망하는 길을 즐기고 있는 자
> 인 것을. 불인한 자와 더불어 말할 수 있다면 어째서 멸망하는

89 菑(재): '災(재)'와 같다. '재앙'이라는 뜻.

90 孺子(유자): 아이.

91 滄浪(창랑): '滄'은 물 이름. '浪'은 물결. '滄浪'은 해방 후 수도경찰청장, 국무총리를 지
      낸 장택상의 호이기도 했다.

92 以濯我纓(이탁아영): 나의 갓끈을 씻다. '濯'은 씻다. '纓'은 갓끈. 조선 중기 사림파로 무
      오사화에 연루되어 죽은 김일손의 호가 '濯纓'이다. 사림파에 미친 『맹자』의 영향력을
      가늠할 수 있다.

93 侮(모): 업신여기다.

94 毀(훼): 헐다.

95 太甲(태갑): 『서경』, 「상서」, '태갑'. 3:4에도 나왔다.

96 孽(얼): 재앙.

97 違(위): 피하다.

98 活(활): 살다. '도망가다'라고 번역하였다.

나라와 무너지는 집안이 있겠더냐. 아이들 노래에 '창랑의 물 맑으면 갓끈을 씻을 수 있고, 창랑의 물 흐리면 내 발을 씻을 수 있다네'라고 하였다. 공자께서 말씀하시길 '얘들아, 들어보아라. 맑은 물에는 갓끈을 씻고, 흐린 물에는 발을 닦는다니 물이 자초한 일이로다.'

대저 사람은 반드시 스스로 업신여긴 뒤에 남이 모멸하고, 집안은 반드시 스스로 허문 뒤에 남이 망가뜨리며, 나라 역시 반드시 스스로 해친 뒤에 남이 해치는 법.『서경』,「상서」, '태갑'에 '하늘이 내린 재앙은 외려 피할 수 있으려니와 스스로 지은 재앙은 도망갈 곳이 없다'라고 하였으니 이를 두고 한 말이다."

해설

앞 장을 이어서 해설하고 있다. 당대 제후들이 하는 짓을 둘러보니 '뜨거운 물건을 손에 쥐고 물에 담그지 않는 자들'뿐인지라 이에 다시금 불인한 자들만 보인다며 거듭 개탄한 것이다. 그러나 그 망하는 까닭은 오로지 스스로 지은 허물임을 동요 '창랑의 물'에 대한 공자의 비평을 증거로 삼아 지적한다.

요컨대 흐르는 물이 제 스스로 깨끗하면 고귀한 옥(갓끈의 옥구슬)이 물 속으로 들어오지만, 물이 흐려지면 더러운 발이 불쑥 들어온다는 것. 자연의 이치는 "하늘의 그물코는 넓고도 넓어 성긴 듯하나 실은 물샐틈없이 빽빽한 것天網恢恢, 疏而不漏"(『도덕경』)이요, 세상의 이치는 "제 스스로 새끼줄을 꼬아 제 몸을 칭칭 감는 것自繩自縛"이며, 생명의 이치는 '뿌린 대로 거두는 것'이렷다.[99]

"하늘이 내린 재앙은 외려 피할 수 있으려니와 스스로 지은 재앙은 도망갈 곳이 없다"라고 끝을 맺었으니 실은 할 말을 다 한 것이다. 행도 불행도 스스로 짓는 것일 따름이다. 이미 귀신의 힘에 의지하던 샤머니즘에서는 멀리 벗어났고, 권력이며 폭력의 위세도 한순간임을 알아버린 상태. 참다운 에너지는 사람이 사람과 어울려서 잣는 '덕의 힘' 외에 따로 없다는 확신이 밑에 깔려 있다. 타력(귀신이든 권력이든 벼슬이든)에 의지하지 말라. 다만 나를 돌이켜 보고 이웃과 함께하라! 문장 구조나 그 뜻이 앞의 3:4와 대략 같다. 특히 『서경』, 「상서」, '태갑'을 인용하여 말을 맺는 것도 그렇다.

한편 여기 아이들의 노랫말로 소개된 '창랑의 물'은 초나라 굴원屈原의 「어부사漁父辭」에 나오는 한 대목으로 잘 알려져 있다. 참고로 「어부사」를 인용해둔다.

> 굴원이 이미 쫓겨나 강과 연못에서 노닐고 못가를 거닐며 시를 읊조릴 때 안색은 초췌하고 몸은 지푸라기처럼 말랐다. 어부가 그를 보고 물었다.

---

99 공자가 "사람의 생애는 직直이다. 속이며 사는 것은 요행히 모면하는 것일 터"(『논어』, 6:17)라고 한 것이 이와 같다.

맹자, 마음의 정치학 2

"당신은 삼려대부三閭大夫가 아니시오? 어떻게 이곳까지 오시었소?"

굴원이 대답했다.

"온 세상이 다 혼탁한데 나만 홀로 맑고, 뭇사람이 다 취했는데 나만 홀로 깨어 있으니 그런 연유로 추방을 당했소."

어부가 말했다.

"성인聖人은 만물에 얽매이거나 막히지 않고 능히 또한 세상을 따라 옮겨 가는 것이니 세상 사람들이 다 혼탁하면 왜 그 진흙을 휘저어 물결을 일으키지 않으며, 뭇사람이 다 취했으면 그 술지게미를 먹고 남은 탁주를 같이 마시지 않고는, 어이해 깊은 생각과 고매한 행동으로 스스로 추방을 당하셨소?"

굴원이 말했다.

"새로 머리 감은 사람은 언제나 갓의 먼지를 털어서 쓰고, 새로 목욕을 한 이는 반드시 옷의 먼지를 털어 입는다고 들었소. 어찌 깨끗한 몸을 외물로 더럽히겠소? 차라리 상강湘江에 뛰어들어 물고기 뱃속에 장사 지낼지언정 어찌 그 희디흰 순백으로 세속의 먼지를 뒤집어쓴단 말이오?"

어부가 빙그레 웃고는 노를 두드리며 떠나가면서 노래를 불렀다.

"창랑의 물이 맑으면 내 갓 끈을 씻으리, 창랑의 물이 흐리면 내 발을 씻으리."

그렇게 가버리니 다시는 그와 이야기 나눌 수 없었다.[100]

---

100 맹주상, 네이버 블로그 〈화계산방〉(http://blog.naver.com/yeoul62/220187434172).

7:9. 여민하면 천하를 줍는다!

孟子曰, "桀紂之失天下也, 失其民也; 失其民者, 失其心也. 得天下有道: 得其民, 斯得天下矣; 得其民有道: 得其心, 斯得民矣; 得其心有道: 所欲與之聚之, 所惡勿施爾[101]也.

民之歸仁也, 猶水之就下·獸之走壙[102]也. 故爲淵敺[103]魚者, 獺[104]也; 爲叢[105]敺爵[106]者, 鸇[107]也; 爲湯武敺民者, 桀與紂也.

今天下之君有好仁者, 則諸侯皆爲之敺矣. 雖欲無王, 不可得已. 今之欲王者, 猶七年之病求三年之艾[108]也. 苟爲不畜[109], 終身不得. 苟不志於仁, 終身憂辱, 以陷於死亡. 詩[110]云, '其何能淑[111], 載胥及溺[112].' 此之謂也."

맹자, 말씀하시다.

101 爾(이): 너, 상대방. 곧 백성을 뜻한다.

102 壙(광): 들판.

103 敺(구): 몰다. '驅(구)'와 같다.

104 獺(달): 수달.

105 叢(총): 떨기, 숲.

106 爵(작): 참새. '雀(작)'과 같다.

107 鸇(전): 새매.

108 艾(애): 쑥.

109 畜(축): 쌓다.

110 詩(시): 『시경』, 「대아」, '상유'.

111 淑(숙): 선함.

112 載胥及溺(재서급닉): '載'는 곧. '則(즉)'과 같다. '胥'는 서로. '及'은 미치다. '溺'은 물에 빠지다.

"걸과 주가 천하를 잃은 것은 그 백성을 잃었기 때문이요, 백성을 잃은 것은 그 마음을 잃었기 때문이다. 천하를 얻는 데는 방법이 있으니 백성을 얻으면 곧 천하를 얻는다. 백성을 얻는 데는 방법이 있으니 그 마음을 얻으면 곧 백성을 얻는다. 마음을 얻는 데는 또 방법이 있으니 그대가 '바라는 것'을 백성과 함께 모으고[113], 그대가 싫어하는 것을 백성에게 베풀지 말아야 한다[114]. 백성이 인한 이에게 귀의하는 것은 꼭 물이 아래로 흐르고[115] 짐승이 들판으로 달아나는 것과 같다. 그러므로 연못에게 물고기를 몰아주는 것은 수달이요, 숲에게 참새를 몰아주는 것은 새매이며, 탕과 무에게 백성을 몰아준 것은 걸과 주였다. 지금 천

---

113 所欲與之聚之(소욕여지취지): '所欲'은 임금이 바라는 것. '與之聚之'는 6:2의 "사람들과 함께 그 길을 간다民由之"와 같다. '與之聚之'에서 앞의 '之'는 백성을 가리키고, 뒤의 '之'는 임금이 바라는 그것을 가리킨다. '聚'는 모으다. 이에 '그대(임금)가 바라는 것을 백성과 함께 모으다'라고 번역하였다('與'의 해석에 대해서는 해설 참고). 한편 '聚'를『대학』에서 "재물을 흩으면 외려 백성은 몰려든다財散則民聚"라고 할 때의 '民聚(민취)'와 같은 뜻으로 보면 이 구절은 '백성이 바라는 것을 주면(與), 그들이 몰려든다(聚)'로 번역할 수도 있다. 즉 조기가 '與'를 '백성에게 주다'로 해석한 것도 괜찮다.

114 所惡勿施爾也(소오물시이야): 싫어하는 것을 백성에게 베풀지 말다. 백성이 싫어하는 것은 전쟁과 질병, 가혹한 세금이다. 전쟁으로 인해 가족이 해체되고, 배고픔이나 질병으로 죽지 않게 하는 것을 정책의 우선순위로 삼는다는 뜻. 등문공에게 간곡하게 권한 '민사民事가 급선무'(5:3)라던 말과 통한다. '勿施'는 공자의 가르침을 계승하는 글자다. 제자 중궁仲弓이 인에 대해 질문했을 때 공자가 "그대가 원하지 않는 것을 상대방에게 베풀지 말라其所不欲, 勿施於人"(『논어』, 12:2)라고 한 말의 '勿施'와 같다.

115 猶水之就下(유수지취하): '물이 아래로 흐르는 것과 같다'는 표현은 맹자가 고자와 인성에 관해 논쟁할 때 "인성이 선한 것은 물이 아래로 흘러내리는 것과 같소이다"라고 비유하면서 다시 등장한다(11:2).

하 임금 가운데 인을 좋아하는 사람이 있다면, 다른 임금이 모두 그에게 백성을 몰아줄 것이니 왕이 되지 않으려고 한들 그럴 수가 없으리라.

요즘 왕 노릇 하려는 자들은 7년 묵은 병에 3년 묵은 쑥을 구하는 격이니, 지금부터 비축하지 않으면 죽을 때까지 구할 수 없을 터다. 결국 인에 뜻을 두지 않는다면 죽는 순간까지 근심하고 치욕을 당하다가 끝내 몸은 죽고 나라는 망하고 만다. 『시경』, 「대아」, '상유'에 '그 어찌 잘될 수 있을까. 서로 잡아당겨 같이 빠져 죽고 말리라'[116]고 하였으니 이를 말한 것이다."[117]

해설

여기서 맹자가 말하는 대상(청취자)은 천하의 제왕이 되려는 야심가(제후)다. '천하의 제왕이 되려면 먼저 사람의 마음을 얻어야 하고, 그 마음을 얻으면 자연스레 사람(몸)을 얻는다. 또 사람을 얻으면 결국 천하를 취하기에 이른다.' 이런 점증적 성취 과정의 출발점이 마음을 얻는 것

---

116 7:7에서 인용한 『시경』, 「대아」, '상유'의 "뉘라서 뜨거운 것을 손에 쥐고 물로 씻지 않겠는가誰能執熱, 逝不以濯"가 여기 "그 어찌 잘될 수 있을까. 서로 잡아당겨 같이 빠져 죽고 말리라其何能淑, 載胥及溺"의 바로 윗대목이다.

117 '천하 제후들, 이제 곧 다 죽겠구나!'라는 맹자의 애도사(哀詞)가 되겠다. 뒤에 '애재哀哉'라며 혀를 차는 표현이 이와 다를 바 없다(7:10 참고).

이니, 백성의 마음먹기에 야심가의 사활이 걸려 있다. 백성의 마음 얻기는 맹자 정치사상의 바탕에 자리한 뿌리다. 특히 "일반 대중의 마음을 얻으면 천자가 되고, 천자의 신임을 얻으면 제후가 된다"(14:14)에 요약돼 있다.

다만 이 장은 문장 해석상 다툼의 여지가 있다. 요컨대 '與之聚之(여지취지)', 네 글자를 어떻게 해석할 것인가의 문제다. 후한後漢의 조기는 '與'를 동사인 '수여하다, 주다'로 이해하고 '백성에게 재물을 주어서 모으게 하다'라고 해석했다. 다만 '與之'와 '聚之'를 나열하면 중언부언이 되어 번역이 매끄럽지 못하다. 또 남송시대 주희, 조선의 김장생, 현대 중국의 양백준 등은 '與'를 '爲(위하다)'로 해석하길 권한다.[118] 이들 방식으로 읽으면 '與之聚之'는 '爲之聚之(위지취지)'와 의미상 구별되지 않는다. 곧 백성을 '위하여' 모아주는 것으로 해석된다. 이 방식으로 이 절을 해석하면 다음과 같이 번역된다.

> 백성의 마음을 얻는 데는 방법이 있으니 백성이 바라는 것을 '위하여' 모아주고, 싫어하는 것을 베풀지 말아야 한다.[119]

무엇보다 맹자 사상이 위민이 아니라는 점에 전통 주석가들은 무심하

---

118 주희,『맹자집주』; 양백준과 박기봉이 인용한 왕인지王引之의 주석; 성백효가 인용한 조선시대 김장생의 주석은 눈에 보이는 대로 열거한 예다. 이를테면 "'김장생은 與는 爲와 같으니 與之는 바로 백성을 위하는 것이다'라고 하였다."(성백효 역주,『현토완역 맹자집주』, 전통문화연구회, 2010, 298쪽) 등 참고.

119 성백효, 위의 책.

다. 그러므로 쉽게 '백성을 위하다'라는 번역을 채용한다. 그러나 맹자가 본문에서 '爲'와 '與'를 의식적으로 구별해서 쓰고 있음에 주의한다면 함부로 '與'를 '위하여'로 해석할 수 없다. '與之'에 이어 '爲'가 연달아 나오고 있음에 주의해야 한다. '연못을 위하여 물고기를 몰아주다'라는 뜻의 爲淵敺魚(위연구어), '숲을 위하여 새를 몰아주다'라는 뜻의 爲叢敺爵(위총구작), '탕무를 위하여 백성을 몰아주다'를 뜻하는 爲湯武敺民(위탕무구민) 등 '爲'의 용례가 속출한다. 이는 맹자가 '爲'와 '與'를 구별하여 사용했다는 증거다. 그러므로 이 둘을 섞어서 해석하면 안 된다. 맹자가 '위민'이 아닌 '여민' 사상가라는 점을 의식하면서 읽어야 한다.

누누이 강조한 바지만 맹자는 군주에게 '백성 위하기'를 권한 바가 없다.[120] 근본적으로 맹자의 사상은 위민과 적대적이다. 『맹자』에서 '與'는 여민동락與民同樂, 여민해락與民諧樂, 여인與人 등 그 등장 횟수가 많을 뿐만 아니라 정치적으로 중요한 대목마다 반드시 등장한다. 더욱이 신농학파 허행과는 '여민與民'의 명료함을 두고 '려민厲民'과 견주어 논쟁한 적도 있다(5:4). 여기서도 역시 맹자는 '爲'를 의식하는 가운데 '與'를 '함께 더불어'라는 뜻으로 쓰고 있다(13:13 참고).

다만 선학들이 '與'를 '爲'와 섞어서 무심하게 '與之'를 '백성을 위하다'로 번역한 것은 문장 해석력이 부족하기 때문은 아닐 것이다. 원인은 군주 독재의 전제정치에 익숙한 채로 『맹자』를 읽던 습관, 즉 정치적 무

---

120 위민 사상의 원조는 맹자가 아니라 묵자와 한비자, 그리고 동중서다. 위민은 곧 '위아爲我'로 귀결되나니, '백성을 위한다'는 말이 결국 군주 독재를 위한 허울임은 앞에서 논했다(1:3 참고를 볼 것).

의식의 발로에 있다. 황제의 전제정치하에서는 위민과 여민을 구분할 수(필요)가 없었고, 도리어 위민은 '애민愛民'처럼 좋은 뜻으로 여겨졌다(후한대의 주석자 조기가 '與'를 '위하여'가 아니라 '수여하다'로 읽었다는 점이 오히려 특기할 만하다. 전국시대와 시기적으로 가까워서 맹자의 본뜻이 전제군주의 '위하여'와 다르다고 느꼈던 것일까?). 그러나 이 장의 '與'는 동사(주다 혹은 수여하다)로 읽어서도 안 되고, 어조사(위하다)로 읽어서도 안 된다. 이 문장을 내 방식으로 독해하면 이렇다.

> 백성의 마음을 얻는 데는 또 방법이 있으니 그대가 '바라는 것'을 백성과 함께 모으고, 그대가 싫어하는 것을 백성에게 베풀지 말아야 한다.

이 구절은 공자의 인정仁政론으로 조명할 때 그 뜻이 선명하게 드러난다. "그대가 싫어하는 것을 백성에게 베풀지 말아야 한다"라는 부분은 분명 공자가 중궁에게 지적했던 인의 방법론을 맹자가 이은 것이다. 거기서 공자는 "그대가 원하지 않는 것을 상대방에게 베풀지 말라. 그리하면 집안에서도 원망이 없고, 나라에서도 원망이 없을 것이다"(『논어』, 12:2)라고 했다. 지금 맹자도 "그대가 싫어하는 것을 백성에게 베풀지 말아야 한다." 그리하면 "백성이 인한 이에게 귀의하는 것은 꼭 물이 아래로 흐르고 짐승이 들판으로 달아나는 것과 같다"라고 동일한 구조로 말한다. 구절의 전반부는 맹자 본인의 여민 사상을 논하고[121], 후반부는 공자의 인 사상을 이은 것으로 이해해야만 앞뒤가 일관되게 '인=여민 사상'으로 꿰인다.

요컨대 이 장은 여민이 곧 왕도의 내실임을, 곧 여민하는 자만이 천하의 왕 노릇을 할 수 있음을 강조하는 곳이다. 맹자의 정치사상은 여민, 즉 인민과 소통하며 함께 더불어 관계를 맺는 횡적 유대의 사상이지 위민, 즉 인민을 위에서 보호하고 위하는 수직적이고 권력적인 형태가 아님을 재확인한다. 다시금 맹자는 차후 2000년간 자행될 군주 독재, 전제정치를 두려워했던 전국시대 사람임을 상기해야 하리라.

참고 한편 서양의 번역가들 가운데는 캐나다 학자 답슨W.A.C.H. Dobson이 '與之聚之'를 나와 같은 방식으로 해석했다. 답슨은 '與之'를 '백성과 함께하다'라고 정확하게 인식하고 번역하였다.[122] 주희를 위시한 동양의 학자들뿐 아니라 레그James Legge 이후 서양의 번역자들도 '與之'를 '백성을 위하여'로 해석한 데 반해, 그는 맹자 사상의 핵심을 '백성을 위하여(for them)'가 아니라 '백성과 함께 공유함(share with them)'으로, 즉 위민이 아니라 여민으로 정확하게 이해하였다.

그들의 공감을 얻는 방법이 있다. 당신(곧 군주)이 바라는 것

---

121 "백성의 마음을 얻는 데는 또 방법이 있으니 그대가 '바라는 것'을 백성과 함께 모으고" 라는 전반부는 앞에서 이렇게 표현하기도 했다. "이 또한 다름 아니라 사람들과 더불어 즐거움을 같이하기 때문입니다. 만일 왕께서 백성과 더불어 즐거움을 함께 나누신다면 얼마든지 천하의 왕 노릇을 할 수 있으리다."(2:1)

122 Dobson, W. A. C. H., *Mencius: A New Translation Arranged and Annotated For The General Reader*, University of Toronto Press, 1963.

을 '축적해놓은 것(聚之)'을 그들과 함께 '공유하고(與之)', 당신 스스로가 싫어하는 것을 그들에게 부과하지 말라.[123]

데이비드 S. 니비슨David S. Nivison도 덥슨의 번역에 찬동을 표한다.

이것은 완벽하게 가능한 해석이다. 불행히도 그는 이러한 선택에 대해 자신의 정당성을 주장하거나 설명해주는 주석을 전혀 달지 않았다. 그러나 덥슨이 옳다는 것은 거의 확실하다. 그 이유를 잘 생각해보면, 왜 다른 사람들은 어느 누구도 그것을 이해하지 못했을까 궁금해질 것이다.[124]

"그 이유를 잘 생각해보면, 왜 다른 사람들은 어느 누구도 그것을 이해하지 못했을까 궁금해질 것이다"라는 니비슨의 지적은 의미심장하다. 나로서는 이 구절을 이렇게 이해한다. "어째서 거의 모든 주석자가 '與'를 '백성과 함께 더불어'로 해석하지 못했을까?" 나는 자문자

---

123 덥슨의 번역 원문은 다음과 같다. "There is a way to gain their sympathy. Share with them the accumulation of the things you wish for, and do not impose upon them the things you yourself dislike."(Dobson, 앞의 책, p.166)

124 데이비드 S. 니비슨, 김민철 옮김, 『유학의 갈림길』, 철학과현실사, 2006, 404쪽; "…… all perfectly possible. Unfortunately, he gives no note of justification or explanation for these choices. But Dobson is almost certainly right. And when one thinks out the reasons, one will wonder why no one else saw them."(Nivison, David S., *The Ways of Confucianism: Investigations in Chinese Philosophy*, Open Court Publishing Company, 1996. p.198)

답하고자 한다. 그 까닭은 진한시대 이후, 동아시아 역사가 군주 독재 체제로 전환되었기 때문에 더 이상 인민과 '함께 더불어' 하는 여민 체제의 꿈을 상상할 수조차 없었기 때문이다.

7:10. 자포·자기

孟子曰, "自暴者[125], 不可與有言也; 自棄者[126], 不可與有爲也. 言非禮義, 謂之自暴也; 吾身不能居仁由義, 謂之自棄也. 仁, 人之安宅也; 義, 人之正路也. 曠[127]安宅而弗居, 舍[128]正路而不由, 哀哉!"

맹자, 말씀하시다.

"스스로를 해치는 자포자와는 더불어 말할[129] 수 없고, 스스로를 버리는 자기자와는 함께 일할 수 없다. 말마다 예와 의를 비난하는 것을 '자포'라 하고, 내 몸은 인에 살 수 없고 의를 따를 수 없다[130]고 하는 것을 '자기'라 한다.

인은 사람의 편안한 집이요, 의는 사람의 올바른 길이다. 편안한 집을 비워놓고 살지 않으려 하고 올바른 길을 버려두고 가

---

125 自暴者(자포자): 스스로 해치는 자. '暴'는 해친다는 뜻. 아래 주석 126의 '自棄者'와 짝을 이룬다.

126 自棄者(자기자): 스스로 버리는 자. 위의 '自暴'와 여기 '自棄'를 합쳐 '自暴自棄'라는 말로 쓰는데 스스로 해치고 스스로 버리는 자해자폐自害自廢의 구제불능 상태를 이른다.

127 曠(광): 비우다.

128 舍(사): 버리다.

129 與有言(여유언): 같이 말을 나누다. 서로 벗으로 사귄다는 뜻. 7:8 첫머리에 "불인한 자와 더불어 말할 수가 있겠더냐?"라고 하였다.

130 不能居仁由義(불능거인유의): '인에 살 수 없고 의를 따를 수 없다'고 여기는 것은 자포자기하는 짓인데, 저 뒤에서 또 "인에 살고 의를 따른다면 대인의 사업은 갖춰진 것입니다 居仁由義, 大人之事備矣"(13:33)라고 하였다. 이 둘의 차이를 따져보면 스스로 인의(도덕적 삶)를 선택하느냐 마느냐 하는 순간이 '폐인이냐 대인이냐'의 갈림길임을 알 수 있다.

지 않으려 하니, 안타깝구나!"

해설

때로 우리는 뭔가를 해야 한다는 판단을 내리고서도 그것을 방해하는 유혹을 통제할 수 없거나 통제하지 않으려 할 때가 있다. 소크라테스와 플라톤, 아리스토텔레스는 이런 방기 상태를 아크라시아*akrasia*라고 불렀다. 뭔가를 해야 한다는 이성적 판단을 내리고서도 그것을 행동으로 옮기지 못하는 때도 있다. 서양 심리학에서는 이런 심리를 아케디아*acedia*라고 부른다. 이 둘을 보통 '의지박약'이라고 번역하는데, 이 가운데 맹자가 관심을 기울였던 것은 아크라시아보다는 아케디아였다.[131]

1. 의지박약

동양 고전에서 의지박약의 문제가 전형적으로 드러나는 곳이 바로 이 장이다. 맹자는 때로 원색적으로 이런 자기기만적 오류를 범하는 사람을 '스스로를 도적질 하는 것(自賊)'이라 비난하거나(3:6), 이 장에서처럼 '스스로를 해치는 것(自暴)' 또는 '스스로를 버리는 것(自棄)'이라 비난한다(혹 '자포'는 '아케디아'로, '자기'는 '아크라시아'로 나눠볼 수 있을까?).

'자포'는 스스로를 해치는 '자해自害'와 같고, '자기'는 스스로를 내버

131　데이비드 S. 니비슨, 앞의 책, 192~193쪽.

리는 '자폐自廢'와 같으니 타인과의 공감은커녕 마음과 몸을 처닫고 일개인의 생존에만 급급한 고독자의 형국이다. 이 꽉 닫힌 사람들에게 뭐라고 이치에 맞게 말을 한들 설득은 불가능하다. 그중에 스스로 인의를 행할 수 없다고 폐기하는 것을 '자기'라 하고, 말마다 예의를 비난하는 것을 '자포'라 이른다니 '자포'보다 '자기'가 더 절망적인 상태라고 할까? '자기'는 마음먹고 자신을 해치는 행위, 즉 자해-자살을 꾀하는 적극적인 공격 행위요, '자포'는 소극적으로 위축된 심리일 것이기에 그렇다.

이를테면 제선왕은 소 울음소리를 듣고 자기 안에 있는 인의 싹을 확인했다. 다만 이것을 사람에 대한 사랑으로 옮기지 않았다(그는 못하는 것과 안 하는 것의 차이도 인식하고 있었다). 제선왕의 경우가 알면서도 행하지 않은 위축된 형태로 '자포'의 의지박약이랄 수 있겠다. 한편 양혜왕은 닫힌 마음을 끝끝내 유지해 자식을 전쟁터에서 죽게 했고 맹자는 이를 불인이라 평했다(14:1). 양혜왕은 인의를 멸절했으니 '자기'의 의지박약에 속한다고 하겠다. '자기'는 '자포'보다 더욱 적극적으로 덕성을 해친다.

실은 자포자기한 사람들로 가득 찬 시기가 전국시대였고, 이는 전국시대가 장기 지속되는 원인이기도 했다. 이에 맹자는 '임금의 잘못된 마음을 바로잡는 것(格君心之非)'에 시대를 구제할 지름길이 있다 확신하고, 군주 설득(유세)을 방도로 삼았던 터다(7:20). 그러나 결국 임금들이 자포자기하고 마는 '의지박약'의 한계에 봉착했다(소를 물가에 끌고 갈 수는 있으나 물을 먹이지는 못한다). 여기 끝자락에 '애재哀哉'라는 탄식을 내뱉는 이유다.

사실 자포자기 문제는 일찍이 공자에게서 표출되었다. 제자 염구冉求

가 스승에게서 해보지도 않고 '지레 선을 긋는다'는 꾸지람을 들었던 것이 자포자기의 실마리다(염구는 결국 공자 학교에서 파문을 당한다).

> 염구가 말했다.
> "선생님의 도가 기쁘지 않은 것은 아닙니다마는 따르자니 저의 힘이 부칩니다."
> 공자, 말씀하시다.
> "힘이 부친다는 것은 길을 달리는 도중에 쓰러지는 것인데 지금 자네는 지레 마음의 선을 긋고(畫) 있구먼!"
> _『논어』, 6:10

여기 염구의 문제는 그가 도덕적인 가치를 배우고 실천하며 살아가는 데 충분히 관심이 없다는 뜻이 아니다. 그는 의식적으로 자신을 의지박약을 치유할 내적인 '힘'이 결여된 사람으로 여기고 있다. 이런 사람을 어떻게 치료할 수 있을까.

지금 맹자도 공자와 똑같은 상황에 봉착했다. 이 장 끝의 '애재'라는 단어가 맹자의 심리 상태를 반영한다. 맹자는 전편에 걸쳐 의지박약한 이들을 이끌어 마음속 덕성을 확인하게 하고, 이를 덕행으로 확충하게 하려는 노력을 일관되게 기울였다. 이를테면 제선왕에게 왕정을 권하면서 '하지 않음(不爲)'과 '할 수 없음(不能)'을 구별하였던 것이 그 구체적인 장면이다. 끌려가는 소를 측은해 하던 '그 마음'을 일으켜 사람에게 확산하면 왕도 정치를 이룰 수 있노라고 그의 손을 잡아끌었던 것이다.

그것이 실현되지 않는 것은 다만 '하지 않을 뿐'이지, 태산을 끼고 북해를 건너는 일과 같은 '할 수 없음'과는 다른 것임을 설득력 있게 제시하기도 했던 터다(1:7).

2. 데이비드 S. 니비슨의 해설

의외로 자포자기한 자들의 문제는 단순하다. 성찰의 효험을 알지 못한다는 점이다. 해결 방법도 간단하다. 바깥으로 향한 손가락을 자신에게로 돌이켜 제 마음을 살피면 된다. 이는 매우 쉽고 단순한 처방이지만(남을 부리는 것이 아니라 나 스스로, 손가락 하나만 방향을 바꾸면 되는 일이다), 그 효과는 어마어마하다. 손가락 방향을 바꾼 뒤에 도덕적 인간이 되는 어려운 길이 기다리고 있는 것도 아니다! 오히려 자연스럽기에 즐겁고, 일상적이기에 손쉬운 기쁨의 세계가 열려 있다. 가까이 환락의 세계가 기다리고 있다. 『논어』의 첫 장이 기쁨(說)과 즐거움(樂), 그리고 성나지 않음(不慍)으로 이뤄져 있지 않던가? 공자가 제시한 열락의 세계는 '배우고 익히는(學而時習)' 강을 건너야 한다는 조건이나 있지만, 맹자는 공자보다 더 쉽게 열락의 세계를 맛볼 수 있다고 권유한다. 사람다운 행동을 실행하기만 하면 스스로 즐기게 된다고 제안한다.

곧 인과 의, 지와 예의 덕성을 몸과 마음으로 '실감하기만' 하면(자포자기한 이들은 이 실감의 문 앞에조차 발 들이기를 거부한다) 즐거움을 만끽하고, 즐거움을 느끼기만 하면 덕행을 그만둘 수가 없고, 그만둘 수 없으니 발과 손이 자연스레 덩실덩실 춤을 추게 된다(7:27). 더욱이 맹자가 권하는 열락의 세계는 저 멀리 떨어진 곳에 있지 않고, 공자처럼 공부를 통과해야 닿는 곳도 아니다. 다만 나를 돌이켜 덕성을 발견하고 실감하기만 하면 된다. 아! 이토록 쉬운 일이 있을까. 손가락 하나만 돌리면 된다니(손가락 돌리기가 그 누구에겐들 '할 수 없음'일까, 오로지 '하지 않을 뿐'인 터!) 얼마나 손쉬운 일이냔 말이다. 그러니 자포자기한 자의 슬픔(이게 '애재'의 또 한 뜻일 것이다)은 사람이 참답게 사는 즐거움을 맛보지 못한 채, 생존에 허덕이고 욕망에 시달리다 끝내 몸은 죽임을 당하고 집안과 나라는 멸망하는 재앙을 맞는 것이다. 이를테면 '수신제가 치국평천하'는커녕 '망신亡身'과 '패가敗家', '재국災國'과 '앙천하殃天下'로 종결할 짓을 행하던 당시의 눈먼 제후들처럼 말이다. 여기가 또 맹자의 혀 차는 소리가 들리는 곳이다.

그럼에도 끝까지 남는 문제는 의지박약한 자들이 이성적으로는 이를 인식하더라도 마음을 내어 행동으로 연결하지 않으려 한다는 사실이다. 이를테면 말을 물가에까지 끌고 가는 데는 성공했지만, 물을 먹이는 데는 번번이 실패하는 것이다. 맹자는 선한 싹이 모든 인간에게 있다고 믿었지만, 그 싹을 확충하여 실천하게 만드는 일에서는 거듭 실패한다. 그는 공자의 제자 염구의 사례에서 제기된 자포자기의 문제를 분명히 인식하고, 자신의 이론을 이 문제를 해결하는 데 투입했다. 그러나 결국 의지박약의 딜레마를 해결하는 일에는 실패했다. 사실상 동서양 철학자들 가운데 누구도 이를 해결하지 못했다.[132]

---

132 이상의 서술은 데이비드 S. 니비슨, 앞의 책의 제2부 제7장 「맹자에게서의 동기 부여와 도덕적 행동」에 크게 빚지고 있다.

그럼에도 『맹자』를 읽지 않은 사람이라면 모르겠으나, 읽은 사람이라면 누구나 자기 마음을 돌이켜 분발하려는 뜻을 세울 수 있다. 의지박약을 지목하고, "다만 생각하지 않을 따름"이라고 개탄하는 대목을 읽을 땐 더욱 그렇다. 그러니까 역설이다. 맹자의 실패는 『맹자』에 기록된 덕분에 끊임없이 사람들을 분발하게 하는 계기가 되고 있으니 말이다. 다시 말해서 『맹자』는 실패한 인간 개조의 실험을 적나라하게 드러내 외려 사람다움을 수련하는 훌륭한 교재로 기능하는 것이다. 주희가 '애재!'[133]라는 탄식이 나올 때마다 감분하여 "이것은 성현께서 깊이 경계하는 바이니 배우는 자들이 마땅히 맹렬하게 성찰하여야 할 것"이라고 독자에게 성찰을 촉구한 뜻도 똑같다. 공자와 맹자의 실패를 거울삼아, 아니 실패에도 불구하고 몸을 일으켜 '안 될 줄 알면서도 행하는' 길로 함께 걷기를 권하는 것이다. 유교 지성사는 실패를 거듭하면서, 그 실패를 거울삼아 또다시 일어나 분투해온 역사다.

---

133 뒤에도 거듭 '哀哉'라는 탄식이 터져 나온다(11:11 참고).

7:11. 가깝고 쉬운 데 길이 있다

孟子曰, "道在爾[134]而求諸遠, 事在易而求諸難: 人人親其親, 長其長, 而天下平!"

맹자, 말씀하시다.

"도는 가까운 데 있건만 먼 곳에서 구하려 들고, 일은 쉬운 데 있는데 어려운 데서 구하려 하는구나. 사람마다 자기 어버이를 사랑하고, 자기 윗사람을 공경하면 천하는 평화로워지리라!"

해설

거대 담론(천하 국가)을 운운하며 구체적 일상사를 도외시하던, 당시 지식계의 고질병인 '사회과학주의'에 대한 비판(7:5)을 반추하고 있다. 진리는 가까운 주변에 숨 쉬고, 해야 할 일은 손쉬운 일상사에 있다! '지금 여기'에 주의하라. '비근한 일상사에 진리가 숨 쉰다'는 주장은 공자부터 누누이 강조한 터다. "인이 멀리 있더냐? 내가 인을 행하려 하면, 바로 거기에 곧 인이 이르는 것을!"(『논어』, 7:29) 요컨대 '능히 가까운 데서 비유를 취하라(能近取譬)'와 '가까운 데서 생각하라(近思)'를 재

---

134 爾(이): 가깝다. '邇(이)'와 같다. 다음 구절의 '易(이)'와 발음상 짝을 이룬다.

차 강조하는 것이다. 비근한 삶의 현장에 진리가 있고, 먼 곳에 가려면 가까운 곳에서 시작해야 하며, 높은 곳도 낮은 데서부터 나아가야 하는 법이다(『중용』). 예수 역시 '범사凡事에 감사하라'고 하였으니 평범한 일상사에 진리가 존재한다는 뜻에서는 매일반이다.

사실 진리가 특별나고 먼 곳에 있다고 여기는 것도 문제지만, 길을 찾으려 들지 않는 것은 더 큰 문제다. 저 뒤에 조교曹交라는 귀족과의 대화에서 "대저 도는 큰길과 같아서 알기가 어렵지 않소. 사람들이 찾으려 하지 않는 것이 문제일 따름"(12:2)이라는 맹자의 지적이 그러하다. 하긴 도 자체가 미묘하고 역설적인 데가 있다. 주변에 있지만 숨어 있기도 하고, 분명하지만 또 미묘하며, 범인凡人도 잘 쓰고 살지만 궁극에 가서는 성인聖人도 다 알지 못하는 바가 있다(『중용』, 제12장). 그럼에도 역시 중요한 사실은 사람이 나서서 찾으려 하지 않는 일종의 의지박약이 큰 문제이고, 항용 가까운 주변이 아니라 저 멀리 고원하고 그윽한 곳에 진리가 있으려니 여기는 눈길(마음)도 문제라는 것. 그러므로 "학문의 길이란 다른 게 아니라 오직 잃어버린 마음 찾기일 뿐學問之道無他, 求其放心而已矣"(11:11)이다. 범인과 성인이 나뉘는 분기점도 가까이 세속적 삶에 있는 진리를 특별한 곳에나 있는 줄로 착각하는 '특별한' 눈과 주변에 진리가 있는데도 찾으려 나서지 않는 의지박약의 문제에 있다.

진리를 찾아 멀리 헤매는 문제에 관해서는 훗날 선불교에서도 다루는데, 조주선사趙州禪師의 일화가 널리 알려져 있다. 객승이 "도란 무엇입니까?"라고 묻자, 조주는 "도는 너의 집 담 너머에 있다"고 답한다. 곧 너의 가까이에, 삶 속에 도가 있다는 말이다. 여기 맹자의 말과 같다. 그래도 알아듣지 못한 객승이 또 묻는다. "그런 도를 말씀드린 게 아니고 대도大道를 여쭌 것입니다." 조주의 답은 냉담하다. "큰길은 임금님 사시는 서울에 있다." 이는 "도에 미쳐서 도를 찾는 이들을 일깨우는 말이다. 갈 길이 저기에 있는데 그것을 못 찾아 헤매는 것이 아니라, 길이 저 멀리 어디엔가 있다고 믿어 그 길에 홀려서 일생을 허비하는 것은 아닌가?"[135] 라는 말이다.

도가 가리키는 뜻은 다를지라도 진리의 거처에 대한 생각은 유교나 불교나 다름없음을 알겠다. 확대 해석하자면 '진리가 삶 속에 있다'는 생각은 유교든 불교든 도교든 기독교든 종파를 막론하고 모든 종교 사상의 기본임을 알겠다.

135   신규탁, 『선사들이 가려는 세상』, 장경각, 1998.

孟子曰, "居下位而不獲[136]於上, 民不可得而治也. 獲於上有道, 不信於友, 弗獲於上矣. 信於友有道, 事親弗悅, 弗信於友矣. 悅親有道, 反身不誠, 不悅於親矣. 誠身有道, 不明乎善, 不誠其身矣. 是故誠者, 天之道也; 思誠者, 人之道也. 至誠而不動者, 未之有也; 不誠, 未有能動者也."

맹자, 말씀하시다.

"낮은 지위에 있으면서 윗사람의 신임을 얻지 못하면 백성을 다스려볼 수 없다. 윗사람의 신임을 얻는 데 방도가 있으니 동료에게 신뢰를 얻지 못하면 윗사람의 신임을 얻지 못한다. 동료에게 신뢰를 얻는 데 방도가 있으니 어버이를 섬겨 흡족하게 하지 못하면 동료들의 신뢰를 얻을 수 없다. 어버이를 흡족하게 하는 데 방도가 있으니 자기 행실을 돌이켜 보아 참되지 못하면 어버이를 흡족하게 하지 못한다. 자기 행실을 참되게 하는 데 방도가 있으니 선을 밝히지 못하면 행실을 참되게 할 수 없다. 이런 까닭에 '참됨은 하늘의 길이요, 참됨을 생각함은 사람의 도리'라고 한 것이다. 내가 참됨을 다하면 움직이지 못할 것이 없고, 참되지 않으면 그 무엇도 움직이게 할 수 없다."

---

136 獲(획): 얻다. '得(득)'과 같다.

　이 장은 좀 복잡하다(일본의 아카쓰카 기요시赤塚忠[137], 홍콩의 맹자학
자 퀑로이순信廣來 등은 이 장이 훗날 편입된 것으로 의심한다). '인간의 세계(人
道)'와 '자연의 세계(天道)'라는 이질적인 두 차원을 '성誠'(대개 '성실'로
번역하는데, 성실이라는 말이 남발되다 보니 그 뜻이 낡아 '참됨'으로 번역했다[138])이
라는 고리로 연결 짓고 있다. 맹자는 뜻을 얻어 정치가가 되기 위한 방법
을 논하는 방식으로 먼저 '인간의 세계'에 접근한다(유교는 몸을 닦아 세상
에 기여하는 것을 큰 가치로 여긴다는 점을 상기할 것). 정치가가 되려면 우선 윗
사람의 신임을 얻어야 하고, 윗사람의 신임을 얻으려면 동료의 신뢰를
얻어야 하고, 동료의 신뢰를 얻으려면 부모의 만족을 얻어야 하며, 부모
의 만족을 얻으려면 '참된(誠)' 사람일 때라야 가능하다. 뜻을 얻어 세상
에 기여하기 위한 첫걸음, 근본이 '참사람 되기'다. 그런데 그 참사람의
'참됨'은 하늘(자연의 세계)로 나아가는 길의 입구이기도 하다. 즉 '성'은
'자연의 세계'로 난 길이기도 하다(誠者, 天之道也). 인간의 세계가 '성'을
고리로 하여 자연의 세계와 연결된다.
　『맹자』 내부적으로 보자면 이 장은 저 뒤 13:1의 '마음 다하기(盡心)→

137　赤塚忠, 『新釋漢文大系 2 - 大學·中庸』, 明治書院, 1978, p.186.

138　'誠'의 번역과 관련하여 앵거스 그레이엄은 인격의 완전성integrity으로 해석하였다(앵거
스 그레이엄, 앞의 책). 또 로저 에임스Roser Ames는 '우주 자연의 창조성creativity' 혹은 '공동
창조성co-creativity(인간이 참여하는 우주적 창조성)'으로 번역하기를 권한다. 상세는 로저 에
임스, 장원석 옮김, 『동양철학, 그 삶과 창조성』, 성균관대학교출판부, 2005 참고.

본성 알기(知性)→하늘 알기(知天)', 즉 마음에서 하늘로, 또 하늘에서 마음으로 순환하는 '뫼비우스의 띠'를 예고한다. 그 연쇄의 고리가 '성'이라는 개념이다. 한편 '성'은 증자와 자사子思 계열의 전용 개념으로 판단되므로, 맹자는 그 학파의 정통을 계승하고 있는 셈이기도 하다(이 계보를 '사맹思孟학파'라고 칭한다). 동시에 성리학의 기본 테제, '본성이 곧 하늘의 이치'라는 '성즉리性卽理'를 떠올리게도 한다. 성리학의 기본 텍스트가 『대학』과 『중용』임은 상식이다.

이 장을 따져 읽으면 이 안에 『대학』과 『중용』의 원형질이 있음을 발견할 수 있다. 『대학』은 '수신제가 치국평천하'로 구성되는데 여기서도 그런 동심원적 구조를 추출할 수 있다. 본문에서 '지성至誠'이 발현하여 가까이는 '부모의 만족'을, 주변에서는 '동료의 신뢰'를, 멀리는 '높은 지위'를 순차적으로 획득하는 경로를 제시하고 있는데, 이는 『대학』의 수신→제가→치국→평천하의 동심원적 전개와 동질적이다. 또 (끝 구절을 제외한) 본문의 대부분은 『중용』 제20장과 동일하다. 그렇다면 본문은 『대학』과 『중용』의 원형이거나, 주희의 계보학에 따르면 증자가 편찬한 『대학』과 자사가 편찬한 『중용』을 맹자가 계승한 흔적이다(나는 『대학』과 『중용』은 진한시대에 편찬되었다고 보므로 맹자의 본문이 『대학』과 『중용』에 앞선다고 생각한다).[139]

역시 주희가 『예기』에서 「대학」편과 「중용」편을 절취해 독립된 텍스

---

139 특히 『중용』의 저작 시기에 대해서는 학계의 시비가 분분하다. 도올 김용옥, 『도올선생 중용강의』, 통나무, 1995를 참고할 것.

트로 격상시켜『논어』,『맹자』와 더불어 '사서四書'를 구성하고 성리학의 교과서로 삼은 이유도 짐작할 수 있다. '성'을 고리로 삼아 인도와 천도라는 상반된 세계를 연결하는 본문의 구조는 성리학의 핵심인 '성즉리'의 구조와 동질적이라는 점에서『맹자』와 송대 성리학자들 사이의 친화성도 이해할 수 있다. 그런데 본문의 의의는『대학』,『중용』과의 관련성에만 있지 않다. 그보다는『중용』제20장과 동일한 문장을 끝에 붙여놓은 맹자의 독자적 표현이 중요하다.

> 내가 참됨을 다하면 움직이지 못할 것이 없고, 참되지 않으면 그 무엇도 움직이게 할 수 없다.
>
> 至誠而不動者, 未之有也; 不誠, 未有能動者也.

이 구절의 뜻은 '지성至誠이면 감천感天한다'는 속담과 같다. 이 역시『중용』에서 비슷한 내용[140]을 찾아볼 수 있지만, 주목할 점은 움직임(動)이다. '참사람이 되면 사람과 자연을 움직일 수 있다'라는 동학dynamics에, 다시 말하면 '정치력'의 발생에 맹자의 뜻이 있다. '성'을 체화한 인격체가 인간과 자연에 힘을 발휘할 수 있다는 것은 천지인삼재天地人三才로 구성된 동양 사상의 상식이다. 이에 성리학자 양시楊時는 "동動이 바

---

[140] "오직 천하의 지성至誠이라야 자기 성품을 다할 수 있고, 자기 성품을 다하면 '사람의 성(人性)'을 다할 수 있고, 사람의 성을 다하면 '사물의 성(物性)'을 다할 수 있고, 사물의 성을 다하면 천지자연의 화육化育에 기여할 수 있다. 천지자연의 화육에 기여한다면 천지자연의 질서와 함께하는 것이다."(『중용』, 제22장)

로 효험이 나는 곳이니 윗사람에게 신임을 얻고, 동료에게 신뢰를 얻고, 부모에게 만족을 얻는 종류가 그것이다"(『맹자집주』)라고 올바로 짚었다. 맹자의 주안점은 고작 나를 닦는 수신修身에 머무르지 않는다. 수신한 내가 주변을 감동感動시키는 데까지 나아가야 한다. 곧 수신은 상대방을 움직이게 하는 치인治人과 연결되어야 한다. 『중용』이 수기에 주안점을 두고, 『대학』은 수기에서 평천하에 이르는 사상의 얼개에 주의한다면, 『맹자』는 역시 정치력에 주목했음을 알 수 있다.

한편 앞 장과 연결하여 보면 '나'에서 '우리'로 나아가는 사유의 동심원적 전개, 혹은 자기 성찰을 바탕으로 사회와 국가를 논하는 본말론本末論적 세계관을 재천명한 것으로도 읽을 수 있다. 또 다음 장과 연결해서 보면 현자와 인민이 성왕에게 귀의하는(歸) 구심력의 근거를 여기서 지성至誠이라는 개념으로 마련한 점에서 7:11~7:13은 연결된다. 요컨대 '근자열 원자래'라는 덕치의 동학을 다른 방식으로 논하고 있는 것이다.

孟子曰, "伯夷辟紂, 居北海之濱[141], 聞文王作, 興曰, '盍歸乎來[142]! 吾聞西伯[143]善養老者.' 太公[144]辟紂, 居東海[145]之濱, 聞文王作, 興曰, '盍歸乎來! 吾聞西伯善養老者.' 二老者, 天下之大老也, 而歸之, 是天下之父歸之也. 天下之父歸之, 其子焉往? 諸侯有行文王之政者, 七年之內, 必爲政於天下矣."

맹자, 말씀하시다.

"백이는 폭군 주를 피하여 북해 바닷가에 숨어 살았는데[146] 문왕이 일어났다는 소식을 듣고 떨쳐 일어나 말했다. '어찌 그에게 귀의하지 않으리오! 나는 서백(문왕)이 늙은이를 잘 봉양하는 사람이라고 들었다.' 태공도 폭군 주를 피하여 동해 바닷가에 숨어 살았는데 문왕이 몸을 일으켰다는 소식을 듣고 떨쳐

---

141 北海之濱(북해지빈): '北海'는 발해. '濱'은 물가.

142 盍歸乎來(합귀호래): 어찌 귀의하지 않으리오! '盍'은 어찌 ~ 하지 않으리오. '來'는 어조사(도연명의 시 「귀거래사歸去來辭」의 끝말 歸去來兮의 '來兮'도 어조사다).

143 西伯(서백): 문왕을 이른다. 은왕조의 주왕이 기주岐周의 희창姬昌(뒷날 문왕)을 서방 제후들의 우두머리로 삼았으므로 '西伯'이라고 일컬었다.

144 太公(태공): 강태공을 이른다. 본명은 강상姜尙. 문왕과 무왕을 도와 주나라 혁명을 성공시킨 주모자다.

145 東海(동해): 황해를 뜻한다.

146 백이숙제 사당이 발해만 주변인 요동에 있었다. 북경으로 가는 조선 사절단이 이곳을 지날 때는 백이숙제의 충절을 상징하는 마른 고사리를 사당에 올려 참배하고, 그것으로 국을 끓여먹기도 하였다(박지원, 『열하일기熱河日記』, 「이제묘기夷齊廟記」 참고).

일어나 말했다. '어찌 그에게 귀의하지 않으리오. 나는 서백이
노인을 잘 봉양하는 사람이라고 들었다.'

두 노인은 천하의 원로인데 문왕에게 귀의하였으니 이는 천하
사람들의 아버지가 문왕에게 귀의한 셈이다. 천하의 아버지들
이 문왕에게 귀의하는데 그 자식들이 어디로 가겠는가? 오늘날
문왕의 정치를 시행하는 제후가 있다면 7년 안에 반드시 천하
에 정사를 펼칠 수 있으리라."

해설

요지는 "어찌 귀의하지 않으리오盍歸乎來!"라는 한마디로 압
축된다. '귀歸'는 앞에 "백성이 인한 이에게 귀의하는 것(歸仁)은 꼭 물이
아래로 흐르는 것과 같다"(7:9)고 했듯 자연스러운 추세를 뜻한다. 백이
와 강태공은 당대의 현자들로 은나라 말기 주왕의 폭정을 피해 북해와
동해 바닷가에 숨어 살았다. 문왕(당시 지위는 서백)이 폭군 주를 정벌한다
는 소식에 이들이 몸을 일으켜 흔쾌히 그에게 귀의하겠다는 데 그 누가
따라가지 않겠느냐는 것이 이 장의 골자다. 만약 맹자의 당대인 전국시
대에도 문왕의 왕정을 행하는 제후가 있다면, 마치 하나의 법칙처럼 자
식이 어진 아버지를 따르듯 천하 사람들이 함께하리라는 것.

앞 장과 연관 지어 이 장을 읽을 수도 있다. 앞 장 끝 구절에 "내가 참
됨을 다하면 움직이지 못할 것이 없고, 참되지 않으면 그 무엇도 움직이

게 할 수 없다"라고 하였다. 거기의 지성을 다하는 군주가 여기서는 문왕으로 상정되고, 그의 지극 정성을 마음으로 느껴(感) 문왕에게 귀의하는 (動) 현자들이 백이와 강태공으로 상징된다. 그들의 뒤를 따라 백성이 몰려들어 새 왕조가 건설되었다. 이는 곧 '참됨을 다하면 그 무엇도 움직이지 못할 것이 없다'는 말을 뒷받침하는 증거이면서, 또한 덕치의 동학인 '근자열, 원자래'의 경로를 역사적 사례를 통해 확정짓는 것이기도 하다.

앞에서 맹자가 "연못에게 물고기를 몰아주는 것은 수달이요, 숲에게 참새를 몰아주는 것은 새매이며, 탕과 무에게 백성을 몰아준 것은 걸과 주였다"(7:9)라고 하였듯, 당시 천하의 제후 가운데 누군가 문왕의 정치를 7년을 기한으로 편다면, 다른 제후들이 분명 백성을 몰아주리라는 것이다(이 탁월한 비유라니!). 문제는 왕정을 시행하려는 '큰 뜻을 품은 제후(大有爲之君)'의 존재에 천하 평화의 사활이 걸려 있다는 것이다. 애재라!

한편 맹자가 왕정이 효과를 낼 기한으로 7년을 설정한 것은 그만큼 간절하다는 뜻으로 봐야 할 것이다. 500년 장구한 춘추전국의 시간에 견주면 7년의 세월이야 '번쩍하는 한순간'에 불과할 터다. 저 앞에서 공자가 덕의 파급 속도가 파발마보다 빠를 거라 했던 말을 떠올리게 한다. 따로 7년이란 숫자에 천착해보자면 앞서 "문왕을 스승으로 삼으면 큰 나라는 5년, 작은 나라는 7년이면 반드시 천하에 정사를 펼칠 수 있으리라"(7:7)던 전망에도 7년이 나왔고 또 "요즘 왕 노릇 하려는 자들은 7년 묵은 병에 3년 묵은 쑥을 구하는 격이니, 지금부터 비축하지 않으면 죽을 때까지 구할 수 없을 터"(7:9)라던 경고에도 7년 세월이 적시되었다. 거슬러 올라가면 공자가 이미 "선인이 백성을 교화하기를 7년 동안 행하면 백성을 종군하게 할 수 있다"(『논어』, 13:29)라고 했으니, 고대인들에게 7이라는 숫자는 어떤 수비학적 의미를 띠었는지도 모르겠다.

한편 앞에서 "세상에는 누구나 어디서든 존중해야 하는 것이 세 가지 있는데 벼슬이 그 하나요, 나이가 그 하나요, 덕이 그 하나올시다"(4:2)라고 하였다. 여기 백이와 강태공은 나이와 덕 두 가지를 가졌고 문왕은 벼슬 하나를 가졌는데, 둘을 가진 원로들이 하나를 가진 문왕에게 귀복하였으니 존중해야 할 3요소가 결집한 셈이다. 세상의 권위체 셋이 하나로 결집하였다면 천하 대세는 이미 결정된 것이다. 저 뒤 13:22에서 여기 문왕의 선양로善養老 정책의 의의가 좀 더 세밀하게 검토된다. 그 장의 해설에서 맹자의 복지국가론을 압축한 것이 '선양로'로 상징되었음을 서술하였다. 겹쳐보면 좋겠다.

孟子曰, "求¹⁴⁷也爲季氏宰¹⁴⁸, 無能改於其德, 而賦粟¹⁴⁹倍他日. 孔子曰, '求非我徒也. 小子鳴鼓而攻之, 可也.'

由此觀之, 君不行仁政而富之, 皆棄於孔子者也, 況於爲之强¹⁵⁰戰! 爭地以戰, 殺人盈野; 爭城以戰, 殺人盈¹⁵¹城, 此所謂 '率土地而食人肉,' 罪不容於死. 故善戰者服上刑, 連諸侯者次之, 辟草萊¹⁵²任¹⁵³土地者次之."

맹자, 말씀하시다.

"염구가 계씨의 가신이 되어 그를 덕으로 이끌지 못하고 외려 이전보다 세금을 곱절로 늘렸다. 공자께서 말씀하시길 '염구는 내 제자가 아니다. 애들아, 북을 울리며 그를 성토해도 좋다' 하셨다.

이렇게 볼 때, 임금이 인정을 시행하지 않는데도 부유하게 하는 자는 모두 공자에게 버림받을 것이다. 하물며 그런 임금을 위해 억지로 전쟁을 벌이는 자이랴! 땅을 다투어 싸우다가 온 들판에

---

147 求(구): 공자의 제자 염구를 일컫는다. 성은 염冉. 이름이 구求. 염유冉有라고도 불렸다.

148 季氏宰(계씨재): '季氏'는 춘추시대 노나라의 집정자였다. '宰'는 가신家臣이다.

149 賦粟(부속): 세금. '賦'는 세. '粟'은 곡식.

150 强(강): 억지로.

151 盈(영): 가득하다, 채우다.

152 辟草萊(벽초래): '辟'은 개간하다. '草萊'는 황무지라는 뜻. '萊'는 쑥.

153 任(임): 맡기다. '빌려주고 세를 받다'라는 뜻.

시체들이 가득하고, 성을 다투어 싸우다가 성 안이 죽은 사람들로 그득하니, 이것이 이른바 '땅을 차지하려다가 사람 고기를 씹는다'는 말이다. 이 죄악은 죽음으로도 용서받지 못하리라.
그러므로 전쟁을 잘하는 자는 극형에 처해야 하고, 제후들을 합종연횡하려는 자는 그다음 형벌에 처해야 하며, 황무지를 개간하여 토지를 백성에게 빌려주는 자는 그다음 형벌에 처해야 한다!"

해설

맹자의 분노한 목소리가 생생하다. 『논어』에는 염구가 당시 노나라 권력자 계씨季氏의 재정 관리인이 되어 세금을 늘렸다가 공자에게 파문당하는 장면이 나온다.

계씨는 주공보다 부유한데도 염구는 그를 위해 세금을 거둬들여 더 부유하게 만들었다.
공자, 말씀하시다.
"저놈은 나의 제자가 아니다. 얘들아, 북을 울려 성토해도 마땅하다!"
_『논어』, 11:17

염구가 전통적 세금 제도였던 정액제定額制를 정량제定量制로 전환하여 백성의 세 부담을 배가한 것은 역사적 사실이었던 듯하다. 그 결정 과

정에서 염구가 스승을 찾아와 의견을 구하는 장면이 역사서에 묘사되어
있다.

> 계씨가 농지세(田賦)를 증설하려고 염유를 공자에게 보내 의향을 떴
> 다. 공자가 응대하기를 "난 잘 모른다". 세 번이나 재촉해도 응대하
> 지 않자, 염유가 말하기를 "선생님은 국가 원로이신지라 그 말씀을
> 기다려 정책을 시행하려고 하는데, 어찌해서 말씀이 없으신지요."
> (공자가 속내를 털어놓기를) "군자다운 정책은 예법에 의거하되 백성에
> 게 베풀기는 가장 두터운 것을 쓰고, 일을 처리할 때는 가장 중간 것
> 을 택하고, 세금을 거둘 때는 가장 가벼운 것을 행한다고 하였다. 이
> 렇다면 종래의 세금 제도(구부법丘賦法)만으로도 넉넉할 것이다. 만일
> 예법에 의거하지 않고 욕심껏 하면서 지칠 줄도 모르면 토지세를 증
> 설한다 해도 곧 또 부족하다는 소리가 나올 것이다. 기어이 새 제도
> 를 시행하려 들더라도, 예법에 합당하게 하려 한다면 그 세세한 규
> 정이 주공의 법전 속에 다 들어 있다. 반대로 제 마음대로 하려 한다
> 면 굳이 내게 물어볼 것은 무엇이냐."
> 그러나 계씨는 듣지 않았다. (애공 11년 봄) 새 농지세를 시행하였다.
> **_『춘추좌전』,「애공 11~12년」**

공자는 권력자를 덕치로 이끌지 않고, 외려 부유하게 만든 제자 염구
의 주구走狗적 행태를 반인민적이며 반정치적인 사취 행위로 격렬하게
비난하고 파문을 선고하기에 이른다. 맹자는 『논어』를 읽으면서 염구를

파문한 이 문장이야말로 공자의 의리론이 극진하게 드러난 곳으로 이해하고, 거기서 얻은 교훈으로 당대의 정치 현상을 해석하고 있다. 이것이 옛 학자들의 연구 방법론인 경전 해석학, 곧 경학經學이다. 이 장은 맹자 경학의 원형이 드러난 곳이다(상세한 설명은 참고를 볼 것).

맥락을 따라 이 장을 읽으면, 7:12의 "내가 참됨을 다하면 움직이지 못할 것이 없고, 참되지 않으면 그 무엇도 움직이게 할 수 없다"가 '덕치의 주체 형성'에 대한 언급이라면, 7:13에서는 덕치가 작동하여 획득한 정치적 성공을 백이와 강태공이 문왕에게 귀의하는 역사적 사례로써 증명하고, 여기 7:14에서는 덕치가 아닌 그 외의 통치술은 결국 군주를 해치고 인민을 도륙하는 사도邪道에 불과함을 경책하고 있다. 일련의 덕치론 연작이라고 할 만하다. 결국 맹자는『논어』학습에서 확보한 시각을 바탕으로 당대 사상가들에게까지 칼날을 겨눈다. 이 장의 후반부에서는 공자를 해석하는 칼끝이 법가와 병가, 종횡가 등을 겨눈 것임이 드러난다.

> (1) 전쟁을 잘하는 자는 극형에 처해야 하고,
>
> (2) 제후들을 합종연횡하려는 자는 그다음 형벌에 처해야 하며,
>
> (3) 황무지를 개간하여 토지를 백성에게 빌려주는 자는 그다음 형벌에 처해야 한다!

(1)은 병가에 대한 비판이다. 손빈孫臏이나 오기吳起와 같은 병법서의 저자들을 연상하면 좋겠다. 이자들이야말로 임금이 전쟁을 일삼도록 부추겨 온 들판에 시체들이 가득하고, 성 안이 죽은 사람들로 그득하게 만

든 최악의 범죄자들이다. 맹자는 이들의 죄는 사형으로도 모자란다고 분노한다.

(2)는 종횡가에 대한 비판이다. 이들은 국가들 간의 합종연횡 전략을 꾀해 결국에는 큰 전쟁을 낳는 잠재적 범죄자들이다. 생존 전략이니, 지정학이니, 전략 전술이니 하며 권력자를 상수로 놓고, 조삼모사의 요술을 부려 국가 간 경쟁과 불화를 부추기고 끝내 전쟁을 일으키는 자들이다. 사회 정의나 도덕에 대한 고려는 전혀 없이 힘 있는 자에게 들러붙어 상황에 따라 여기저기서 이익을 추구하는 기술자들이다.

(3)은 법가에 대한 비판이다. 일찍이 춘추시대의 이회李悝와 상앙商鞅, 전국시대의 한비자 등 법가 사상가들은 부국강병책에 주력하였다. 이 부국책의 기초는 농본주의다. 농본 정책은 농민들을 황무지로 이주시켜 토지를 개척하게 하고, 그 개간지들을 임대하는 이른바 임토지任土地 방식을 골자로 한다.

그러나 맹자가 회복하려는 농정책은 이와는 전혀 다르다. 맹자가 주장한 정전제가 소농 중심의 '자율적 공동 경작제'라면, 법가의 농본 정책은 군주(국가)가 주도하는 대토지 개간을 위주로 하기 때문에 농민은 거기에 예속된 임노동자에 불과하다. 이 차이는 대단히 크다. 맹자는 농민을 세금이 적고 전쟁이 없는 곳으로 유동하는, 마음을 가진 존재로 이해했다. 이는 유교 이념인 인仁의 유동적, 소통적 특성에서 비롯한 것이다. 반면 법가의 농민은 이주와 유동이 금지된, 토지에 얽매인 존재다. 또한 맹자의 농민이 5~9가구의 소가족 단위로 생활하는 비교적 자유로운 처지였다면, 법가의 농민은 권력자가 소유한 대농장(토지)에 소속된 노동자에 불과했다. 맹자는 상업 진흥을 위한 물류와 유통을 중시했지만, 법가는 상업을 특히 금기시하였다.

그렇다면, 황무지를 개간하는 일은 그나마 나은 정책일 듯한데 맹자는 왜 반대했을까? "맹자는 그것이 백성을 위한 것이 아니라 권력자가 사리私利를 목적으로 한 것임을 간파했기 때문이다."(양백준) 법가식 강제 농업, 곧 군사력으로 정복한 토지를 국가 주도로 개간하고, 그 땅을 사민徙民을 통해 임대하는 것은 동서고금을 막론하고 전제주의 국가들이 애용하던 방식이다. 동아시아 전통 국가들은 물론이고, 근세 제국주의 일본이 만주국을 인위적으로 만들어 경영할 때도 이런 방식을 활용하였다. 1930년대 일제는 '만주 개척 붐'을 일으켜 조선인을 만주로 이주시키고, 황무지에 벼농사를 짓도록 했는데 이로 인해 중국인과 갈등이 폭발하여 벌어진 일이 만보산 사건이다. 이것이 바로 "황무지를 개간하여 토지를 백성에게 빌려주는 자辟草萊任土地者"의 실례라 하겠다.[154]

한편 이 장의 뜻은 권력자에게 '좋은 신하'가 실은 '백성에게는 강도'라는 12:9의 신랄한 비판으로 연결된다. 함께 보아야겠다.

참고 본문에서는 맹자의 경학, 즉 연구 방법론의 구조가 투명하게 드러난다.

---

[154] 근세 일본제국의 운용 방식은 법가라고 할 수 있다. 근세 일본은 유교 국가가 아니라 법가적 전제주의 국가였다. 야마무로 신이치, 윤대석 옮김, 『키메라, 만주국의 초상』, 소명출판, 2009; 프라센지트 두아라, 한석정 옮김, 『주권과 순수성: 만주국과 동아시아적 근대』, 나남출판, 2008 등을 볼 것.

(1) 연구 대상인 경전의 내용이 제시된다(孔子曰 이하).

공자께서 말씀하시길(孔子曰), '염구는 내 제자가 아니다. 얘들아, 북을 울리며 그를 성토해도 좋다' 하셨다.

(2) 그 내용에 대한 분석이 이어진다(由此觀之 이하).

이렇게 볼 때(由此觀之), 임금이 인정을 시행하지 않는데도 부유하게 하는 자는 모두 공자에게 버림받을 것이다. …… 이 죄악은 죽음으로도 용서받지 못하리라.

(3) 당대로 끌어와 해석한다(故 이하).

그러므로(故) 전쟁을 잘하는 자는 극형에 처해야 하고, 제후들을 합종연횡하려는 자는 그다음 형벌에 처해야 하며, 황무지를 개간하여 토지를 백성에게 빌려주는 자는 그다음 형벌에 처해야 한다!

이 세 문단은 각각 (1) 경전의 이해(understanding), (2) 텍스트 분석(analysis), (3) 시대적 해석(translation)이라는 3단계에 조응한다. 이는 맹자 경학의 기본 구조로서 『맹자』 전체를 통관한다.

7:15. 군주의 신하 관찰법

孟子曰, "存¹⁵⁵乎人者, 莫良於眸子¹⁵⁶. 眸子不能掩¹⁵⁷其惡. 胸中¹⁵⁸正, 則眸子瞭¹⁵⁹焉; 胸中不正, 則眸子眊¹⁶⁰焉. 聽其言也, 觀其眸子, 人焉廋¹⁶¹哉?"

맹자, 말씀하시다.

"사람을 관찰하는 데는 눈동자보다 좋은 것이 없다. 눈동자는 마음속 악을 가리지 못한다. 속마음이 올바르면 눈동자가 맑고 속마음이 부정하면 눈동자가 흐리다. 그 사람 말을 잘 들어보고 또 그 눈동자를 잘 살펴보면, 사람이 어떻게 자신을 숨길 수 있을까?"

해설

이 장에서는 지인知人의 방법을 논한다. 세속에서 말하는 사람 관찰법, 곧 관인법觀人法을 논하는 장이다. 속언에 '눈은 마음의 창'이라

---

155 存(존): 관찰하다. 『이아』에 "存은 察(찰)과 같다"고 하였다(양백준).
156 眸子(모자): 눈동자.
157 掩(엄): 가리다.
158 胸中(흉중): 속마음.
159 瞭(료): 밝은 눈. 반대는 '眊(모)'.
160 眊(모): 흐린 눈.
161 廋(수): 숨기다. '匿(닉)'과 같다.

고 했듯 사람의 마음은 눈, 특히 눈동자에 서린다. 그래서 "사람을 관찰하는 데는 눈동자보다 좋은 것이 없다"라고 했다. 앞서 "마음에서 우러나 낯과 눈에 드러난다中心達於面目"(5:5)라는 지적도 같은 생각을 깔고 있다. 또 속마음은 말로 드러나는 법이니 역시 말을 귀담아 들어보면 심중의 뜻을 헤아릴 수 있다(3:2). 사람의 말이 사업에 영향을 미치고 사업은 정치에 영향을 미치므로, 마음을 아는 일에 정치가 좌우될 수밖에 없다. 따라서 이 장은 또한 인사의 원칙이 된다. 말을 통해 그 마음을 이해하는 일이 중요한 까닭은 그 사람을 부려 공무를 수행케 할 참이기 때문이다. 그러므로 사람을 임용하는 일은 신중에 신중을 거듭하지 않을 수 없다. 제선왕이 인재를 알고 등용하는 일의 어려움을 질문한 것에 맹자가 '부득이한 자세로 임용하라'고 답했던 것은 이 장과 겹쳐서 볼 만하다(2:7).

공자도 "먼저 사람의 행동을 살펴보고(視), 다음에 그 행동의 까닭을 헤아려보고(觀), 끝으로 한가할 때의 행동을 꼼꼼히 살펴보면(察), 사람이 어찌 속일 수 있으리오. 사람이 어찌 속일 수 있으리오!"(『논어』, 2:10)라고 탄식했다. 공자가 거듭 "사람이 어찌 속일 수 있으리오人焉廋哉"라던 탄식을 지금 맹자도 똑같이 반복하고 있는 것("사람이 어떻게 자신을 숨길 수 있을까?")으로 보아 이 장은 공자의 뜻을 잇고 있다고 봐도 좋겠다.

요컨대 눈을 관찰하고 말을 경청하는 것이 사람됨을 파악하는 두 가지 방법이다. 앞뒤 맥락에서 볼 때 이 장은 '군주의 신하 관찰법'을 밝힌 장이라고 할 수 있다. 이어지는 7:16의 '신하의 군주 관찰법'과 짝을 이룬다. 그렇다면 군주와 신하가 서로를 관찰하고 평가하는 '여與'의 상호 관계성이 맹자 정치론의 핵심이라는 것도 재확인할 수 있다.

7:16. 신하의 군주 관찰법

孟子曰, "恭者不侮¹⁶²人, 儉者不奪人. 侮奪人之君, 惟恐不順焉, 惡得爲恭儉¹⁶³? 恭儉豈可以聲音笑貌¹⁶⁴爲哉?"

맹자, 말씀하시다.

"공손한 사람은 남을 깔보지 않고 검소한 사람은 남의 것을 빼앗지 않는다. 남을 깔보고 남의 것을 빼앗는 임금은 오로지 남들이 자기에게 순종하지 않을까 두려워하나니 어떻게 공손하고 검소할 겨를이 있을까?¹⁶⁵ 또 공손과 검소를 어떻게 말치레나 눈웃음으로 지어낼 수 있을까?"

---

162 侮(모): 업신여기다.

163 恭儉(공검): 공손함과 검소함. 공자를 두고 "온량溫良하고 恭儉하다"라고 했다(『논어』, 1:10). 덕의 기원이 '恭儉'에 있다는 뜻이다. 맹자는 공자를 계승하여 "지혜로운 임금은 언제나 공손하고 검소하며 아랫사람을 예로써 대하고, 백성에게서 취하는 세금은 제도를 따릅니다"(5:3)라고도 하였다.

164 聲音笑貌(성음소모): 가식적인 말과 표정. 교언영색巧言令色과 같다. '聲音'은 말치레. '笑貌'는 미소 띤 얼굴.

165 굽실거리는 자에게는 위세를 부려야 하니 공경할 틈이 없고, 덤벼드는 자는 매수해야 하니 검소할 겨를이 없다.

앞 장이 군주의 처지에서 신하를 관찰하는 방법이라면, 여기는 신하의 처지에서 군주를 관찰하는 방법이다. 군주가 신하를 골라 써야 하듯, 신하 되려는 선비 역시 아무에게나 몸을 의탁할 수는 없는 노릇. 공직이 어찌 제 한 몸 건사를 위한 사익 추구의 마당일 수 있으랴. 군주가 신하를 세심히 관찰하여 대사를 함께 도모해야 하듯, 신하 역시 출처진퇴出處進退에 엄정할 수밖에 없다. 이런 점에서 공직은 공직共職이면서 또한 공직公職인 엄정한 공간이 된다.

선비가 권력자의 '겉치레 말(聲音)'이나 '허튼 웃음(笑貌)'으로 눙치는 그 본심을 헤아릴 줄 알아야, 남을 깔보고 재물을 빼앗는 '강도 같은 군주'에게 재능을 소모당하지 않을 수 있다. 안목 없는 자는 껍데기 영예와 사사로운 권력에 탐닉하여 그 실상을 바로 보지 못한 채, 재능을 소모당하고 몸을 망치게 된다(맹자의 군신 관계는 일방적 지배가 아니라 상호 존중의 관계임도 엿볼 수 있다).

흥미로운 대목은 사람을 업신여기고 재물을 수탈하는 폭군의 마음이 내내 불안과 두려움에 휩싸여 있다는 맹자의 관찰이다. 제 몫을 부당하게 뺏긴 민중의 말 못하는 원성과 분노의 눈빛을 권력자 역시 느낀다는 뜻이다. 그러니 그들도 불편하다. 그리고 두렵다. 자기가 내건 감언이설, 즉 백성을 '위하여' 세금을 걷노라, 국가를 '위하여' 전쟁을 하노라 하는 이른바 위민의 구호를 순순히 믿고 따라주지 않을까 봐 겁에 질려 있다.

'위하여'의 아이러니는 '남을 위한다'는 구호의 실질이 '저를 위하는'

것임을 저 자신만은 알고 있다는 것이다. 겉과 다른 속셈이 폭로될까 전전긍긍하는 자기모순을 맹자는 꼭 집어냈다. '위하여'를 내건 독재자는 상대방의 무반응에 스스로 분노하고 두려워한다. 너를 '위하여' 정치를 행한다는 말이 거짓임을 자기는 알고 있으니 속으로 두렵다. 한낱 필부필부라도 상대방의 눈동자와 말투를 통해 그 마음의 행로를 읽어내는 지혜만은 있기에(생존을 위한 동물적 본능이다) 권력자에게 속지 않는다. 그러니 '등을 두드리면서 간을 빼먹는' 갑질은 오래가지 못하는 법이다.

반면 여민 정치가라면 상대방에 대한 공경(恭)과 자기 절제(儉)가 체화되어 있기 마련이다. 공경과 자기 절제의 태도가 현자들을 감동시키고, 먼 데 사람들이 몰려들게 하는 동력을 잣는다. 이럴 때만이 '근자열, 원자래'라는 덕치의 동학이 작동한다.

7:17. '소피스트'와의 첫 번째 대결

淳于髡[166]曰, "男女授受不親, 禮與?"

孟子曰, "禮也."

曰, "嫂[167]溺[168], 則援[169]之以手乎?"

曰, "嫂溺不援, 是豺狼[170]也. 男女授受不親, 禮也; 嫂溺, 援之以手者, 權[171]也."

曰, "今天下溺矣, 夫子之不援, 何也?"

曰, "天下溺, 援之以道; 嫂溺, 援之以手 — 子欲手援天下乎?"

순우곤이 말했다.

"남녀가 물건을 주고받을 때 손이 닿지 않는 것은 예에 합당합니까?"

맹자, 말씀하시다.

"그렇소이다."

순우곤이 말했다.

"제수가 물에 빠졌다면 손을 잡아줘야 합니까?"

---

166 淳于髡(순우곤): 제나라 출신 재담꾼, 소피스트.
167 嫂(수): '嫂'는 아주머니. '제수'로 번역하였다.
168 溺(닉): (물에) 빠지다.
169 援(원): 구원하다.
170 豺狼(시랑): 야수野獸의 총칭. '豺'는 승냥이. '狼'은 이리.
171 權(권): 저울추.

맹자, 마음의 정치학 2

맹자가 말했다.

"제수가 물에 빠졌는데 손을 잡지 않는다면 그건 야수지요. 남
녀가 물건을 주고받을 때 손이 닿지 않는 것이 예요, 제수가 물
에 빠졌을 때 손을 잡아주는 것은 권[172]입니다."

순우곤이 말했다.

"지금 천하가 물에 빠졌는데 선생이 손을 내밀지 않는 것은 어
째서입니까?"

맹자가 말했다.

"천하가 물에 빠졌을 때는 도로써 잡아줘야 하고, 제수가 물에
빠졌을 때는 손으로 잡아줘야 하는 것. ─ 그대는 천하를 손으
로 잡으려 하시오?"

해설

순우곤은 제나라 직하학궁(왕립 학술원)의 원로였다. 제선왕의
아버지 위왕威王이 학궁을 건설했을 때 이미 거기 대표였다. 그는 출신은
미천하였으나 지식과 언변, 담력과 지략으로 권력자의 신임을 얻었다. 사
마천은 『사기』에서 그가 "박학다식하고 기억력이 뛰어났으며 그의 학문

---

172 權(권): 저울추. "저울의 추는 좌우로 움직이면서 저울에 달린 물건의 정확한 무게를 정해
준다. 그래서 '權'자에 임시의 정의, 가변적 정의라는 뜻이 생겼다."(김연종, 앞의 책)

은 특정한 것만을 고집하지 않았다博聞强記, 學無所主"라고 하였다.

유의할 점은 직하학궁의 성격이다. 사마천은 직하학궁 소속 학자들이 "정치를 담당하지 않고, 비평만 하였다不治而議論"(『사기』, 「전완세가」)라고 지적하였다. 정치적 지위 없이, 즉 실무는 맡지 않고 학술 연구와 비평에만 종사했다는 뜻이다. 반면 맹자는 군주의 고문으로서 정치적 역할을 자임하고, 정책 입안 및 수행에 깊숙이 개입한 '정치적 존재'였다.[173] 정치가인 맹자와 학술에만 종사한 순우곤의 상반된 지향에 유의해야 이 장의 논전에 서리는 칼끝을 이해할 수 있다.

이런 맥락을 살핀다면 앞에 맹자가 처사횡의라며 정치적 지위 없이 무책임한 비평을 뇌까린다고 맹렬하게 비난한 지식인에는 순우곤도 포함될 수(아니, 첫손에 꼽을 수) 있다(6:9). 또한 순우곤이 맹자에게 "지금 천하가 물에 빠졌는데 선생이 손을 내밀지 않는 것은 어째서입니까?" 하고 비아냥거리며 묻는 내력도 이해할 수 있다. 순우곤은 "안 될 줄 알면서도 구제를 행하려는" 유자의 행태를 아니꼽게 여기는 '가슴은 없고, 머리만 큰' 창백한 지식인이었던 것이다.

순우곤에게 예禮란 고정 불변의 원칙이다. 규정된 대로, 문자에 쓰인 대로 곧이곧대로 따라야 하는 철칙이다. 공자의 정명正名을 고정된 이름에 실질적인 내용을 얽어매는 식으로 경직되게 이해하는 입장이다. 순우

---

173 순자는 사士를 '사사仕士'와 '처사處士'로 구분했는데, 왕선겸은 사사는 "조정에 들어가 벼슬하는 사인을 말한다謂士之入仕"라고 하였고, 또 "처사는 벼슬하지 않는 자이다處士, 不仕者也"라고 하였다(『순자집해』). 맹자가 사사였음은 이미 증명하였다. 하지만 직하학사들은 모두 처사였으며, 그들은 벼슬하지 않는 것을 서로 과시하였다(바이시, 앞의 책, 308쪽).

곤은 기존의 예법과 예교라는 문자옥文字獄에 갇힌 언어주의자였던 셈이다. 반면 맹자에게 예란 시의성을 감안하면서도 본래의 의미를 보존하는 적절함(權)의 총합이다. 예가 딱딱해져서는 이미 예가 아니라 법法으로 타락하고 만다. 예는 언제나 '지금 여기'의 현실에서 삶의 지침이 되는, 살아 있는(진동하는) 지침일 때만 참된 예다. 지금 "남녀가 물건을 주고받을 때 손이 닿지 않는 것이 예요, 제수가 물에 빠졌을 때 손을 잡아주는 것은 권입니다"라는 말을 '예禮 대 권權'으로 읽어선 안 된다. 권이란 본시 저울의 추이니 경우마다 경중을 헤아려 정중正中에 닿는 것이다. "저울질하여 중도를 얻는다면 그것이 바로 예이다權而得中, 是乃禮也."(주희) 즉 예의 한 속성이 권이고, 지금 여기의 현장에서 예를 구체적으로 실현하는 과정이 권도權道다. 나침반의 '떨리는 지남철'이 권인 셈이고, 지남철이 정 방향을 가리킬 때 올바른 예가 된다.

한편 천하가 물에 빠졌는데 왜 손을 내밀지 않느냐는 순우곤의 능청에 맹자가 "그대는 천하를 손으로 잡으려 하시오?"라고 답한 데서는 여러 의미 층을 발견할 수 있다. 첫째는 '범주의 오류'를 범하지 말라는 경고다. 물에 빠진 사람은 손으로 구해야 하고, 도탄에 빠진 천하는 정치로 구제해야 한다(비유는 적절한 선에서 그쳐야지 남용해서는 안 된다).

둘째 층에는 아무 정치사상이나 시대를 구제할 수 있는 게 아니라, 오로지 여민주의 유교 사상만이 가능하다는 맹자의 판단이 깔려 있다. 이 확신을 증명하는 사례가 순우곤과의 두 번째 논전(12:6)에 나온다. 거기서 순우곤은 맹자를 두고 "선생은 삼정승 가운데 있었으면서 그 명예나 공적이 위로나 아래로나 더해진 것이 없는데, 떠나신다니 유가의 인이란 정녕 이와 같답니까?"라고 비아냥거린다. 이에 맹자는 유교 정치 이외에는 물에 빠진 천하를 더 깊은 홍수로 잠기게 할 뿐이라고 반박한다. 물에 빠진 천하를 손으로 구제할 수 없고, 도구를 써야 한다면 오로지 유교 정치밖에 없다는 뜻이다(구체적인 것은 그 장의 해설에서 논하기로 한다).

셋째 층은 눈앞의 이익을 위해 임기응변하는 것을 정치의 전부로 아는 순우곤에게 정치의 근본인 도덕 가치를 환기하는 켜다. 천하 구하기를 손으로 할 것이냐는 맹자의 되물음은 '이익을 구하려고 도덕을 굽힐 것이냐'라는 뜻으로 읽을 수 있기 때문이다. 이 세 번째 켜는 앞서 "'한 자를 굽혀 한 길을 편다'라는 말은 이익을 위주로 한 것인데, 만일 한 길을 굽혀 한 자를 펴더라도 이롭기만 하다면 그래도 하겠는가?"(6:1)라던 힐난과 맥을 같이한다. 정치는 오로지 권력 투쟁일 뿐이라는 고정관념에 붙잡혀 말장난으로 희롱하는 '냉소주의자' 순우곤, 어렵고 힘들어도 사람다운 세상이 불가능하지만은 않다는 '희망의 정치가' 맹자. 두 사람의 세계관 차이에서 비롯한 근본적 충돌이다.

첫 번째 대결은 맹자의 날렵한 뒷발차기로 끝난다. "그대는 천하를 손으로 잡으려 하시오?" 비유는 비유에 그쳐야지, 사실을 오도해선 범죄가 된다는 뜻이다. 맹자의 뒷발차기를 해석하자면 '범주의 오류를 범하지 말라'. 오늘날 평론가니, 박사니, 기자니 말글로 사람을 속이려는 자들에 대한 경책도 된다. 입으로 낚시질하지 말라! 이런 뜻은 14:31과 통한다. 순우곤과 맹자의 대결은 12:6에서 한 판 더 벌어진다.

참고 제나라 출신인 순우곤은 만담漫談으로 핵심을 둘러치는 재담꾼이었다. 그의 변론은 『전국책』과 『사기』, 「골계열전滑稽列傳」에 다수 실려 있다. 그와 관련된 설화가 많은데 다음은 그중 하나다.

제나라 위왕은 위魏나라에 대응하기 위해 언변이 뛰어난 순우곤을 초나라에 특사로 파견했다. 순우곤은 예물로 큰 고니 한 마리를 준비했다. 큰 새장에 고니를 넣고 성문을 나가자마자 새장을 열고 날려버렸다. 초나라 왕을 알현할 때 텅 빈 새장을 들고서, 그가 말했다.

"제나라 왕께서 대왕께 고니를 바치라고 하셨습니다. 강을 건널 때 새가 하도 목말라 하는 것을 차마 볼 수 없어 물을 마시도록 꺼내주었습니다. 뜻밖에 새장에서 나오자마자 고니는 날아가 버렸습니다. 저는 대왕께 죄송하고 부끄럽고 송구하여 정말 죽고 싶었습니다. 하지만 또 생각해보니 사람들이 쑥덕거릴 것 같았습니다. 대왕께서 고작 새 한 마리 때문에 저를 죽게 만들었다고 사람들이 말한다면, 대왕의 명성에 좋지 않을 것이라는 생각이 들었습니다. 한데 그것은 고작 날개 달린 짐승에 불과하니 몰래 그냥 한 마리 사서 가져오면 되지 않았겠습니까? 그러나 또 그렇게 한다면 감히 제가 대왕을 속이는 짓이 되지 않겠습니까? 저는 다른 나라로 도망가서 몸을 피하고 싶었습니다. 그러나 또 양국의 우호라는 큰일을 망칠까 두려웠습니다. 그래서 이렇게 사죄드리고 모든 것을 사실대로 말씀드릴 수밖에 없었습니다. 대왕께서 어떤 벌에 처한다 하더라도 저는 달게 받겠습니다."

결국 초나라 왕은 그를 벌주지 않은 것은 물론 상을 내릴 수밖에 없었다.[174]

르네상스 시대 이탈리아 인문학자들의 소극笑劇, 예컨대 보카치오 Giovanni Boccaccio의 『데카메론』이나 마키아벨리Niccolò Machiavelli의 『클리치아』에서 보이는 골계처럼 누구에게도 해를 끼치지 않으면서 재치를 발휘하여 목적을 달성하는 말재간이 순우곤의 장기다. 권투에 비유하면 날카로운 잽을 날려 상대방을 코너에 모는 순우곤과 큰 주먹 한 방으로 상대방을 쓰러뜨리는 맹자의 대결이다.

---

174 장웨이, 이유진 옮김, 『제나라는 어디로 사라졌을까』, 글항아리, 2011, 132~133쪽.

公孫丑曰, "君子¹⁷⁵之不敎子, 何也?"

孟子曰, "勢¹⁷⁶不行也. 敎者必以正: 以正不行, 繼之以怒. 繼之以怒, 則反夷¹⁷⁷矣. '夫子¹⁷⁸敎我以正, 夫子未出於正也.' 則是父子相夷也. 父子相夷, 則惡矣. 古者易子而敎之. 父子之間不責善, 責善則離¹⁷⁹. 離則不祥¹⁸⁰莫大焉."

공손추가 물었다.

"군자께서 자식을 손수 가르치지 않은 것은 어째서인지요?"

맹자, 말씀하시다.

"힘이 먹히지 않아서다. 가르치는 사람은 반드시 올바른 도리로써 가르치는데 올바른 도리가 행해지지 않으면 성을 내게 되고, 성을 내면 거꾸로 자식 마음을 해친다. 자식이 '아버지가 나를 올바른 도리로써 가르친다고 하지만 아버지도 화를 내시니 올바른 것은 아니지 않은가?'라고 하면 부자의 정을 서로 해치

---

175 君子(군자): 공자를 지칭하는 듯하다.

176 勢(세): 힘. '勢'는 『맹자』에서 다양하게 변주되는데, "지혜가 있다 한들 시세를 타는 것만 못하다雖有智慧, 不如乘勢"(3:1)에서처럼 기회를 뜻하는 경우가 있고, "옛 현왕은 선을 좋아하고 권세는 잊었다古之賢王好善而忘勢"(13:8)에서와 같이 세력(힘)을 나타내기도 한다.

177 反夷(반이): 여기서는 '자식의 마음을 해치다'. '反'은 거꾸로. '夷'는 해치다.

178 夫子(부자): 상대방에 대한 존칭. 여기서는 아버지를 지칭한다.

179 離(리): 사이가 벌어지다. 부모 자식 사이가 벌어진다는 것은 가족관계가 무너진다는 뜻이다.

180 祥(상): 길하다.

는 것이다. 부자의 정을 서로 해치는 것은 악이다. 그래서 옛사
람들은 자식을 서로 바꿔 가르쳤다. 부자 사이는 책선[181]하지
않는 것이니 책선하면 소원해지기 때문이다. 부자 사이가 소원
해지는 일보다 나쁜 것은 없다."

해설

이 장은 이른바 부자유친父子有親의 덕목을 보존하는 기술technic
에 관한 것이다. 대개 부모는 자식에게 선행을 가르친다. 그러나 자식은
부모의 가르침을 곧바로 실행하기 어렵다. 잘하기를 요구하는 책선責善
이 결과적으로 상대방의 마음을 해치는 경우가 다반사다. 아버지가 자식
에게 잘하라고 꾸짖은 것이 외려 자식 마음을 상하게 하고, 또 그 반발로
자식이 아버지의 마음을 다치게 해 서로 해치게 되는 것을 부자상이父子
相夷라고 하였다. 이것이 자칫 가족 붕괴의 실마리가 될 수 있다. 그래서
맹자는 "부자 사이가 소원해지는 일보다 나쁜 것은 없다"라고 염려한다.
　책선은 붕우 간이나 군신 간에 행하는 것이다. 뒤에 "책선은 붕우 사
이의 도리이니, 부자 사이의 책선은 은혜를 손상함이 크다"(8:30)라는 대
목과 앞에 나온 "(신하가) 임금에게 어려운 일을 하도록 독려하는 것을 공

181　責善(책선): 잘하기를 요구하는 것. 붕우와 군신은 의리에 견주어 '責善'함이 미덕이 된
　　다. 반면 부자간의 '責善'은 악덕이다(해설 참고).

이라 한다責難於君, 謂之恭"(7:1)라는 구절을 겹쳐서 보면 붕우와 군신 사이에는 책선이 미덕이 된다. 그러나 부모 자식 사이는 서로 조심하면서 관계를 보존해야 한다. 요컨대 부모-자식이 '서로' 세심하게 배려하지 않으면 가족의 화목은 이뤄지기 어렵다는 경고다.

한편 공손추의 첫 질문은 내력이 있어 보인다. 군자께서 자식을 손수 가르치지 않은 까닭을 물었는데, 여기서 군자는 공자를 지칭하는 것으로 보이기 때문이다. 남의 자식도 제자로 삼아 가르쳤는데 어찌 자기 자식을 가르치려 하지 않았을까마는, 공자는 아들을 멀리서 인도할 뿐 직접 가르치지 않았다.『논어』에 공자의 부자 관계를 엿볼 수 있는 장면이 있다. 아마 공손추는 맹자에게『논어』를 배우던 중 공자가 자식을 가르치는 방식을 질문한 것 같다.

진항陳亢이 공자의 아들 백어伯魚에게 물었다.

"그대는 혹시 아버님께 달리 배운 게 있으신지?"

백어가 말했다.

"없습니다. 일찍이 아버지께서 뜰에 홀로 서 계시기에 총총히 그 곁을 지나가고 있었습니다. 아버지가 '시詩는 배웠느냐'라시기에 '아닙니다'라고 답했더니 '시를 배우지 않으면 말을 할 수 없다'라고 하시더이다. 저는 물러나서 시를 배웠지요.

어느 날 또 홀로 서 계시기에 총총히 그 곁을 지나가고 있었지요. 말씀하시길, '예禮는 배웠느냐'라시기에 '아직 배우지 못했습니다'라고 답했지요. 그러자 '예를 배우지 않으면 바로 설 수가 없다'라고 하시더이다. 저는 물러나서 예를 배웠습니다. 이 두 가지를 들었지요."

진항이 물러나 흐뭇해하며 말하였다.

"하나를 물어서 셋을 얻었구나. 시를 들었고, 예를 들었고, 또 군자
는 그 자식을 멀리함을 배웠노라."

_『논어』, 16:13

마지막 구절에서 진항이 "군자는 그 자식을 멀리함을 배웠노라"고 한
말은 아버지 공자가 아들 백어를 손수 가르치지 않은 것을 찬탄한 발언
이다. 공자가 제 자식이라고 하여 사사로이 끼고 돌지 않고, 외려 남의
자식보다 뒷줄에 세우는 싸늘함을 견지했다는 뜻이다. 지금 맹자는 공자
가 아들을 직접 가르치지 않은 이유를 책선으로 인한 부자상이, 곧 부모
와 자식이 서로 해칠까 염려하였기 때문이라 짚은 셈이다.

한편 "부자 사이는 책선하지 않는 것"이라 하였는데 책선이란 무엇인
가도 따져봐야 할 문제다. 책선의 문제는 단순하지가 않다. 일단 책責(꾸
짖음)의 경계가 분명하지 않다. 왜냐하면 아버지가 잘못했을 때 '자식이
아버지를 올바른 길로 인도하는 것은 옳다'(7:28)는 지적이 따로 있기 때
문이다. 순자는 '부모에게 의롭기를 조언하는 쟁자爭子가 있어야 한다'
라고 역설하기도 하는데, '책선'과 '쟁자'의 차이가 무엇인지도 혼란스
럽다. 다음은 순자의 말이다.

아버지에게 '간쟁하는 자식(爭子)'이 있으면 아비가 무례한 짓을 하
지 않을 수 있고, 선비에게 '간쟁하는 벗(爭友)'이 있으면 선비가 불

의를 행하지 않을 수 있다고 했다. 자식이 아버지를 추종하기만 한다면 자식의 효는 어디다 쓸 것이며, 신하가 군주에게 복종하기만 한다면 신하의 충은 어디다 쓸 것이냐?

_『순자』, 「자도子道」

과연 순자의 '쟁'과 맹자의 '책'의 관계는 어떻게 되는 것일까? 또 아버지를 원망하기까지 한 순임금은 외려 '대효大孝'라는 칭호를 얻었는데, 원망과 책선의 차이는 또 무엇일까? 원망이 효도가 될 수 있다는 것에 대한 해명은 뒤로 미루기로 하고(9:1), 순자가 권하는 쟁자와 맹자가 금하는 책선을 구별한 성리학자 왕면王勉의 설명을 보자.

아버지에게 쟁자가 있다는 것은 무엇인가? 순자의 이른바 쟁한다는 것은 맹자의 책선과 다르다. 쟁이란 아버지가 불의한 짓을 하려 할 때 조언하는 것일 뿐이다. 아버지는 자식에 대해서 어떻게 해야 하나? 자식이 불의한 짓을 하려 할 때 또 타이를(戒) 뿐이다.[182]

이런 설명으로도 순자의 '쟁'과 맹자의 '책'의 차이가 선명하게 드러나지 않는다. 다만 왕면은 아버지(또는 자식)가 불의한 짓을 행하려 할 때 금하기를 조언하는 자식이 쟁자이고, 의리와 관계없이 뭐든 남보다 잘하

---

182 父有爭子, 何也? 所謂爭者, 非責善也. 當不義, 則爭之而已矣. 父之於子也, 如何? 曰 當不義, 則亦戒之而已矣(『맹자집주』).

기를 재촉하고 요구하는 것이 책선이라고 생각한 듯하다.

맹자는 8:30에서 제나라의 광장이 아버지에게 책선한 것을 두고 "책선은 붕우 사이의 도리이니, 부자 사이의 책선은 은혜를 손상함이 크다"라고 지적하면서도 꼬집어 '불효자'라고 비판하지는 않는다. 그가 책선의 잘못을 뉘우쳤기 때문인데, 맹자는 광장의 책선을 효(즉 의리)를 행하려다 실수한 것으로 이해하고 그와 사귈 뿐 아니라 공대恭待하기까지 하였다. 즉 순자식 쟁자의 의리(효)를 실천하였으나 그 와중에 책선이라는 사소한 잘못을 저질렀다는 것이 광장에 대한 맹자의 평가였다(상세한 내용은 8:30 해설 참고). 정리하자면 책선은 인륜(붕우와 군신) 차원에서 행해야 하는 것이지 천륜(부자, 형제)의 도리가 아니요, 쟁은 의리와 관계되는 중차대한 것으로 부자간에 행하는 것이 마땅하다. 따라서 자식이 어버이의 불의를 지적하고 조언하는 쟁은 옳다(여기서 아버지의 잘못된 처사를 원망하고 간쟁하다가 끝내 불의에서 구해낸 순임금을 대효라고 일컫는 이야기의 단서를 발견할 수 있다. 역시 효도가 단순하지 않음을 직감한다).

한편 이 장은 부자유친 덕목을 유지하는 일차적 책임이 부모에게 있음을 지적한 것으로 읽을 수도 있다. 잘하라고 요구한 것이 자칫 성냄으로 연결되어 결국 부자간의 정을 해치고 마는 '힘이 먹히지 않는다(勢不行)'라는 한계를 아버지가 통제해야 할 과업으로 서술하기 때문이다. 이 한계를 인식하면서 부자 관계를 보전하려는 아버지의 묘책(또는 고육책)이 "옛사람들이 자식을 서로 바꿔 가르치는" 것이다. 이를 오륜五倫 전반으로 확장하면 군신유의君臣有義 조목의 관리 책임자는 '군君'이요, 장유유서長幼有序의 관리 책임자는 '장長(=형)'이라 할 수 있다. 또 부부유별夫

婦有別의 책임은 '부夫(=지아비)'에게 있다. 오륜은 서로 균등하기를 권하는 관계론이지만, 아무래도 앞에 위치한 존재(父·君·夫·長)에게 관계 유지의 책임이 부여된다. 오륜의 앞에 위치한 단어는 관계를 누리는 '권력자'가 아니라 '책임자'임에 유의해야겠다.

한편 위에 잠깐 인용한 순자의 쟁자론은 유교의 핵심을 충효로 아는 오늘날의 상식을 정면으로 부정한다. 군주에 대한 복종을 충으로 해석하기 '시작한' 순자조차 이러하다면, 유교의 본령은 외려 반反충효론이라고 해야 마땅할 듯하다. 좀 길지만『순자』,「자도」제29장을 인용해본다.

노나라 애공哀公이 공자에게 물었다.

"자식이 아버지의 명령에 추종하는 것이 효입니까? 신하가 군주의 명령에 복종하는 것이 충[183]입니까?"

세 번을 물었는데도 공자가 대답하지 않았다. 공자가 쫓기듯 물러나와 자공에게 말했다.

"앞서 임금께서 '자식이 아버지의 명령에 추종하는 것이 효냐, 신하가 군주의 명령에 복종하는 것이 충이냐'라고 세 번을 내게 물었으나 대답하지 않았다. 너는 내가 왜 그랬는지 알겠느냐?"

자공이 말했다.

"자식이 아버지의 명령에 추종하는 것이 효이고, 신하가 임금의 명령에 복종하는 것은 충이 맞습니다. 선생님께서는 어째서 그렇다고

---

183 원문은 '貞(정)'이다. '貞'은 '貞忠'으로도 쓰는데, 곧 '忠'과 같은 뜻이다.

대답하지 않으셨습니까?"

공자, 말씀하시다.

"소인이로구나, 자공은! (충과 효를) 제대로 알지 못하는구나! 옛날에는 만승지국에 '간쟁하는 신하(爭臣)'가 네 사람 있으면 영토를 깎이지 않고, 천승지국에 간쟁하는 신하가 세 사람 있으면 사직이 위태롭지 않고, 백승지가에 간쟁하는 신하가 두 사람 있으면 종묘를 헐리지 않는다고 하였다. 아버지에게 '간쟁하는 자식(爭子)'이 있으면 아비가 무례한 짓을 하지 않을 수 있고, 선비에게 '간쟁하는 벗(爭友)'이 있으면 선비가 불의를 행하지 않을 수 있다고 했다. 자식이 아버지를 추종하기만 한다면 자식의 효는 어디다 쓸 것이며, 신하가 군주에게 복종하기만 한다면 신하의 충은 어디다 쓸 것이냐? 그 추종할 것을 깊이 헤아린 다음 따르는 것이 효요, 복종해야 할 것을 깊이 따져본 다음 따르는 것이 충이다."

인용문 속 자공의 질문은 오늘날 유교에 대한 상식으로 통하는 충효론을 대변한다. "자식이 아버지의 명령에 추종하는 것이 효이고, 신하가 임금의 명령에 복종하는 것은 충이 맞습니다. 선생님께서는 어째서 그렇다고 대답하지 않으셨습니까?" 공자의 답변은 놀랍다. "소인이로구나, 자공은!" 끝부분에 공자의 뜻이 담겨 있다. "자식이 아버지를 추종하기만 한다면 자식의 효는 어디다 쓸 것이며, 신하가 군주에게 복종하기만 한다면 신하의 충은 어디다 쓸 것이냐?" 생각하는 자식이라야 올바로 효도할 수 있고, 주체로서 자립한 신하만이 제대로 충성할 수 있다는 말이다.

여기 순자의 쟁자론은 『맹자』의 문맥에서도 설득력이 있다. 바로 다음 장에서 맹자는 제 몸을 지키는 일, 곧 수신守身의 중요성을 논한다. 주체로 자립하지 못한 사람은 올바른 효도를 행할 수 없다고 말한다. 이 점에서 맹자의 책선이나 순자의 쟁자는 뜻을 같이한다. 한나라 조기 역시 불효의 제1조건을 "부모의 생각에 아첨하고 맹종하다가 부모를 불의에 빠뜨리는 것阿意曲從, 陷親不義"이라고 했으니 모두 통한다. 맹자는 물론이고 순자와 조기의 지적은 오늘날 '유교=충효'라는 등식을 정면에서 거스른다. 자식의 맹목적인 추종이 외려 불효에 속하고, 거꾸로 의와 불의를 축으로 삼아 어버이를 인도하는 것이 올바른 효라고 평가하기 때문이다(9:1에서 보듯 의리에 무지한 아비를 깨우쳐 도덕 세계로 인도하는 데 성공한 순을 대효라 칭한다).

본문의 책선과 순자의 쟁자, 조기가 거론한 불효의 제1조건을 겹쳐 보면 부자유친은 일방적인 윤리가 아니다. 또한 효도는 부모에게 맹종하는 것이 아니다. 부모의 내리사랑이 자식의 효도에 앞서는 것은 물론이거니와, 자식의 부모에 대한 사랑(치사랑, 곧 효) 역시 공경심을 유지하되 의리에 어긋날 때는 바로잡도록 이끌고 인내하는 과정이다. 이어지는 7:19는 부자유친이 쌍무적이고 상호적인 도리일 뿐만 아니라, 부모에 대한 사랑(효)도 자식이 주체로 올바르게 자립한 다음에야 행할 수 있다는 사실을 증명한다. 이 장과 짝을 이룬다.

7:19. 부모의 뜻을 무조건 따른다고 효자가 아니다

孟子曰, "事, 孰[184]爲大? 事親爲大; 守, 孰爲大? 守身爲大. 不失其身而能事其親者, 吾聞之矣; 失其身而能事其親者, 吾未之聞也. 孰不爲事, 事親, 事之本也; 孰不爲守, 守身, 守之本也.

曾子養[185]曾晳, 必有酒肉; 將徹[186], 必請所與[187]; 問有餘, 必曰, '有.' 曾晳死, 曾元養曾子, 必有酒肉; 將徹, 不請所與; 問有餘, 曰, '亡矣.' ─ 將以復進[188]也. 此所謂養口體者也. 若曾子, 則可謂養志也. 事親若曾子者, 可也."

맹자, 말씀하시다.

"섬기는 일 가운데 무엇이 중요한가? 어버이 섬기는 일이 가장 중요하다. 지키는 일 가운데 무엇이 중요한가? 제 몸[189] 지키는 일이 가장 중요하다. 제 몸을 잃지 않고 어버이를 섬길 수 있는 경우는 내가 들어봤어도, 제 몸을 잃고 어버이를 섬길 수 있는 경우는 들어보지 못했다. 누군들 섬기지 않으랴마는 어버이를 섬김이 근본이요, 무엇인들 지키지 않으랴마는 제 몸을 지키는 일이 근본이다.

---

184 孰(숙): 무엇, 누구.

185 養(양): 봉양하다.

186 徹(철): 거두다. '撤(철)'과 같다.

187 與(여): 주다.

188 復進(부진): 다시 올리다.

189 身(신): '행실'과 같다.

증자가 아버지 증석을 봉양할 때 술과 고기를 반드시 밥상에 올렸다. 밥상을 물릴 때면 '남은 술과 고기를 누구에게 줄까요' 라고 반드시 여쭈었다. 아버지가 '남은 게 있느냐?'라고 물으면 반드시 '있습니다'라고 답했다. 증석이 세상을 떠나자 증원이 증자를 봉양하였다. 그도 술과 고기를 반드시 밥상에 올렸다. 그러나 밥상을 물릴 때 '남은 술과 고기를 누구에게 줄까요?'라고 묻지 않았고, 아버지가 '남은 게 있느냐?'라고 물으면 '없습니다'라고 답했다. ─ 다음 밥상에 다시 올리기 위함이었다. 이것을 이른바 양구체, 즉 '육신을 봉양하는 것'이라 한다. 저 증자의 경우는 양지[190], 즉 '뜻을 봉양하는 것'이라 할 만하다. 어버이를 섬김에 증자처럼 하면 '가하다'[191]라고 하겠다."

앞 장이 아버지의 처지에서 부자 관계를 보전하기 위한 고려 사

---

190 養口體(양구체), 養志(양지): '養口體'의 '養'이 '육신을 기르다', '밥으로 봉양하다'라는 뜻이라면 '養志'의 '養'은 '마음을 기르다', '그 뜻을 숭상하다'로 볼 수 있다.
191 可也(가야): 보통 '可'는 '겨우 가능하다'라는 뜻으로 쓰인다. 증자의 효행을 두고도 고작 '可'라는 판정을 내린 셈이다. 그렇다면 어떤 효행에 '수秀'의 점수를 줄까? 장님 아비와 포악한 어미를 모시고 그들을 감화시켜 '대효'라는 칭탄을 얻은 순의 효행일 것이다. 불효자로 소문난 광장은 효를 행하려 했으나 운명적으로 불효의 나락에 빠진 경우이니 '우優'쯤 줄 수 있을까?

항을 논했다면, 이 장에서는 자식의 입장에서 부자 관계를 지키는 법을 논한다. 수신, 즉 자기 행실이 올바를 때 효도든 충성이든 제대로 할 수 있다.

우선 섬기는 일 가운데 "어버이 섬기는 일이 가장 중요하다"라는 첫 구절에는 임금을 섬기는 일, 곧 사군事君은 이보다 중요하지 않다는 뜻이 숨어 있다. 맹자에게 부모 자식 관계(천륜)가 군주 신하 관계(인륜)보다 더 중요함은 군말이 필요 없다. 역시 지키는 일 가운데 "제 몸 지키는 일이 가장 중요하다"라는 말은 부모 섬김에 앞서, 또 군주 섬김에 앞서 자기 성찰과 자기 정립이 우선이라는 뜻이다. 주체를 잘 보전해야 가정을 제대로 건사할 수 있고, 나라를 옳게 다스릴 수 있으며, 천하를 화평하게 할 수 있는 까닭이다.[192] 당시 몸과 몸이 부딪치는 구체적 삶의 현장을 도외시한 채 툭하면 '천하 국가' 운운하고, 몸을 던져 군주에게 복종하며 국가에 충성하기를 강요하는 허공에 뜬 횡의橫議가 범람했기에 이런 말이 나온 것이다(7:5).

그러나 유교는 하나가 아니다! 인격의 주체로 자립한 다음에라야 효도도 있고, 군주를 섬기는 노릇도 가능하다는 맹자의 주장은 한당漢唐대 군주 독존의 물결에 뒤집히고 만다. 한나라 때 작품인 『효경孝經』[193]의 사유를 전국시대 맹자의 생각과 비교해보자.

---

192 7:12에서 논한 반신이성反身以誠→사친위열事親爲悅→봉우신지朋友信之→획득어상獲得於上→민가득치民可得治의 순서에 유의하면 좋겠다.

193 『효경』은 공자의 말을 증자가 받아 적었다고 하지만, 실은 한나라 때 작품이다. 이 점에 주의한 주희는 『고문효경古文孝經』 22장을 경문經文 1장과 전문傳文 14장으로 구분하면서 223자를 삭제하여 『효경간오孝經刊誤』를 지었다.

아비 섬기기를 바탕으로 어미를 섬기면 사랑이 같아지고, 아비 섬기기를 바탕으로 임금을 섬기면 공경이 같아지네. 곧 어미를 사랑함과 임금을 공경함을 겸한 것이 아비라네. 그러므로 아비에게 효하는 것으로써 임금을 섬기면 충忠이 되고, 아비를 공경하는 것으로써 윗사람을 섬기면 순順이 되네. 충순하기가 물샐틈없이 윗사람을 섬길 수 있은 뒤라야 능히 그 작록과 지위를 보전할 수 있고, 또 조상 제사를 지킬 수 있네.[194]

문장이 애매하고 모호하다. 이 속에 함정이 숨어 있다. 아버지를 섬기는 효행을 권하는 듯 보이지만, 방점은 벼슬을 보존하고 제사를 유지하려면 윗사람에게 충순해야 한다는 데 찍힌다. 『효경』의 권고대로라면 나의 주체성 정립, 수신은 아예 괄호 밖이다. 그저 아버지를 추종하는 법을 배워 그것을 군주와 윗사람에게 복종하는 데 적용하라는 것이다. 게다가 아버지를 섬기는 것이 우선인지 '작록과 지위를 지키는 것'이 중요한지조차 헷갈린다. 충순忠順이라는 개념 자체가 『한비자』, 「충효」에서 기원하였거니와, 여기 『효경』의 충순은 아버지에 대한 순종보다 외려 작록을 유지하기 위해 군주와 상급자에게 복종하는 것이 본질로 여겨질 정도다. 수신守身이 근본이요, 그다음에 사친事親이 있고, 사군事君은 그 응용이라는 맹자의 생각은 한漢제국의 중앙집권 군주 독재 프로그램에서 완전

---

194 資於事父以事母而愛同, 資於事父以事君而敬同. 故母取其愛而君取其敬兼之者父也. 故以孝事君則忠. 以敬事長則順. 忠順不失以事其上, 然後能保其祿位而守其祭祀(『효경』, 「사인士人」).

히 뒤집어졌다.

그러나 맹자의 생각은 확고하다. 자립한 주체가 있고 난 다음 어버이를 올바로 섬길 수 있으며, 또 그 힘으로 군주도 바로 섬길 수 있다. 주체의 자립 없이 어버이를 섬기고, 군주를 섬기는 것은 노예의 길이다. 그렇다면 부모의 그늘에 머문 채 부모의 뜻을 맹종하는 것을 효로 아는 오늘날 상식과 정면으로 부딪친다. 평생 어미의 그늘에서 벗어나지 못하거나 아비의 뜻을 추종하기만 하는 자식이 효자인가? 그렇지 않다. 아니, 그럴 수가 없다. 주체로 자립한 사람만이 올바로 효를 행할 수 있고, 올바른 길로 부모를 인도하는 것이 효다. 유교는 노예의 철학이 아니다!

맹자가 곧이어 증자 집안 삼대를 예로 들어 올바른 효행이 무엇인지를 역사 속에서 검토하는 것이 바로 이 때문이다. 의미를 곱씹으며 실행하는 증자의 효와 기계적으로 수행하는 증원의 효는 차이가 크다. 앞 장에 인용한 "추종할 것을 깊이 헤아린 다음 따르는 것이 효審其所以從之之謂孝"라던 순자의 말에서 '깊이 헤아림(審)'에 주의해야 하리라. 아버지 증석에 대한 아들 증자의 효행과 아비 증자에 대한 아들 증원의 효행이 겉으로 보기에는 차이가 없지만(둘 다 아버지 밥상에 고기를 올렸다), 증원은 고작 입이나 봉양하는 양구체로 '불가不可' 판정을 받고, 증자는 어버이의 뜻을 섬기는 양지로 '가可' 판정을 받았다. 이는 효의 의미를 '깊이 헤아린 다음' 행하는 것과 생각 없이 기계적으로 행하는 것의 차이가 반영된 결과다.

조기가 '불효의 세 가지 조건'의 첫째로 '부모의 생각에 아첨하고 맹종하다가 부모를 불의에 빠뜨리는 짓'을 지목한 것이 이쯤이다. 주체 없는, 영혼 없는 '사친'의 결말은 역시 순임금의 아우 상象의 말로를 연상하면 된다(9:2의 해설을 볼 것). 증자의 효도는 저 뒤 14:36에서 재연된다. 증자의 효행이 한나라 시대에 어떻게 변질되는지는 그 장의 해설에서 확인할 수 있다.

한편 성호 이익은 여기 어버이에게 올리는 밥상마다 '주육酒肉(술과 고기)'을 얹었다는 것에 의문을 제기한다.

가난한 선비로서 부모를 섬기자면 어찌 늘 주육을 갖출 수 있겠는가? 만약 어버이를 인색하게 받들지 않는다는 소리를 들으려고 살림을 지나치게 쓴다면, 장차 죽도 못 올릴 수 있으니 옳다고 하겠는가? 아마도 증자의 가정은 빈한한 정도가 아니라 주육을 늘 마련할 힘이 있었던 듯하다. 그렇지 않고 혹 앞에서 뒷일을 생각할 겨를이 없고, 아침에 저녁 끼니를 준비할 여유가 없었다면 그 어버이로 하여금 끝내 굶주리게 했을 것이다. 무릇 어른을 섬기고 조상을 받드는 일에도 수입을 계산하여 지출해야 옳을 것이다. 주육을 장만하자면 반드시 미리 쓰고 남은 여유가 있어야 할 것이고, 또한 "누구에게 나눠 주시려 합니까?"라고 여쭐 수 있어야 할 것이다.

이런 정도가 못 되면 "증원이 다시 증자에게 드리려고 혹 남은 주육이 있어도 없다고 했다"라는 대답도 반드시 그런 이치가 없다고 할 수는 없을 것이다.

_『성호사설星湖僿說』,「필유주육必有酒肉」

성호 선생은 증원이 남은 술과 밥이 있어도 없다고 답한 것을 살림살이 차원에서 이해한다. 증자 집안은 나름 살림살이에 여유가 있었기에 맹자식 구도(양구체 대 양지)가 가능하겠으나, 땟거리도 걱정해야 할 빈한한 선비라면 어찌 증원의 대응을 불효라고 낮춰볼 수 있겠느냐는 것. 앞장의 권도론을 적용한 셈인데, 당시 조선 선비들이 처한 빈곤한 경제 사정에다 텍스트를 끌어들여 해석하는 주체적 시각이 신선하다.

7:20. 맹자 정치학의 딜레마?

孟子曰, "人不足與適[195]也, 政不足間[196]也; 惟[197]大人爲能格[198]君心之非. 君仁, 莫不仁; 君義, 莫不義; 君正, 莫不正. 一正君而國定矣."

> 맹자, 말씀하시다.
> "조정의 소인배들은 낱낱이 허물할 것이 없고, 임금의 정책도 일일이 흠잡을 것이 없다. 오직 대인만이 임금의 잘못된 마음을 바로잡을 수 있다. 임금이 인하면 불인할 사람이 없고, 임금이 의로우면 의롭지 않을 사람이 없으며, 임금이 바르면 바르지 않을 사람이 없으리니 한 번 임금을 바르게 하면 나라가 안정된다."

해설

대인大人은 본래 『묵자』에서 공경대인公卿大人이라 칭한, '고위 관리'를 뜻하는 정치적 개념이었다. 이를 맹자가 유덕자, 즉 '큰 덕을 가

---

195 適(적): 허물하다. '讁(적)'과 같다.
196 間(간): 흠잡다. '與間'으로 된 판본도 있다. 앞의 '與適'과 짝을 이룬다.
197 惟(유): '唯(유)'로 된 판본도 있다.
198 格(격): 바로잡다. "格은 직각으로 된 나무판자로 여기에 맞춰 물건을 바루었다. 그래서 서도徐度는 '격이란 것은 물건을 바로잡는 도구다格者, 物之所取正也'라고 하였다."(성백효)

진 사람'이라는 뜻으로 전환했다. 말 그대로 '군君'의 '아들(子)'이라는
뜻으로 정치적 지배계급을 의미하던 군자를 공자가 '도덕적 인격체'라
는 뜻으로 전환했던 것과 마찬가지다. 맹자가 대인을 "자신을 바로잡음
에 남도 바르게 하는 사람正己而物正者"(13:19)이라고 정의한 것에 그 뜻
이 잘 담겨 있다. '스스로 성찰하며 올바로 살 따름인데, 문득 주변 사람
들도 감화되어 바로 살게 하는 존재'라니 대인이 곧 유덕자다. 대인이나
유덕자나 모두 돌이켜 스스로에게서 탓을 찾는 반구저기反求諸己의 성찰
적 삶을 살 따름이다. '내 탓이로소이다'라며 사는 성찰적 삶이 문득 덕
력moral force을 발산하여 주변 사람들을 감동케 하고 변화시키는 것이다.
『중용』에서 "그 사람이 있으면 그 자리에 그 정사가 일어나고, 그 사람이
사라지면 그 정치는 죽는다"라고 했던 말 속의 기인其人(그 사람)이 바로
여기 대인이다.

그런데 끝 대목이 좀 비현실적으로 느껴진다. "임금이 바르면 바르
지 않을 사람이 없으리니 한 번 임금을 바르게 하면 나라가 안정된다"라
고 하였겠다? 군주 한 사람을 바르게 하면 한 나라가 안정된다? 오늘날
우리 눈에는 과장돼 보이지만, 이는 공자에게서 계승한 맹자의 확신이
다. 공자는 "윗사람이 예를 좋아하면 백성 가운데 감히 공경하지 않을 자
가 없고, 윗사람이 의를 좋아하면 백성 가운데 심복하지 않을 자가 없으
며, 윗사람이 신뢰를 좋아하면 백성 가운데 참마음을 쓰지 않을 자가 없
다"(『논어』, 13:4)라고 하였으니 군주 한 사람의 올바름을 국가 안정의 축
으로 삼았던 터다. 나아가 군주의 "한마디 말로 나라를 일으키다一言而興
邦"(『논어』, 13:15)라고도 하여 군주 일인의 언행이 국가의 운명에 결정적

중요성을 가졌다고도 강조했다. 맹자 역시 이런 공자의 리더십론을 계승하여 "공자께서 '인에는 많은 사람도 감당치 못한다. 대저 임금 한 사람이 인을 좋아하면 천하에 대적할 자가 없다'라고 하셨다"(7:7)라고 확언한 것이다.

사실 조정에 가득한 소인배들의 잘못을 낱낱이 따져본들 그때뿐이요, 또 잘못된 정책을 일일이 교정해본들 역시 그 순간뿐이다. 금방 본래대로 돌아가고 만다. 구조의 본질적 혁신은 대인이 군주에게 인의와 올바름의 중요성을 인식시키고, 정치를 바꿔 덕치를 시행할 때라야 가능하다. 근본적 개조 없이 낱낱의 정책을 따지거나 일일이 사람됨을 바꾸는 것은 조변석개의 번거로움을 더해 개혁의 피로감만 쌓을 뿐이란 말이다.

한편 이 장은 읽기에 따라 정치의 중심이 군주가 아니라, 유덕자(곧 재상)에게 있다는 뜻으로도 이해된다. 이를테면 요임금에게 순이, 순임금에게 고요가, 탕임금에게 이윤이, 무왕에게 태공이 정치의 진짜 주인공이라는 것.[199] 맹자는 마치 유덕자를 막후에서 정치를 연출하는 '감독'으로, 군주는 전면에서 현자의 가르침을 실행하는 '연기자'로 보는 듯하다. 그에게는 도덕적 지혜가 정치의 근본이요, 그 지혜를 가진 자가 올바른 정치를 펼 수 있다는 믿음이 있다. 지식과 지혜를 가진 현자에게 정치적

---

199 재상 중심 정치 체제에 대해서는 공자가 이미 운을 뗐다. 순임금과 우임금의 정치가 그러했다는 것. "공자, 말씀하시다. '높고도 높도다! 순임금과 우임금은 천하를 소유하였으되, 각 분야에는 관여하지 않았으니!'"(『논어』, 8:18) 순임금은 고요를 재상으로 삼고, 우임금은 익을 재상으로 삼아 전권을 넘겨주고 그 실제에는 관여하지 않는 무위이치無爲而治를 성취했다는 것. 조선의 정도전이 국가 경영 플랜인 『조선경국전』에서 '재상 중심 정치 체제'를 구상한 것은 공자와 맹자의 정통을 계승한 것이다.

난제를 해결할 처방전이 있으므로, 정치가는 현자에게 와서 처방을 얻어야 한다. 즉 일종의 '유사 의료 행위'로 정치를 인식했다고 해석할 수 있다. 이른바 "불러들일 수 없는 신하不召之臣"(4:2)의 예법이며, 탕이 이윤을 삼고초려한 사례의 뜻이다.

그렇다면 유덕자의 정치적 기능은 국가 차원에서 질병을 진단하고 치료하는 의료 행위와 같다. 수기修己와 치인治人 가운데 치인도 그냥 '사람을 다스린다'는 뜻이 아니라 '환자를 치료한다'는 의미에 가깝고, 수기역시 개인이 함양할 덕목에 국한되지 않고 국가의 질병을 낫게 할 치료술을 배우고 익히는 것을 포괄한다. 이는 꼭 무의巫醫의 기능과 샤먼 킹shaman king, 곧 무왕巫王의 역할을 연상하게 한다.[200] 훗날 조선 건국 시기의 정도전이 정치의 중심을 군주가 아닌 재상으로 보았던 생각의 기원이 이곳이다(정도전은 평소 "한나라 고조가 장자방을 이용한 것이 아니라 장자방이 한고조를 이용하였다"라고 말하곤 했다. 한고조를 이성계에 대비한 것인데, 그렇다면 결국 자신이 이성계를 이용했다는 말이 된다).

한편 군주의 잘못된 마음을 바로잡는 것이 대인의 책무라고 한 맹자의 지적은 훗날 동아시아 정치 문화를 틀 짓는 중요한 지침이 된다. 신하가 군주를 가르치는 경연經筵, 숨은 현자를 발굴하여 스승으로 모시는 초현招賢, 국가적 재난 상황에서 백성에게 아이디어를 구하는 구언求言 및 백성이 군주를 질책하는 상소上訴의 전통이 여기서 비롯한다. 동시에 이

---

200 미르치아 엘리아데, 이윤기 옮김, 『샤머니즘』, 까치, 1992; 일연, 『삼국유사三國遺事』, 「기이紀異」 등 참고.

맹자, 마음의 정치학 2

말에 깔린 '대인의 덕이 아니라면 군심을 바로잡지 못한다'라는 복선은 선비들의 자기 성찰(대인 콤플렉스!)과, 출사는 어렵게 하고 은퇴는 쉽게 하라는 '난진이퇴難進易退'의 행위 규범을 형성한다.

동시에 이 장은 유교 정치학의 딜레마, 혹은 맹자의 정치적 실패의 원인을 드러내 보여준다. "오직 대인만이 임금의 잘못된 마음을 바로잡을 수 있다"라고 했는데, 곰곰이 생각해보면 애초에 잘못된 마음을 가진 군주에게 과연 대인을 찾으려는 마음 자체가 일어날 수 있을까? 잘못된 마음을 가진 군주는 자신이 잘못하는 줄 모르기 때문에 '잘못된 군주'인 것이 아닐까? 맹자가 개탄했듯 당시 군주들의 병폐는 "자기가 가르칠 수 있는 자를 신하로 삼기 좋아하면서 가르침을 얻을 만한 사람은 신하로 삼기 좋아하지 않는"(4:2) 것이지 않았던가. 이들에게는 대인이 필요 없거나 번거로운 존재일 뿐이니, 결국 대인은 그런 임금의 조정에 발을 들여놓을 수 없다. 이것이 맹자가 큰 뜻을 품고서도 합당한 군주를 만나지 못한 까닭이다.

반면 스스로 잘못된 마음을 가진 줄 아는 군주라면, 그 정부는 소인배들의 분탕질이나 잘못된 정책으로 엉망이 되지 않았을 가능성이 크다. 그렇다면 꼭 대인의 도움이 없더라도 군주가 평범한 신하들과 의논하고 토론하는 가운데 좋은 정책을 찾아낼 수 있을 것이다. 따라서 탕이 이윤을 초빙한 것을 '대인 대망론'의 역사적 사례로 삼을 수는 없다(맹자가 즐겨 드는 사례다). 탕의 마음이 올바르기 때문에 이윤을 삼고초려하여 초빙할 수 있었던 것이지, 대인이 군주의 마음을 바로잡은 것이 아니다. 추측하면 탕에게 부족한 것은 혁명의 전략과 혁명 성공 후의 체제 구상일 터다. 이윤은 탕임금의 부족한 정치적 식견을 보필한 정도로 봐야 할 것 같다(9:7). 곧 대인의 중요성은 군주에게 결정적이지 않다. 그렇다면 이 장은 유교 정치학의 딜레마를 무의식중에 드러낸다고 할 수 있다. 정치적 지혜는 빌릴 수 있으나 그 지혜를 가진 사람을 찾으려는 마음가짐은 빌릴 수 (혹은 가르칠 수) 없는 아이러니 말이다.

뒤에 나오는 "군주가 인하면 인하지 않을 자가 없고, 군주가 의로우면 의롭지 않을 자가 없다"(8:5)라든지, 또 "예 아닌 예와 의 아닌 의를 대인은 행하지 않는다"(8:6) 등은 본문의 파편들로 보인다.

7:21. 남의 비평에 휘둘리지 말라

孟子曰, "有不虞²⁰¹之譽²⁰², 有求全之毁²⁰³."

맹자, 말씀하시다.

"생각지도 않은 칭찬이 있는가 하면, 완벽을 추구하다 얻는 비난도 있다."

해설

사람이 일을 하다 보면 난데없는 칭찬을 받기도 하고, 또 예상치 못한 비난에 시달리기도 한다. 이런 경우 어찌할 것인가. 남의 평가(칭찬 또는 비난)를 계기로 스스로 하던 일을 돌이켜 보되 그래도 옳다고 판단되면 개의치 말고 계속해나갈 뿐이다. 물론 하던 일을 돌이켜 보아 문제점을 발견하면 고쳐서 바꾸면 된다. 외부의 호불호, 칭찬과 비난을 참고하되 휘둘리지 말고 나의 길을 담담하게 걸어갈 따름이다. 공자가 『논어』 제1장의 끝 구절에서 "남이 알아주지 않아도 성나지 않는다면 군자가 아니랴人不知而不慍, 不亦君子乎!"라고 한 말을 이 대목에서 되새길 만

---

201 虞(우): 헤아리다. '度(탁)'과 같다.
202 譽(예): 칭찬하다.
203 毁(훼): 비난하다.

하다.

유교적 인간은 '의식화된 나의 길(My Way)'을 걷는 사람이다. 그 길을 걷는 중에 걸려드는 '예기치 못한 칭찬'이나 '난데없는 비난'은 그러려니 여기고, 다시 제 길을 굳건히 걸어 나아갈 따름이다. 훼예毀譽에 흔들리지 않고 직립 보행하는 걸음걸이는 앞서 증자의 말을 빌려 천명한 바다(3:2). 또 유세객으로서 자기 말이 올바르다고 확신한다면 성공과 실패에 휘둘리지 말고 정진해 나아가기를 권하는 대목도 참고가 된다(13:9).

7:22. 말을 함부로 하는 까닭

孟子曰, "人之易其言也, 無責耳矣[204]."

맹자, 말씀하시다.

"사람이 말을 함부로 하는 까닭은 말에 책임지지 않기 때문이다."

해설

함부로 내뱉는 말은 화자의 오만한 마음가짐에서 비롯하고, 그 말은 어리석음으로 귀결된다. 그 어리석음의 끝은 정치를 망치는 것이다. 더 큰 문제는 나라를 망치고도 그 까닭을 모르는 것이다(8:17).

한편 주희는 맹자의 이 발언이 "어떤 연유가 있어서일 것有爲而言"이라고 짐작했다. 그러면 어떤 연유에서 이런 말을 했을까? 현대 중국의 철학 연구자 바이시白奚의 견해를 빌리자면, 정치적 책임 없이 자기 생각을 마음대로 토로할 수 있었던 제나라 직하학궁 학자들에 대한 비판으로도 볼 수 있다. 바이시의 추론은 타당성이 있다. 정치적 지위를 갖지 않았기에 책임질 일 없이 제 의견opinion을 자유롭게 혹은 마음대로 발표했던 처

---

204 無責耳矣(무책이의): '責'은 꾸지람. '책임'이라 번역하였다. '耳矣'는 어조사로서 '已矣(이의)'와 같다.

사들은 정치 참여를 선비의 본분으로 여긴 맹자의 눈에 시대의 문제를 방기한 창백한 과학주의자들로 보였으리라. 한편 이 장과 관련 있는 대목을 『맹자』 안에서 찾아본다면 당시 군주들의 무책임한 독화獨話(모놀로그)를 두고 맹자가 일침을 가한 것으로도 볼 수 있다. 그렇다면 다음 장과도 연결된다.

7:23. 스승 되기 좋아하는 버릇

孟子曰, "人之患在好爲人師."

맹자, 말씀하시다.

"사람들의 병통은 남의 스승 되기를 좋아하는 데 있다."

해설

과연 남의 스승 되기를 좋아하는 자는 누구인가? 전국시대는 백가쟁명의 시대로도 불렸다. 유가, 종횡가, 농가, 병가, 법가, 묵가, 양가(양주학파) 등 천하를 떠돌면서 각국의 군주들에게 부국강병책을 가르치려는 유세객들이 넘쳐났다. 맹자가 지목한 '남의 스승 되기 좋아하는 사람'이 이들일 가능성은 충분하다(7:22 바이시의 지적 참고).

또한 전국시대의 임금들도 '남의 스승 되기 좋아하는 자'를 꼽을 때 빼놓을 수 없는 당사자다. "자기가 가르칠 수 있는 자는 신하로 삼기 좋아하면서 가르침을 얻을 만한 사람은 신하로 삼기 좋아하지 않는"(4:2) 군주들이 그렇다. 전국시대가 오랫동안 지속된 근본 원인이 신하들의 스승이 되려 했던 당시 군주들의 행태에 있다는 말이다. 배움을 얻을 만한 현자를 초빙하여 스승으로 모신다면, 그 정책 결정 과정은 군주-신하 간의 문답과 '대화dialogue'를 통해 이뤄질 것이다. "순임금은 질문하기를 좋아하였고 실제에 근접한 대답을 좋아하였다舜好問而好察邇言"(『중용』)
라는 지적이 이를 잘 드러낸다. 가르치려는 사람이 아니라, 묻고 배우려
는 사람이 올바른 정치가라는 말이다.

군주는 가르치려 들거나 지시하고, 신하는 옳고 그름을 따져보지 않고
따르기만 하는 조정은 군주의 '혼자 말하기monologue'로 가득찰 것이다.
구체적으로 맹자가 제선왕에게 '스승 되기'를 좋아하는 병폐를 옥장이
의 은유로 비판한 대목도 있다(2:9). 군주가 제아무리 독선적이라도 옥돌
을 다듬는 일에 대해서는 옥장이를 가르치려 들지 않는다. 즉 옥장이의
기술적 전문성을 인정한다. 그런데 정치에 관해서는 한낱 아마추어에 불
과하면서도 전문가들(현자)을 가르치려 든다며 군주들을 비판했다. 본문
에서 "사람들의 병통은 남의 스승 되기를 좋아하는 데 있다"라고 꼬집어
말한 그 '사람'이란 구체적으로 군주, 한걸음 더 나아가 제선왕을 가리킨
다 여겨도 좋을 것이다.

그렇다면 앞 장에서 "말을 함부로 하는 까닭"과 여기 "남의 스승 되기
를 좋아함"은 같은 뜻을 달리 말했을 뿐이다. 이런 식으로 나라를 다스리
다 보면, 머지않아 안팎으로 재앙이 덮치기 마련이다. 이에 스승 되기를
좋아하는 버릇은 곧 '사람의 병통'이 되고 끝내 '나라의 병통'이 된다.
앞에서 "불인한 자와 더불어 말할 수가 있겠더냐? 위태로움을 편안하다
여기고, 재앙을 이롭다 여기며 망하는 길을 즐기고 있는 자인 것을"(7:8)
이라던 경고가 이 장과 연관되고, "임금이 바르면 바르지 않을 사람이 없
으리니 한 번 임금을 바르게 하면 나라가 안정된다"(7:20)라며 군주의 책
임을 논한 장도 이와 직결된다.

樂正子從於子敖²⁰⁵之齊. 樂正子見孟子.

孟子曰, “子亦來見我乎?”

曰, “先生何爲出此言也?”

曰, “子來幾²⁰⁶日矣?”

曰, “昔者.”

曰, “昔者, 則我出此言也, 不亦宜乎?”

曰, “舍館²⁰⁷未定.”

曰, “子聞之也, 舍館定, 然後求見長者乎?”

曰, “克²⁰⁸有罪.”

> 제자 악정자가 자오를 좇아 제나라에 왔다. 악정자가 맹자를 뵈
> 러 왔다.
> 맹자, 말씀하시다.
> “자네가 어찌 나를 보러 오시는가?”²⁰⁹
> 악정자가 말했다.

---

205 子敖(자오): 제나라 대부로 왕환王驩의 다른 이름. 제선왕의 총신寵臣(4:6, 8:27 참고).

206 幾(기): 몇.

207 舍館(사관): 여관에 머물다. ‘舍’는 머물다. ‘館’은 객사. ‘여관’이라고 번역했다.

208 克(극): 악정자의 이름.

209 불편한 심기를 이렇게 표현했다. 맹자는 권력자인 자오와 어울려 다니는 제자가 마뜩치
    않은 것이다.

"선생님께서는 어찌하여 이런 말씀을 하시는지요?"

맹자가 말했다.

"자네가 여기 온 게 언제인가?"

악정자가 말했다.

"어제입니다."

맹자가 말했다.

"어제라니까 내가 이런 말을 하는 것이 또 마땅하지 않은가?"

악정자가 말했다.

"유숙할 여관을 얻지 못해 그렇게 되었습니다."

맹자가 말했다.

"자네는 여관을 얻은 다음에 어른을 찾아뵙는다고 배웠는가!"

악정자가 말했다.

"제가 잘못되었습니다."

해설

악정자는 맹자가 아끼는 제자다(2:16 참고). 악정자가 노나라 재상으로 임용되자, 맹자는 좋아서 잠이 오지 않는다고 토로할 정도였다(12:13). 그런데 지금 맹자는 오늘날 우리 눈으로 보기에 의아하게 느껴질 만큼 심하게 제자를 꾸짖고 있다. 먼 길에 여장을 풀다 보면 하루 이틀 지나 스승을 찾을 수도 있는 일이지, 꼭 스승을 당일에 찾아뵈어야 하는 법이라도 있단 말인가? 도리어 우리가 보기엔 제자 악정자가 스승보다 성숙해 보이기까지 한다. 스승의 얼토당토않은 꾸지람에 "제가 잘못되었습니다"라고 머리를 조아리는 끝 대목이 그러하다.

그런데도 맹자는 분이 풀리지 않은 듯, 혹은 분한 까닭을 (독자에게) 설명하려는 듯 토로를 덧붙인다. 맹자의 속뜻이 다음 장에 드러난다.

孟子謂樂正子曰, "子之從於子敖來, 徒²¹⁰餔啜²¹¹也! 我不意子學古之道而以
餔啜也."

> 맹자, 악정자를 일러 말씀하시다.
> "자네가 자오를 따라온 것은 고작 배불리 먹고 마시고자 함이
> 지! 나는 그대가 배불리 먹기 위해 '옛사람의 도'를 배울 줄은
> 미처 몰랐네."

해설

　　맹자가 악정자에게 극도로 화가 난 까닭은 그가 기름진 밥을
얻어먹을 계산으로 요순의 길, 즉 '옛사람의 도(古之道)'를 배웠다는 생
각이 들었기 때문이다. 하루 늦게 스승을 찾아온 것은 구실에 불과할 따
름이요, 그 속내는 옳고 그름(의와 불의)을 따지지 않고 권력자의 꽁무니
를 따라다니며 밥을 얻으려는 것이었기에 제자를 매몰차게 꾸짖은 것이
다. 제자는 그 속뜻을 금세 알아채고는 "제가 잘못되었습니다"라며 무릎

210　徒(도): 한낱.
211　餔啜(포철): 먹고 마시다, 배부름을 구하다. '餔'는 먹다. '啜'은 마시다.

을 꿇었다.

맹자의 분노와 증오를 바로 알려면 악정자가 쫓아다닌 자오, 곧 왕환이라는 자의 정체와 그에 대한 맹자의 생각을 살펴볼 필요가 있다. 앞서 보았듯이 왕환은 맹자가 제나라 선왕에게 '왕도＝여민 정치'를 설득하는 데 큰 장애물이었던 인물이다(4:6 해설 참조). 주희도 "맹자가 더불어 이야기조차 않으려는 자가 왕환이니 사람됨을 알 수 있다. 한데 악정자가 그런 자를 쫓아다녔으니 실신失身한 바가 크다"(『맹자집주』)라고 짚었다.

동시에 자기 잘못을 금방 깨달았으니 악정자라는 사람의 인격이 만만찮음도 알 수 있다. 사람 됨됨이는 잘못을 저지르지 않는 데 있는 것이 아니라, 범한 잘못을 어떻게 처리하느냐에 달려 있다. "옛날 군자는 자신이 저지른 허물을 일식이나 월식처럼 만백성이 지켜본다고 여기고, 잘못을 고치면 만백성이 우러러 본다고 여겼"(『논어』, 19:21)고, 반면 "소인의 허물은 반드시 변명하는 데 있다"(『논어』, 19:8)고 했다. 악정자는 자기 성찰의 자질과 반성 능력이 있기에 훗날 스승에게 '호선하는 사람'이라는 고평을 얻었으리라(12:13).

맹자는 뜨거움과 차가움이 분명한 사람, 시쳇말로 하면 '기면 기고, 아니면 아닌' 색깔이 선명한 사람이었던 듯하다. 성리학자 정이천程伊川이 공자를 부드럽고 따뜻하며 은은한 옥구슬에 비유한 반면, 맹자를 투명한 수정에 비기며 영롱한 반짝거림, 곧 영기英氣가 맹자의 흠이라고 비평한 것이 이쯤에서 수긍이 간다(『맹자집주』 서설). 또 여기 맹자가 악정자에게 드러낸 강렬한 분노 밑에는 천작天爵(하늘 벼슬)과 인작人爵(사람 벼슬)을 나눠보는 정치관이 깔려 있다(11:16).

孟子曰, "不孝有三, 無後爲大. 舜不告而娶[212], 爲無後也, 君子以爲猶告也."

맹자, 말씀하시다.

"불효에는 세 가지가 있는데, 후손을 끊는 것이 가장 크다. 순이
부모에게 알리지 않고 장가든 것은 후손이 끊길까 염려해서니,
군자[213]도 '부모에게 알린 것과 같다'고 여기셨다."

해설

오늘날 눈으로 볼 때, 이해하기도 해설하기도 난감한 곳이 이
장이다. 효행의 대명사요, 의례의 모델인 순의 결혼에 이토록 큰 흠결이
있었다니 당혹스럽다. 먼저 순에 대한 맹자의 진술은 설화에 대한 '재해
석'이요, '재구성'이라는 점을 염두에 두자(5:1 해설 참고). 『맹자』에서 유
형화한 효자 순, 위대한 정치가 순, 일개 농부에서 입신하여 천자 자리에
오른 영웅적 행위자 순은 다양한 민간 설화에 흩어져 있는 이야기들에서
맹자가 가려 뽑아 정리한 것이다. 이처럼 맹자가 오래된 민간 설화에서

---

212 娶(취): 장가들다.
213 君子(군자): 공자를 가리킨다.

완벽한 인간, 즉 내성외왕內聖外王의 모델로 순이라는 인물을 발굴해 재구성한 것은 전국시대의 대혼란을 극복할 어떤 이념형이 필요했기 때문이다.

한편 고대 중국에는 삼불효三不孝니 오불효五不孝니 하며, 불효의 조건을 특정하는 언술 방식이 있었던 듯하다. 뒤에 광장의 불효를 논하는 자리에서도 맹자는 세속에서 통용되던 불효의 다섯 가지 조건을 거론한다(8:30). 그렇다면 여기 본문에서 거론한 세 가지 불효는 어떤 것인가. 후한의 조기에 의하면 "삼불효의 첫째는 일마다 부모의 생각에 맹종하다가 결국 부모를 불의에 빠뜨리는 것이요, 둘째는 집이 가난하고 부모가 늙었는데도 밥벌이를 하지 않는 것이다. 셋째는 후손을 남기지 않아 선조의 제사를 끊는 것이다. 이것이 삼불효인데, 그 가운데 세 번째 후손을 남기지 않는 것이 가장 큰 불효다."

삼불효 가운데 첫 번째 조목은 앞에 논했다(7:18~7:19 해설 참고). 요컨대 '부모의 생각을 추종하기만 하는 것은 불효다!'라는 선언이 첫 번째 불효의 뜻이다. '아버지가 잘못하더라도 자식은 묵묵히 따라야 한다'라는 식은 막상 맹자에게는 불효다. 불효의 두 번째는 늙은 부모를 봉양하지 않는 것이다. 이는 수긍할 만한 상식이다. 뒤에 맹자가 거론한 오불효 가운데도 1항에서 3항까지가 모두 노부모를 봉양하지 않는 것에 대한 내용이다.

세 번째가 이 장의 주제가 되는 부분이다. "후손을 남기지 않아 선조의 제사를 끊는 것不娶無子, 絶先祖祀"이 가장 큰 불효라고 하였다. 오늘날도 회자되는 속언인 '혼인은 인륜지대사人倫之大事'라는 말이 명징하듯 인생의 가장 중요한 의례가 혼례다. 그런데 도덕의 대명사인 순이 부모에게 자기 혼인을 통지하지도 않고 요임금의 따님과 결혼했다니 도무지 상식적으로 이해가 되지 않는다. 순을 대효로 높여 도덕 사회의 모델로 삼으려는 맹자의 '왕도 프로젝트'가 그 주인공이 부모에게 통지조차 하지 않고 결혼한 역사적 딜레마에 봉착하였다.

이 딜레마의 탈출구가 본문에서 짧게 표명한 맹자의 발언이다. 부모에게 통지하지 않고 혼인한 까닭은 "후손이 끊길까 염려"했기 때문이라고 공자의 권위를 빌려 사면하는 방식이다. '자손 보전을 못하는 것'이 큰 불효가 되는 까닭은 가족 해체를 가장 중요한 사회 문제로 인식한 옛사람의 상식 때문이다. 가족을 구성하는 '사실'이 부모에게 알리는 사회적 '의례'보다 더 근본적이라는 판단이 여기 깃들어 있다. 즉 인간은 기본적으로 혈통을 보전하고 계승하는 생물학적 존재라는 사실을 환기시킨다. 그런 생물학적 조건을 사회화하는 과정에서 의례, 윤리, 절차가 파생된다. 즉 부부유별이라는 생물학적 관계 위에서 부모-자식, 군주-신하, 형-아우, 그리고 붕우라는 사회적 관계가 형성된다. 이것이 삼불효 가운데 혼인을 하지 않아서 후사를 끊는 것을 가장 큰 불효로 여기는 이유다.

잠시 순의 가족 내부를 들여다보자. 순의 처지는 난감하기 이를 데 없었다. 아비는 청맹과니였다. 그래서 이름이 고수瞽瞍다. '청맹과니=고수'라는 이름은 설화적이다(우리의 『심청전』 속 심봉사를 연상하자). 앞뒤가 꽉 막히고 사리분별을 못해 눈을 뜨고 있어도 보지 못하는 최악의 무지를 상징한다. 게다가 어미는 계모요(계모도 설화적이다. 『장화홍련전』을 떠올리자. 동서양을 막론하고 설화 속의 계모는 대개 악인이다), 아우는 이복동생이었다(역시 설화적 상징이다. 『홍부전』을 연상하자). 이들은 공모하여 자식이자 형인 순을 죽이려고 여러 차례 시도했다. 그야말로 순의 가족 환경은 최악이었다. 얼마나 처절했던지 순은 부모의 처사를 두고 원망하며 하늘을 향해 울부짖기에 이른다(9:1). 그러나 온갖 역경 속에서도 진심을 다해 아버지의 마음을 열고 믿음을 얻어 끝내 대효라는 영예를 획득한다(7:28).

물론 이런 결말 역시 낯익은 설화적 구성이다(『홍부전』, 『심청전』의 결말을 연상하자). 자식으로서 바른 길을 걷고자 하는 자신을 알아주기는커녕 해치려고 하는 부모를 순은 야속하게 느낄 수밖에 없었다. 그도 사람이기 때문이다. 흥미롭게도 맹자는 이 야속한 마음을 억눌러서는 안 된다고, 그것이야말로 효자의 마음이라고 지적한다. "부모를 원망하면서까지 사랑했기 때문이다."(9:1) 본문은 이 어간에 위치한다. 순이 부모에게 알리지 않고 결혼한 것은 자식에 대한 증오심 때문에 후사를 끊어 조상에게 더 큰 죄를 지으려 하는 아비를 구원하기 위함이라는 것. 즉 자신의 안락을 위해서가 아니라 자손 보전이라는 '본질적 가치(천륜)'를 수행하기 위해서였다는 것이다. 순은 피눈물을 머금고 혼례를 올린 셈이다. 이를 두고 맹자는 "공자도 순이 부모에게 혼인을 알린 것으로 여겼다君子以爲猶告也"라고 판정했다며 순의 처사를 옹호한다.

이 장에서 실마리가 보인 순임금의 혼인 문제는 뒤에서 제자 만장과 스승 맹자의 공방을 통해 또 한 번 등장한다(9:2). 또 7:28에서는 맹자가 이 장의 미진한 소회를 덧붙여 밝혀두었으니 함께 보자.

孟子曰, "仁之實²¹⁴, 事親是也; 義之實, 從兄是也; 智之實, 知斯二者弗去是
也; 禮之實, 節文²¹⁵斯二者是也; 樂²¹⁶之實, 樂²¹⁷斯二者, 樂則生矣; 生則惡可
已也, 惡可已, 則不知足之蹈²¹⁸之手之舞之."

맹자, 말씀하시다.

"인은 어버이를 섬길 때 실감하고, 의는 형을 따를 때 실감한다.
지는 어버이를 섬기고 형을 따를 줄 알아 어긋나지 않을 때 실
감하고, 예는 이 두 가지를 적실하게 표현할 수 있을 때 실감한
다. 악은 이 두 가지가 즐거울 적에 실감하는데, 즐거우면 자연
히 덕성이 생겨나고²¹⁹, 덕성이 생겨나면 그만둘 수 없고, 그만
둘 수 없은즉 발은 저절로 경중거리고 손은 저절로 춤을 춰도

---

214 實(실): '실감實感'으로 번역했다. 몸에 닿는 구체적이고 실제적인 느낌에 유의할 것. '實'
은 다양하게 해석되었다. "누구는 實를 華(화)와 결합하여 華實, 즉 '과실'을 뜻한다고 해
석하기도 하고(주희, 『맹자혹문孟子或問』), 초순은 實을 名(명)과 대조되는 '진정한 실체'로
보았고, 황종희는 虛(허)와 대조되는 '구체적인 것'으로 해석했다."(쾅로이슌, 앞의 책, 276쪽)

215 節文(절문): 적실하게 표현하다.

216 樂(악): '악'으로 읽는다. '풍악'이라는 뜻.

217 樂(락): '락'으로 읽는다. '즐거움'이라는 뜻.

218 蹈(도): 경중거리다.

219 여기 '생生'은 베르그송의 '생 의지élan vital'로도 번역할 수 있을 듯하다. 즐거워야 흥이
나는 법이다. 즉 "흥이 나면 시가 흥얼거려지고, 어깨춤도 자연히 따라 일어난다興於詩, 立
於禮, 成於樂."(『논어』, 8:8)

알지 못한다²²⁰."

해설

인의라는 도덕성과 예악이라는 문명성은 추상적인 외부 규범
이 아니다. 구체적인 삶, 특히 내가 몸담고 있는 가정에서 몸소 체험하는
느낌feeling에서 비롯한다. 사랑하는 느낌, 정의로운 감정, 의례의 몸짓,
즐김의 감정은 태어나 가족 안에서 부모의 사랑을 입고 형제의 배려를
몸으로 실감하면서 형성된다. 외부의 가치, 이를테면 인의와 예악이 들
어와 '나'를 만드는 것이 아니라 '지금 현재' 나의 구체적 삶에서, 특히
가장 가까운 가족 관계 속에서 사랑과 배려를 실감할 때 인과 의는 깨어
난다. 또 가족과의 만남에서 인과 의를 적절하게 표현하고, 그것이 즐거
움으로 번져 나올 때 예와 악이 피어난다. 끝내 내 안에서 스멀스멀 피어
난 인의와 예악의 기운이 문득 천지자연의 기운과 만난 것을 이른바 호
연지기라고 이른다. 이 기세는 "지극히 강하고, 지극히 커서至剛至大" 그
무엇도 가로막을 수 없다. 본문에서 "즐거우면 자연히 덕성이 생겨나고,
덕성이 생겨나면 그만둘 수 없고, 그만둘 수 없은즉 발은 저절로 경중거
리고 손은 저절로 춤을 춰도 알지 못한다"라고 묘사한 것은 호연지기의

---

220 뒷날 정이천은 『논어』를 읽고 난 다음의 흥취를 표현하면서 이 구절을 빌려 "발은 저절로
경중거리고 손은 저절로 춤을 춰도 알지 못한다"라고 하였다. 낙즉생의樂則生矣의 자연스
러움을 들어다 쓴 것이다.

다른 표현이다.

　다만 부모를 섬기고 형에게 공순하는 일상 속에 진리가 거처함을 아는 것도 중요하지만, 그걸 '올바로 알고' 제대로 행하기가 어렵다는 사실을 아는 것 또한 중요하다. 곧 지혜가 있어야 한다. 부모를 섬긴다는 의미의 사친事親이라는 말을 파헤쳐보면 복잡다단하다. 내게 합당한 효도가 어떤 것인지 알려면 내 부모와 나의 실제 관계를 성찰하는, 즉 내 삶에 즉即하여 관찰하고 이해하는 과정이 필요하다. 부모의 말씀에 복종하는 것이 사친이라는 프레임을 묵종하지 않고, 내게 참된 효는 무엇인가를 자문자답하면서 조심스레 실행하는 길이 효도가 된다. 마찬가지로 형의 명이랍시고 무턱대고 따르는 것은 종형從兄이 아니다. 형의 말 가운데 합리적인 것, 행동 가운데 사리에 합당한 것을 택해 배우고 좇을 때 올바른 종형이 된다. 부모의 불의에 쟁하는 것이 외려 효행이 될 수도 있는 참에, 형의 명이라고 무조건 따르는 짓이 어찌 올바른 종형의 도리이겠는가. 그래서 "사람들은 지혜로운 아버지와 형을 둔 것을 좋아한다人樂有賢父兄也."(8:7)

　어버이와 형에게서 올바른 도리를 배우고, 또 제대로 익히다 보면 무의식중에 손과 발이 경중거리며 춤을 추는 엑스터시의 경지에 이른다. 대자유의 경지가 펼쳐진다. "학이시습지 불역열호"라던 『논어』 첫 대목이 이를 요약해 밝힌 것인데, 인도의 구루 오쇼 라즈니쉬Osho Rajneesh가 시바 신의 경지를 묘사한 "춤추는 사람은 사라지고 오로지 춤만 남은 상태"와 다를 바 없다. 내 삶의 주인이 되는 데서 시작하여 그것을 확충해가다 보면 끝내 우주적 삶에 닿는 것이다. 이런 궁극처는 유교나 불교나

(아니, 기독교인들) 다를 바 없다.

빗겨서 보자면 앞서 '천하 국가 운운' 하며 추상적이고 거대한 담론을 되뇌던 당시 지성계의 풍조에 대한 비판으로도 읽힌다. 즉 맹자는 거대한 논리나 추상적인 지식(머리/눈)이 아니라 손과 발로 느끼는 실감과 몸의 변모를 통해서만 평천하의 실현이 가능하다는 현장에 주목한다. 평천하란 구체적이고 일상적이며 비근한 가족 내부의 관계에서 '몸소' 느끼는, 감촉으로 인식된 실감에서 비롯한다는 것이다. 가까운 가족 관계에서 직접 익히는 도덕성(인의예지)의 체험이 사람다움의 뿌리가 된다. 이런 생각의 기원을 탐색하면, 이 장은 공자의 제자인 유자有子가 효행과 공손을 인의 뿌리라고 서술한 것의 부연이 된다.

> 유자가 말했다.
> "그 사람됨이 효성스럽고(孝) 공손한데(弟) 윗사람을 능멸하기 좋아하는 자가 있지 않으며, 윗사람 능멸하기를 좋아하지 않는데 분란을 일으키기 좋아하는 자 또한 있지 않다. 군자는 근본에 힘을 쓰는 사람이니 근본이 서게 되면 도가 생겨난다. 효성과 공손은 인의 근본일진저!"
> _『논어』, 1:2

유자의 뜻을 계승하여 맹자는 "요순의 도는 효제孝弟일 따름"(12:2)이라고 요약했으니, 맹자가 『논어』를 얼마나 깊이 읽었는지도 엿볼 수 있다.

한편 체감을 중시한 '몸 철학'은 머리로 궁리하지 않고, 몸으로 실감하기만 해도 도덕(인의예지)을 자연스레 행할 수 있다는 '양지양능론良知良能論'으로 확장된다(13:15). 실감과 양지양능은 훗날 명나라 시대에 '심즉리心卽理'를 강조한 왕양명王陽明의 사상으로 이어진다(남긴 책으로『전습록傳習錄』이 유명하다). 그러나 몸을 웅크려 자기 마음을 돌이켜 보기조차 하지 않는다면 사람이 짐승과 다를 바 없는 절망적 상황에 이른다. 맹자가 두려워한 것이 이 사태였다(7:10).

孟子曰, "天下大悅而將歸己, 視天下悅而歸己, 猶草芥[221]也, 惟舜爲然. 不得
乎親, 不可以爲人; 不順乎親, 不可以爲子. 舜盡事親之道而瞽瞍[222]底[223]豫[224],
瞽瞍底豫而天下化, 瞽瞍底豫而天下之爲父子者定, 此之謂大孝."

　　맹자, 말씀하시다.

　　"천하 사람들이 크게 기뻐하며 자기에게 귀의하는데도 이걸 풀
이나 지푸라기처럼 여기기는 오로지 순만이 할 수 있었을 뿐.
어버이의 뜻을 얻지 못하면 사람이랄 수가 없고, 어버이를 도리
에 순종하도록[225] 하지 못하면 자식이랄 수가 없다고 여겼다.

　　결국 순이 어버이 섬기는 도리를 다하자 아비 고수조차 기뻐하
기에 이르렀다. 고수가 기뻐하기에 이르자 천하의 풍속이 변화
하였다[226]. 고수가 기뻐하기에 이르러 부자 관계가 확정되었으
니, 이것을 대효라고 일컫는다."

---

221 草芥(초개): 하찮은 것의 대명사. '草'는 풀. '芥'는 지푸라기.

222 瞽瞍(고수): 순의 아버지 이름. '瞽'는 맹인. '瞍'도 맹인. 눈이 없다는 뜻이 아니라 선악을
분별하지 못하는 청맹과니라는 것.

223 底(지): 이르다. '至(지)'와 같다.

224 豫(예): 기쁨.

225 順(순): 어버이를 도리에 순종시킨다는 뜻. 부모의 말씀에 순종한다는 뜻이 아님에 유의
할 것(해설 참고).

226 天下化(천하화): 천하의 풍속이 변화하다. 핵심은 '化'에 있다. 발효, 질적 변모를 뜻한다.
신화학에서 말하는 메토이소노metoisono(거룩하게 되기)가 이에 합당하다.

　　순임금의 효를 다룬 7:26의 부연이다. 맹자는 순의 효도를 논하기에 7:26만으로는 미진했던 것이다. 우선 번역에서 유의할 점이 있다. '不順乎親, 不可以爲子(불순호친, 불가이위자)'라는 구절은 글자 그대로 '부모에게 순종하지 않으면 자식이 아니라고 여기다'로 번역해서는 안 된다(보통 이런 잘못을 저지른다). 주희만은 이 점에 주의하여 "여기 순順이란 어버이를 도로 깨우쳐서 그의 마음이 도와 하나가 되도록 하여 어김이 없는 것順則有以諭之於道, 心與之一, 而未始有違"으로 올바로 주석하였다(『맹자집주』). 주희에 따라 '不順乎親'을 번역하면 '어버이를 도리에 순종하도록 하지 못하면'이 된다. 통설인 '어버이 말씀에 순종하지 못하면'과의 차이를 헤아려야 순임금이 왜 대효라는 칭호를 얻었는지 알 수 있고, 유교에서 말하는 효도의 정체를 올바로 이해할 수 있다.

　　순임금의 효는 그 아버지에게 몸이나 마음을 봉양하는 것, 즉 양구체養口體는 물론이고 양지養志도 넘어선다(7:19에서 맹자가 증자의 효행을 '양지'라고 하면서 다만 '可'로 평가한 대목을 상기할 것!). 순임금이 맹자에게 대효라는 극찬을 받은 까닭은 악독한 아버지로 하여금 의리(道)를 깨달아 심복하도록 했기 때문이다. 이름이 고수瞽瞍(청맹과니)라는 데서 엿보이듯 전혀 사리분별을 못하는 고집불통인 아비가 끝내 "결국 순이 어버이 섬기는 도리를 다하자 아비 고수조차 기뻐하기에 이르렀다"고 하였으니 감화에 성공했다는 말이다(이 목숨을 건 고통스런 과정은 제9편에서 펼쳐진다).

　　다시 말해 순의 효도가 양구체나 양지를 넘어 대효로 칭송되는 까닭은 아버지 고수의 비위를 맞춰 맹종한 것이 아니라 '아버지를 의리에 맞도록 깨우쳤기(諭之於道)' 때문이다. 바로 여기서 부모의 생각에 맹종하여 곡진하게 따르다가 불의에 빠트리는 결과를 빚는 것이 불효의 제1조건임을 떠올려야 한다. 순이 아버지에게 알리지 않고 혼인한 것은 아버지의 증오심이 천륜을 어기는 결정적 잘못을 저지르게 될까 염려한 때문임도 이해할 수 있게 된다.

요컨대 참된 효도는 부모의 명령을 맹종하는 것이 아니다. 부모의 입치레나 뜻을 봉양하는 것만도 아니다. 이런 것은 외려 쉽다. 참된 효는 부모를 도리에 맞게 살도록 인도하는 일이다(이 사이에 쟁자는 용납하지만 책선은 안 되는 좁은 길이 있다. 효도는 생각보다 어렵다!). 그러므로 효행에 앞서 수신, 즉 자기 자신을 정립하고 지키는 일이 우선되어야 한다(7:19). 천륜을 실현하는 효행이 이럴진대 인륜을 행하는 사군事君이야 더 말할 것이 없다. 주체로서 자립하지 않은 자는 올바른 효를 행할 수 없듯 호혜적인 군신 관계도 이룰 수 없다. 관계론에는 주체성의 확립이 전제되어 있음을 바로 알아야겠다.

맥락으로 볼 때 어버이로 하여금 의리를 깨우치게 하는 것이 대효라는 이 장의 뜻은 유교식 효론孝論의 기준이다. 순임금의 효를 논하는 다른 곳을 해석할 때도 마땅히 이 장을 지침으로 삼아야 한다. 예컨대 부모에게 알리지 않고 결혼한 순임금을 논한 7:26, 온 나라가 불효자로 손가락질하는 광장을 맹자가 오히려 공대하며 사귄 8:30, 들판에서 하늘을 우러러 부모를 원망한 순임금이 외려 효자임을 논하는 9:1, 순이 천자의 자리에 취임하자 "순임금이 고수를 회견할 때 얼굴에 그늘이 졌더라"

는 말이 터무니없는 속설임을 증명하는 9:4 등을 해석할 때 이 장을 기준으로 삼아야 한다. 반복해 말하자면, 육신을 봉양하는 것보다 마음을 봉양하는 것이 낫고, 마음을 봉양하는 것보다 도리에 순종하도록 계도하는 것이 진짜 효도다.

흥미롭게도 성악설을 논한 순자의 효 인식도 맹자와 다를 바 없다. 이 점에서 순자는 분명 유가다.

> 집에 들어오면 효하고, 나가면 공손함은 사람의 작은 행실이다. 윗사람에게 순종하고 아랫사람에게 도탑게 대하는 것은 사람의 중간 행실이다. 도를 따르지 임금을 따르지 않고, 의를 좇지 아버지를 좇지 않는 것은 사람의 큰 행실이다.[227]

끝 대목에 사람의 '큰 행실'로 "의리를 좇지 아버지를 좇지 않는다從義不從父"라고 하였으니 순자의 효에 대한 생각도 맹자의 효와 다를 바 없다. 효의 도리를 바로 알아야 효를 올바로 행할 수 있다고 본 데서 그렇다. 효도가 효행에 앞선다고나 할까?

---

227 入孝出弟, 人之小行也. 上順下篤, 人之中行也. 從道不從君, 從義不從父, 人之大行也(『순자』, 「자도」).

제8편

이루하 離婁下

왕도의 계보학을 논한다.
『논어』와 관련된 곳이 많다.
모두 33장이다.

8:1. 맹자, 왕도의 계보를 발견하고 탄식하다

孟子曰, "舜生於諸馮[1], 遷[2]於負夏[3], 卒於鳴條[4], 東夷之人也. 文王生於岐周[5], 卒於畢郢[6], 西夷之人也. 地之相去也, 千有餘里; 世之相後也, 千有餘歲. 得志行乎中國, 若合符節. 先聖後聖, 其揆[7]一也!"

맹자, 말씀하시다.

"순임금은 제풍에서 태어나 부하에 옮겨 살다가 명조에서 죽었으니 동이 사람이다. 문왕은 기주에서 태어나 필영에서 죽었으니 서이 사람이다. 살던 곳은 그 거리가 서로 1000여 리나 떨어져 있고, 살던 때는 그 시간이 서로 1000여 년이나 벌어졌건만, 뜻을 세워 중원 땅에 도를 펼친 것은 부절[8]을 합친 것과 같았다. 앞의 성왕이든 뒤의 성왕이든 지향한 바는 똑같았구나!"

1　諸馮(제풍): 오늘날 산동성山東省 하택현菏澤縣 남쪽 50리(양백준).
2　遷(천): 옮기다.
3　負夏(부하): 지명(어디인지 알 수 없다).
4　鳴條(명조): 지명(어디인지 알 수 없다).
5　岐周(기주): 지금 중국의 서북부 섬서성陝西省 기산현岐山縣 동북방의 기산岐山.
6　畢郢(필영): 오늘날 섬서성 함양현咸陽縣 동쪽 20리(양백준).
7　揆(규): 지향. '趨(추)'와 같다. 참고로 '癸(계)'는 천체 측정 기구를 본뜬 글자다.
8　符節(부절): '符'와 '節'은 모두 신용의 상징물로서 옥, 뿔, 동, 대나무 등으로 만들었다. 모양은 호랑이, 용, 사람 등 구별이 있었는데 용도에 따라 달랐다. 보통 한가운데를 반으로 쪼개서 각각 하나씩 갖고 있다가 서로 맞춰보았을 때 들어맞으면 인신印信(도장)을 대신하는 믿을 수 있는 징표로 여겼다(양백준).

해설

　　맹자는 이른바 중화주의자나 민족주의자가 아니다. 그가 받드는 순임금이 동쪽 오랑캐 출신이고, 존경하는 주나라 문왕이 서쪽 오랑캐 출신임을 명백하게 밝혔다는 사실은 그의 도가 지역적, 시대적 한계를 넘어 보편성을 획득하였음을 선언한 것이다. 앞에서 "맹자는 성선을 논하고, 말마다 꼭 요순을 일컬었다. …… 대저 길은 하나일 뿐이외다"(5:1)라며 유일한 길이 '인仁'임을 천명한 대목과 직결된다.

　애당초 맹자는 당대를 두려워했던 터다. 이 문제의식을 바탕으로 시대를 구제할 방안을 찾아 당시 유력 지식을 섭렵했다. 이른바 백가百家의 학문, 즉 묵가, 양주, 법가, 병가, 농가 및 종횡가 등등. 그러나 그들의 지향점은 하나, 군주의 이익 증진과 자신의 지위 상승이었다. 이를 알고서 맹자는 크게 실망했다. 이에 상우尙友, 즉 시대를 거슬러 올라가 벗을 찾다가 (10:8) 문득 공자를 만났다. 맹자는 "공자가 당대를 두려워하였다"는 것을 발견했고, 그 두려움이 사람의 사람다움이 절멸될 것 같은 절박한 공포에서 비롯했음을 알고는 그만 무릎을 꿇고 스승으로 섬기기로 했다(私淑).

　공자와의 만남을 계기로 맹자는 그 사상의 뿌리를 찾아 위로 거슬러 올라가는 기원 탐색을 감행했다. 거기서 문왕과 무왕, 주공을 만나고 그 위로 탕임금과 이윤, 또 그 위로 우임금과 요순을 조우하기에 이른다. 이 사상 여행에서 놀라운 것을 발견했으니, 이른바 성왕들은 서로 출신이나 지역이 달랐음에도 '사랑의 마음', '여민의 정치', 곧 왕도라는 가치를 공유했다는 역사적 사실이다. 그 '느꺼운 공유'에 맹자는 무릎을 치고, 그들 성분의 이질성과 가치의 동질성에 탄복하였다. 이렇게 다른 종족으로서, 그렇게 다른 시대에, 저렇게 다른 곳에 살았으면서 어쩌면 저다지도 똑같은 생각을 공유했을까! 그 감탄이 이 장이다.

문왕은 먼 서쪽 땅 이민족(서이) 출신이요, 순임금은 또 멀리 떨어진 동쪽 땅 이민족(동이)이며, 탕임금 역시 동북방 이민족 출신인 터. 그들 간에 벌어진 시간은 1000여 년 세월을 넘건마는 어쩌면 저리도 근사하게 사람-사랑을 공유하고, 인민과 더불어 함께하는 여민의 정치를 똑같이 중원 땅에 펼칠 수 있었을까! 그들은 한결같이 사람이 사람다운 까닭이 마음에 있음을 알았고, 이는 인종과 지역을 넘어 보편적으로 공유하는 것임을 깨달았다. 이른바 2퍼센트의 인간 고유성을 발견하고, 이를 바탕으로 여민 정치로 길을 냈던 것이다. 이를 알아챈 맹자는 그만 탄식했다. '아, 앞선 성왕과 뒤의 성인들 모두 출신이 다르고 살았던 시대가 달랐건만, 그 행한 바는 오직 하나의 길이로구나!'

한편 여러 성왕 중에 순임금과 문왕을 콕 찍어 예로 삼은 것에 주의하면 맹자의 정치적 모델이 유독 이 둘이라는 해석이 가능하고, 또 그 출신이 동서 변방이라는 점에 천착하면 '성인은 중앙보다 외려 지방에 있다'는 점을 강조한 것으로 해석할 여지가 있다. 이는 멸시와 시련으로 단련하여 성현이 된다는 교훈을 준다(순, 부열, 교격, 관중, 손숙오, 백리해 등의 고사와 연결된다. 12:15 참고).

이 장은 훗날 유교 도통론道統論의 실마리가 된다. 8:19~8:22에 걸쳐 왕도의 계보학을 계속 논할 터이다. 8:19에서는 순임금을, 8:20에서는 우임금, 탕임금과 문왕, 무왕 및 주공을, 8:21에서는 공자를, 8:22에서는 맹자 본인에 이르기까지 왕도의 계보를 세밀하게 논한다. 또 농가학파와의 논전 중에 중원에 와서 유교를 공부한 남방 초나라 출신 진량陳良을 맹자가 '호걸의 선비'로 칭탄한 대목(5:4)도 같이 보자.

참고   '이夷'는 황하 유역에 거주하던 이른바 화하華夏 종족이 외국인, 곧 사방四方의 종족을 지칭하던 말이다. 동이, 서이라는 말에는 비하하는 의미가 없다. 훗날 중화사상이 뿌리내리면서 '이'는 문화적, 정치적, 외교적 언어로 부상하게 된다. 오히려 여기 "순은 동이 사람, 문왕은 서이 사람"이라는 구절은 거란족의 금金, 몽골족의 원元, 여진족의 청淸 등 유목 종족이 중국 땅에 왕조를 세웠을 때 통치 정당성의 근거가 되었다. 역시 18세기 조선의 박지원이 『열하일기』에서 '문화 중화주의(중화란 중국 땅의 한족漢族을 특칭하는 말이 아니라, 누구나 유교 문명을 체득하면 중화로 일컬을 수 있다는 주장)'를 논하는 근거가 되기도 했다.

그러다가 아편전쟁 후 동서양 갈등이 심화되었을 때 천진조약에 "영국인을 이로써 호칭해서는 안 된다"라는 조항을 삽입할 만큼 '夷'라는 글자는 첨예한 외교적 언어가 된다. 영국인들은 '이'를 곧 야만인barbarian으로 인식했기 때문이다. 중국인은 『맹자』의 이 장을 근거로 '이'는 외국인을 통칭하는 말이라고 맞섰으나 무릎 꿇은 처지에 영국의 제안을 수용하지 않을 수 없었다.[9]

---

9   '夷'를 통해 동서 문명의 충돌을 엿보는 흥미로운 서술은 리디아 류, 차태근 옮김, 『충돌하는 제국』, 글항아리, 2016을 참고할 것.

8:2. '정치가의 사랑'과 '사랑의 정치'는 다르다

子産聽¹⁰鄭國之政, 以其乘輿¹¹濟人於溱洧¹². 孟子曰, "惠而不知爲政. 歲
十一月¹³, 徒杠¹⁴成; 十二月¹⁵, 輿梁¹⁶成, 民未病涉也. 君子平其政, 行辟人¹⁷
可也, 焉得人人而濟之? 故爲政者¹⁸, 每人而悅之, 日亦不足矣."

10　聽(청): 다스리다.

11　乘輿(승여): 수레. '輿'는 본래 수레의 몸체였으나 여기서는 수레 전체를 뜻하는 말이다(양
　　　백준).

12　溱洧(진유): 정나라 경내를 흐르는 '진수溱水'와 '유수洧水'를 이른다. 회수淮水로 흘러든
　　　다. 진수와 유수가 합쳐지는 곳은 밀密이라는 땅이다. 춘추시대 정나라 풍속에 매년 3월
　　　상사上巳일에 진수와 유수 두 강변에서 성대한 집회가 열렸는데, 인산인해를 이룬 남녀가
　　　흥겹게 놀았다(이숙인, 『동아시아 고대의 여성사상』, 여성문화이론연구소, 2005, 137쪽 참고). 공
　　　자가 난잡한 노래로 비난한 정성鄭聲의 배경인데 『시경』에는 진수와 유수가 빈번히 등장
　　　한다. 예를 들면 "진수와 유수는 넘실넘실 남자와 여자가 난초를 들고 있네. / 여자가 '놀
　　　러 갈까?' 하니 남자는 '벌써 갔다 왔잖아!' 한다. / '또 가요.' 유수 저편은 정말 즐거울
　　　텐데 / 남자와 여자, 서로 장난치며 작약을 꺾어주네"(『시경』, 「정풍鄭風」, '진유溱洧'; 이숙인,
　　　위의 책).

13　歲十一月(세십일월): 주나라의 11월은 하나라 달력으로는 9월이다. 계절로는 가을이다.

14　徒杠(도강): 걸어서 건너는 나무다리. '섶다리'로 번역하였다. '徒'는 걷다. '杠'은 다리.

15　十二月(십이월): 주나라의 12월은 하나라 달력으로는 10월이다. "하나라 월령月令에는
　　　'10월에 다리를 만든다'라고 하였다. 추수철이 끝나니 백성의 노동력에 여유가 있어 추
　　　위가 닥치기 전에 다리를 만들면 백성이 찬물에 맨발로 강을 건너는 고통을 겪지 않아도
　　　된다. 이 또한 왕정의 한 가지 정책이다."(주희)

16　輿梁(여량): '수레다리'라고 번역하였다. '輿'는 수레. '梁'은 다리.

17　辟人(벽인): 길라잡이. '辟'은 '闢(벽)'과 같이 쓴다. 고대에 지위가 높은 사람이 공무로 외
　　　출할 때 채찍을 든 하인이 앞에서 길을 열었다. 후대에 징을 울려 길을 여는 것과 같다(양
　　　백준).

18　爲政者(위정자): 군주 또는 재상. 정권을 맡아 다스리는 사람. 한편 종정자從政者는 '爲政
　　　者'의 지휘를 받아 업무를 처리하는 각 분야 장관을 이른다.

자산이 정나라를 다스릴 때 자기 수레에 사람들을 실어서 진수와 유수를 건네주었다.

맹자, 말씀하시다.

"은혜롭긴[19] 하나 정치를 할 줄은 모르는구먼. 11월에 섶다리를 만들고 12월에 수레다리를 만들면, 사람들이 물을 건너는 데 괴롭지 않을 터. 군자가 나라를 잘 다스리면 사람들을 물리치며 행차해도 좋은 것. 어떻게 사람마다 낱낱이 다 건네줄 수 있겠는가? 그러니 위정자가 사람들 마음에 하나하나 다 들게 하려다가는 날이 부족할 것이다."

해설

겨울에 차가운 강물을 건너는 사람들이 안타까워 가던 길을 멈추고 자기 수레를 내어 사람들을 건네주었다니 불인인지심不忍人之心, 즉 차마 어쩌지 못하는 사람의 마음이 드러났다. 특히 일국의 재상으로 공무에 바쁜 와중에 그랬다니, 정자산은 어진 사람임에 분명하다. 앞서 소 울음소리를 듣고 불쌍한 마음을 일으켰던 제선왕과 근사하다. 공자조차 정자산의 이런 이력을 두고 '은혜로운 사람(惠人)'이라고 칭찬했다(『논어』, 14:10).

---

19 惠(혜): "남에게 재물을 나눠주는 것分人以財謂之惠"(5:4)을 뜻한다(해설을 볼 것).

그런데 맹자는 정자산을 마뜩치 않게 비평하고 있다. 일국의 재상이 보통 사람의 인심仁心에 머무를 뿐 왜 인정仁政에까지 나아가지 못했느냐는 질책이다. 앞서 위정자를 "차마 어쩌지 못하는 마음으로 차마 어쩌지 못하는 정치를 시행하는"(3:6) 존재로 인식했던 맹자의 정치가론을 연상해야겠다. 그렇다면 차가운 강물을 건너는 사람들을 안타까워하는 어진 마음을 백성 구제의 정치로 전환하는 구체적 방도는 무엇인가?

맹자는 '다리 만들기'라고 지목한다. 여기 다리는 '제도'를 상징한다. 정전법, 조법 세제, 학교 건설 등이 다리에 해당한다(7:1에서 "한낱 선만으로 정치를 할 수 없고, 법은 스스로 작동하지 않는다"라며 마음과 법제를 함께 감안하기를 촉구한 것과 통한다). 어진 정치란 한 사람 한 사람 낱낱이 손을 붙잡고 강을 건네주는 자질구레한 선행이 아니라, 선한 마음을 제도화하는 작업이라는 것.

흥미로운 점은 공무 수행에 장애가 되면 사람을 물리쳐도 좋다는 맹자의 판단이다. "군자가 나라를 잘 다스리면 사람들을 물리치며 행차해도 좋은 것"이라는 말이 그렇다. 이는 맹자 사상이 윤리학에 머물지 않는다는 뜻이다. 앞서 "지금 천하가 물에 빠졌는데 선생이 손을 내밀지 않는 것은 어째서입니까?"라는 순우곤의 조롱에 "천하가 물에 빠졌을 때는 도로써 잡아줘야 하고…… 그대는 천하를 손으로 잡으려 하시오?"(7:17)라고 되받아친 맹자의 힐난에도 이런 뜻이 들어 있다. 공무로 분주한 행차 길에 '사람을 물리치는 것'은 육안으로는 몰인정한 짓으로 비치겠지만 그렇게 해서 다리를 만들면 외려 사람들을 편안하게 할 수 있다. 이런 '정치의 패러독스'를 맹자가 이해했다는 표시다. 눈앞의 고통에 마음을 빼앗겨 한 사람 한 사람 구제하는 짓은 겉으로는 인정가화人情佳話로 보이지만, 결과적으로 정치의 본질을 왜곡하고 방기하는 반反정치가 될 수 있다. 마음을 정치로 승화하는 '정치적 지혜'가 필요하다는 뜻이다(막스 베버Max Weber의 '심정 윤리'와 '직업 윤리'의 구분이 떠오르는 대목이다[20]).

정자산의 '은혜 정치'는 위험하다. 그의 정치론은 "수레에 사람들을 실어서 건네준다"라는 '제인濟人'으로 요약되는데 이는 위민주의爲民主義로 타락하기 쉽다(오늘날식으로 표현하면 포퓰리즘이다). 반면 맹자의 정치론은 "사람들을 물리치며 행차해도 좋다"라는 벽인辟人에 요약되어 있다. 벽인은 백성을 매몰차게 대하는 것이다. 그럼에도 그것은 결국 백성에게 복지를 가져올 수 있다. 맹자는 사람마다 낱낱이 손을 잡아 물을 건네주는 정자산식 은혜 정치가 백성의 비위를 맞춰 환호성을 지르게 하는 인기영합주의로 타락할 것을 염려하며, 이는 '좋은 정치'가 아니라고 선을 긋는다(13:13). 다시 말해 '정치가' 정자산의 오류는 제도를 통한 인민 생활의 근본적 개선이 정치라는 점을 인식하지 못하고 소소한 구제 행위를 정치로 잘못 안 것이다. 마치 백성을 위하는 듯하지만, 실은 자기 위안에 불과하다(위민爲民은 곧 위아爲我다)! 문학적으로 표현하면 '정치가의 사랑'이 곧 '사랑의 정치'가 될 수 없음을 맹자는 염려한다. 공자조차 칭찬한 정자산의 행태를 맹자는 이렇게 깊이 읽고 정치의 본질을 파악하기에 이른 것이다.

끝으로 공자의 말씀이라고 하여 맹종하지 않는 맹자의 독립적인 사유

20　막스 베버, 전성우 옮김, 『직업으로서의 정치』, 나남출판, 2019 참고.

에도 주목하자. 정자산에 대해 "은혜롭긴 하나 정치를 할 줄은 모르는구
먼!"이라는 맹자의 말투에 자립정신이 들어 있다. 공자가 정자산을 '은
혜로운 사람'으로 평가하였음은 위에서 지적했다. 맹자는 공자를 사숙한
처지다. 제자로서 스승의 지적을 곧장 비판하기는 어려웠으리라. 이에
"은혜롭긴 하나(惠而)"라고 예를 차리면서도 다른 한편 "정치를 할 줄은
모르는구먼(不知爲政)"이라며 자기 생각을 끝까지 밀어붙인 것이다. 여기
에 이 구절의 묘미가 있다.[21]

   그 밖에 정자산이 형법을 성문화한 법가의 원류로 평가받는다는 점에
주의하면, 맹자는 경쟁 학파의 이설異說, 이른바 처사횡의를 본원적으로
색출할 요량으로 공자조차 존중한 정자산에게 칼을 댄 것인지 모른다.[22]
전국시대 지성계의 맥락에서 보면, 이 장은 법가의 원류를 비판한 것으
로 읽을 수 있다는 뜻. 정자산과 법가의 관련성을 역사서『춘추』에서 살
펴보자.

   기원전 536년, 정나라 재상이던 자산은 금속에다 형벌의 법전을 새겨
   넣었다. 이에 대해 진晉나라 재상 숙향叔向이 극구 반대하며 말했다.
   "선왕들이 국가를 다스린 방법은 인의를 가르치고, 어질고 충성스런

---

21 정자산에 대한 순자의 평가도 맹자와 비슷하다. "정자산은 백성의 마음은 얻었지만, 올바
    른 정치를 행하지는 못하였다." 또 "자산은 은혜로운 사람이지만, 그 정치력은 관중만 못
    하였다."(『순자』,「왕제王制」및「대략大略」)
22 『춘추좌전』에 가장 많이 등장하는 정치가가 정자산이다. 그만큼 공자가 사랑했던 인물이
    다(탕누어, 김영문 옮김,『역사, 눈앞의 현실』, 378, 2018의 제1장 참고).

관료를 선발하며, 범죄를 엄격하게 처벌하였을 뿐 법규를 드러내어 문서화하지 않았다. 법규를 문서화하는 것은 외려 번잡한 송사만 일으키는 단서가 된다고 염려했기 때문이다."

_『춘추좌전』, 「소왕昭王 6년」

맹자의 왕도 정치란 "차마 어쩌지 못하는 사람의 마음을 가지고 차마 어쩌지 못하는 사람의 정치를 이루는 것"(3:6)인데, 정자산은 고작 '차마 어쩌지 못하는 사람의 마음'에 머물렀을 뿐 '차마 어쩌지 못하는 사람의 정치'에까지는 도약하지 못한 범용한 정치가에 불과하다는 것이 맹자의 평가가 되겠다.

8:3. 상명하복은 정치가 아니다!

孟子告齊宣王曰, "君之視臣如手足, 則臣視君如腹心[23]; 君之視臣如犬馬[24], 則臣視君如國人[25]; 君之視臣如土芥[26], 則臣視君如寇讎[27]."

王曰, "禮, '爲舊君有服'. 何如斯可爲服矣?"

曰, "諫行言聽, 膏澤[28]下於民; 有故[29]而去, 則君使人導之出疆, 又先於其所往; 去三年不反, 然後收其田里. 此之謂三有禮焉. 如此, 則爲之服矣. 今也爲臣, 諫則不行, 言則不聽; 膏澤不下於民; 有故而去, 則君搏執[30]之, 又極[31]之於其所往; 去之日, 遂[32]收其田里. 此之謂寇讎. 寇讎, 何服之有?"

맹자가 제나라 선왕에게 말했다.

"임금이 신하를 손과 발처럼 여기면 신하는 임금을 배나 심장처럼 보지만, 임금이 신하를 개와 말처럼 여기면 신하는 임금을 낯선 사람처럼 보고, 임금이 신하를 흙덩이나 지푸라기처럼 여

23　腹心(복심): 배와 심장. 생명에 중요한 부위다.

24　犬馬(견마): 개와 말. 사냥터의 개나 전쟁터의 말은 먹이만 먹이면 마음껏 부리는 짐승이다.

25　國人(국인): 나라 사람. 상대방을 제3자로 여긴다는 뜻.

26　土芥(토개): 흙덩이나 지푸라기. 상대방을 하찮은 물건보다 더 함부로 여긴다는 뜻.

27　寇讎(구수): 도적이나 원수. 상대방을 적대시한다는 뜻.

28　膏澤(고택): '恩澤(은택)'과 같다. '膏'는 살찌다.

29　有故(유고): 예기치 않은 일, 사고.

30　搏執(박집): 붙잡아 구속하다.

31　極(극): 困窮(곤궁)과 같다. '극언'이라고 번역했다.

32　遂(수): 곧바로.

기면 신하는 임금을 도적이나 원수같이 대합니다."

왕이 말했다.

"예법에 '신하는 옛 임금을 위해 상복을 입는다'[33]라고 하던데, 어떻게 해야 상복을 입힐 수 있습니까?"

맹자가 말했다.

"신하가 간언하면 곧 실행하고, 말을 하면 받아들여[34] 백성에게 그 혜택이 미치고, 사정이 있어 떠나면 임금이 사람을 딸려 국경 밖까지 인도해주고, 또 그가 가려는 곳에 사람을 먼저 보내 주선하며, 떠난 뒤 3년 동안 돌아오지 않으면 주었던 밭과 고을을 거둬들입니다. 이것을 삼유례라고 합니다. 이런 예를 행하면 옛 임금을 기려 상복을 입습니다.

지금은 신하로서 간언해도 실행되지 않고 말을 해도 들어주지 않아서 혜택이 백성에게 미치지 않습니다. 사정이 있어 떠나려 하면 임금은 붙잡아 구속하고, 또 가려는 곳에다 극언을 일삼

---

33 현존본 『의례儀禮』, 「상복喪服」에도 "대부는 옛 군주를 위해 자최齊衰 3개월을 행한다"라고 되어 있다. 한편 신하가 옛 임금을 위해 상복을 입는 문제가 『예기』, 「단궁 하」에서는 노나라 목공과 자사 사이에 다뤄진다.

34 諫行言聽(간행언청): '諫'과 '言'은 다르다. "諫은 군주의 정치적 결정에 잘못이 있을 때 면전에서 그것을 지적하는 것이다. 이를 통해 군주가 군대와 국가에 관한 대사를 처리할 때 범하는 오류를 적시에 시정할 수 있게 하였다."(바이시, 앞의 책, 131쪽) '諫'의 핵심은 군주의 면전에서, 또한 적시에 행한다는 점이다. 신하의 예법으로서 "세 번 간하였으나 행해지지 않으면 신하는 떠난다三諫不行則去"고 하였으니 '諫'은 중요한 사안에 정치적 생명을 걸고 하는 정치 활동이다. 신하로서 직분을 다하는 충忠이다. 한편 '言'은 처사들의 상소문, 경연에서 학자의 가르침, 원로의 조언 등이 이에 해당한다.

맹자, 마음의 정치학 2

으며[35], 떠나는 날 곧바로 주었던 밭과 고을을 환수해버립니다. 이를 가리켜 원수라고 합니다. 누가 원수를 위해 상복을 입겠습니까!"

해설

오늘날 우리가 아는 유교와는 전혀 다른 맹자의 '폭탄선언'이라 할 만하다. 임금이 아무리 잘못하기로서니 신하가 군주를 '원수'로 여긴다? 맹자 사후 2000여 년 동안 황제 전제주의, 독재 체제로 점철된 중국 역사에서 『맹자』라는 책이 얼마나 경원시되었는지를 이 대목이 증언한다. 하긴 명나라 태조 주원장朱元璋이 경연에서 이 대목을 듣고 "맹자, 이 영감탱이. 지금 살아 있다면 주리를 틀어놓을 것"이라고 격노했다는 일화가 그럴듯하게 전해온다. 이를 계기로 명태조는 『맹자』에서 군주 권력에 반하는 대목들을 삭제하고 새로 개작한 『맹자절문孟子節文』을 반포했다.

그만큼 맹자의 반전제주의, 반독재 사상이 여실하게 드러난 것이 이 장이다. 신하는 군주의 사유물이 아니요, 군주는 권력의 수혜자가 아니다. 신하는 공물公物인 국가를 군주와 함께 더불어 운영하는 공직자라는

---

35 極之於其所往(극지어기소왕): 위에 '先於其所往(선어기소왕)'과 짝을 이룬다. '先'이 '선발대를 보내 준비하다'라는 좋은 뜻인 반면, 여기 '極'은 나쁜 뜻이니 '극언을 일삼다'라고 번역하였다.

것. 이른바 상명하복上命下服은 맹자의 정치 세계에서는 있을 수 없다. 맹자에게 군주-신하 관계는 서로 공대하는 상호 공경이 핵심이다. 서로 공경할 뿐 아니라 먼저 공경의 예를 실행하는 것은 군주다. 이것이 맹자 주장의 특점이다. 주목할 부분은 이 장에 'A 則(즉) B'라는 조건문이 여덟 번이나 나온다는 점이다. 주로 앞부분 '조건 A'를 행하는 것은 군주요, '則'에 따르는 B를 행하는 것은 신하다. '군주가 A하면, 곧 신하가 B를 행한다'는 문장 구조다. 요약하면 '임금이 삼유례를 행하면, 신하가 임금을 위해 상복을 입는다.'

임금이 신하를 예로써 대하면 그제야 신하도 임금에게 예에 합당하게 응한다. 이런 조건문 구조는 맹자의 군신 관계론의 기본으로 훗날 성리학자들이 계승하였다. 북송시대 성리학자 윤돈尹焞은 군주와 신하가 의를 매개로 결합한 '계약' 관계임을 특별히 강조한 사람이다. 그는 '군주와 신하의 관계는 의리에 합당할 때뿐이다'라는 군신의합君臣義合을 강조하였다. 예를 들어『논어』, 3:19의 '君使臣以禮(군사신이례), 臣事君以忠(신사군이충)'을 "군주가 신하를 예로써 부리면 신하는 군주를 충심으로 섬긴다"[36]라는 조건문으로 독해했다(보통 이 구절은 '군주는 신하를 예로써 부리고 신하는 임금을 충심으로 섬겨야 한다'는 병렬문으로 읽는다). 성리학자 윤돈의 조건적 군신 관계론은 이 장에서 개진한 맹자의 사상을 계승한 것이다. 송대 성리학자들의 조건문 독해나 명나라 건국자 주원장의 분노는 같은 곳(이 장)에서 터져 나온 상반된 반응이다. 여기가 동아시아 정치 사

36　君使臣以禮則, 臣事君以忠(『논어집주』).

상사의 물줄기가 갈라지는 분수령이다(송대 성리학자들의 군신 관계 논의는 10:9 해설 참고).

오륜이 다 그렇지만 군신유의는 더욱 군주-신하 쌍방이 동등하게 규범의 적용을 받는다. 신하가 제 직분에 충실하지 못하면, 즉 불의不義하다면 마땅히 직위를 내놓아야 하듯 군주 역시 제 직분에 충실하지 못하면 지위를 내놓아야 한다. 역성혁명이 용인되는 까닭이다. 이처럼 군주-신하 쌍방에게 동등하게 의義의 규범이 적용되지만, 선후로 따지자면 군주가 먼저 의를 행하면 신하가 따라서 행하는 것이 군신유의의 본의다. 군주는 그 적용에서 면제되고 신하만이 의를 실천하는 것(곧 일본식 멸사봉공滅私奉公)은 군신유의에 해당하지 않는다. 또한 고작 신하의 '의로운 행동(義行)'을 군주가 칭찬하고 포상하라는 권고도 아니다. 오로지 '군주가 의로울 때라야 신하의 의로움을 요구할 수 있다'는 조건문만이 군신유의의 본뜻에 부합한다.

다른 조문도 다 같다. 부자유친의 '부(父)', 부부유별의 '부(夫)', 장유유서의 '장(長)'은 권력을 누리는 수혜자가 아니라 관계의 책임자요, 실행의 선도자다. 이 점을 잊어서는 유교가 아니라, 법가나 병가로 간다. 상명하복은 군신 간의 도리가 아니요, 유교의 공직 윤리도 아니다. 결단코 조정은 군대식 조직이 아니다! 하극상下剋上이란 말도 어불성설이다. 이런 것들은 일본 군국주의에서 비롯된 가짜다(아래 참고에서 논한다).

무엇보다 상호 공경의 군신 관계, 나아가 군주가 솔선해야 신하가 따른다는 상급자 책임론은 맹자의 독단이 아니다. 공자에게서 계승한 유교 본령의 정치 구조다. 『논어』에는 "事君能致其身(사군능치기신)", 즉 '신하가 임금을 섬길 때는 자기 몸을 바친다'라는 구절이 있다(『논어』, 1:7). 보통 이것을 신하는 군주에게 절대적으로 복종한다, 목숨을 바친다는 식으로 해석하곤 한다. 그러나 성리학자들뿐 아니라 일본 에도시대의 국학자 오규 소라이荻生徂徠조차 이런 식으로 읽어서는 원문을 곡해하는 것이라 비판할 정도다.

> 그렇게 생명과 신체를 가벼이 희생하는 것은 첩부妾婦의 도이다. 여자는 그렇게 하는 것이 좋다. 교양 없는 인간이 일시적인 흥분에 몸을 맡겨서 하는 짓이다. 그러나 '事君能致其身'이란 그런 것이 아니다. "직무에 충실하여 그 직무를 아끼는 것이 마치 자신의 몸을 아끼는 것처럼 해야 한다"라는 것이다.[37]

곧 충성이란 맡은 직무에 대한 충실을 뜻하는 것이지, 군주에 대한 희생을 의미하지 않는다는 말이다.

본문으로 돌아오자. 신하가 옛 임금의 죽음을 추모하는 것은 이에 앞서 신하를 동등한 인간으로 대우한 군주의 예법이 있었기 때문이다. 군주가 신하에게 삼유례를 먼저 행한 다음에야 '옛 임금의 상복을 입는' 신하의 의례가 구성되는 것이다! 군주와 신하가 횡적 유대를 갖고 공동체의 문제를 함께 더불어 해결하려는 '동료' 관계일 때에야 가능한 의례

---

37 요시카와 고지로, 조영렬 옮김, 『요시카와 고지로의 공자와 논어』, 뿌리와이파리, 2006, 255쪽 참고.

맹자, 마음의 정치학 2

라는 것. 군주가 신하를 한낱 사유물이나 목적을 위한 도구로 여기고, 아니 흙덩이나 지푸라기처럼 짓밟아놓고 자기 죽음을 위해 상복 입기를 바라다니 권력자들의 자아도취와 오만방자는 동서고금을 막론한다.[38] 어느 누구든 사람을 사유물로 대하면 상대는 그를 원수로 여기게 마련이다. 권력과 돈으로 산 위장된 군신 관계란 실은 노예적 종속일 뿐이다. 공자는 이런 권력자의 죽음을 두고 이렇게 경고한 바 있다.

> 제나라 경공이 사두마차 1000대를 소유하는 영화를 누렸으나, 그가 죽은 날 백성 가운데 덕으로써 그를 기리는 사람이 없었다.
>
> _『논어』, 16:12

마음을 사지 못하고 금력과 권력으로 사람의 몸만 빌려 쓴 권력자의 최후가 이렇다는 것이다. 잊지 말아야 한다. 공자나 맹자에게 신하, 백성, 인민은 군주나 마찬가지로 상대방을 평가하고, 분노할 줄 아는 동일한 인간임을! 명태조 주원장의 고사는 이른바 군주 독재 시대에, 즉 신민을 군주에게 절대 복종하는 개로 여겼던 시대에 맹자가 얼마나 저항적이고, 불온하며, 모반적인 사상가였던가를 반증하는 사례로서 유감이 없다. 쌍방의 상호적인 군신 관계론이 이처럼 선명하게 드러난 것은 동양 고전 가운데 『맹자』 이외에는 없다.

---

38   장 자크 루소, 문경자·이용철 옮김, 『에밀 또는 교육론 2』, 한길사, 2007, 41~42쪽 참고.

오늘날 우리 사회에는 일본식 군국주의가 깊숙이 침투해 있다. 군대
뿐 아니라 학교, 기업 역시 그렇다. 입학(입대, 입사) 동기를 따지고, 기
수에 따라 상하를 나누며, 하급자는 함부로 대하고 상급자에게는 맹
종하는 권위주의 조직 문화가 그러하다. 우리는 이런 악폐를 유교 문
화의 유산이라고 여긴다. 그러나『맹자』를 독해하는 이 자리에서 일
본식 군국주의 에토스를 유교적이라고 일컫는 데 이의를 제기하지 않
을 수 없다. 제국주의 일본의 군사 문화에 대한 다음의 서술과 이 장
을 비교해보자.

요시다 유타카는 저서『일본의 군대』에서 1935년 일본 교육총감부에
서 간행한『정신 교육에서 본 군대 내무內務』를 인용한다. "군인은 상
관의 명령에 절대 복종의 의무를 지며, 명령에 의해 행하는 수령자의
행위는 형사상의 책임이 없다", 또 "교육 완성의 극치는 군인이 상관
의 명에 따르는 데 있어 하나의 종교적 신앙을 가지고 행하여 명령의
내용·실질과 같은 것은 하등 의심하지 않고 다만 단순히 어떻게 해서
명령을 완전하게 수행할까에만 전념할 때 도달할 것이다"라는 내용
이 있다.[39] 이것이 상명하복의 극단적 예인데, 맹자가 논한 상호 공경
의 공직 사회 내부와 비교하면 완벽하게 상반된 내용임을 알 수 있다.

---

39 요시다 유타카, 최혜주 옮김,『일본의 군대』, 논형, 2005, 180쪽.

맹자, 마음의 정치학 2

8:4. 권한이 없으면 책임도 없다

孟子曰, "無罪而殺士, 則大夫可以去: 無罪而戮⁴⁰民, 則士可以徙⁴¹."

> 맹자, 말씀하시다.
> "군주가 죄 없는 사를 죽이면 대부는 지위를 떠날 수 있어야 하
> 며, 대부가 죄 없는 백성을 도륙하면 사는 직무를 옮길 수 있어
> 야 한다."

해설

징집된 군대에서조차 고참 병장이 막내 이등병을 직접 혼내는
법은 없다. 신참 이등병이 잘못하여 내무반이 뒤집히면, 반장인 병장은
관리 책임을 물어 아래 상병을 꾸짖고, 상병은 또 일병에게 책임을 묻고,
결국 일병 손에 신참 이등병이 혼난다. 징집된 사병들의 세계도 그러한
데, 하물며 조정의 공직이야 두말할 것이 있으랴.

사士의 상관은 대부大夫요, 대부의 상관이 제후인데 제후가 대부의 관
할인 사를, 대부를 건너뛰어 직접 죽인다면 이는 대부의 관할을 범한 것

---

40 戮(륙): 죽이다.
41 徙(사): 옮기다.

제8편 이루 하   253

이다. 대부는 직무 라인에서 쓸모없는 존재가 되어버린 것이다. 친구 사이도 길이 다르면 절교하는 법이다. 더욱이 군주-신하 관계는 의기가 투합하여 공직을 함께 수행하는 것인데, 일방이 불의한 짓을 한다면 상대방은 고하를 막론하고 그 지위를 그만두는 것이 옳다. 공자부터도 "대신이란 지위는 도로써 군주를 섬기다가 옳지 않으면 그만두는 것大臣者, 以道事君, 不可則止"(『논어』, 11:23)이라 단언했던 터다. 정치적 지위는 공직이기 때문이다.

민民은 행정적으로 사의 관할인데, 그 위의 대부가 민을 도륙했다면 역시 사라는 존재를 쓸모없게 만든 월권행위가 된다. 사야 대부와 달리 정치적 지위(位)라고까지 말할 게 없다. 고작 맡은 직무(職)가 있을 뿐이므로 상부의 침해가 발생하면 지위를 내놓을 것은 없으나, 같은 직무를 계속 수행할 수는 없게 된다. 다른 직무로 옮겨야(徙) 한다. 대부는 정치적 지위이므로 그만두는 것을 '去(거)'라 표현했고, 사가 맡은 것은 행정 직무이므로 그만두는 것을 '徙(사)'라고 표현했다는 차이가 있을 뿐 결국 같은 얘기다. 공직은 각각 직무와 권한이 있으니 상위자라 해도 함부로 침해하지 못한다는 말이다. 즉 공직자는 상하 구분 없이 제 각각 직분을 다할 뿐 하급자가 상급자에게 구속되는 관계가 아니다. 그렇다면 위의 8:3과 연결된다. 아마 맹자가 어떤 사건을 목격하고 이런 비평을 한 듯하다.

이 장을 우리 역사로 끌어오면 죄 없는 선비를 살육한 '無罪而殺士(무죄이살사)'의 예로 조선 중기의 사화士禍를 들 수 있다. 이 사태를 계기로 퇴계 이황은 공직에서 물러나는 길을 개척했고, 남명 조식은 은둔의 길

맹자, 마음의 정치학 2

을 열었다. 이황의 '퇴행退行'을 두고 당시 조야에서는(율곡조차) 노장적 퇴락이라 비난했지만, 이황은 유교 경학에 의거한 '의행義行'이라고 강변했다. 이 장의 앞부분 "군주가 죄 없는 사를 죽이면 대부는 지위를 떠날 수 있어야 한다"를 읽다 보면 퇴계의 정치적 행동을 이해할 수 있다.

한편 한국 현대사의 참변인 1980년 군부에 의한 광주 시민 학살은 이 장 뒷부분에 나오는 죄 없는 백성을 살육한 '無罪而戮民(무죄이륙민)'에 해당한다. 당시 수많은 대학생이 몸을 사르고, 피를 뿌린 것은 선비가 직무를 버리는 일, 곧 '士可以徙(사가이사)'와 같다. 조선 중기의 사화와 1980년 군부의 폭력은 국가가 자행한 살육 사태라는 점에서 동질적인데, 비극적이게도 『맹자』의 이 장에서 만난다. "의를 보고도 행하지 않는 것은 용기 없는 짓이다"(『논어』, 2:24)라는 지적은 공자로부터 내려온 것이니, 조선 성리학과 민주시민항쟁은 유교 문화의 정수를 이었다 할 수 있다.

8:5. 군주의 덕성에 나라의 성패가 갈린다

孟子曰, "君仁, 莫不仁; 君義, 莫不義."

맹자, 말씀하시다.
"군주가 인하면 인하지 않을 자가 없고, 군주가 의로우면 의롭
지 않을 자가 없다."

해설

이 장은 7:20의 편린이다. 다만 앞의 것이 불인하고 불의하며
부정한 군주를 바로잡을 '대신=대인'을 대망한 것이라면, 이 장은 군주
를 직접 견책하는 것이다. 일국의 정사는 군주 한 사람의 덕성(인과 의)에
달려 있다는 것. 이 장을 부연하면 "그 사람이 그 자리에 있으면 그 정사
가 일어나고, 그 사람이 사라지면 그 정치는 죽는다"라는『중용』의 지침
과 직통한다. 유교 정치론의 핵심이 '그 사람'의 존재에 있음을 알 수 있
다. 이 장과 비슷한 내용을『논어』에서도 확인할 수 있다. 춘추시대엔 이
미 군주에게 실권이 없었다. 당시 노나라 정공이 어떻게 하면 권력을 회
복할 수 있을까 하여 공자에게 단 한마디로 흥국興國의 비결을 묻는 장면
이다.

정공이 물었다.

"한마디 말로 나라를 일으킬 수 있다던데, 과연 그러합니까?"

공자, 응대하여 말했다.

"말 그대로 어떻게 '단 한마디'에 나라가 일어날 수 있겠습니까만, 사람들 말에 '임금 되기 어렵고, 신하 노릇 하기 쉽지 않다'라고 하더이다. 만일 임금 되기 어려운 줄 안다면, 한마디 말로 나라를 일으킬 수 있지 않겠습니까?"

정공이 말했다.

"한마디 말로 나라를 잃을 수 있다던데 과연 그러합니까?"

공자가 말했다.

"말 그대로 어떻게 '단 한마디'에 나라를 잃을 수 있겠습니까만, 사람들 말에 '난 임금 되는 것은 즐겁지 않지만, 임금 말을 누구도 거스르지 않는 것은 좋다'라고 하더이다. 만일 그 말이 바른 것이어서 누구도 거스르지 않는다면 또한 좋지 않겠습니까마는 잘못된 말인데도 누구도 거스르지 않는다면, 말 한마디에 나라를 잃을 수 있지 않겠습니까?"

_『논어』, 13:15

군주 한 사람의 덕성에 나라의 성패가 달려 있다는 맹자의 말이나 군주의 한마디 말에 나라의 흥망이 달려 있다는 공자의 조언은 서로 통한다.

8:6. 껍데기는 가라!

孟子曰, "非禮之禮, 非義之義, 大人弗爲."

  맹자, 말씀하시다.
  "예 아닌 예와 의 아닌 의를 대인은 행하지 않는다."

해설

  공자와 맹자에게 예와 의는 인간관계론의 핵심 개념이다. 여기
'예 아닌 예'는 의미가 사라진 껍데기 형식을 말한다. 공자가 "예다 예다
하지만, 폐백을 두고 예라 하겠더냐!"(『논어』, 17:11)라던 비판이 '예 아닌
예'의 사례다. 군주에 대한 맹목적 복종을 충이라며 아랫사람에게 강요
하고, 순종 일변도를 효라며 자식에게 강박하는 구속이 비례非禮요 비의
非義다. 맹자는 강권한다. 강자들의 강요와 강박에 무의식적으로 무릎을
꿇어서는 안 된다고. 이건 내력 있는 처방이다. 공자가 예의 근본정신을
질문한 젊은이에게 위대한 질문이라며 크게 칭찬했고(『논어』, 3:4), 또 자
로는 권력자에게 아부하는 짓이 한여름 들판에서 김매는 일보다 더 힘들
다고 고개를 내저었던 터다(6:7).
  맹자의 대인은 공자의 군자와 마찬가지로 낯익은 생활 속에서 낯선
의미를 추출할 줄 알고, '지금 여기'에 정의와 예의 근본정신을 회복하려

는 사람이다. 저 뒤에 대인을 "자신을 바로잡음에 남도 바루게 하는 사람 正己而物正者"(13:19)이라고도 했으니 알 만하다. 즉 대인이란 도덕적 흡입력(德力)을 보유한 사람을 이르니, 정례正禮와 정의正義의 표준이 된다. 그러니 어찌 대인이 비례와 비의를 행할 수 있으리오.

노신이 "예교가 사람을 잡아먹는다"라고 일갈한, 껍데기처럼 딱딱해진 비례非禮와 자기 이익을 감춘 채 몰상식이 상식인 양하는 '깡패들 의리(기리ぎり)'를 깨부수고 시공간에 적실한 의리를 새롭게 수립하는 사람이 대인이다. 그럴지니 "군자가 걱정할 일은 없다. 인이 아니면 하지 않고 예가 아니면 행하지 않을 뿐이다."(8:28)

그렇다면 '예 아닌 예와 의 아닌 의'를 저지르는 것을 무엇이라고 하나? 이런 자를 공자는 사이비似而非라고 혐오했고, 그런 행위자를 덕을 도적질하는 자라 비난했으며, 그 이름을 향원鄕原이라고 증오했던 터다 (『논어』, 17:13). 향원은 사람다움의 가치가 자기 안에서 발현되어 나오는 줄을 알지 못하고, 관계의 참된 의미를 이해하지 못하며, 그저 겉치레로 남의 좋은 짓을 흉내 내고 또 그것이 전부인 줄 아는 자다. 자기 행동의 기준을 남의 반응에 두는 자니 눈은 사팔뜨기가 되기 십상이다. 무지렁이보다 더 무서운 것이 '예 아닌 예, 의 아닌 의'를 저지르는 사이비와 향원이다. 저 끝에 향원을 논하는 14:37을 연속해서 봐야겠다. 또 아래 8:19와 겹쳐서 보면 좋겠다.

孟子曰, "中也養不中, 才也養不才, 故人樂⁴²有賢父兄⁴³也. 如中也棄不中, 才也棄不才, 則賢不肖之相去, 其間不能以寸."

맹자, 말씀하시다.

"도리에 합당한 사람이 그렇지 못한 자를 가르쳐 기르고, 재능 있는 사람은 그렇지 못한 자를 가르쳐 기르는 법이다. 그래서 사람들은 지혜로운 아버지와 형을 둔 것을 좋아한다. 한데 도리에 합당한 사람(아비)이 그렇지 못한 자(자식)를 버리고 재능 있는 사람(형)이 그렇지 못한 자(아우)를 팽개친다면, 현자와 어리석은 자 사이의 거리는 한 치도 되지 않으리라."

해설

사람의 관계를 벗어난 '산중 현자', '고독한 천재' 따위를 얻다 쓰랴! '인간'이란 곧 사람(人)의 사이(間)라는 뜻이 아니런가. 사리에 밝은 사람이 그렇지 못한 사람을 가르쳐 사제 관계가 이뤄지고, 재능 있는

---

42 樂(요): 좋아하다.

43 賢父兄(현부형): '賢'은 중행(中)과 재능(才)을 겸비한 덕목이다. 여기서는 '지혜로움'으로 번역하였다. '父兄'이 먼저 자제를 가르쳐 길러야 한다는 뜻이 숨어 있다.

사람이 무능한 자를 가르쳐 학술과 기술이 전수되는 것. 하물며 가족 관계에서랴. 사회관계를 벗어난 현자나 천재가 무용지물이듯, 못난 자식과 처진 아우를 팽개치는 잘난 아비와 재주꾼 형은 최악이다. 못난 자식을 무시하는 아비와 저 혼자 잘난 형이라면, 무지한 아비나 무능한 형과 무슨 차이가 있단 말인가(들어라! 양주학파 진중자여).

내리사랑이라, 현명한 아비는 못난 자식을 선으로 인도하고, 잘난 형은 모자란 아우를 이끌어 재능의 길로 인도하는 것이 상례다. "그래서 사람들은 지혜로운 아버지와 형을 둔 것을 좋아한다." 아비와 형의 본태가 이러하므로 자식과 아우가 하는 사랑의 실질이 어버이를 섬기는 것이요, 또 형을 따르는 것이라고 말할 수 있다(7:27). 즉 아비와 형이 먼저 아끼고 길러주었기에 그 자식과 아우가 섬기고 따르는 것이 자연의 원리라 할 수 있다(시간적 순서도 그렇다).

그런데 만약 행실이 올바른 아비가 그렇지 못한 자식을 포기하고, 재주 있는 형이 모자라는 아우를 팽개친다면 문제는 달라진다. 부형의 내리사랑을 흠뻑 느끼고 그 사랑과 의로움을 각성하는 순간, 인과 의가 몸에 느낌으로 와 닿는 법인데 아버지와 형이 그 도리를 내버린다면, 무지하고 무능한 자제로서는 그 재주와 행실을 배울 기회가 없게 된다. 그래서 "현자와 어리석은 자 사이의 거리는 한 치도 되지 않으리라"는 것이다. 맹자에게 '함께 더불어 삶'은 사람다움의 기초요, 자고자대自高自大하며 자기 재주를 이웃과 나누지 않는 교만은 사람다움의 큰 적이다. 이미 공자부터 "비록 주공과 같은 아름다운 재주를 타고난 사람이라도 교만하고 인색하다면 더 볼 게 없다"(『논어』, 8:11)라고 단언하였던 터.

그렇다면 분명히 알겠다. 아비가 자식을 친히 대한 다음에야 자식이 아비를 친히 할 수 있고(부자유친), 형이 아우를 아낀 다음에야 아우가 형을 따른다(장유유서)는 사실을! 앞서 8:3의 해설에서 군주가 솔선해야 신하가 따른다고 지적했듯, 맹자의 오륜은 앞 글자(임금, 아비, 남편, 형)가 뒤 글자(신하, 자식, 아내, 아우)의 모범이 되고 관계를 책임지는 것이지, 결코 군사부일체君師父一體라느니 삼종지도三從之道라느니 복종을 강요하는 것이 아님을 분명히 알 수 있다. 어버이를 섬긴다는 '사친'과 형을 따른다는 '종형'도 복종의 윤리가 아니다. 뒤에서 "도를 굽혀서(殉) 사람을 위한다는 말은 들어본 적이 없다"(13:42)라고 하였으니 맹자의 참뜻을 알 만하다.

본문의 '養(양)'이라는 글자에 대한 주희의 해설이 매우 좋다. 주희는 '養'을 "함육훈도하여 그 스스로 변화하기를 기다리는 것이다涵育薰陶, 俟其自化也"(『맹자집주』)라고 주석하였다. '涵(함)'은 '적시다'라는 뜻이니 옷감을 염색 통에 집어넣어 색깔이 배게 하는 것이다. '薰(훈)'은 향초의 좋은 냄새요, '陶(도)'는 질그릇을 구워 도자기를 만든다는 뜻이다. 다 좋은 말이다. 정리하면 함육훈도란 '옷감에 색깔이 스며들듯, 향초 냄새가 배어들듯, 흙이 도자기로 변모하듯'이다.

이어서 '스스로 변화하기(自化)를 기다린다'고 하였는데 이건 더욱 절실하다. 옹기장이가 그릇을 불가마 속에 넣고 스스로 변모하기를 묵묵히 기다리는 모습을 연상하자. 저 불가마 속을 어찌 알리오. 자칫 불기운에 그릇들이 찌그러지고 뭉개질 수 있지만, 한 번 덮은 불가마는 다시 헤집을 수 없다. 다만 기다리는 수밖에! 노심초사하며 자식이 스스로 변모하

맹자, 마음의 정치학 2

기를 묵묵히 기다리는 부모의 자세, 형이 아우의 기예가 무르익도록 기다리는 태도가 여기 "스스로 변화하기를 기다린다"는 말에 절실하게 들어 있다.

참고로 『맹자』에서 '養'자는 다양하게 쓰인다. 우선 '어버이를 봉양하다'라는 뜻. 증자가 아버지 증석을 봉양한 것을 양지養志, 곧 '뜻을 기른다'라고 했고, 증원의 아비 봉양을 양구체養口體, 곧 '입과 몸을 기른다'라고 낮춰 말한 것이 그 예다. 둘째는 자식이나 아우를 '가르쳐 기르다'라는 교양敎養의 뜻으로 쓰인다. 이 장의 경우가 그렇다. 셋째로 봉록으로 가족을 부양한다는 뜻이 있고, 넷째로 식물을 키운다, 재배한다는 뜻으로 쓰이기도 한다. 특히 이 장의 교양은 식물 기르는 방법과 유사하니 스스로 자라기를 기다리는 과정이 그렇다. 그렇다고 맥 놓고 지켜보기만 할 수 있으랴. 때로 가지를 쳐주고, 때로 거름을 줘야 한다. 다만 앞으로 어떻게 될 것인가를 기약하지 말고(勿正), 잊어버리지도 말며(勿忘), 그렇다고 억지로 도와주지도 말라(勿助長)던 세 가지 방법론은 양육과 교양에 두루 통하는 원칙이 된다.

8:8. 올바름을 인식한 뒤에야 올바로 행할 수 있다

孟子曰, "人有不爲也而後, 可以有爲."

맹자, 말씀하시다.
"사람에게 '하지 않는 것'이 있은 다음에야 '마땅히 할 일'을 행할 수 있다."

해설

함축한 뜻이 깊어 우리말로 번역하기가 까다롭다. 다만 '불위
不爲한 이후 유위有爲'라고 하였으니 '불위'가 '유위'의 조건임은 분명하
다. '불위'란 의식적으로 '하지 않는 것'이니 곧 의와 불의를 의식하고
사는 것이다. 불의를 의식한다는 것은 부끄러움을 느낀다는 뜻이다. 부
끄러움이란 자기 스스로 잘못을 저질렀다는 느낌, 즉 불의를 감촉했다는
신호다. 사람다운 사람(도덕적 인간)이 되려면 우선 사람으로서 하지 않을
바에 대한 인식이 있어야 하고, 그런 다음에 마땅히 사람으로서 할 바를
실천해야 한다는 뜻이다. 그렇다면 '불위', 즉 의로움의 인식과 행동에
사람다움의 사활이 걸려 있다.

한편 이 장은 맹자 학교에서 공자 사상을 배우던 한 제자가 메모로 남
겨둔 것 같기도 하다. 공자는 "중용의 도를 행하는 선비를 얻어 함께할

수 없다면 반드시 광狂이나 견獧한 이들과 함께하리라. 광사는 고원한 것을 구하고, 견사는 하지 않는 일이 있다"(『논어』, 13:21)라고 했다. 여기 견사의 특성인 '하지 않는 일이 있다', 즉 유소불위有所不爲는 본문의 '불위'와 겹치고, 광사의 특성인 '고원한 것을 구하다', 즉 진취進取는 본문의 '유위'와 다를 바 없다. '하지 않는 것이 있음'은 지식이 아니라 마음의 차원이다. 정의감과 의리에 대한 감각은 배운 사람만이 아니라, 마음을 돌이킬 수 있는 사람이라면 누구나 가질 수 있다는 뜻이다.

그러면 유소불위의 반대는? 무소불위無所不爲다. 무소불위란 권력이나 배경을 믿고 마음대로 횡행하는 짓을 이르니, 앞에서 "사람이 말을 함부로 하는 까닭은 말에 책임지지 않기 때문이다"(7:22)라고 지목한 자들의 행태가 이와 같다. 당시 절대 권력을 휘두르던 군주들, 그 배경을 믿고 함부로 나대던 안하무인의 권신들(장창, 왕환 등)을 떠올리면 좋겠다. 그렇다면 이 장 밑에는 당시 권력자와 지식인에 대한 비난이 깔려 있다고 볼 수 있다.

8:9. 돌이켜 나를 보라!

孟子曰, "言人之不善, 當如後患何!"

맹자, 말씀하시다.
"남의 잘못을 떠벌이다가 그 후환을 어떻게 감당하려고 그러나!"

맹자가 제자들과 『논어』를 강독하며 해설하던 중에 나온 말인 듯하다. 거기에 다음과 같은 대목이 있다.

자공이 물었다.
"군자께서도 미워함(惡)이 있는지요?"
공자, 말씀하시다.
"미워하는 게 있지. 남의 잘못을 떠벌이는 것, 하수가 고수를 헐뜯는 것, 용맹하기만 하고 무례한 것, 과감하기만 하고 꽉 막힌 것을 미워하느니라. 자네도 미워하는 것이 있는가?"
자공이 말했다.
"주워들은 것을 지식으로 아는 자, 불손한 것을 용기로 아는 자, 비방하는 것을 정직으로 아는 자를 미워합니다."[44]

_『논어』, 17:24

　　인용문에 '惡(오)'라는 글자가 11회나 등장함에 유의하자. 증오의 장이다. '증오 없이 사랑 없다'는 것이 유교의 사랑론임을 다시 떠올리자(증오는 의義의 단서다). 공자가 증오의 첫 번째 대상으로 '남의 잘못을 떠벌이는 자'를 지목한 것이나, 자공이 '남을 비방하는 것을 정직으로 아는 자'를 미워한다는 대목이 모두 이 장과 통한다. 그러면 어떻게 살아야 하나? 스스로 행실과 말을 돌이켜 성찰하는 삶을 살 따름이다. 앞에서 "사람이 말을 함부로 하는 까닭은 말에 책임지지 않기 때문이다"(7:22)라던 대목을 떠올리게 한다.

44 　子貢曰, "君子亦有惡乎?" 子曰, "有惡. 惡稱人之惡者, 惡居下流而訕上者, 惡勇而無禮者, 惡果敢而窒者." 曰, "賜也亦有惡乎?" "惡徼以爲知者, 惡不孫以爲勇者, 惡訐以爲直者."

孟子曰, "仲尼[45], 不爲已甚者."

맹자, 말씀하시다.

"공자는 너무 심하지 않았던 사람이다."

해설

맹자의 『논어』 독후감인 듯하다. 맹자는 두려움과 외로움으로 함께할 벗을 찾았으나 끝내 얻지 못하고, 급기야 시간을 거슬러 올라가 책 속에서 벗을 찾았다(10:8). 그러는 가운데 공자를 만났고, 무릎을 꿇었으며, 사사로이 스승으로 섬겼다(8:22). 이 대목은 학습의 결과 공자가 어느 한 곳에 치우치거나 지나치지 않은 '중용의 성인'임을 알았다는 토로다.

그렇다고 공자가 두루뭉수리로 이것도 좋고, 저것도 좋다거나 물에 물 탄 듯 술 탄 듯 살았다는 뜻은 아니다. 외려 배우기를 좋아하여 "모르는 것이 있으면 분해서 밥 먹는 것도 잊고, 알고 나면 즐거워서 근심 걱정을 잊는 사람"(『논어』, 7:18)이었던 터. 어떤 눈 밝은 제자는 공자의 풍모를 이렇게 표현했다.

45　仲尼(중니): 공자의 자字. 어릴 적 이름인 명名은 구丘.

선생님께서는 따뜻하되 엄격하셨고, 위엄 있되 매섭지는 않으셨으며, 공손하되 태연하셨다.[46]

_『논어』, 7:37

    남에게 따뜻하게 대하면서도 자신에겐 엄격하고, 언행에 위엄이 서렸으되 상대방을 몰아붙이진 않고, 또 공손하되 태연자약하였다는 공자의 풍모는 본문의 "너무 심하지 않았다"라는 맹자의 진술에 적이 합당하다. 또 "공자는 네 가지가 없었다. 사견(意)이 없었으며, 반드시(必)가 없었고, 꼭(固)이 없었으며, 나(我)가 없었다"(『논어』, 9:4)라는 제자의 관찰도 "너무 심하지 않았다"는 본문의 취지에 부합한다. 그랬기에 동네 사람조차 "대단하구나, 공자여! 널리 배우되, 특정한 분야에 성취한 바가 없는 사람이로다"(『논어』, 9:2)라며 칭탄했을 테다.

    눈에 띄지 않는 담담한 사람, 다만 일상생활에서 늘 배우고 또 배우며 살다 간 사람이 공자다. 요컨대 과유불급過猶不及이라, 지나치지도 않고 턱없이 모자라지도 않아서 처한 곳이나 당한 경우마다 적절한 언행과 판단을 행했다는 찬탄이다.

---

46   子溫而厲, 威而不猛, 恭而安.

孟子曰, "大人者, 言不必信, 行不必果, 惟義所在."

> 맹자, 말씀하시다.
> "대인이란 말을 하되 반드시 자신하지 않으며, 일을 하되 반드시 성과 내기를 기약하지 않는다. 다만 의를 기필할 따름이다."

해설

말에 신뢰가 있기를, 또 행동은 삼가기를 요구한 것은 공자로부터다. 겉말과 문구에 집착하여 본래 뜻을 잃고 미생지신尾生之信[47]에 떨어지지 않도록 주의를 환기한 것도 공자였다. 선비를 평가하는 중에 "말은 반드시 행하려 하고, 행동은 반드시 결과를 보려 하는 자言必信, 行必果"(『논어』, 13:20)를 최하등으로 낮춰 보았던 것도 이와 같다. 문구와 겉말에 붙들려 본래 맥락을 놓치는 '면서기' 같은 좀팽이가 되지 말라는 뜻이다. 여기 대인의 조건으로 맹자가 지적한 "言不必信, 行不必果(언불

---

47 춘추시대 노나라에 미생尾生이라는 사람이 있었는데, 연인과 다리 아래에서 만나기로 약속하고 기다렸으나 여자가 오지 않았다. 소나기가 내려 물이 밀려와도 그는 끝내 자리를 떠나지 않고 기다리다가 마침내 교각을 끌어안고 죽었다. 『사기』, 「소진열전」과 『장자』, 「잡편」, '도척盜跖'에 나온다.

필신, 행불필과)"는 역시나 『논어』를 강독하던 중에 만난 '言必信, 行必果(언필신, 행필과)' 여섯 글자를 해설하는 내용으로 봐야겠다(그러고 보니 여기 제8편 「이루 하」에는 『논어』 해설이 유독 많다). 뿐만 아니라 이 장의 내용과 맥락을 같이하는 대목이 『논어』에 있다.

> 공자, 말씀하시다.
> "군자란 천하에 꼭 해야만 할 것도 없고, 반드시 하지 말아야 할 것도 없어 다만 의를 기준으로 삼을 뿐이다."
> _『논어』, 4:10

말글에 구속되지 말고, 또한 결과에 집착하지 말고 말글과 행동이 시의적절한 의리, 즉 맥락context에 맞도록 유의하라는 것이다. 말을 하되 말에 붙잡히지 말고, 일을 하되 반드시 성과 내기를 기약하지 말고 다만 시의적절한 이치(義)를 기준으로 삼으라는 뜻. 본문에 대한 윤돈의 주석이 적절하다. "의를 위주로 삼다 보면 신뢰(信)와 성과(果)는 반드시 뒤에 따라올 것이지만 신뢰와 성과에 치중하다 보면 반드시 의에 합치되지는 않을 것이다."(『맹자집주』)

맹자의 '대인'은 묵가의 '공경대인'을 빌려 썼지만 그 속뜻은 공자의 '군자'를 계승한 것으로 신뢰를 위주로 하되 겉말(언약, 문서상의 글자)에 휘둘리지 않는, '맥락으로서의 정명正名'에 유의하는 사람임을 알 수 있다. 그리고 어떤 성과를 내기 위하여 행동하는 기능주의가 아니라, 말마다 일마다 의리를 기준으로 행하는 자기 규율적 실행자다. 옳다고 여길 때는 "천 사람 만 사람이 가로막아도 그 길을 나아가는 사람"이지만 잘못되었다고 판단하면 "하천한 자에게도 부끄러워" 할 줄 아는 사람이다.

孟子曰, "大人者, 不失其赤子[48]之心者也."

맹자, 말씀하시다.

"대인이란 실로 갓난아기 마음을 잃어버리지 않는 사람이다."

해설

적자赤子란 갓 태어난 젖먹이니 적자지심赤子之心은 외부에
물들지 않은 타고난 양심을 상징한다. 뒤에 "사람이 배우지 않고도 능
한 것, 이것이 양능良能이요, 생각하지 않고도 아는 것, 이것이 양지良知
다 (13:.....)고 했던 양지양능의 다른 말이다. 대인이란 양지양능의 본디
양심을 잃지 않고 ....하며 사는 사람, 곧 존심자存心者라는 뜻이다
(8:28). 허위와 거짓, ... 와 가식 .... 본심을 지키며 사는 사람이다. 이
를테면 『그리스인 조르바』의 ....자 니 .... 카잔차키스Nikos Kazantzakis의
묘비명 "나는 어디에도 얽매이지 않는다. .... 유!"의 경지가 이와 근
사하리라.

맹자에게 교육이란 타고난 본래 성품, 곧 적자지심을 보존하고 양육하

48　赤子(적자): 갓난아기.

는 것이다. 스승의 역할은 사람에게 칼을 대거나 인위로 조작하는 것이 아니라 정원사처럼 보호하며 해를 입지 않도록 하는 보조자에 그친다. 즉 식물을 기르듯 '물망勿忘(잊지 말라)' 하면서 또한 '물조장勿助長(도와주지 말라)' 하는 사람이다. 성품에 들어 있는 인성의 씨앗을 잘 키워내 나무로 성장하고 끝내 숲을 이룰 때, 그 사람은 대인이 된다(선인善人을 출발점으로 신인信人의 단계를 거치고, 미인美人의 계단을 통과한 뒤 마음속에서 피어나는 빛이 발광하여 주변조차 환하게 밝히는 대인의 경지에 이르는 과정이 14:25에 구체화되어 있다). 맹자가 순임금을 두고 "나이 오십에도 여전히 부모를 사랑하는 사람을 나는 '위대한 순'에게서 보았노라"(9:1)라고 했는데, 이것이 적자지심을 보존한 사례다. 실로 성악설과 성선설의 분기점이 이 적자지심을 인정하느냐 마느냐, 또 그 마음을 보존하느냐 마느냐에서 갈라진다고 할 것이니 맹자 심성설心性說의 정체성이 여기 있다.

훗날 명말청초 탁오卓吾 이지李贄는 「동심설童心說」을 썼는데 이 장을 연역한 것이다. 소개하면 이렇다.

> 무릇 동심童心이란 거짓 없이 순수하고 참된 것으로 사람의 타고난 본마음이다. 만일 참마음(眞心)을 잃으면 곧 참사람(眞人)이 상실되는 것이니, 사람으로서 참됨을 잃으면 본래 마음을 회복할 길이 없다. …… 그러나 사람은 살면서 문득 동심을 잃고 당황해 한다. 대개 동심을 처음 잃는 까닭은 눈과 귀를 좇아 바깥에서 들어오는 보이고 들리는 것을 마음의 주인으로 삼는 데 있다. 급기야 보이는 것과 들리는 것을 삶의 원칙으로 삼기에 이르면 동심을 모두 잃게 된다. 무

룻 학자에게 도리道理와 문견聞見은 독서를 통해 들어오나니 지식을 습득하다가 스스로 현명하다 여기고, 의리義理를 안다고 자만하는 것이다. 옛 성인들이 어찌 독서를 하지 않았으랴마는 책을 읽지 않더라도 동심은 자재自在함을 알았고 비록 책을 많이 읽더라도 역시 그 동심을 지켜서 잃음이 없었을 따름이다(필자 축약, 윤문).

당시 지식 습득을 위주로 독서를 하던 성리학계의 폐습을 비판하면서 마음의 자재함을 중시하고 본심을 잃지 말기를 촉구한 양명학 계열의 마음 인식이 잘 드러나 있다.

참고 비교철학자 이광세 교수는 적자지심을 이렇게 논했다.

적자지심은 노자의 통나무(樸)나 불교의 공적空寂(sunyata)에 비견할 수 있다. 『중용』에서 말하는 "희노애락이 아직 드러나지 않은 상태"인 '중中'이라든지, 성리학의 '리理'가 여기 적자지심을 발전시킨 개념 같다. 또 현대 서양 철학에서 보자면 미국의 철학자 윌리엄 제임스가 말한 '순수 체험pure experience'이라든지 노스롭F. S. C. Northrop의 '미분화된 심미적 연속성the undifferntiated aesthetic continuum'이 적자지심에 근사하다. 제임스의 '순수 체험'은 "주체와 객체, 의식과 의식 대상 사이에 어떤 구분이 생기기 이전의 즉각적이며 심미적인 상태를 말한다. 제임스는 이런 상태를 미분화된 상태라고 특징짓는다. 순수 체험은 '세계의 모든 것들을 구성하는 하나의 근본적이며 원초적인 재료'이기도 하다. 그런 순수 체험에는 토대가 없고 마치 조각들이 모서리에 의해서 같이 달라붙어 있는 것 같다"고 묘사하는데, 이것은 맹자가 말한 적자지심의 원래적이고 미발未發의 상태를 현대적으로 표현한 것 같다.[49]

孟子曰, "養生者不足以當大事, 惟送死可以當大事."

> 맹자, 말씀하시다.
> "산 사람을 봉양하는 것은 '큰일'이라 할 수 없고, 오로지 죽은
> 부모를 장송하는 일만은 '큰일'에 합당하다."

해설

전국시대는 죽음으로 가득한 시대였다. 이에 제자백가는 모두 죽음을 논한다. 맹자는 물론 노자, 장자가 그러하고, 묵자가 그러하며, 양주 역시 그러하다. 사실 죽음은 삶의 뒷면, 아니 궁극이다. 장자가 자연 속에 은둔하는 생활을 찬양했을 때, 그는 고독한 죽음을 각오해야 했다. 반면 맹자가 '함께 더불어 사는 삶'을 인간의 본질로 여겼을 때, 그 밑바탕에는 고독한 죽음에 대한 두려움이 있었다. '인간이란 희박하게나마 동물과 다른 고유한 특성을 갖고 있다'라는 맹자의 주장에는 인간은 죽음 역시 짐승과는 다르다는 판단, 따라서 죽음에 대한 인간 고유의 예의가 마땅하다는 생각이 전제되어 있다. 인간의 생애에 짐승과 다른 특성이 있다면, 인간의 죽음 역시 함께 슬퍼하고 함께 슬픔을 눅이는 고유한 의례가 필요할 것이다(5:5).

이 장에는 환과고독鰥寡孤獨의 홀로 된 삶이 큰 고통이듯, 무연고로 홀로 스러지는 죽음도 큰 불행이라는 생각이 담겨 있다. 따라서 동물의 사체를 치우듯 사람의 시신을 간단히 '처리'하는 묵가의 무례함에 대한 비판 또한 깔려 있다고 볼 수 있다. 인간은 물질 덩어리(육신)가 아니라 의미 덩어리다! 이것이 사람에 대한 맹자의 생각을 압축한다. 그러므로 "죽은 부모를 장송하는 일만은 '큰일'에 합당하다." 일찍이 공자는 장례를 두고 "밖에 나가면 윗사람을 섬기고, 집에 들어오면 부형을 섬기는 것은 일상적인 일이요, 오로지 장례만은 주도면밀하지 않을 수 없다"(『논어』, 9:15)라고 하였다. 이를 이어 증자가 "내가 스승님께 들건대 '사람의 일 가운데 온 힘을 다할 것은 따로 없으나, 반드시 어버이 장례(親喪)만큼은 온 힘을 다해야 한다'라고 하셨다"(『논어』, 19:17)라고 했으니 유교 지식인이라면 부모의 장례를 신중하게 처리하는 것이 기본이다. 맹자가 또 "부모 장례는 정녕 최선을 다해야 하는 법親喪, 固所自盡也"(5:2)이라 하였고, 이 장에서 거듭 어버이 장례를 치르는 것만이 큰일에 합당하다고 하였으니 공자-증자-맹자로 이어지는 예禮 사상의 계보를 확인할 수 있다. 더욱이 맹자는 모친의 장례를 두텁게 치르다가 제자로부터 힐문을 당하기도 하고(4:7) '이상한 사람'으로 몰리기도 했던 터다(2:16).

반면, 여러 번 보았듯 묵자는 인간을 마음 없는 육신 덩어리로 여겼기에 박장薄葬을 강조했고, 장자는 마을에서의 사회적 삶이 자칫 타고난 자연성을 훼손할 수 있다고 염려했다. 이에 장자는 말한다. "부득이한 일만 할 뿐 자신의 욕망을 비우는 훈련에 몰두하라託不得已而養中", 또 "사물은 겉을 스칠 뿐, 마음을 자유롭게 하라乘物而遊心"고! 어쩌면 장자의 '마음 비우기(心齋)' 훈련이란 고독한 죽음을 각오하고, 그것을 운명으로 받아들이는 공부인 듯하다. 결국 장자는 "죽고 사는 것은 만 생명의 운명이다. 밤낮이 변함없이 이어지는 것과 같은 하늘의 이치다. 인간으로서는 어쩔 수 없는 일, 모든 사물의 참모습"(『장자』, 「내편」, '대종사大宗師')이라는 체념에 다다른다. 장자가 보기에 인간만의 고유한 죽음은 없다. 늑대와 여우가 홀로 죽듯, 인간의 죽음도 고독하다. 본시 천지자연과 인간이 하나라는 장자의 호쾌한 주장에는 이미 고독한 죽음이 사람의 운명임을 각오하라는 권고가 숨어 있다. 그래서일 것이다. 『장자』에 죽음과 운명에 대한 파노라마가 펼쳐지는 까닭이. 다음은 아내의 죽음 앞에서 장자가 보인 모습이다.

장자의 아내가 죽어 혜자가 문상을 갔습니다. 장자는 두 다리를 뻗고 앉아 질그릇을 두드리며 노래를 부르고 있었습니다. 혜자가 말했습니다.

"자네는 아내와 살면서 아이들을 기르고 이제 늙은 처지일세. 아내가 죽었는데 곡을 하지 않는 것도 너무한 일인데, 거기다 질그릇을 두드리며 노래까지 하다니 너무 심하지 않은가?"

장자가 대답했습니다.

"그렇지 않네. 아내가 죽었을 때 나라고 어찌 슬퍼하는 마음이 없었겠나? 그러나 그 시작을 곰곰이 생각해보았지. 본래 삶이란 게 없었네. 본래 삶이 없었을 뿐만 아니라 본래 형체도 없었던 것이지. …… 형체가 변하여 삶이 되었지. 이제 다시 변해 죽음이 된 것인데, 이것은 마치 봄 여름 가을 겨울 사철의 흐름과 맞먹는 일. 아내는 지금 '큰 방'에 편안히 누워 있지. 내가 시끄럽게 따라가며 울고불고한다는 것은 스스로 운명을 모르는 일이라. 그래서 울기를 그만둔 것이지."[50]

_『장자』, 「외편」, '지락至樂'

그러나 맹자는 손을 내젓는다. 장자의 말꼬리를 잡자면 "아내가 죽었을 때 나라고 어찌 슬퍼하는 마음이 없었겠나? 그러나 그 시작을 곰곰이 생각해보았지"라는 말에 잘못이 들어 있다. 사람다움은 '생각'이 아니라 '마음'에 있는 터. 슬퍼하는 마음을 직시하지 않고 덮어버린 채 생각(머리)으로 도피하면서 왜곡이 일어나고, 급기야 그 말은 궤변으로 떨어지고 말았다(고 맹자는 힐난하리라).

이 장은 우리에게 '잘 산다'는 것이 과연 무엇인지 생각할 기회를 준다. 맹자는 이렇게 말하는 듯하다. 주검을 잘 대접하는 것이 잘 사는 것이다. '웰다잉well dying'이 곧 '웰빙well being'이다. 한 걸음 더 나아가 인간은 인문적 존재이자 의미 덩어리이니 장례는 삶과 죽음 사이에서 의미를 연결하는 교량이다. 사람이 돈을 버는 까닭은? 삶과 죽음을 의례화하는 데 쓰기 위함이다. 그러니까 장례는 인문학 페스티벌이 된다. 공자와 유교가 부모의 삼년상을 사람다움의 한계선으로 여겼던 까닭도 이쯤에서 알 수 있다.

한편 일본의 유학자 이토 진사이는 이 장을 정치적 맥락으로 해석하

---

50 오강남 풀이, 『장자』, 현암사, 1999, 371~372쪽.

는데 조선의 유교와 일본의 유학 사이에 벌어진 아득한 거리감을 느끼게
한다.

> 여기 양생養生이란 산 사람을 봉양하는 것이다. 송사送死는 '자기 목
> 숨을 바친다'라는 말이다. 신하가 임금을 섬길 때 살아 있는 동안 봉
> 양에 힘쓰는 일은 큰일을 담당한다 할 수 없고, 임금을 사랑하고 나라
> 에 충성을 바치며 자신을 잊은 뒤에야 큰일을 담당한다 할 수 있다.[51]

일본식 '사무라이 에토스'가 물씬 풍기는 해석이다. 특히 "송사는 '자
기 목숨을 바친다'라는 말이다"라는 해석은 아무래도 이해되지 않는다.
유교 의례의 정수인 부모 장례를 신하가 군주에게 복종하는 예법으로 왜
곡하는 이토 진사이의 시각은 낯설다. 그래서 나는 말한다. 일본은 유교
국가인 적이 없었다!

---

51 이토 진사이, 최경열 옮김, 『맹자고의』, 그린비, 2016, 318쪽.

孟子曰, "君子深造[52]之以道, 欲其自得之也. 自得之, 則居之安; 居之安, 則
資[53]之深; 資之深, 則取之左右逢其原. 故君子欲其自得之也."

> 맹자, 말씀하시다.
> "군자가 도로써 깊은 경지에 이르려는 것은 자득[54]코자 함이다.
> 자득하면 생활이 안정되고, 생활이 안정되면 쌓이는 지혜가 깊
> 어질 터. 지혜가 깊어지면 주변의 숨은 진리와 조우하게 되리
> 라. 그래서 군자는 반드시 자득하고자 하는 것이다."

해설

핵심은 자득自得, 스스로 깨달음에 있다. 급하게 알려 들지 말
고(그런다고 이해가 되랴), 한 세월을 두고 점점차차 무르익히다 보면 스스
로 참된 앎의 경지가 열린다는 것. 시어도어 드 배리Theodore de Barry는 미
국 동부 지역 유교 연구의 최고봉이다. 그는 관계론으로 이해되어온 유

---

52 造(조): 나아가다.

53 資(자): '쌓이다'라고 번역하였다.

54 自得(자득): '自得'은 크게 세 가지 뜻이 있다. (1) 스스로 깨닫다, (2) 스스로 만족하다(=
自足), (3) 스스로 뽐내며 우쭐거리다. 여기서는 (1)을 뜻하니 자립自立과 같다.

교 성리학의 전통에서 외려 서구 근대에 못지않은 개인주의적이고 주체적 인간, 자립적 사유와 자유롭고 자득한 인간관을 찾아낸다(그의 저서 『중국의 '자유' 전통The Liberal Tradition in China』에 이런 의식이 잘 나타나 있다). 그 가운데 이 장을 해석한 대목이 있다. 드 배리의 번역문을 참고하면, 다소 어려운 본문의 뜻을 현대식으로 이해할 수 있다.

> 군자는 자기 스스로 참되고 바른길을 깨달아 얻어 그 안에 깃든다. 스스로 깨달았으니 깨달은 바에 대해 확신을 가질 수 있고, 흔들림 없이 편안할 수 있다. 흔들림이 없이 편안하니 깨달은 바에 대한 이해도 한층 깊어진다. 이해가 깊어지면 깨달은 바를 자기 주변의 어떤 상황에 적용하더라도 참되고 바른길과 만날 수 있다. 그래서 군자는 자기 스스로 힘으로 참되고 바른길을 깨닫고자 하는 것이다.[55]

이 장에서 개진된 공부의 5단계, 심조深造→자득自得→거안居安→자심資深→봉원逢原은 맹자의 학문 방법론의 얼개다. 유교에서 말하는 공부工夫가 고작 머리와 눈을 굴려서 외부의 지식과 정보를 획득하는 것이 아니라, 몸과 마음을 닦아서 자신을 변모시키는 위기지학임을 여실하게 보여준다. 이를테면 지식과 정보, 곧 인포메이션Information을 배우는 공부에서 한걸음 더 나아가 배운 것을 몸소 체화하여 자기를 변화시키는 '쿵푸工夫'의 길, 즉 트랜스포메이션transformation으로 전환하는 과정에 유

---

55   시어도어 드 배리, 표정훈 옮김, 『중국의 '자유' 전통』, 이산, 1998, 96쪽.

교의 공부가 놓일 자리가 있다. 곧 "배우고 늘 익히면 기쁘지 않으랴學而時習之, 不亦說乎!"라던 『논어』 제1장이 밑바닥에 깔려 있다. 그러면 본문에서 서술한 학문의 심화 단계를 하나씩 맛보자.

(1) 深造之以道(심조지이도)란 '올바른 방법으로써 깊숙한 경지에 나아가다'라는 말이다. 심조深造는 '도저到底'와 같으니 '깊숙한 경지에 이르다'라는 뜻이다. 도道는 올바른 공부의 길을 말한다. 공부는 올바른 방법을 통해야 한다. 조급한 마음에 샛길을 찾아서는 안 된다. 뒤에 순우곤의 겉핥기 지식과 맹자의 세 겹으로 켜켜한 지식을 비교해보면 좋겠다(12:6).

(2) 自得(자득)이란 '스스로 깨닫다, 터득하다'라는 말이다. 자득은 배움이 무르익어 깨우침(覺)에 이른 단계다. 깊이 파는 공부를 계속하다 보면 어느 순간 말글의 속살, 숨은 뜻이 드러나는 때가 있다. 그 의미를 스스로, 자기 식으로 체득하는 경지가 자득이다. 자득은 자립自立과 같다. 특별히 퇴계 이황은 공부에서 '자득한 경지(自得之味)'를 소중히 여겼다. 글을 읽는 것이 "얼음 위를 스치는 썰매처럼 말글의 겉만 핥아서는 안 되며, 또 새가 씨앗을 삼키듯 할 뿐 그 속을 쪼아 맛보지 못해서는 안 된다"고 경고했던 터다.

(3) 居之安(거지안)이란 '태연하다'라는 뜻이다. 일상이 꼭 편안한 집에서 사는 것과 같다. 확신의 경지다. 텍스트를 맥락을 살펴 이해하

맹자, 마음의 정치학 2

는 수준에 도달한 것이다. 맹자가 "『서경』을 글자대로 다 믿는다면 외려 읽지 않는 것만 못하다盡信書, 則不如無書"(14:3)라던 것이 이 단계요, 또 "시를 해석할 때는 단어에 천착하여 구절을 해쳐서는 안 되고, 구절에 집착하여 그 시의 본뜻을 놓쳐서도 안 된다. 추리하여 시의 본뜻을 거슬러서 헤아려야 시를 이해할 수 있다"(9:4)라던 말 또한 거안의 단계다.

(4) 資之深(자지심)은 '지혜가 깊이 쌓이다'라는 뜻이다. 앎이 심화되어 변화가 일어나는 것이다. 앎에서 삶으로의 전환. 내 주변의 범속한 삶이 특별한 사건으로 변모한다. 공자가 마을의 개울물을 두고, 어느 순간 "이렇구나, 흘러가는 것이!"라며 깨우침을 얻는 단계가 여기 자심資深이다(『논어』, 9:16 참고).

(5) 逢其原(봉기원)이란 '진리의 근원과 조우하다'를 뜻한다('逢'은 '만나다'라는 뜻이고 '原'은 곧 '源'이니 기원, 근원, 본질을 뜻한다). 맹자 공부론의 최종 단계다. 자심에서 한 걸음 더 내디뎌야 여기에 닿는다. 진리가 저 멀리 어느 곳에 감춰져 있지 않고, 지금 여기 질펀한 시장통 또는 내리쬐는 햇볕 아래 '그냥 그렇게' '나와 함께 더불어' 존재함을 체득하는 경지다. 즉 글과 말에서 앎으로 확인했던 진리와 지금 내 삶에서 겪는 사건들이 문득 삶의 지평선 위에서 조우한다. '봉원逢原'은 그 근본 자리를 만나는 것이다. 앎의 궁극처가 이 자리다. 앎과 삶이 하나가 됨이니 공자가 도달한 종심從心이 이와 같다. 이제

부터는 하루하루가 새롭고 또 새로워진다. 일신우일신日新又日新의
설레는 삶이 펼쳐진다!

극락정토가 서산 너머 있지 않고, 천당 지옥이 하늘 위에 있지 않으
며, 불국토가 바로 이 자리 '현現/장場'에 있다. 가난하면 가난한 자
리에서, 부유하면 부유한 곳에서 그냥 그 삶을 즐기며 살아간다. 빈
이락貧而樂의 역설이 감도는 경지가 이곳이다. 맹자가 공자를 만났
던 것도 '봉逢'의 좋은 사례다. 해석학적 지평에서 시공간을 달리하
는 두 사람이 공감하는 장면이 여기 '만남(逢)'에 들어 있다(8:18과 겹
쳐보자).

여기 맹자의 공부론에는 공자가 배움의 심화 과정을 요약한 "아는 것
은 좋아하는 것만 못하고, 좋아하는 것은 즐기는 것만 못하다知之者不如
好之者, 好之者不如樂之者"(『논어』, 6:18)가 깔려 있는 듯하다. 공자가 제시한
무지無知→지지知之→호지好之→락지樂之의 네 단계는 여기 맹자의 5단
계 성숙 과정, 즉 심조→자득→거안→자심→봉원의 원형이다.

8:15. 한마디로 요약하라

孟子曰, "博學而詳說之, 將以反⁵⁶說約也."

> 맹자, 말씀하시다.
> "널리 배우고 상세히 해설하는 까닭은 돌이켜 요약하고자 함에
> 서다."

해설

여기 '약約'이란 앎과 삶이 통합한 경지다. 앎이 내 몸에 무르
익어 체화된 것이다. 체화된 앎은 몸에 익었기에 언제 어디서고 베풀어
써먹을 수 있다. 애당초 공자가 "널리 글을 배우되 그것을 예로써 요약하
라博學於文, 約之以禮"(『논어』, 6:25)고 한 것은 유교 공부론의 핵심이다. 저
뒤에 맹자가 "지키기는 간략(約)하면서 널리 베풀어지는 것이 좋은 도
다"라고 한 말도 이 장과 더불어 공자를 계승, 부연한 것이다(14:32). 뾰
족한 촉에 펜의 존재 의의가 달려 있는 것에 비길까?

예를 들자면 공자가 『시경』을 널리 배우고 정밀하게 연구하여 '사무
사思無邪'라는 한마디로 요약한 것이 여기 '반설약反說約(돌이켜 요약하

---

56   反(반): 돌이키다.

다)'이다. 공자의 사상이 '인'이라는 한마디로 요약되어 『논어』로 펼쳐 나오며, 석가모니의 팔만대장경 같은 장광설이 단 한마디 '자비'로 요약되고, 예수의 기적과 언행이 '사랑'으로 압축되듯 궁극적 언어는 한마디에 결정結晶되는 법이다. 본문은 8:14에서 다룬 지식 획득 5단계의 궁극처를 요약한 것으로도 읽을 수 있다.

배움이 참되려면 먼저 견문이 넓어야 한다. 많이 듣고, 많이 보는 것이 우선이다. 다만 여기 멈춰서는 안 된다. 박문博文을 바탕으로 생각하고 궁구하는 과정, 즉 의미를 해석하는 과정을 거쳐야 한다. "배우고 생각하며, 또 생각하며 배우는學而思, 思而學"(『논어』, 2:15) 과정을 통해 견문을 지식으로, 지식을 지혜로 점차 발효시켜야 한다. 그렇지만 여기 머물러서도 안 된다. 키워드(約)로 온축하는 데까지 나아가야 한다. 키워드로 온축한 것이 체득될 때, 즉 보고 배운 학學(=정보, 지식)이 몸에 익는 습習(=변화, 변모)이 될 때 앎이 삶이 된다. 이때가 '박博'이 '약約'으로 전환하는 순간이다. 체화된 궁극의 지경이 '약'이니, 앞서 살펴본 '봉원'의 다른 말이다. 아무리 많은 정보와 지식이 쌓여도 체화되지 않는다면 그림의 떡일 뿐이다. 주희는 "배움은 한낱 박학하려고 할 일이 아니요, 그렇다고 곧바로 요약을 능사로 삼아서도 안 된다"라고 지적했는데 바로 짚었다. 공자의 공부론은 이 대목에서 참고할 만하다.

우선 많이 들어야 한다. 그중에 합당하지 않은 것은 제외하고 나머지를 조심스럽게 말로 표현해보라. 그러면 허물이 적으리라. 또 많이 보아야 한다. 그중에 잘못된 것은 젖혀두고 그 나머지를 실천해

보라. 그러면 뉘우칠 일이 적으리라. 말에 허물이 적고, 행동에 뉘우칠 일이 적다면 벼슬은 그 가운데 있으리니.

_『논어』, 2:18

무엇보다 먼저 견문, 지식, 정보를 널리 획득해야 한다. 마치 밑바닥이 넓어야 높은 피라미드를 지을 수 있는 것과 같다. 그러나 넓은 기초만으로는 안 된다. 그것이 최상부 꼭짓점으로 집중될 때 완정한 피라미드가 된다. 공자식으로 하자면 "말에 허물이 적고, 행동에 뉘우칠 일이 적은言寡尤, 行寡悔" 경지가 곧 '약'이 되겠다. 이건 옛날이야기가 아니다. 현대 사회를 구성하는 핵심어도 세 단어로 요약될 수 있다고 한다.

> 20세기에 종횡무진하면서 우리를 불안하게 만든 세 가지 과학 개념이 있다. 원자atom, 바이트byte, 유전자gene가 바로 그것이다. 각각은 처음에 다소 추상적인 과학 개념으로 출발했지만, 성장하면서 인류의 모든 영역에 침투했고, 그럼으로써 문화, 사회, 정치, 언어를 변모시켜왔다.
>
> 각각은 더 큰 전체를 구성하는, 더 이상 환원이 불가능한 단위, 즉 구성단위를 가리킨다. 원자는 물질의 기본 단위이고, 바이트는 디지털 정보의 기본 단위이며, 유전자는 유전과 생명 정보의 기본 단위이다. 그러므로 최소 단위를 이해하는 것이 전체를 이해하는 데에 대단히 중요하다. 원자, 바이트, 유전자는 각자의 체계를 근본적으로 새로운 과학적 및 기술적 관점에서 이해할 수 있게 해준다.[57]

뿐만 아니다. 과학기술 교육도 '약'의 이해에 사활이 걸려 있다고 한다. 핵심 개념에 대한 철저한 이해만이 창의성으로 발전하는 지름길이라고까지 한다.

> 원래 단순성에서 창의성이 나오고 복잡성에서는 테크닉이 나옵니다. 창의적인 것은 핵심적인 개념의 변형에서 오는 것이지, 복잡한 문제를 푸는 것에서 나오는 것이 아니라는 의미입니다. 아인슈타인의 특수상대성이론도 기초적인 개념에 대한 고찰이지 복잡한 수식 풀이의 결과로 만들어진 것이 아닙니다. 다시 말해 기본적인 개념을 몸으로 확실히 체득해서 알아야 혁신적이고 창의적인 생각도 할 수 있습니다.[58]

이렇게 놓고 보니 현대 사회를 3대 개념으로 요약할 수 있다는 지적이나, 창의성은 단순성에서 나온다는 주장이 가리키는 곳이나, 저 옛날 공자와 맹자가 강조한 '약'의 공부론이 가리키는 지점이나 두루 같다. 온고지신이라, 옛글을 지금 읽는 이유가 또 하나 늘었다. "천년의 동짓날도 책상 앞에서 알 수 있으리라"던 8:26도 함께 보자.

57   싯다르타 무케르지, 이한음 옮김, 『유전자의 내밀한 역사』, 까치, 2017, 22~24쪽(필자 요약).
58   서울대학교 공과대학 엮음, 『축적의 시간』, 지식노마드, 2015, 164~165쪽.

8:16. 사람의 마음을 얻어야 왕이 된다

孟子曰, "以善⁵⁹服人者, 未有能服人者也; 以善養人, 然後能服天下. 天下不
心服而王者, 未之有也."

> 맹자, 말씀하시다.
> "선으로 사람을 굴복시키려는 사람치고 사람을 복종시킬 수 있
> 는 자가 없다. 선으로 사람을 기르는 사람인 다음에야 천하를
> 복종시킬 수 있다. 천하 사람이 마음으로 복종하지 않는데 왕자
> 가 된 경우는 없었다."

해설

패도와 왕도를 다른 말로 설명하고 있다. 선으로 사람을 굴복
시킨다는 것은 힘(폭력, 경제력, 강제력)으로 사람을 복종시키는 것이니 '지
배의 권력학'을 뜻하고, 선으로 사람을 기른다는 것은 늙고 병든 자, 가
난하고 궁박한 자, 어리고 기댈 데 없는 자를 부양하는 것이니(2:5), 곧
'여민의 왕도학'을 이른다. 전자는 당시 군주들의 일반 행태요, 후자는

---

59 양백준은 '善'을 번역하려 하지 말고 그냥 두기를 권한다. 즉 '以善服人者(이선복인자)'는
'선으로 사람을 굴복시키려는 사람'으로, '以善養人(이선양인)'은 '선으로 사람을 기르는
사람'으로 번역하라는 것(『맹자역주』).

요순·우탕·문무 등 성왕들의 정치에서 보인다(8:19~8:22 참고). '지배의 권력학'과 '여민의 왕도학'은 완전히 상반된 정치다. 따라서 "천하 사람이 마음으로 복종하지 않는데 왕자가 된 경우는 없었다"라는 결론에 수긍할 수밖에 없다.

이 장은 공자의 덕치론을 해석한 것이다. 공자가 "위세로써 인도하고, 형벌로써 통치하면 백성은 면하려 들 뿐 부끄러움을 갖지 않는다. 반면 덕으로써 인도하고 예로써 다스리면 백성은 부끄러움을 가질뿐더러 스스로 바로잡는다"(『논어』, 2:3)라고 한 것이 이 장의 선편이다.

복종(服)은 춘추전국시대 군주들의 초미의 관심사였다. '어떻게 신민臣民을 복종하게 할 것인가?' 혹은 '통치의 정당성은 어떻게 확보할 수 있는가?'가 당시 '정치학계'의 화두였다. 『논어』에는 권력자들이 복종의 문제를 공자에게 질문하는 대목이 거듭 나온다. 노나라 임금 애공이 공자에게 "어떻게 해야 백성이 복종할 수 있겠소何爲則民服?"(『논어』, 2:19)라고 물었고, 노나라 집정자 계강자도 "군주에게 공경하고 충성하도록 백성을 권면하고 싶은데 어떻게 하면 좋겠소?"(『논어』, 2:20)라고 물었던 바다. 민란의 시대, 전복의 시대, 전쟁의 시대인 춘추시대 정치학의 가장 큰 이슈가 복종의 문제였던 것은 어쩌면 당연하다.

맹자도 앞에서 "사람들이 힘에 굴복하는 것은 마음으로 복종함이 아니라 힘이 부족하기 때문이요, 사람들이 덕에 복종하는 것은 마음으로부터 기뻐서 진정으로 복종하는 까닭이다. 마치 70명의 제자들이 공자에게 심복하던 것과 같다"(3:3)라고 하여 복종을 주요 개념으로 등장시킨 바다. 여기 본문에도 복인服人, 복천하服天下, 심복心服 등의 어휘에 복종이 핵심 개념으로 들어 있다(3:3과 본문의 차이에 대해서는 참고를 볼 것).

복종이라는 개념과 관련하여 맹자의 가장 큰 기여는 '심복'이라는 개념을 발굴한 것이다. 즉 인민이 고작 병력이나 노동력 동원의 대상이 아니라 마음을 가진 인간이라는 사실을 확인하고, 정치적 안정은 인민의 마음을 획득하는 데 있음을 눈앞에 드러냈다는 점이 정치학자 맹자의 기여다. 참고로 이 장은 뒤에 '선정善政'과 '선교善敎'의 차이를 논하는 13:14의 내용과 함께 보아야겠다.

> **참고** 본문의 '이선복인以善服人'은 일견 3:3과 모순되어 보인다. 타인의 충성을 획득하는 데 힘에 의존하는 '이력복인以力服人'과 덕에 의존하는 '이덕복인以德服人'을 대조하는 3:3에서는 후자인 '이덕복인'만이 성공한다고 말했다. 문제는 여기 8:16의 본문에서는 '이선복인'이 실패한다고 말하여 둘 사이에 어긋남이 있다는 것이다. 이 문제를 해결하는 한 방식은 3:3에서는 힘과 덕 사이의 대조에 좀 더 강조점이 있으며, '이덕복인'은 타인의 충성을 얻을 목적으로 덕을 실천한다는 함의를 갖지 않는다고 보는 것이다.[60]

---

60 킹로이슌, 앞의 책, 317쪽.

孟子曰, "言無實⁶¹不祥⁶². 不祥之實, 蔽賢者當之."

맹자, 말씀하시다.
"말에 실질이 없으면 불길하다. 불길함의 실체는 현자를 등용하지 않음이 바로 그것이다."

해설

이 장도 맹자 학교에서 『논어』를 독해하던 중에 스승의 비평을 제자가 기록해두었던 것인 듯하다. 현자의 사람됨을 알면서도 지위에 등용하지 않은 재상에 대한 비판이 『논어』에 보이기 때문이다.

공자, 말씀하시다.
"장문중은 그 자리(재상의 지위)를 도둑질한 자다! 유하혜가 현자임을 알면서도 조정에 함께 서지 않으니!"

---

61 言無實(언무실): '言'은 '名(명)'과 같다. '實'은 '言'의 내용, 의미를 뜻한다. 여기서는 '실질, 실체'라고 번역하였다. 이 밑에는 당시 유행하던 (명가의) 명실론이 깔려 있는 듯하다. 뒤에 순우곤이 맹자를 시비하면서 거론한 '名實(명실)'이 한 예다(12:6 참고).
62 祥(상): 길하다.

유교 정치학의 핵심은 법치法治와 상반되는 인치人治다. 인치는 프랑스 루이 14세의 '짐이 곧 국가다'라는 말처럼, '군주가 자의로 통치한다'라는 비아냥거림으로 귀에 익다. 그러나 유교 본래의 뜻으로 인치란 현자의 정치를 뜻한다. 인치의 핵심은 사람됨을 알아보는 지인知人의 안목과 '그 사람'을 적재적소에 배치하는 용인用人의 능력으로 압축된다. 재상의 정치적 역할은 현자를 알아보고 그를 적재적소에 등용하여 공공선common good을 실현하는 것, 즉 지인과 용인의 관절關節을 잘 수행하는 일이다.

자기 수양을 행한 자가 스스로 제 손을 들고서 정치를 하겠노라고 나서는 것은 유교 정치학의 구도에서는 참람한 짓이다. 따라서 인사권을 가진 재상이 사람을 정확히 알아 올바로 쓰지 않으면 '개인의 덕성'이 '공공의 선'으로 전개될 길이 막힌다. 결국 지인은 했지만 용인을 행하지 않아 공공선의 실현에 장애물이 된 장문중은 '인치=유교 정치'의 대맥大脈을 단절시킨 '흉악범'이다. 그러므로 국가에 대한 "불길함의 실체는 현자를 등용하지 않음"이 된다(8:1에서 보았듯 정치는 어진 마음을 인민의 복지로 연결하는 '다리'와 같다).

徐子⁶³曰, "仲尼亟⁶⁴稱於水, 曰 '水哉, 水哉!' 何取於水也?"

孟子曰, "原⁶⁵泉混混⁶⁶, 不舍⁶⁷晝夜, 盈科⁶⁸而後進, 放⁶⁹乎四海. 有本者如是, 是之取爾. 苟爲⁷⁰無本, 七八月之間雨集, 溝澮⁷¹皆盈; 其涸⁷²也, 可立而待也. 故聲聞過情⁷³, 君子恥之."

서자가 말했다.

"공자께서 물을 보고 '물이여! 물이여!'라고 자주 칭탄하셨는데 물의 어떤 점을 취한 것입니까?"

맹자, 말씀하시다.

---

63 徐子(서자): 맹자의 제자. 묵가 이지夷之를 맹자에게 소개하던 서벽徐辟으로 추측된다(5:5 참고).

64 亟(기): 자주.

65 原(원): '源(원)'으로 된 판본도 있다. 사람이라면 누구나 갖추고 태어나는 선한 본성을 상징한다.

66 混混(혼혼): 퐁퐁 물이 샘에서 계속 솟아나는 모양.

67 舍(사): 쉬다.

68 盈科(영과): '盈'은 채우다. '科'는 구덩이. 이것도 비유다. 구덩이는 자신이 저지른 과오를 가리키고, 채운다는 것은 잘못을 인식하고 부끄러워하며 고치는 과정을 뜻한다.

69 放(방): 이르다. '至(지)'와 같다.

70 苟爲(구위): 만일 ~한다면.

71 溝澮(구회): '溝'는 논밭의 물고랑. '澮'는 봇도랑. 곧 도랑과 개울.

72 涸(학): 마르다.

73 情(정): 실제(實). 여기 '情'은 인정人情이 아니라 실정實情을 뜻한다.

"근원이 있는 샘물은 퐁퐁 솟아 나와 밤낮을 쉬지 않고 흘러 구덩이를 채운 뒤 계속 나아가 바다에 이른다. 근본이 있는 것은 모두 이와 같으니, 이 점을 취하신 것이다. 만약 근본이 없다면 7, 8월 사이 장맛비가 모여 도랑과 개울이 넘실거려도 그 마르는 것을 서서 기다릴 수 있다. 그래서 군자는 명성이 실제보다 지나침을 부끄러워한다[74]."

해설

샘에서 솟아 바다에 이르는 물의 흐름에 뜻을 세워 배우는 사람의 성장 과정을 비유했다. 이 장 또한 맹자 학교에서 『논어』를 강독하던 중 사제 간의 문답을 기록한 것 같다. 서자가 "공자께서 물을 보고 '물이여! 물이여!'라고 자주 칭탄하셨다"고 한 말은 『논어』의 "공자가 개천가에서 물을 보고 말했다. '이렇구나, 흘러가는 것이! 밤과 낮을 가리지 않고 흐름이여子在川上曰, 逝者如斯夫! 不舍晝夜!'"(『논어』, 9:16)를 두고 한 질문으로 여겨지기 때문이다. 맹자의 답변 가운데 "밤낮을 쉬지 않고 흐

---

74 聲聞過情, 君子恥之(성문과정, 군자치지): '聲聞'은 소문난 이름. '君子'는 공자를 지칭한다. '聲聞過情'은 『논어』를 의식한 말인 듯하다. "선비가 어찌해야 통달했다(達)고 이를 수 있을까요?"라는 자장의 질문에 공자는 선비를 달사達士와 문사聞士로 구분하며, 문사를 "겉으로는 어진 듯하나 실제와 어긋나는데 나라나 집안에 명사로 소문난 선비"(『논어』, 12:20)로 서술하였다. 『논어』 속의 문사가 여기 '聲聞'과 같다.

른다"라는 '불사주야不舍晝夜' 네 글자도 공자의 탄식 속에 들어 있으니 이런 추론은 확정적이다.

공자가 물을 칭탄한 것은 그 근원이 보잘것없는 샘이지만 끊임없이 솟는 성질 때문이다(라고 맹자는 해석했다). 누구나 선한 양심을 가지고 있지만 실마리(端)에 불과함을 떠올린 것이다. 역시 미약한 샘이 흘러 개천이 되고 강이 되어 끝내 바다가 되듯, 도덕의 실마리(사단)도 확충하여 펼쳐 나가면 천하를 감화하여 평화 세계를 이룬다는 의미를 물의 흐름에서 간취한 것이다. 그렇다면 샘에서 바다에 이르는 과정이 물길이듯, 덕성에서 평천하에 이르는 과정은 공부 길이 된다. 공자가 자신을 두고 성인이라느니, 현자라느니 하는 소문에 그렇지 않노라고 손사래를 치면서 다만 배우기를 좋아하는 사람, 곧 호학好學으로 정의한 것이 이쯤이다(『논어』, 5:27).

물의 근원이 샘(泉)이라면 공부의 근본은 '몸을 닦는 것(修身)'이다. 근본이 있는 공부란 자기 성찰을 통해 덕을 기르는 공부요(이른바 위기지학爲己之學), 근본이 없는 공부는 눈으로 읽고 머리로 헤아리는 지식 공부(이른바 위인지학爲人之學)다. 속성을 위주로 하는 공부는 숙성할 시간이 없기에 "7, 8월 사이 장맛비"처럼 "도랑과 개울이 넘실거려도 그 마르는 것을 서서 기다릴 수 있다."

한편 이 장의 뜻은 조선 세종이 한글로 처음 짓고 쓴 노랫말인 「용비어천가龍飛御天歌」의 첫 문장에 오롯이 담겼다.

뿌리 깊은 나무, 바람에 흔들리지 않아 꽃이 좋고 열매가 많으니.

　　　　　　　　　　　　　　　　맹자, 마음의 정치학 2

샘이 깊은 물, 가뭄에도 그치지 않아 내가 이뤄져 바다로 가느니.

　뿌리 깊은 나무와 샘이 깊은 물의 공통점은 둘 다 눈에 보이지 않게 감춰져 있다는 것이다. 눈에 드러나는 무성한 가지와 잎사귀는 말절(末)일 뿐이다. 학인에게는 바깥에 나도는 명성, 소문이 이에 해당한다. 나무의 생사는 뿌리(本)에 달려 있는데, 뿌리는 땅속 깊숙이 숨어 있다. 눈으로 볼 수 없으니 그 깊이를 알 수 없다. 다만 큰 바람이 닥치면 뿌리 깊은 나무는 버티지만 뿌리가 얕은 나무는 그 가지와 잎이 무성할수록 도리어 뿌리째 뽑히고 만다. 마찬가지로 샘, 원천源泉은 숨겨져 있어 눈에 잘 띄지 않는다. 그러나 미미하게라도 언제나 솟는 샘을 가진 물은 가뭄에도 개울을 이루고, 개천을 이루며, 강을 이루다가 끝내 바다에 닿는다. 그 물길의 중간에 움푹 팬 구덩이가 있으면 그걸 다 채우고 난 뒤 또 흐른다. 맹자는 그 흐름을 공부의 과정에 비유하였으니, 저 뒤에 "흐르는 물은 구덩이를 채우지 않으면 나아가지 않는다流水之爲物也, 不盈科不行"(13:24)라고 하였다.

　맥락을 살펴 읽으면, 8:5~8:18은 맹자 학교에서 『논어』를 독해하던 중에 제자의 질문에 맹자가 답한 것을 메모한 내용으로 보인다. 『맹자』 전체가 『논어』에 대한 첫 해설서의 성격이 있다고 지적했지만, 특히 8:5~8:18에는 『논어』의 그림자가 짙게 어른거린다.

孟子曰, "人之所以異於禽獸者幾希[76], 庶民[77]去之, 君子存之. 舜明於庶物[78], 察於人倫[79], 由仁義行, 非行仁義也."

맹자, 말씀하시다.

"사람이 짐승과 다른 까닭은 몹시 드문데, 범인은 그 까닭을 몰라 내버리고 군자는 그 이치를 알아 보존하며 산다.

순임금은 천지자연의 이치에 밝고 인류의 도리를 깨달아 인의를 몸소 살아낸 것[80]이지 인의를 위하여 산 것이 아니다[81]."

해설

'먹어야 산다!' 이 짧은 문장만큼 저항하기 어려운 말이 또 있

---

75 7:28의 제목 '효도를 수립한 순임금'과 짝을 지었다.

76 幾希(기희): 매우 드물다. '幾'는 거의. '希'는 드물다.

77 庶民(서민): 범인凡人으로 번역하였다. '庶'는 많다.

78 明於庶物(명어서물): 천지자연의 이치에 밝다. '庶物'은 만물이니 곧 천지자연을 뜻한다.

79 察於人倫(찰어인륜): 사람의 도리를 깨닫다. '察'은 낱낱이 알다. '人倫'은 사람의 도리. 주석 78의 '明於庶物'과 여기 '察於人倫'을 합하면 순은 천지인天地人 삼재三才에 두루 통했다는 말이다.

80 由仁義行(유인의행): '仁義'를 몸소 살아내다.

81 非行仁義(비행인의): '仁義'를 위하여 살지 않다.

을까? 어떤 생명도 먹지 않고는 살 수 없다는 점에서 저 말은 진리다. 사람도 먹어야 산다. 인간 역시 생물의 한 종이기 때문이다. 그런데 이런 진리를 거스르는 현상이 인간이라는 종에게 종종 일어난다. 젖먹이를 구하려고 희생하는 어미도 있고, 나라를 위해 목숨을 바치는 의인도 있다. 남을 죽여 빵을 빼앗아 먹는 도적도 인간이지만 남에게 빵을 주려고 목숨을 바치는 예수도 인간이다. 짐승과 다른 '희소한 사람다움'이 인간 내부에는 분명 존재한다.

지금 맹자가 "사람이 짐승과 다른 까닭은 몹시 드물다"라고 한 그 희소한 사람다움을 오늘날 유전과학에서는 '침팬지 유전자의 염기서열과 인류의 차이는 1.6퍼센트에 지나지 않는다'라고 표현한다. 여기 유전과학에서 증명한 1.6퍼센트의 종차에 '먹는 것이라고 마구 먹지 않고', '굶어 죽더라도 차마 먹지 않는' 사람만의 희소한 특성이 들어 있다. 여기 '마구', '차마'라는 부사가 그 희소한 사람다움을 표현한다.

아, 그러나 부사는 힘이 없다. 머뭇거리고 쭈뼛거리며, 낯을 가리고 어색해하는 것이 부사다. 명사와 동사에 비해 부사는 턱없이 위약하다. '사람은 먹어야 산다'라는 명사와 동사로 구성된 문장에 비해 '아무거나 분별없이 함부로 허겁지겁 마구 먹지 않는다'라는 부사구 문장은 얼마나 길며 구차한가. 품사의 나라에서 부사의 영토는 겨우 1.6퍼센트 정도에 불과하다. 맹자의 '사단'도 부사다. '함부로 하지 않고', '차마 어쩌지 못하며', '감히 행하지 않고', '부득이 하지 않을 수 없다'라는 '함부로'와 '차마', '감히'와 '부득이'가 사람다움의 네 가지 실마리인 사단이다! 사단을 "인류라는 종種이 지녀온 특성, 가냘프지만 끊어지지 않고 희미하지만 사라지지 않는 DNA의 발현"[82]이라고도 표현할 수 있을 터다.

인류에게서 이 '희소한 사람다움'을 발견하고 그것을 몸소 살아낸 최초의 인간이 순이다(라고 맹자는 생각한다). 이를 다른 곳에서는 "순은 본성대로 행하였다舜, 性之也"(13:30)라고도 표현한다. 순은 천지자연의 원리를 깊이 연구하고 미미한 인류의 도리를 확연하게 이해하였다("순은 천지자연의 이치에 밝고 인류의 도리를 깨달았다"). 인의라는 도덕성을 인간 내부에서 '발견'하고, 그것을 인간 사회에 '발현'한 최초의 도덕적 인간*Homo Moralicus*이 순이라는 말이다. 이것이 맹자가 그를 '대순'으로 기린 까닭이다.[83]

한편 군자란 이 희소한 사람다움을 보존할 줄 아는 사람을 이른다. 뒤에서 현자를 '사람다운 마음을 잃지 않고 간직한 사람'(11:10)이라고 규정하였으니 뜻이 같다. 반면 범인은 자기 안에 덕성이 있는 줄 알지 못한 채로 육신의 욕망에 시달리며 밖으로 치달으며 살다 가는 사람이다(여기서 '애재'라는 맹자의 탄식이 터진다). 따라서 범인인 우리네 과업은 수신修身이니, 돌이켜 도덕 자아를 발견하고 견지하며 사는 일이 큰일이 된다. 한편 본문 끝의 여덟 글자 '由仁義行, 非行仁義(유인의행, 비행인의)'는 함의가 풍부하여 역대로 다양한 해석이 있었다.

---

82 김형민, "독립운동가를 변호한 어느 일본인에 대하여", 〈시사인〉, 제516호, 2017년 8월 10일자.

83 3:8 및 9:1 참고. 공자가 순을 '무위이치無爲而治'로 기린 것을 맹자가 이은 것이기도 하다 (『논어』, 15:4).

어떤 학자는 인의를 이용해서 정치적 이득을 얻으려는 패자와 달리 '순임금은 진정으로 인의로웠고 그로부터 행동했다'라고 해석한다(주희, 『맹자혹문』). 즉 진정한 왕은 덕을 가졌고 정치적인 이득을 목표로 하지 않은 채 인을 실천하여, 그 결과 사람들의 충성을 정당하게 획득했다는 것. 하지만 이만큼 그럴듯한 해석들이 또 있다. 진정으로 인의로운 사람과 자신을 수양하기 위해 억지로 인의를 실천해야 하는 사람 사이의 대조로 이 발언을 해석하는 것도 가능하고(주희, 『맹자집주』), 또 인의를 인으로 생각하지 않고 실천하는 사람과 인의의 개념을 가지고 그것을 실천에 옮기려는 사람 사이의 대조로 해석하는 것도 가능하며(황종희, 『맹자사설孟子師說』), 인의롭게 되는 윤리적 성향을 완전히 발달시킨 사람과 인의를 외부로부터 부과하는 사람 사이의 대조로 해석하는 것(초순: 손석)도 가능하다.[84]

나는 '由仁義行'을 '인의를 몸소 살아내는 것'으로, '非行仁義'는 '인의를 위하여 사는 것'으로 구분하였다(본문 번역 참고). 맹자가 순임금의 순임금다움이 인과 의라는 도덕을 '위하여' 살지 않고, 도덕을 '살아낸'데 있다고 보았다는 뜻이다. 위함이 없었으니 무위자연無爲自然이요, 그러므로 성인인 것이다. 13:16의 '舜之居深山之中(순지거심산지중)' 대목도 같이 보자.

한편 본문 첫머리 "사람이 짐승과 다른 까닭은 몹시 드물다"라는 선언

84 킹로이슌, 앞의 책, 318쪽.

은 훗날 조선 후기 철학 논쟁의 씨앗이 된다. 이른바 인물성동이론人物性同異論이 그것이다. 인성과 물성은 같은가 다른가, 같다면 얼마만큼이며 다르다면 또 얼마만큼인가 등을 둘러싼 인성 논전이다. 이를 현실을 도외시한 형이상학의 탁상공론이라며 낯을 찌푸린 채 옆으로 젖혀두어선 안 된다. 사람의 사람다움, 그 궁극을 헤아리는 정밀한 토론으로서 조선 인문학이 다다른 경지를 보여주는 빛나는 성과다.[85]

맥락을 짚자면, 여기부터 8:22까지는 '왕도의 계보학'이 천명된다. 본문은 왕도 정치의 발견자인 순임금의 위대함을 서술했고, 다음 8:20은 그것을 계승한 우탕·문무·주공의 이력을 천명하며, 8:21에서는 왕도의 계보를 서술한 공자의 공적이 펼쳐진다. 8:22에서는 맹자 본인이 천만다행으로 공자를 사숙하여 왕도를 계승한 경과가 개진된다. 이 편의 앞머리 8:1에서 이미 '왕도의 계보'가 요약 천명된 터다.

85　상세는 한국사상연구회, 『인성물성론』, 한길사, 1994 참고.

孟子曰, "禹惡旨酒[86]而好善言. 湯執中, 立賢無方[87]. 文王視民如傷, 望道而[88]未之見. 武王不泄邇[89], 不忘遠. 周公思兼三王, 以施四事; 其有不合者, 仰而思之, 夜以繼日; 幸而得之, 坐以待旦[90]."

맹자, 말씀하시다.

"우임금은 맛난 술은 싫어하고 선한 말을 좋아했다.[91] 탕임금은 중용을 취하였고, 현자를 등용하는 데 출신을 따지지 않았다.[92] 문왕은 백성을 상처 보듯 했고[93], 도를 갈망하기를 보이지 않는 길 찾듯 했다. 무왕은 가까운 사람을 함부로 대하지 않았고, 멀리 있는 사람을 잊지 않았다. 주공은 세 성왕[94]의 덕을 겸비하여 네 가지 일[95]을 시행하려고 했다. 그중에 실정에 부합하지

---

86 旨酒(지주): 최초의 증류주. 이전의 술은 '玄酒(현주)'로 일종의 막걸리였다. '旨'는 맛나다.

87 方(방): '類(류)'와 같다. '출신'으로 번역하였다.

88 而(이): '如(여)'와 같다. '마치'라는 뜻.

89 泄邇(설이): '泄'은 업신여기다. '邇'는 가깝다.

90 待旦(대단): 아침이 밝기를 기다리다. '旦'은 아침.

91 "의적儀狄이 '맛난 술(旨酒)'을 권하였는데, 우禹는 술이 사람을 해칠 것이라며 거부하고 '좋은 말(善言)'을 취하였다."(『전국책』, 「위책」)

92 오늘날로 해석하면 반인종주의anti-racism 또는 평등주의라고 칭할 수 있다. 탕임금의 이런 평등주의는 순임금과 주나라 문왕이 공유했던 자세다. 8:1을 참고하자.

93 '백성 보기를 상처 보듯 했다'는 문왕의 인민관은 백성 구제에 환과고독을 앞세우고 부자는 뒤로 미룬 이력으로 증명된다(2:5 참고).

94 三王(삼왕): 우·탕·문무를 일컫는다.

않는 것이 있으면 우러러 생각하기를 여러 밤낮을 계속했다. 다
행히 방책을 얻으면 앉아서 아침이 밝기를 기다렸다."

앞서 "널리 배우고 상세히 해설하는 까닭은 돌이켜 요약하고
자 함에서다"(8:15)라더니 이 장이 그 요약에 해당한다. 먼저 맹자는 고
대 성왕들을 전적을 통해 깊고 넓게 연구하였음에 틀림없다. 이러한 '정
치사상사 연구'를 바탕으로 성왕들의 정치를 각각 요약하고 있다. 8:19
의 내용과 연결해서 읽을 수도 있다. 순임금이 수립한 왕도 정치의 범전
을 각각 처한 시공간에 걸맞게 해석하여 계승한 내용이 이 장이다. 곧 순
임금이 개창한 왕도 정치의 범전을 우임금은 우임금의 처지에 맞게, 탕
임금은 탕임금의 상황에 맞춰, 또 문왕과 무왕은 역시 그 시공간에 합당
하도록 조정하였는데, 훗날 맹자가 결산해보니 선언善言, 집중執中, 시민
여상視民如傷 등 각 점으로 현상되고 그 점들을 이으니 왕도라는 선이 드
러나더라는 것. 이 장은 맹자의 정치사상사 연구의 한 결론으로, 앞서 여
러 번 강조한 '한 길(一道)'로서 왕도의 계통을 서술하는 곳인 셈이다. 이
계보학을 도통道統이라고도 하는데, 맹자가 도통의 발견자이자 전달자

---

95 四事(사사): 우임금의 선언善言, 탕임금의 집중執中, 문왕의 시민여상視民如傷, 무왕의 '불
설이, 불망원不泄邇, 不忘遠' 등 네 가지 일.

로 자부하는 마음이 밑에 깔려 있다(8:22 참조). 그러면 낱낱이 살펴보자.

먼저 우임금의 정치를 '선언'으로 요약하였다. 이 말은 앞에 나왔다. "우임금은 좋은 말을 들으면 절을 하였다禹聞善言, 則拜."(3:8) 거기서 또 순임금의 정치를 "남과 소통하기를 잘하였다. 자기를 버리고 남을 좇고 남의 선을 취해 자기 것으로 만들기를 즐겨했다"라고 지적했다. 요컨대 순임금이 체현한 여민과 경청의 정치를 우임금이 계승했다는 것.

다음, 탕임금의 정치는 '집중'으로 요약하였다. 이 또한 순임금의 도를 이은 것이다. 『논어』에 요임금이 순임금에게 전한 정치의 비결을 윤집기 중允執其中(『논어』, 20:1)이라 하였고, 역시 『논어』에서 "순임금은 신하 다섯을 기용하여 천하를 잘 다스렸다"(『논어』, 8:20)라고 하였는데, 이를 탕임금이 입현무방立賢無方, 곧 현자를 등용하는 데 출신을 따지지 않는 정책으로 계승한 것이다(성호 이익은 "성왕의 정치는 어진 이를 세우되 류類를 가리지 않는다는 '立賢無方' 네 글자보다 더 좋은 것이 없다"라고 높게 평가한다[96]).

그다음, 문왕의 정치가 '백성을 상처 보듯 했다'라는 말 역시 순임금의 여민 정치론을 요약한 것이다. 또 문왕을 계승한 무왕이 "가까운 사람을 함부로 대하지 않았고, 멀리 있는 사람을 잊지 않았다"라는 말은 남의 선을 취하여 자기 것으로 만든 순임금의 여민 정치론을 공평하게 응용한 것이다. 그리고 주공에 이르러 주나라의 헌장문물이 완비됐는데 그의 이력을 "세 성왕의 덕을 겸비하여 네 가지 일을 시행하려고 했다"라고 표현한다. 앞에 『시경』을 인용하며 "선왕의 법도를 좇아 잘못되는 경우는

---

96   이익, 『성호사설』, 「은탕입현殷湯立賢」 참고.

없다"(7:1)라더니 주공이야말로 이런 융합 정치의 표본이다(이것을 계지술 사繼志述事라고도 한다.『중용』에 나오는 말로 조선의 정조가 영조를 계승하며 쓰기도 했다).

그런데 시공간은 변화한다. 삶의 양식도 그에 따라 바뀌고 사람들의 욕망도 변한다. 그러니 성왕의 정치가 변화한 세태에 곧바로 맞을 수는 없는 일. 이에 주공은 "그중에 실정에 부합하지 않는 것이 있으면 우러러 생각하기를 여러 밤낮을 계속했다. 다행히 방책을 얻으면 앉아서 아침이 밝기를 기다렸다." 무엇보다 '아침이 밝기를 기다린다(待旦)'라는 말에 좋은 정책을 빨리 시행하려는 다급한 주공의 마음이 잘 드러나 있다.

행정administration이 절차대로 업무를 처리하는 일이라면, 정치politics란 예상치 못한 사건과 사고에 대처하는 활동이다. 그러므로 정치가는 긴장을 늦출 수 없고, 또 숨어 있는 사건의 실마리를 발견할 줄 아는 '마음의 눈'을 갖추어야 한다. 과거의 모범과 사례는 지금 봉착한 문제를 인식하고 대처하는 참고사항이지 그 자체로 대안은 아니다. 지금 여기 구체적 사건들은 새롭고 낯선 '미래의 것'이다. 지난 처방이 한 번 맞았다고 하여 그 처방전을 다시 쓸 수는 없는 노릇. 심사숙고하여 전례를 해석하고 처방을 얻은 뒤 '아침을 기다리는' 주공의 마음가짐은 정치가라면 누구나 가슴에 새겨둘 만하다.

참고   주공은 공자가 사표로 삼은 주나라 초창기 재상이다. 은나라를 혁명하여 주왕조를 건국한 아버지 문왕과 형님 무왕을 이어 어린 조카 성왕成王을 도와 주왕조를 반석에 올린 일등 공신이다. 성왕은 작은 아버지 주공의 공적을 기려 노나라의 시조로 봉하면서 의례儀禮와 의기儀器를 천자의 것과 동등하게 특대特待하였다. 노나라를 일종의 '특별시'로 만들어준 셈이다. 제후이면서 천자의 의례를 행하는 이례적인 노나라 풍토에서 공자라는 인물이 태어나고 천하 정치의 감각을 익힌 것이리니 이것이 어찌 우연이겠는가. 공자가 주공을 우러러 "젊어서는 꿈속에 자주 보이시더니만, 늙어지니 꿈에 나타나시지도 않는다"(『논어』, 7:5)라던 개탄도 평화 시대를 재건하려는 그의 희망과 절망을 우회적으로 표출한 것이었다.

孟子曰, "王者之迹[97]熄[98]而詩亡, 詩亡然後春秋作. 晉之乘, 楚之檮杌[99], 魯之
春秋, 一也: 其事則齊桓·晉文[100], 其文則史. 孔子曰, '其義則丘竊[101]取之矣.'"

　　맹자, 말씀하시다.

　　"성왕이 시를 채보하던 일이 폐지되자 시가 사라지고, 시가 사
라지자 공자께서 『춘추』를 저술하셨다[102]. 진나라의 『승』, 초나
라의 『도올』, 노나라 『춘추』[103]는 다 같은 역사서다. 기록한 것
은 제환공과 진문공 등에 관한 것이요, 문체는 사체史體였다.
(공자의 『춘추』는 이들과 달랐으므로) 공자가 말씀하기를 '나는 선

97　迹(적): 자취. 양백준은 채시관采詩官으로 본다(해설 참고).

98　熄(식): 꺼지다.

99　檮杌(도올): 야수의 이름.

100　齊桓·晉文(제환·진문): 춘추시대에 '다섯 패자(五霸)'가 있었는데, 그중 가장 강성한 제후
가 제환공, 진문공이었다.

101　竊(절): 몰래. 겸사다.

102　春秋作(춘추작): '春秋'는 각 기사紀事 항목 서두에 햇수를 기록하는데 한 해를 봄가을(春
秋)로 표시한 데서 유래했다. 서주西周가 망하고 동주東周의 혼란으로 제도가 문란해져 사
관이 제 역할을 못했다. 이에 사인私人인 공자가 '作春秋'를 담지한 것이다. 이와 관련해
서는 6:9 참고.

103　본래 '春秋'는 각국 사서史書의 통칭이었다. 『묵자』에는 "나는 일백 나라의 춘추를 보았
다吾見百國春秋"라거나 "연나라 춘추에 기록돼 있다著在燕之春秋"라거나 "송의 춘추에 기
록돼 있다著在宋之春秋"고 하였다. 여기 '春秋'는 노나라 역사서로 공자가 편찬한 『춘추』
의 자료가 되었다(양백준). 공자가 편찬한 『춘추』와 관찬 사서인 『춘추』가 다름에 유의.

왕의 의리[104]를 몰래 취하였노라[105]'고 하셨다."

춘추시대에 이르자 왕도의 계보는 왕통과 도통으로 분리되었다(고 맹자는 본다). 왕통과 도통이 결합된 형태로 성인-왕들이 계승해온 것이 주나라가 붕괴하자 왕통은 소멸하고 도통만 아슬아슬하게 남아 재야의 공자에게 전달되었다는 것. 이 장에서는 공자가 담지한 도통의 역사적, 정치적 실천이 『춘추』의 저술로 나타났다는 맹자의 인식이 표명된다. 아, 나라마다 역사를 편찬하는 제도는 옛날부터 있었다. 대표적인 것이 노나라의 『춘추』, 진나라의 『승』, 초나라의 『도올』 같은 관찬 사서다. 이들은 춘추오패의 정치적, 외교적 사건과 같은 중요한 일들을 연대별로 간략하게 정리한 기사紀事일 따름이었다.

공자는 성왕의 시대를 상징하는 정치 문서로 국사國史보다는 시詩를 중시하였다. 주의할 점은 여기서 말하는 시는 오늘날과 같은 문학작품이 아니라 외려 정치적 작품이다. 본래 시는 인민의 희로애락을 표현한 노랫말이었다(지금도 일본에서는 시와 노래를 둘 다 '우타'라고 발음하고 표기한다). 즉 시의 본태는 민간에 유포된 노랫말이요, 그 속에는 민중의 다양한

---

104 其義(기의): 요순·우탕이 계승한 왕도 정치의 뜻.

105 取之(취지): 선왕의 왕도 정신을 계승한다는 뜻. '取'는 계지술사繼志述事(선인의 뜻을 계승하고 선대의 사업을 발전시켜 나가는 것)와 같다.

감정이 들어 있었다. 노동요에는 농사일의 힘겨움과 즐거움이, 연가에는 사랑의 절절함이, 이별 노래에는 별리의 슬픔이, 저항가요에는 군주나 권력에 대한 증오가 뚝뚝 흐른다. 이 구어체로 전승되던 시들을 선별하여 텍스트로 결집한 것이 『시경』이다. 공자는 전승되던 시들 가운데 문자화할 만한 것을 선별(공자가 편찬했다는 『시경』에는 대략 300편의 시가 선별 수록되었다. 그래서 시삼백詩三百이라고도 한다)하는 기준으로 사무사思無邪라, '생각에 사특함이 없는 시, 즉 진솔한 마음이 표출된 것만을 엄선한다'라고 천명한 터였다(『논어』, 2:2).

시어에는 당연히 백성의 정치적 의사가 포함되어 있었다. 뿐만 아니라 노랫말의 형성과 문자화, 유통 경로 자체가 정치적 성격을 띠었다. 시의 유통 과정을 살펴보면 일단 각 지역 민간에 퍼져 있는 노랫말을 나라에서 파견한 채시관采詩官이 채록하여 궁정에 납입하였다(활자화/문서화). 궁정의 악관들은 납입된 시어를 엄선하여 악곡으로 편찬하고, 그것을 궁정에서 연주하여 군주와 고위 관료들에게 그 속의 민심을 전달하였다. 즉 시의 정치적 역할은 민심의 전달과 소통이었다. 국가에서 시는 다양하게 활용되었던 듯한데, 특히 정치 및 외교 수단으로 많이 쓰였다. 공자가 "『시경』 300편을 모두 외운다 한들 정사를 제대로 처리하지 못하고, 또한 외교관으로서 군주의 명을 전단專斷하지 못한다면 그 외운 시를 어디다 쓰랴?"(『논어』, 13:5)라고 책망한 말에 시의 정치외교적 용도가 잘 나타나 있다.

요컨대 시는 백성의 마음을 군주에게 전달하고, 군주는 그 내용을 경청하여 백성의 욕구를 이해하며 그 바람을 정치적으로 해결하는 일종의

　　　　　　　　　　　　맹자, 마음의 정치학 2

매개체였다. 다른 말로 하면 군주와 인민 사이에서 의사를 연결하는 '여민 정치 미디어'가 시였다. 이 소통의 출발이 민간의 시를 채보하는 일인데, 그 채시관(오늘날로 치면 기자나 정보원이라고 할까?)의 이름을 '적迹'이라고 불렀다. 이 장 첫머리에 "성왕이 시를 채보하던 일이 폐지되자王者之迹熄"에서 나온 '迹'이 그것이다(양백준).

주나라(서주) 천자의 정치력이 땅에 떨어져 동주로 천도하면서(이때부터 춘추시대라고 부른다) 자연히 시의 채보가 중단되었다. 공자는 이 사태를 문명의 위기로 보아 다급하게 새로운 방도를 찾았다. 관찬 사서 『춘추』를 혁신하여 성왕들의 도덕 가치를 기준으로 당대 권력자들의 행태를 선악포폄善惡襃貶하는 이른바 '춘추필법' 스타일이 그것이다. 이 점을 본문에서 "공자가 말씀하기를 '나는 선왕의 의리를 몰래 취하였노라'고 하셨다", 또 그 경과를 "시가 사라지자 공자께서 『춘추』를 저술하셨다"라고 표현하였다.[106] 요컨대 공자는 순임금에서 우탕·문무·주공으로 이어진 왕도 정치, 즉 도덕적 가치관을 잣대로 권력자들의 행태를 비평한 새로운 『춘추』를 제작한(作春秋)것이다(6:9 참고).

그러면 약간의 모순이 생긴다. 공자는 술이부작述而不作, 곧 전승한 텍스트를 해석할 뿐이지 제작하지는 않았다고 하였는데(『논어』, 7:1), 지금 맹자는 공자가 "춘추를 제작했다"라고 하였으니 어찌된 일인가. 이 괴리를 해설하는 다양한 설명이 있다. 그 가운데 수긍할 만한 가설로는 대만

---

106 시詩를 구술 시대의 전승으로, 사史를 문자 시대의 작품으로 볼 수도 있다. 『논어』 자체가 구술 시대를 문자 시대로 전환하는 분수령에 있는 텍스트다. 구술성orality과 문자성literacy 의 구분은 월터 J. 옹, 임명진 옮김, 『구술문화와 문자문화』, 문예출판사, 2018 참고.

의 학자 탕누어唐諾의 최근 해설을 들고 싶다. "공자는 평생 '옛일을 서술만 하고 창작은 하지 않는다'라고 말했다. 이것은 '작가는 자신의 작품 뒤로 완전히 몸을 숨겨야 한다'라는 입장이다."[107] 곧 춘추는 공자의 제작(실은 개작)이지만 사견opinion으로 창작한 것이 아니라, 사실의 배면을 꿰뚫는 무위無爲의 제작이라는 말이다. 맹자는 공자가 춘추를 개작하기로 마음먹은 출발점이 시대의 타락에 대한 두려움이라고 판단했다. 공자의 두려움에 공감한 맹자는 공자를 "사숙하노라"며 그 뜻을 잇고자 한다. 다음 장과 연결된다.

참고로 춘추시대의 고사를 통해 이른바 '춘추필법'의 전통을 엿보자. 제나라 궁정에서 있었던 일이다. 귀족 최저崔杼의 아내가 고왔는데, 임금(장공)이 최저의 집에 와서 그 아내와 사통하였다. 최저가 격분하여 임금을 죽이고 경공을 새 군주로 세웠다. 최저는 태사太史를 불러 장공이 병으로 죽었다고 기록하라 강요했다. 그러나 태사는 "최저가 임금을 시해하였다崔杼弑其君"라고 기록하였다. 이를 열람한 최저는 태사를 죽였다. 그 아우가 태사가 되자 똑같이 기록하였다. 또 그를 죽였다. 그 아우가 또 태사가 되었는데 똑같이 기록하였다. 또 그를 죽였다. 넷째가 태사가 되어도 똑같이 기록하자 최저가 포기하였다(『춘추좌전』).

최저 사건은 『논어』에도 출현하는(『논어』, 5:18) 것으로 보아 공자 역시 이 일화를 중시했음을 알겠다. 춘추시대 제나라 사관 형제의 목숨을 건 직필은 공자의 필체와 상통하는 바가 있다. 이런 사관의 정신을 선비 정

---

107 탕누어, 앞의 책, 97쪽.

신이라고도 하는데, 그들의 태도를 춘추직필春秋直筆이라 이른다. 이것이 이후 유교 정치 문화의 중요한 가치가 된다. 맹자가 "요즘 사士라는 자가 말하지 않아야 할 것을 말하는 것은 말로써 이익을 낚으려는 짓이요, 말해야만 할 것을 말하지 않는 것은 침묵으로 이익을 낚으려는 짓이다. 이들은 모두 좀도둑과 같은 부류다"(14:31)라고 직격했던 것도 공자의 춘추필법 정신을 계승한 표지다. 조선에서도 마찬가지였다. 사화士禍가 곧 사화史禍였음은 무오사화가 『성종실록』의 기사에서 시작되었음이 증명한다.

8:22. 맹자, 공자를 잇다

孟子曰, "君子之澤[108]五世而斬[109], 小人之澤五世而斬. 予未得爲孔子徒也,
予私淑諸人[110]也."

　　맹자, 말씀하시다.
　　"군자의 영향은 5세대가 지나면 끊기고, 소인의 영향도 5세대
면 끊긴다. 나는 공자의 제자가 될 수 없어 사람들을 통해 사숙
하였노라."

해설

　　맹자는 공자의 학술을 '유교 학교'에서 수업을 통해 배운 것이
아니었다. '사람이 사람을 잡아먹는' 난폭한 시대에 절망하고, 암울한 미
래에 진저리치면서 구제책을 찾아 백가를 섭렵하던 중에 사람을 사람으로
서 아파한 유일한 사람인 공자를 '발견'하였다(6:9 해설 참고). 맹자는 이름

108　澤(택): 영향, 여운.
109　斬(참): 끊기다. '絶(절)'과 같다.
110　私淑諸人(사숙저인): 책이나 전언을 통해 배움을 얻은 것을 '私淑'이라고 한다. '諸'는 '~
에게'라는 뜻. '人'은 타인. 보통 공자의 손자인 자사를 지목하지만(주희 등), 청나라 최술
은 생몰 연대를 감안할 때 "맹자는 자사로부터 수업을 받은 적이 없다"("맹자사실록』)라고
평했다.

없는 주변 선생을 통해 공자와 만나 두려움을 통해 소통하였다. 그런 끝에 사람의 처지를 안타까워한 '단 한 사람'이던 공자에게 무릎을 꿇었다. 스승에게 직접 배운 것이 아니라 글이나 남을 통해 간접적으로 배워 스승으로 섬긴다는 뜻의 '사숙私淑'이란 말이 탄생하는 대목이다. 이 말이 절실한 까닭은 애당초 '만나고자 하는 절절한 마음'을 담고 있기 때문이다.

하긴 이미 공자부터가 따로 스승을 모시고 배운 사람이 아니었다. 자공이 "공자는 누구의 제자인가?"라는 공손조公孫朝의 질문에 답한 말이 그렇다. "문무文武의 도가 아직 남아 있습니다. 현자는 그 대체를 알고, 보통 사람은 소체를 알고 있지요. 그러니 공자께서는 누구에겐들 배우지 않았겠으며 또 어찌 스승이 따로 있었겠소이까?"(『논어』, 19:22)

한 세대는 30년이므로 5세대라면 150년이 된다. 군자의 훌륭한 유풍도 150년이면 사라지고, 소인배가 남긴 나쁜 습속도 150년이면 자취가 끊긴다는 것이 당시 상식이었다. 이런 수비학에 기대어 맹자는 자신이 공자 사후 150년이 되기 전에 태어났기에 그나마 공자의 여운을 이을 수 있음을 천행으로 여긴다는 뜻을 이 장에 담았다. 요순에서 비롯하여 공자에 이른 왕도의 법통을 사사롭게나마 자신이 계승했다는 자부심이 "내 어찌 논쟁을 좋아해서이겠는가? 내 부득이해서 그러는 것이다! 양주와 묵적의 학설을 논파할 수 있는 사람이라면 성인의 후예라 할 만하리라"(6:9)고 확언할 수 있게 한 원동력이었다. 맹자가 공자를 그리워하고 또 그 제자들을 부러워하는 모습은 3:2에서 볼 수 있다. 8:19에서 여기까지는 왕도의 계보학을 서술한 것인데, 이 왕도의 전수 과정을 요약한 것이 책 끝에 실려 있다(14:38 참고).

8:23. 갈라지는 틈새를 잘 보라!

孟子曰, "可以取, 可以無取, 取傷廉[111]; 可以與[112], 可以無與, 與傷惠; 可以
死, 可以無死, 死傷勇."

    맹자, 말씀하시다.

    "받아도 좋고 받지 않아도 좋을 경우에 받으면 청렴을 해치고,
주어도 좋고 주지 않아도 되는 경우에 주면 은혜를 해치며, 죽
어도 좋고 죽지 않아도 되는 경우에 죽으면 용맹을 해친다."[113]

> 해설

    매사 칼끝에 섰을 때 그 정체가 드러난다. 대통령 선거 과정에
서 표를 얻기 위해서는 복지도 하고 국방도 하겠다고 말하지만, 안보가
위기에 처하고 복지도 필요한 진퇴양난의 형국에서 실제로 '세금 쓰는
자리'를 봐야 복지에 마음을 두었는지, 안보를 우선하는지 속마음이 드
러난다. 마찬가지로 청렴의 분수령은 "받아도 좋고 받지 않아도 좋은"

---

111 廉(렴): 청렴하다, 모나다.

112 與(여): 수여하다, 주다.

113 성호 이익 선생은 본문을 이렇게 읽는다. "취할 이유가 없는데 취한다면 염치를 손상하고,
줄 이유가 없는데 준다면 은혜를 손상하고, 죽을 이유가 없는데 죽는다면 용기를 손상한다."

                                               맹자, 마음의 정치학 2

순간 "받으면 해치는" 것이요, 은혜의 임계점은 "주어도 좋고 주지 않아도 되는 경우에 주면 은혜를 해치는" 자리에 있다. 겉말과 실제 사이의 소실점, 한계선, 분수령을 잘 보면 그 참마음, 사람됨을 알 수 있다.

이 장은 어떤 사건을 계기로 맹자가 과유불급過猶不及, 즉 '지나침은 모자람만 못하다'라는 의미로 비평한 듯하다(주희). 당시는 내일을 예측할 수 없는 대혼란의 시대였으니 과장되고 과잉되며 지나친, 즉 '과過의 시대'였다. 협객들이 설치다 보니 사소한 일에 목숨을 던지는 것까지 용기라 칭찬하고, 권력에 눈이 머니 분수에 넘치는 선물을 예로 여기는 과잉과 과장의 시대였던 것.

춘추시대 공자가 검소함이 삶의 기본임을 강조한 까닭도 이런 과잉의 징후를 염려했기 때문이겠다. 그는 "아껴서 실수할 것이 적으리라以約失之者鮮矣"(『논어』, 4:23)고 했던 터다. 역시 온량공검溫良恭儉이라, 자공이 관찰한 공자의 몸짓에도 이미 검소함이 체화되어 있던 터(『논어』, 1:10). 노자인들 다르랴. 그 역시 "내게 보배로 삼는 것이 세 가지가 있다"라면서 그중에 두 번째를 검소함(二曰儉)으로 지목했다(『도덕경』, 제67장).

지금 맹자도 선현들의 뜻을 이어 목숨이든 선물이든 지나치지 말기를 경고하고 있다. 해석하자면 관습과 전통에 영혼이 붙들린 기계적인 행위 behavior가 아니라 주체적이고 의식적인 행동action을 하며 살라는 것이다. 물건을 주고받고 용맹을 발휘하는 습관적 행위를, 의義를 기준으로 돌이켜 보는 깨어 있는 삶을 살기를 권하고 있다. 그렇다면 공자가 "군자란 천하에 꼭 해야만 할 것도 없고, 반드시 하지 말아야 할 것도 없어 다만 의를 기준으로 삼을 뿐이다"(『논어』, 4:10)라던 말과 통한다.

逢蒙[114]學射於羿[115]. 盡羿之道, 思天下惟羿爲愈[116]己, 於是殺羿.

孟子曰, "是亦羿有罪焉."

公明儀[117]曰, "宜若[118]無罪焉."

曰, "薄[119]乎云爾, 惡得無罪? 鄭人使子濯孺子[120]侵衛. 衛使庾公之斯[121]追之.

子濯孺子曰, '今日我疾作, 不可以執弓, 吾死矣夫!' 問其僕[122]曰, '追我者誰

也?' 其僕曰, '庾公之斯也.' 曰, '吾生矣.' 其僕曰, '庾公之斯, 衛之善射者也;

---

114 逢蒙(방몽): 예羿의 제자 이름.

115 羿(예): 전설적 명궁의 이름. 동이족 설화에 자주 등장한다. '羿'는 세 종류가 있는데 모두 명사수임에는 같다. 첫째는 제곡帝嚳의 활쏘기 스승이요(『설문해자』), 둘째는 요임금 때 태양 열 개가 하늘에 떴을 때 아홉 개를 쏘아 떨어뜨린 사람이요(『회남자』), 셋째는 하나라 유궁국有窮國의 임금이다(『춘추좌전』, 「양공襄公」; 양백준, 『논어역주』 참고).

116 愈(유): 낫다.

117 公明儀(공명의): 김장생은 "公明儀는 『맹자』에 모두 네 번 보이는데 첫 번째는 「문왕아사文王我師」(5:1)이고 둘째, 셋째는 「삼월무군즉조三月無君則弔」(5:3)와 「포유비육庖有肥肉」(5:9)이며, 네 번째는 지금 이 장이다. 율곡은 '公明儀는 옛 현인이니 맹자와 동시대 인물이 아니다. 이 장의 公明儀는 맹자가 인용한 것이거나 아니면 公明儀가 두 사람으로 한 사람은 맹자와 동시대 인물일 것이다'"라고 하였다. 그러나 정조, 순조대의 유학자 호산壺山 조희룡은 "是亦(시역), 宜若(의약), 惡得(오득) 세 구절의 문세文勢가 일관되니 대화체가 분명하다. 인용이 아니다"(성백효)라고 하였다. 나도 公明儀를 맹자와 동시대 인물, 혹은 맹자의 제자로 보고 대화체로 번역하였다.

118 宜若(의약): ~인 듯하다.

119 薄(박): 적다. '少(소)'와 같다.

120 子濯孺子(자탁유자): 춘추시대 정나라의 명궁.

121 庾公之斯(유공지사): '之'는 어조사. 성은 '庾'요, 이름은 '斯'니 성명은 '庾斯'다.

122 僕(복): 마부.

夫子曰吾生, 何謂也?' 曰, '庾公之斯學射於尹公之他[123], 尹公之他學射於我. 夫尹公之他, 端人也, 其取友[124]必端矣.' 庾公之斯至, 曰, '夫子何爲不執弓?' 曰, '今日我疾作, 不可以執弓.' 曰, '小人學射於尹公之他, 尹公之他學射於夫子. 我不忍以夫子之道反害夫子. 雖然, 今日之事, 君事也, 我不敢廢.' 抽[125]矢, 扣輪[126], 去其金[127], 發乘[128]矢而後反."

방몽은 예에게 활쏘기를 배운 제자였다. 예의 기술을 다 배우자 천하에 자기보다 활을 잘 쏘는 자는 오로지 스승밖에 없다는 생각이 들었다. 이에 스승을 살해했다.

맹자, 말씀하시다.

"이 죽임에는 스승인 예에게도 책임이 있구나."

공명의가 말했다.

"스승에게는 죄가 없다고 해야 할 듯합니다만."

맹자가 말했다.

"적다고 할 수 있을지언정 어찌 죄가 없다고 하겠느냐! 춘추시대 정나라가 자탁유자를 앞세워 위나라를 치게 하였지. 위나라에서는 유공지사로 하여금 그를 쫓게 하였다. 자탁유자가 그날

---

123 尹公之他(윤공지타): 역시 '之'는 조사. 성은 '尹'이요, 이름은 '他'니 성명은 '尹他'다.

124 取友(취우): 벗으로 삼다. 여기서는 사제지간이므로 '제자로 삼다'라고 번역하였다.

125 抽(추): 뽑다.

126 扣輪(구륜): '扣'는 두드리다. '輪'은 수레바퀴.

127 金(금): 쇠, 화살촉을 뜻한다.

128 乘(승): 넷.

따라 공교롭게 병이 나서 활을 잡을 수가 없었다. 어쩔 수 없이 전장에 나서긴 하였으나 '오늘 내가 죽게 되었구나!'라고 한탄하며 마부에게 물었다.

'나를 쫓아오는 장수가 누구냐?'

마부가 말했다.

'유공지사입니다.'

자탁유자가 말했다.

'오! 그렇다면 나는 살았다.'

마부가 말했다.

'유공지사는 위나라 명사수인데 이젠 살았다고 하시니 어인 말씀인지?'

자탁유자가 말했다.

'저 유공지사는 활쏘기를 윤공지타에게 배웠고, 윤공지타는 내게 활쏘기를 배웠다. 윤공지타는 단정한[129] 사람이었더니라. 그러니 그가 제자로 삼은 유공지사도 필시 반듯한 사람일 것이니라.'

문득 수레가 다가오더니 유공지사가 외쳤다.

'선생께서는 어찌하여 활을 잡지 않으십니까?'

자탁유자가 말했다.

'오늘 내가 병이 나서 활을 잡을 수가 없다네.'

129　端(단): 단정하다. 사례射禮, 즉 궁도弓道를 어기지 않음. 마부 왕량의 사례 참고(6:1).

유공지사가 말했다.

'저는 윤공지타에게 활쏘기를 배웠고, 또 윤공지타는 선생께 배웠습니다. 저로선 차마 선생의 도로써 선생을 해칠 수는 없습니다. 비록 그러하나 오늘 일은 임금의 명을 집행하는 공무이니 저로선 감히 폐할 수도 없습니다.'

그는 화살통에서 화살을 빼내더니 수레바퀴에 두드려 살촉을 뽑아버리고, 자탁유자를 향해 네 발을 연달아 쏘고는 저희 군진으로 돌아가는 것이었다."

해설

　기술 교육만으로는 안 된다. 사람다움을 가르치지 않는, 기술과 지식 위주의 교육은 자칫 스승의 목숨조차 앗을 수 있다는 강력한 경고다. 스승과 제자 사이가 타락한 오늘날, 이 장면은 눈시울을 뜨겁게 한다. 한 시인은 요즘 사제지간을 "돈만 내면 즉석에서 흔쾌히 모든 걸 전수해주는 화끈한 싸부님들"과 "아무 때나 발랄하게 하산하여 아무 때나 칼을 뽑아"드는 "발랄한 제자들"로 이루어져 있다고 조롱한 바 있다.[130] 이 장은 스승-제자 관계의 본질을 되돌아보게 한다.

　맹자는 춘추시대 궁사들의 일화를 통해 천하제일의 명궁 예가 허망하

130　유하, 「돌아온 외팔이 - 영화사회학」, 『무림일기』, 문학과지성사, 2012.

게도 제자에게 죽임을 당한 것에는 그 자신에게도 일말의 책임이 있음을 뚱겨주고 있다. 그 책임이란 제자에게 사람다움을 가르치지 않은 것이다. 기술만 가르치는 교육은 인간을 소외시키고, 나아가 은인인 스승조차 잡아먹는 결과를 초래한다는 뜻이다.

1. 왜 인문학인가

『맹자』는 비유가 많은 책인데 특히 이 장이 그렇다. 비유의 손가락이 가리키는 달을 찾아보자. 명궁 예가 권력 찬탈자였다는 설화를 따른다면 그는 전국시대의 권력자(폭군)를 은유하고, 제자 방몽은 당시 조정에 그득했던 권력 찬탈 후보자들(대부)을 상징한다. 예의 잘못은 사람다움을 알지 못했기에 사람을 잘못 믿었고, 결과적으로 방몽에게 죽임을 당하였으니 제 눈을 제 손으로 찌른 셈이다. 그렇다면 지인知人, 즉 '사람 보는 눈'은 궁술, 통치술, 전략 전술, 나아가 '과학기술'보다 중요하다. 한낱 소국(정나라, 위나라는 춘추시대 소국들이다)의 궁사조차 사람을 알아보고 사람다운 자에게 궁술을 가르친 덕에 결정적인 순간 제 목숨을 구한 터다(자탁유자의 경우). 이에 반해 천하 명궁이자 권력자일지라도 사람 보는 안목이 없으면 허무하게 측근에게 죽임을 당한다는 사실(예의 경우)을 바로 알아야 하리라. 여기서 예와 방몽, 자탁유자와 유공지사, 윤공지타 모두 궁사임에 유의하자. '천하 명궁'과 '일개 궁사' 사이의 중의법에도 주목하자. 예가 하나라를 찬탈한 권력자라는 데 주목하면 이 장은 당시 전국시대 권력자들에 대한 경고다.

보아라, 전국시대 권력자들과 기술주의 관료들이여! 사람 보는 공부의 중요성, 즉 겉눈으로는 파악할 수 없는 마음을 읽는 공부(인문학)가 얼마나 중요한지 똑바로 보아라! 정치가에게 인문학 공부가 그 얼마나 심대한가! 사람을 바로 보지 못하면 제 목숨만 잃고 마는가? 나라조차 잃고 만다(예는 건국자이기도 하다). 다시금 똑바로 보아라! 전국시대 군주들이여. 사람 보는 안목 없이 기술(전술, 전략, 병술, 외교술) 본위로 사람을 쓰다가는 그들의 간계에 네 목숨도, 네 나라도, 네 소중한 가문과 후손도 멸망한다는 사실을 똑바로 보아라. 형벌과 법률을 통한 인간 조종술을 개발하고 또 가르쳤던 법가 사상가들, 상앙과 한비자, 이사李斯의 말로가 예와 마찬가지로 비참했다는 사실도 다시 보아라! 상앙은 제 손으로 만든 오가작통법에 걸려 죽었고, 한비자는 동창인 이사의 무고로 죽임을 당했으며, 이사는 환관 조고趙高의 손에 놀아나다가 덫에 걸려 비참한 최후를 맞지 않았던가. 이들의 공통점은 사람다움을 가르치지 않고 기술과 방법에 치중하다가 살해당하고 말았다는 사실이다.

맹자가 오늘날 이 땅에 온다면 교사들에게 이렇게 당부할 것 같다. 학생을 이익의 도구로, 자본의 노예로 만들려고 획책하는 '글로벌 자본주의'의 파도에 맞서 기능적 지식이 아닌 삶의 지혜를 가르치고, 한 사람 한 사람에게 내재한 천성天性의 싹을 틔워내라고. 그렇다면 '천성의 싹'은 어떻게 틔울 수 있는가. 맹자라면 마치 식물을 기르듯 하라고 조언하리라. 그것이 잘 알려진 삼물三勿의 원칙이니, 곧 예단하지 말고(勿正), 잊지도 말고(勿忘), 그렇다고 억지로 조장하지도 말라(勿助長)는 것.

식물이 그러하듯 사람 또한 뿌리가 실하면 어디로 옮겨놔도 사는 법! 우리 학생들은 "앞으로 평생 직업을 적어도 대여섯 번은 바꿔야 하는 시대에 살게 될 텐데, 기초 학문을 확실하게 해놔야 언제든지 또 다른 분야로 옮겨 갈 때 변신이 가능한 것이다. 이게 미국 명문 대학들과 영국 명문 대학들이 한결같이 기초 학문을 가르치는 이유다."[131] 그렇다면 동서고금이 다 같다. 제대로 된 가르침이란 사람이 사람답게 살아가도록, 자기 안의 뿌리 깊은 천성을 스스로 확인하고 길러 가도록 도와주는 것일 따름이다.

2. 사제 관계의 본질

현대 일본의 현상학자 우치다 타츠루는 영화 〈스타워즈〉를 소재로 삼아 사제 관계를 평론한 적이 있다. 그의 스승-제자론은 여기 맹자의 은유를 이해하는 데 도움이 될 듯하다.

스타워즈 2편과 3편에서는 청출어람의 얘기가 한 축을 이룹니다. 아나킨 스카이워커가 오비원 케노비보다 강해집니다. 그리고 "내가 더 재능이 있다. 내가 스승보다 더 강하다"고 말하며 악의 길로 빠지게 됩니다. 제자가 스승의 기예를 자신의 기예와 비교 측량할 수 있다고 생각할 때 사제 관계는 깨어집니다. …… 제자가 스승의 기량을 뛰어넘는 일은 얼마든지 있을 수 있습니다. 스승을 뛰어넘어도 상관없습니다. …… 하지만 제자가 "내가 스승을 뛰어넘었다"고 하면서 사슬에서 빠져나와 자신이 하나의 고리임을 그만두면 그때는 문제

---

131 최재천 외, 『글쓰기의 최소원칙』, 룩스문디, 2008, 118쪽.

가 달라지지요.

…… 사제 관계의 본질은 지적하신 대로 '무한한 존경'입니다. 하지만…… '무한한 존경'은 저절로 배워지는 게 아닙니다. 어딘가에서 학습을 해야 합니다. 어딘가에서 '무한한 존경'을 실제로 실천하는 사람을 만나고, 그 사람이 존경심을 가지고 있음으로 해서 얼마나 큰 기쁨을 누리고 있는지 눈앞에서 확인하는 수밖에 없습니다.[132]

방몽이 스승인 예를 살해한 것을 아나킨 스카이워커가 오비원 케노비를 배신한 데 비할 수 있다면, 춘추시대 궁사들의 사제 관계가 뭉클한 것은 그 관계의 본질인 '무한한 존경'이 개입되어 있기 때문이다. 유공지사는 활쏘기 기술만이 아니라 스승-제자 간의 도리를 전승받은 게 확실하다. 그랬기에 스승의 스승이 아픈 팔로 정상적인 활쏘기를 할 수 없음을 알자 화살통에서 살을 뽑아 바퀴에 두드려 촉을 뽑아내고 빈 화살을 쏜 다음 저희 군진으로 돌아갔으리라. 일개 궁사에 불과하지만 유공지사는 사우師友의 도리와 군신의 의리를 함께 성취한 것이다. 전쟁터에서 군주의 명을 받아 싸우는 궁사들의 일화가 수천 년이 흐른 뒤에 독자의 눈시울을 뜨겁게 하는 까닭은 우치다 타츠루의 해석처럼 "사람이 존경심을 가지고 있음으로 해서 얼마나 큰 기쁨을 누리고 있는지 눈앞에서 확인하는 수밖에 없습니다"라던 그 광경을 눈앞에서 확인했기 때문이리라.

한편 주희는 궁사들 사이의 미담을 공무를 방기한 무사들의 한낱 사

---

132 우치다 타츠루, 김경옥 옮김, 『하류지향』, 민들레, 2013, 179~188쪽.

사로운 의리로 낮춰 평하였는데[133] 내 생각엔 도학자의 경직된 비평인 듯싶다. 주희식으로 읽으면 이 장에 자옥이 깔린 전쟁터의 피비린내가 가뭇없이 사라지고, 그 가운데 아름답게 피어나는 사제지간의 인정가화 人情佳話도 뭉개져버린다. 일본의 이토 진사이 역시 이런 주희를 비판하였다. 에도시대 사무라이 문화가 주희식 비평을 용인하기 어려웠기 때문이리라.

3. 군사부일체는 없다

그러나 이토 진사이 역시 잘못을 범하고 있다. 진사이는 군사부일체君師父一體의 관점으로 이 장을 오독한다.

> 옛날 백성은 세 가지에 의해 살았으며 이 세 가지 섬기기를 한결같이 하였다. 부모는 낳아주셨고, 스승은 가르쳐주었으며, 임금은 보살펴준 일이 이것이다. 옛날에는 도가 소중했고 봉록은 가벼웠다. 때문에 스승을 존경하는 것이 임금과 똑같았다. 맹자는 유공지사의 의義를 평가한 것인데 (주희는) 어떻게 논할 만한 게 없다고 할 수 있는가.[134]

아니다! 그렇지 않다. 군사부일체는 공자와 맹자의 본래 뜻이 아니다.

---

133 "유공지사가 자신의 사사로운 은혜는 온전히 시현하였지만 역시 공적인 의리(義)는 무시했으므로 그 일에 대해서는 논할 만한 것이 없다."(『맹자집주』)
134 이토 진사이, 앞의 책, 336쪽.

　　　　　　　　　　　　　　맹자, 마음의 정치학 2

맹자는 이미 정치(爵)의 세계와 향리(齒)의 세계, 그리고 학교(德)의 세계가 각각 독립된 형태로 다원화된 사회를 꿈꾸었다(4:2). 군사부일체 따위는 일본식 사무라이 에토스에서 비롯한 이토 진사이의 견강부회(유가, 법가, 병가의 짬뽕)일 따름이다. 유교 본령의 스승과 제자 사이는 상하복종이 아니라 붕우의 관계이니 망년지교忘年之交라, 인격(德)으로 교류하는 자유 공간이다.[135]

2011년 서울교육대학교 입학시험에 '스승과 제자는 오륜 가운데 어디에 속하는가?'라는 문제가 출제된 적이 있었다. 정답은 붕우유신인데 '스승의 그림자도 밟을 수 없다'는 속설의 영향이었을까? 수험생 가운데 누구도 정답을 찾지 못해 화제가 되었다(스승과 제자는 붕우 관계임을 잊지 말아야겠다. 퇴계 선생이 30년 터울의 기대승을 동료 학자로서 깍듯하게 대한 것이 이 때문이다). 이 사례는 사제지간을 군사부일체, 즉 군신유의나 장유유서, 또는 부자유친의 서열 관계로 오해하는 현대인의 잘못된 상식을 대변한다. 이토 진사이의 군사부일체론은 반反유가임을 여기 명토 박아둔다.

---

135 벗을 사귄다는 것은 그 사람의 덕을 사귀는 것이다友也者, 友其德也(10:3).

8:25. 악인도 뉘우치면 하늘 제사를 지낼 수 있다

孟子曰, "西子¹³⁶蒙¹³⁷不潔¹³⁸, 則人皆掩鼻¹³⁹而過之; 雖有惡人¹⁴⁰, 齊戒沐浴¹⁴¹, 則可以祀上帝."

맹자, 말씀하시다.
"천하 미인 서자도 오물을 덮어쓰면 사람들이 모두 코를 막고 지나가지만, 설사 악인이라도 재계하고 목욕하면 하늘 제사도 지낼 수 있다."

해설

이 장도 앞 장과 같이 비유다. 서자는 춘추시대의 절세 미녀 서시를 이르는데, 여기서는 사람마다 타고난 아름다운 덕성인 인의를 상

---

136 西子(서자): 춘추시대 절세 미인 서시西施를 말한다. 월왕 구천句踐이 오왕 부차夫差에게 계략으로 바친 미녀. 오나라 멸망 후 월왕을 미혹시킬까 경계하여 호수에 배를 띄우고 침몰시켜 죽였다.

137 蒙(몽): 덮어쓰다.

138 不潔(불결): 깨끗하지 않음. '오물'이라고 번역했다.

139 掩鼻(엄비): 코를 막다.

140 雖有惡人(수유악인): '雖有'는 설사 ~라도. '惡人'은 추한 사람.

141 齊戒沐浴(재계목욕): '齊戒'는 마음을 깨끗이 함이요, '沐浴'은 몸을 청결하게 함이다. '沐'은 머리를 감는 것. '浴'은 몸을 씻는 것.

징한다. 재계목욕齋戒沐浴은 곧 목욕재계와 같으니 몸과 마음을 청결하게 함이다. 수신과 교육을 상징한다. 공자가 "비록 주공과 같은 아름다운 재주를 타고난 사람이라도 교만하고 인색하다면 더 볼 게 없다"(『논어』, 8:11)라던 그 '교만하고 인색한 자'가 여기 '오물을 덮어쓴 미녀'에 근사하다. 또 공자가 "누구나 몸을 깨끗이(潔) 하고 배우려 든다면 그 깨끗함과 함께할 뿐 과거의 잘못은 마음에 두지 말아야 한다"(『논어』, 7:28)라던 질책은 여기 "설사 악인이라도 재계하고 목욕하면 하늘 제사도 지낼 수 있다"의 근원으로 보인다. 특히 『논어』의 '결潔'은 여기 '불결不潔'과 연결된다.

본문의 함의에 대해서는 프랑수아 줄리앙의 해석을 들어볼 만하다. 서양철학에서 본성의 상실은 아담에게서 비롯한 '원죄'라는 공통된 인간 조건을 의미하나, 맹자에게서는 그렇지 않다고 구분하면서 그는 이렇게 논한다. "맹자에게 '본성의 상실'은 『성경』처럼 예정된 것이 아니라 인간 개개인의 자세에 달려 있다. 또 본성의 상실은 순간적인 것이지 결코 영구적인 것이 아니다. 본성은 개인의 노력에 의해 회복될 수 있는 것이다. 그러나 본성의 '상실'은 우리를 항상 위협하고 있다."[142]

줄리앙의 지적은 맹자의 의도를 잘 파악한 것이다. "설사 악인이라도 재계하고 목욕하면 하늘 제사도 지낼 수 있다"라는 구절은 줄리앙의 "본성의 상실은 순간적인 것이지 결코 영구적인 것이 아니다. 본성은 개인의 노력에 의해 회복될 수 있는 것이다"와 정확하게 대응한다. 동시에

---

[142] 프랑수아 줄리앙, 허경 옮김, 『맹자와 계몽철학자의 대화』, 한울아카데미, 2009, 105쪽.

"천하 미인 서자도 오물을 덮어쓰면 사람들이 모두 코를 막고 지나간다"라는 대목은 "본성의 '상실'은 우리를 항상 위협하고 있다"라는 줄리앙의 말과 조응한다. 단 한 번의 본성 상실로 회복 불가능한 원죄를 저지른 서양의 아담과 달리 '맹자의 아담'은 자신의 잘못을 반성하고 목욕재계하면 다시 하늘 제사도 지낼 수 있다. 이런 점이 동서양 '죄 인식'의 큰 차이라는 것.[143]

요컨대 맹자는 사람이 타고난 덕성을 잘 보존하면 누구나 군자나 현자가 될 수 있는데, 간혹 덕성을 상실하더라도 진심으로 반성하고 실천한다면 군자로 복귀할 수 있다는 말을 하고 싶은 것이다. 이 장은 그 성찰과 뉘우침의 중요성을 강조한다. 그 역사적 사례로는 이윤이 방탕에 빠진 임금 태갑太甲을 동桐 땅에 3년 동안 유폐시켰다가, 태갑이 뉘우치자 다시 군주의 자리에 복귀시킨 정치적 사건을 들 수 있다(13:31).

한편 이 장은 이민족의 중국 통치를 정당화하는 데 자주 이용됐다. 예컨대 연암 박지원은 여진족(청나라)이 한족을 통치하는 것의 정당성을 옹호하기 위해 이 장을 활용했다. 박지원에게 "천하 미인 서자도 오물을 덮어쓰면 사람들이 모두 코를 막고 지나간다"는 한족인 명나라의 멸망에 비유되고, "설사 악인이라도 재계하고 목욕하면 하늘 제사도 지낼 수 있다"는 오랑캐라 멸시하던 여진족 출신 황제들(강희제, 옹정제 등)의 훌륭한 정치에 비유된다. 박지원은 여진족이라도 유덕하여 천하를 평화롭게 다

---

143 그 차이의 본질은 유교에 절대신God이 없기 때문인데, 기독교의 회개repentance는 자기가 죄인이라는 성찰이다. 그러나 유교에는 천부적인 죄의식은 없다.

맹자, 마음의 정치학 2

스리면, 천명을 받은 것이므로 한족을 너끈히 통치할 자격이 있다고 주장했다. 그의 말을 빌리면 "청나라가 세워진 지 120년이 흐른 지금의 눈으로 평가할 때, 황제들은 옛 문왕이나 무왕처럼 장수하고 그 치세에 온 천하가 100년의 평화를 이뤘으니, 이는 화하족의 나라인 한당漢唐조차 이루지 못한 공이다. 이 평화와 질서의 내적 의미를 관찰하건대 청 황실은 하늘이 승인한 천리天吏임에 분명하다."[144]

화하족만이 중화(문명)를 독점하는 것이 아니요, 누구든 인의도덕을 숭상하고 왕정을 실현한다면 중화의 대표자가 될 수 있다는 것. 그렇다면 이 장은 "순임금은 동이 사람이고 문왕은 서이 사람"이라던 8:1과도 통한다.

---

144   박지원, 『열하일기』, 「호질후지虎叱後識」.

孟子曰, "天下之言性[145]也, 則故[146]而已矣. 故者以利爲本. 所惡於智者[147], 爲
其鑿[148]也. 如智者若禹之行水也, 則無惡於智矣. 禹之行水也, 行其所無事也.
如智者亦行其所無事, 則智亦大矣. 天之高也, 星辰之遠也, 苟求其故, 千歲之
日至[149], 可坐而致也."

맹자, 말씀하시다.

"천하의 학자들이 말하는 성性은 다만 고故일 따름이다. 그 고
란 결국 이利를 본질로 한다. 천하 학술이 비난을 받는 것은 이
익에 천착하기 때문이다.

만일 학술이 우임금의 치수처럼 한다면, 그 학술은 비난을 받지
않을 것이다. 우임금의 치수는 물의 '자연스러운 성질(無事)'을
활용한 것이다. 만일 천하의 학술 또한 사물의 '자연스러운 성

---

145 性(성): 여기 '性'은 심성론적 의미가 아니다. 정이천은 "이 장은 전문적으로 지식(智)을
논한 것"이라고 말했다(주희). 맹자는 '性'을 진실, 속성, 사물의 본질로 쓰는 경우도 많다.

146 故(고): 원인. 주희는 '순順'으로 해석했다. 해설 참고.

147 智者(지자): '학술'로 번역하였다.

148 鑿(착): 천착하다. "천착이라는 단어는 국어사전에는 '깊이 살펴 연구함'이라는 뜻으로
등록되어 있다. 그러나 전통 한학에서 쓰이는 천착이라는 단어는 '구멍을 뚫는 것. 구멍
이 없는 곳에 억지로 구멍을 내듯 탐구하는 것'이라는 뜻이고, 대체로 '그래야 할까 싶은
것까지 굳이 파고들어 건드린다'는 부정적인 뉘앙스가 강했다."(요시카와 고지로, 조영렬 옮
김, 『독서의 학』, 글항아리, 2014, 110쪽 주석 참고)

149 日至(일지): 동짓날.

질'을 활용할 수 있다면 그 학술 또한 위대할 것이다. 하늘은 높고, 별과 성좌는 멀리 떨어져 있지만 천체 운행의 원인(故)을 깊이 탐구하면 천년의 동짓날도 책상 앞에서 알 수 있으리라."

해설

백가쟁명의 전국시대 학술계를 감안하고 이 장을 독해해야 한다. 정치 현실과 인간 삶의 실제를 무시한 관념적 지식의 범람, 가령 백마비마白馬非馬론으로 대표되는 명학名學, 권력자를 위해 언어와 논리를 타락의 길로 이끄는 묵가와 법가, 사태의 본질은 논하지 않고 기술적 말절에 치중하는 병가와 종횡가 등 이른바 처사횡의에 대한 맹자의 사상적 비판이 주제다. "천하 학술이 비난을 받는 것은 이익에 천착하기 때문이다"라는 대목이 저간의 사정을 요약한다. 곧 명名과 실實의 분리, 허망한 관념론, 말꼬리 잡기 논쟁 등 당대 지식계의 폐단을 비판하면서 무사無事의 학문 철학, 곧 합리적이고 해석학적인 방법론과 공공적 학술 태도를 제안하는 데 이 장의 의의가 있다.

이에 맹자는 첫대목에서 이렇게 선언한다. "천하의 학자들이 말하는 성은 다만 고일 따름이다. 그 고란 결국 리를 본질로 한다"라고. 중요한 대목을 중점적으로 살펴보자.

1. 성性은 고故다

이 장은 지식(智)을 논한 것이라는 정이천의 주장을 감안하면, 첫 구절 "천하의 학자들이 말하는 性"이란 전국시대 다양한 학파들, 즉 양주(장자)학파, 묵가, 법가, 농가, 병가, 종횡가 등이 공유하던 철학적 본질 혹은 학문 방법론으로 번역할 수 있다. 이 단락의 핵심어는 '故'다. '故'는 전국시대 제 학파가 널리 사용한 논증법의 기본 개념이었다.

무엇보다 명가의 추론법에서 주요한 개념이 '故'였고(故로 ~하다), 후기 묵가의 개념어 사전 『묵경』의 제1번 주제가 '故'일 정도로 묵가에서 '故'는 논증 구조의 핵심 개념이었다. 거기서 '故'는 "주어지는 것이 있은 후에 완성되는 것이다所得而後成也"로 정의(經)된다.[150] 이어서 '故'에 대한 해설로는 "모든 일에 이것으로 인하여 저런 결과를 얻게 되는 것을 이름凡事因得此而成彼之謂"이라고 하였다. 명가와 묵가의 사례는 '故'가 중국 고대 철학 방법론의 기초 개념임을 알려준다(현대식으로는 인과론의 '원인'으로 해석할 수 있다). "천하의 학자들이 말하는 性은 다만 故일 따름이다"라는 맹자의 첫 발언은 당시 여러 학파가 공유하는 학문 방법론의 기초를 지적한 것이다.

---

150 염정삼 주해, 『묵경 1』, 한길사, 2012, 55쪽. 한편 앵거스 그레이엄은 '故'를 '본질'로 보아 'the original'을 번역어로 택한다. 『장자』에서 '故'가 '性'과 '命'에 대비되는 「달생達生」의 한 구절을 해석하면서 '性'은 'nature'로, '命'은 'destiny'로, 그리고 '故'를 'the original(본질)'로 번역한 것이다. Graham, A. C., *Disputers of the TAO*, Open Court Publishing Company, 1991, pp.124~125.

2. 고故는 결국 이利다

당대 학계의 기초 개념인 '故'의 뿌리를 파보면 결국 '利'로 귀결한다는 것이다. 이 점이 오늘날 우리로서는 이해하기 어렵다. 경제적 이해관계를 뜻하는 '利'와 인과론의 원인을 의미하는 '故'의 거리가 너무 멀어 '범주의 오류'로 느껴지기 때문이다. 여기서 주희는 '故'를 '생명과 사물의 자취(已然之迹)'로 해석하고 '利'를 '順'으로, 곧 '자연한 추세(自然之勢)'로 보아 성리학적 명제를 드러내는 계기로 삼았다. 그러나 지금 이 대목은 "천하의 학자들이 말하는 性"이라는 구절에서 명백하듯 당대 학자들이 '性'을 논하던 태도와 방식에 대한 비판이지 맹자 본인이 생각하는 인성론을 이야기하는 것이 아니다. 현대의 맹자학자 큉로이슌도 내 생각에 동의한다. 그는 "故는 모두 양주학파와 묵가의 가르침에서의 이익이라는 의미의 利와 관련되어 있다. …… 맹자가 자신의 시대에 가장 대표적인 영향을 미치는 학파로 양주학파와 묵가의 가르침을 언급하고, 널리 유포되던 性에 대한 견해를 故와 利로 성격 지우는 것에 비춰 볼 때 이 장은 이에 대한 비판을 담고 있을 가능성이 높다."[151]

이 장이 당대 학문론의 구조인 '性=故=利'의 등식을 비판하는 곳임에 유의하자. 즉 '속성을 사물의 원인으로, 사물의 원인을 곧 이익으로 귀결하는' 등식을 깨부수고 맹자 나름의 합리적 학술 방법론을 제시하려 했다는 데 의의가 있다. 그렇다면 전국시대 다양한 학술들이 귀결하는 곳이 과연 '이익'인지, '순리'인지 검토해보자.

---

151 큉로이슌, 앞의 책, 366쪽.

(1) 양주학파부터 살펴보자. 양주학파의 핵심 개념은 전성보진全性保眞, 즉 '몸의 성질을 온전히 하고, 타고난 진체眞體를 보존하는 것'이다. 양주학파의 전성보진론은 『여씨춘추呂氏春秋』, 「본생本生」에 잔편이 남아 있다.

> 성인聖人들은 소리, 미색이나 맛에 대해 본성에 이로우면(利) 취하고 본성에 해로우면(害) 버린다. 이것이 본성을 온전히 보전하는(全性) 도리이다. 세상의 부귀한 자들 가운데에는 소리, 미색, 맛에 미혹된 자들이 많아서 밤낮을 가리지 않고 구하여 요행히 얻으면 탐닉에 빠지곤 한다. 탐닉에 빠지면 본성을 어떻게 해치지 않을 수 있겠는가."[152]

양주학파는 사물의 속성과 사람의 본성을 '혼동하고', 이익과 본성을 바로 연결시켜 '이익은 취하고 해악은 피하는(利則取之, 害則舍之)' 생리학적 존재론을 주제로 삼았다(앵거스 그레이엄). 이런 주장은 곧 이익이라는 한마디로 귀결한다고 볼 수 있다. 그래서 맹자는 양주학파가 '제 한 몸의 이익을 추구한다(爲我)'라고 직격한 바 있다(6:9).

(2) 겸애를 강조한 묵가 역시 '利'를 가치 판단의 핵심으로 삼았다. 묵가에게 "이는 주어지는 것에 기뻐하는 것利, 所得而喜也"이요 "해는 주어

---

152 여불위, 정하현 옮김, 『여씨춘추』, 소명출판, 2011, 34쪽.

지는 것을 싫어하는 것害, 所得而惡也"으로 정의된다. 이 점에서는 양주학파와 다를 바가 없다. 인간은 고작 생리적 욕구를 (이익은 취하고, 해는 피하는) 가진 생물(동물)에 불과하다. 다음 해설은 묵가에서 이익의 중요성을 잘 지적하고 있다.

> 『묵경』 전체를 통해 이利는 대단히 중요한 의미를 가진 개념이다. 묵자가 주장했던 겸애兼愛는 겸의兼義나 겸리兼利의 논리를 바탕으로 하지 않으면 성립하지 않는다. 사람들마다 이익을 좋아하는 마음이 있고, 손해를 싫어하는 마음이 있다. 묵자는 그런 마음이 있으나 동시에 사람에게는 좋고 싫음을 떠나 공평하게 판단할 수 있는 능력이 있다고 믿었다.[153]

그러므로 인성 개념인 의나 충, 효에 대한 묵가의 해설 역시 이익을 축으로 회전한다. "의는 이익을 추구하는 것義, 利也"이요, 충은 군주를 "이롭게 하고 강하게 만드는 도구忠, 以爲利而强低也"며, 효 역시 "어버이를 이롭게 하는 것이다孝, 利親也."(『묵경』) 그렇다면 겸애를 주장한 묵가 사상에서도 역시 인, 의, 효 등 인간의 '性'조차 그 원인(故)이 이익(利)으로 귀결된다는 것을 확정할 수 있다.

(3) 이번에는 법가 사상을 살펴보자. 춘추시대 대표적 법가 사상가인

---

153 염정삼 주해, 앞의 책, 142쪽.

상앙의 개혁론을 보면 법가의 본질이 군주(국가)의 이익 증진에 맞춰져 있음이 잘 드러난다.

> 성인은 나라를 강하게 할 방법이 있다면 구습舊習에 따르지 않고, 이익(利)을 낼 수 있는 방법이 있다면 종래의 예제를 좇지 않는다.
>
> _『사기』, 「상군열전商君列傳」

짧지만 이 속에 법가 사상의 목표가 군주의 부강과 이익에 복무하는 것임이 담겨 있다. 한비자인들 다르랴.

> 의사가 남의 상처를 빨고 남의 나쁜 피를 머금는 것은 골육의 정이 있어서가 아니라 이익(利)이 더해지기 때문이다. 수레 장인은 사람들이 부유하길 바라고, 관곽 짜는 목수는 사람들이 죽기를 바란다. 이건 사람들이 부귀하지 않으면 수레가 팔리지 않고 사람들이 죽지 않으면 관이 팔리지 않기 때문이다. 마음속으로 남을 미워해서가 아니라 이익(利)이 사람의 죽음에서 얻어지기 때문이다.
>
> _『한비자』, 「비내備內」

이렇게 양주학파는 물론이고 겸애를 내건 묵가 사상이나 군주 전제를 주장한 법가 사상의 핵심이 모두 이익으로 귀결함을 확인한다.

(4) 그렇다면 병가는 어떠한가. 병가의 중요한 개념 가운데 하나가 세

력(勢)인데, 손자는 세력을 다음과 같이 정의한다.

세력이란 이익(利)을 기초로 주도권을 만드는 것이다.[154]

_『손자병법』, 「계計」

구체적으로 주군의 이익 증진을 위한 제반 무력 활동이 병가의 핵심 사안이라는 것이다.

(5) 종횡가(외교술)도 살펴보자. 합종술의 대표자 소진은 외교술의 핵심을 이렇게 주장한 터였다.

대체로 남의 나라 토지를 갈라서 빼앗고 그 이익을 얻는 것은 오패五伯가 적군을 깨트리고 적장을 포로로 잡아서 이루려는 목표입니다. 자기 가족을 제후로 봉하려는 욕심이 은의 탕임금, 주의 문왕이 전 왕조의 임금을 추방하면서 이루려던 목표올시다. 그런데 저는 무력을 사용하지 않고 손쉽게 그 두 가지를 수중에 넣게 해드리려는 것입니다.

_『사기』, 「소진열전」

인용문의 첫머리에 이미 이익을 취하는 것이 당시 정치외교술의 목적

154　勢者, 因利而制權也.

임이 전제되어 있다. 현대 학자들의 평가도 다를 바가 없다.

> 당시 외교의 핵심 과제는 당면한 상황 속에서 가장 적절한 이익을
> 취하는 것이었다. 과도한 이익을 얻게 될 경우 종종 타국의 집중 견
> 제 대상이 될 수 있다는 점을 깨닫고, 객관적 정세를 고려한 차선의
> 방법을 채택하곤 했다. 따라서 각국에 대한 상세한 정보, 변화에 기
> 민하게 대응하는 능력, 상대를 설득할 수 있는 변설, 광범위한 국제
> 협조망의 구축이 필수적이었는데, 이를 갖춘 것이 종횡가로 알려져
> 있는 소진·장의와 같은 유세객들이었다.[155]

(6) 평화주의 역시 이익을 중심으로 돌아간다. 송경宋牼[156]이라는 평
화주의 사상가의 논리도 그렇다. 그의 평화 역시 '이익의 평화'였다. 송
경은 맹자와 대화를 나눈 적이 있다. 맹자가 "장차 무엇을 주장하려는지
요?"라고 묻자 송경은 제후들을 만나 "전쟁의 불리不利함을 깨닫게 할
참"이라 답한 것이 참고가 된다(12:4).

그렇다면 평화주의를 위시하여 양주학파, 묵가, 법가는 물론이고 병

---

155 박한제 외, 『아틀라스 중국사』, 사계절, 2015, 27쪽.

156 송나라 사람으로 『장자』, 「잡편」, '천하'와 『순자』, 「비십이자非十二子」에서는 송견宋鈃이
라고 했고, 『한비자』, 「현학顯學」과 『장자』, 「내편」, '소요유逍遙遊'에서는 송영宋榮이라고
했다. 주장의 요지는 "대체로 욕심을 줄이고, 업신여김을 당해도 욕되게 여기지 말아서
백성이 서로 싸우는 것을 구원하며, 공격을 금하고 전쟁을 그만두어 당시의 정벌전쟁을
없애고, 주관적인 편견을 극복하고 만물의 진상을 인식하자는 것이다."(양백준)

가 및 종횡가에 이르기까지 천하의 제반 학술들은 (유가만 제외하고) 이익을 연고로 세계상을 해석하는 데서 벗어나지 않는다. 이렇게 볼 때 본문 첫머리에 맹자가 전제한 "천하의 학자들이 말하는 性은 다만 故일 따름이다. 그 故란 결국 利를 본질로 한다"라는 말의 의미가 선명해진다. 제자백가의 주장은 그 표현은 다양한 듯해도 방법론에서 동일하고, 추구하는 목적 역시 이익에 있다는 점에서 다를 바가 없다! 다만 '利'를 바탕으로 한 학술 풍토에서 유일한 예외가 공자(유가)라는 것이 맹자의 발견이었다. 공자에게 철학 방법론의 본질(故)은 '利'가 아니라 '사람의 마음(心性)'이라는 것. 맹자는 이 점을 자신이 공자에게서 계승했다는 것을 자부한 터다(8:21).

이에 맹자는 만물의 속성을 '利'로 보는 데 결연히 반대하고, 특별히 인성(性)은 도덕성, 곧 인의의 가치로 인식해야 한다고 주장했다. 동물이나 사물과는 유다른 인간 고유의 특성을 맹자는 도덕성에서 확보한 반면, 묵자와 양주를 위시한 당대 학술계는 생물의 인자(故)를 각각의 생리학적 특성(즉 '개는 개의 性, 소는 소의 性이 있다')으로 오해했다. 특히 맹자와 고자의 논전에서 '식색食色=생존=이익'을 추구하고 '죽음=절멸=해악'을 회피하는 생물로서의 본능을 인간성(故)으로 보는 천하의 학술들과 희소한 도덕적 본성을 인간성으로 보는 맹자 간의 차이가 선명하게 드러날 것이다(11:1~11:5 참고).

3. 당대 학계의 문제는 천착에 있다

이익을 근원으로 보는 당대 학계의 문제는 여기에 그치는 것이 아니다. 잘못된 원인을 교정하려 들지 않고 외려 오류에 천착하는 데 더 큰 문제가 있다고 맹자는 비판한다. 그 대안으로 '무사無事'의 방법론을 제시한다. 천착(鑿)은 '바위를 뚫다, 땅을 파다, 나무를 깎다, 벼를 찧다' 등이 1차적 의미였다. 이것이 '끌로써 억지로 깎아서 끼워 맞추다'로 뜻이 확장되었다. 눈에 보이는 대상에 집착하여 그 내밀한 맥락이나 숨은 구조를 도외시하는 태도를 말한다. '이익은 취하고 해악은 피한다'라는 생물의 생존 원리를 인간 고유의 특성을 감안하지 않고 사람에게도 마구 적용하는 것이 그 한 예다(성무선악설性無善惡說 참고).

또 묵가와 명가에서 즐겨 썼던 성훈聲訓도 천착의 다른 예다. 성훈이란 '음이 같으면 반드시 의미도 같다'는 이론이다. 대부분 억지로 뜻을 갖다 붙이고 이것저것 무리하게 긁어모은 것으로 때로는 전혀 이치에 맞지 않는다.[157] '與'와 '厲'의 발음이 '여'로 같다고 해서, 곧장 '與'가 '괴롭히다(厲)'라는 뜻이라고 밀어붙이던 신농학파 허행의 성훈이 그렇다(5:4). 맹자는 성훈에 대하여 이의역지以意逆志의 방식을 제시했다. 옛 전적(詩書)을 대할 때 독자인 나의 생각(意)을 거슬러 올라가 작자의 마음(志)을 만나서 공동 체험하는 해석학이 그것이다(9:4).

천착과 상반되는 방법론으로 맹자가 제시한 '무사'는 노장의 '무위無爲'와 다르다. 일 없이 가만히 있는데 일이 이뤄지는(無爲而無不爲) 식의

157　류쭝디, 이유진 옮김, 『동양 고전과 푸코의 웃음소리』, 글항아리, 2013, 254쪽.

무위가 아니라 맹자의 이의역지가 무사요, 공자의 사무사思無邪(『논어』, 2:2)가 또 그것이다. 곧 연구 대상에 즉물卽物하여 대상의 성격을 격물格物함으로써 치지致知에 이르는, 합리적이고 해석학적인 이해 과정을 일컫는다. 이런 무사의 원리로써 사업을 성취한 역사적 사례로 맹자는 우임금의 운하 사업을 든다. 우의 치수는 백규白圭의 치수법과 대조를 이루므로 '천착 대 무사'를 이해하려면 백규의 치수도 잠깐 살펴봐야 한다. 백규는 전국시대 제일 부자, 대재벌이었는데 자신의 치수법이 우임금의 것보다 낫다고 뻐기는 장면이 『맹자』에 있다.

> 백규가 말했다.
> "나의 치수 기술은 우임금보다 뛰어납니다."
> 맹자, 말씀하시다.
> "그대의 말은 잘못되었소. 우임금의 치수는 물길을 따랐지요. 그래서 우임금은 바다를 물받이로 삼았는데 지금 그대는 이웃 나라들을 물받이로 삼고 있소. 물이 거슬러 오르는 것을 홍수라고 하는데—홍수란 곧 큰물이다—'어진 사람(仁人)'이 증오하는 바라오. 그대의 말은 잘못되었소."
>
> _ 12:11

여기서 맹자가 "우임금의 치수는 물길을 따랐지요禹之治水, 水之道也"라고 평한 것과 본문에서 우임금이 "물의 자연스러운 성질을 활용했다行其所無事也"라고 한 '무사'의 방식은 같은 것이다. 반면 백규는 상류의 협곡을 막아 사람들을 해치고 농지를 만들어 큰 부자가 되었으니(『사기』, 「화식열전」) 이익을 위주로 삼아 사람을 해친 것이다. 이는 묵가나 양주의 학술이 이익을 목적으로 한 것과 같다. 다시 말해서 둑을 쌓아서 물을 가두는 백규의 치수법은 이익에 천착하는 당대 지식인들의 병폐(=천착)에 정확하게 대응한다. 또 이익을 취할 뿐 상류 협곡에 사는 사람들의 목숨에는 아랑곳하지 않는 당시 학자들의 반反인간적인 행태, 권력자의 사익 추구에 복무한 처사횡의에 정확하게 대응한다. 맹자는 당시 학술계의 전반적 타락상에 저항하면서, 사물(물)의 원리와 재해(홍수)의 원인, 자연의 형태(지형)를 탐구하고 해석하여 '사람을 살리는' 무사의 방법론을 제시한 것이다.

4. 원인(故)을 탐구해야 진리가 드러난다

다시 맹자는 당대 논리학의 기초 개념인 '故'를 거론한다. 재이론災異論적 하늘(묵가) 또는 순수 자연으로서의 하늘(양주)이 아니라 '자연적 원리(無事)'에 기초하여 현상의 원인을 추적한다면, 천년 전 또는 천년 후의 동짓날도 정확하게 계산해낼 수 있으리라는 것. 자연계에는 자연의 운행 원리가 있다. 또 동물계에는 동물의 생존/생식 원리가 있다. 그리고 인간계에는 인간 고유의 특성이 있다. 이들을 한데 섞어서 '본성=속성'이라는 식으로 '性'을 논하고, 그것을 인과론인 '故'의 논리학에 집어넣어 평면화하면 각각의 고유성은 모두 깎여나가고 사물(생명)의 구체성은 휘발되고 만다. 그러므로 함부로 보편화하지 말라. 함부로 섞지 말라. 퇴계 이황의 표현을 빌리자면 "새가 모이를 먹듯 삼키지 말고, 나

맹자, 마음의 정치학 2

누고 쪼개라(分析)."

인간에게 고유한 특성을 도덕성으로 특정해서 논의를 구체화할 때라야 인간의 인간다움을 적출할 수 있고, 인간 사회가 봉착한 위기의 정체, 문제를 극복할 방안과 지향해야 할 구체적 장소를 제시할 수 있다. 지금 맹자의 문제의식은 '性'을 자연학적 필연성의 논리로만 이해하는 당시 학술계, 특히 묵가와 양주학파의 사유 방식에 대한 것이다. 이들은 공통적으로 인간 본성을 생리학적인 인과(故) 논리에 집어넣고 물화物化하여 동물성과 인간성의 구별을 없애버린다.

물론 인간도 동물이다. 이미 맹자도 인간이 금수와 다른 점은 기희幾希(드물다)라고 지적했던 터다. 다만 인간만이 지닌 고유성의 '지극히 드문 요소'를 놓쳐서는 안 된다. 인간의 본성은 그 기희한 고유성에서 찾아야 한다. 동물과 공통된 요소에다 인간성을 물 타버리면 전국시대의 절박한 문명 위기, 즉 정치 파괴와 사회 붕괴, 인간성 상실을 해결할 실마리를 찾을 수가 없다. 요컨대 맹자의 손가락이 가리키는 달은 다음과 같다. 학술이 지향할 바는 '利'가 아니라 자연의 '理(리)'와 인간의 '義(의)'다(11:7 참조)! 그리고 그 원인(故)을 탐구하여 진리(性)를 알면 기쁨이 넘실거린다. 학이시습지 불역열호!

5. 책상 앞에서 천년 뒤 동짓날을 알 수 있다.

문학 비평서 『문심조룡文心雕龍』의 저자 유협劉勰은 말하기를 "글의 구상에서 정신의 작용은 심원하다. 따라서 고요히 정신을 집중하면 생각이 천년에 닿을 수 있고, 가만히 표정을 가다듬으면 시선이 만리.

를 꿰뚫어 볼 수도 있다."[158]

그렇듯 박이정博而精이라, "널리 배우고 상세히 해설하는 까닭은 돌이켜 요약하고자 함에서다"(8:15)라던 그 요약에 닿은 다음, 다시 그것을 펼치면 천년 뒤 동짓날도 알아낼 수 있다. 그러므로 심조深造→자득自得→거안居安→자심資深→봉원逢原의 공부가 우선 필요하다(8:14). 그 공부 길이 유도儒道임은 물론이다. 역시 유도란 가까운 데서 멀리로 나아가는 것이니 "말은 비근하면서 뜻은 원대한 것이 좋은 말이고, 지키기는 간략하면서 널리 베풀어지는 것이 좋은 도다."(14:32)

---

158 류쭝디, 앞의 책, 10쪽.

8:27. 함께하지 못할 자

公行子¹⁵⁹有子之喪, 右師¹⁶⁰往弔. 入門, 有進而與右師言者, 有就右師之位而
與右師言者. 孟子不與右師言. 右師不悅曰, "諸君子皆與驩言, 孟子獨不與驩
言, 是簡¹⁶¹驩也."

孟子聞之, 曰, "禮, '朝廷不歷位¹⁶²而相與言, 不踰階¹⁶³而相揖¹⁶⁴也'. 我欲行
禮, 子敖¹⁶⁵以我爲簡, 不亦異乎?"

> 공항자가 아들 초상을 당했는데¹⁶⁶, 우사가 조문을 왔다. 그가
> 문에 들어서자 그에게 쫓아가 말하는 자가 있고, 우사가 자리를
> 잡자 그에게 붙어서 말하는 자도 있었다. 맹자는 그와 말 한마
> 디 나누지 않았다. 우사가 불쾌한 듯 말했다.
> "여러 군자들이 모두 나¹⁶⁷와 같이 말을 나누는데 유독 맹자만

---

159 公行子(공항자): 제나라 대부.

160 右師(우사): 왕환王驩을 지칭한다. '右師'라는 직책은 글자 그대로 하자면 군주의 스승으
로 여겨지니, 왕환은 당시 예법을 아는 자로 손꼽혔던 모양이다.

161 簡(간): 무시하다, 홀대하다.

162 歷位(역위): '歷'은 건너뛰다. '位'는 지위.

163 踰階(유계): '踰'는 넘다. '階'는 품계.

164 揖(읍): 읍하다. 상대방에게 공경을 표하는 의례의 한 가지.

165 子敖(자오): 왕환의 자字이니 곧 '右師'를 지칭한다(4:6, 7:24, 7:25 참고).

166 有子之喪(유자지상): 아비는 "장자長子의 죽음에 참최 3년의 복을 입는다"(『예기』)라고 하
였다. 이를 보면, 공항자의 큰아들이 죽었음을 알 수 있다(양백준).

167 驩(환): 우사가 제 이름을 부른 것이니 '나'라고 번역하였다.

은 나와 함께 말하지 않으니, 이것은 나를 무시하는 처사다."

맹자가 이 말을 듣고 말했다.

"예법에 '조정에서는 남의 지위를 건너서 서로 함께 말하지 않고, 품계를 넘어서 서로 인사하지 않는다'라고 하였다. 나는 예를 행하고자 하는데, 자오는 내가 저를 무시한다니 참 이상한 놈이 아닌가?"

해설

여섯 번이나 출현하는 우사는 곧 왕환(=자오)이니 제선왕의 '문고리 권력자'[168]로서 맹자가 증오한 비부鄙夫다. 맹자가 조문 사절단의 정사正使였을 때 왕환은 부사副使이면서도 일을 전횡하여 분노를 샀고(4:6), 기대한 제자 악정자를 꾀어 수하로 삼으려고 했던 터다(7:25). 제나라에서 맹자의 '왕도 프로젝트'를 무산시킨 주범으로 볼 수 있다.

이 장에는 문고리 권력자 주변에서 아양을 떨며 눈을 맞추는 당시 고위 관료들의 분주한 꼴이 눈앞에 환하게 그려졌다. 대부 공항자의 자식 장례에 참석한 맹자가 다른 사람들과 달리 모나게 우사 왕환과 가까이 가서 말하지 않은 까닭은 (예법의 규정을 빙자했지만) 실은 그를 '함께 더불

---

168 박근혜 정부 시기 대통령 접견을 좌지우지하던 측근들(십상시)을 비꼬아 '문고리 권력자'라고 불렀다. 그들의 행태가 여기 제선왕의 총애를 배경으로 호가호위하던 왕환의 모습과 흡사하다.

어 하지 못할 자'로 여겼기 때문이다. 공자가 당대 관리들을 두고 두소지 인斗筲之人이라, '한 말 두어 되'에 불과한 소인배라고 비난한 것(『논어』, 13:20), "비부들과 정사를 함께할 수 있겠더냐. 이런 자들은 지위를 얻으려면 못할 짓이 없고, 또 얻고 나서 잃지 않으려고 들면 못할 짓이 없는 자들"(『논어』, 17:15)이라고 말했을 때의 그 비부가 여기 왕환에 해당한다. 왕환에 대한 맹자의 감정에 대해서는 7:24 및 7:25의 해설을 참고하자.

孟子曰, "君子所以異於人者, 以其存心[169]也. 君子以仁存心, 以禮存心. 仁者
愛人, 有禮者敬人. 愛人者, 人恒[170]愛之; 敬人者, 人恒敬之.

有人於此, 其待我以橫逆[171], 則君子必自反也: 我必不仁也, 必無禮也, 此
物[172]奚宜[173]至哉? 其自反而仁矣, 自反而有禮矣, 其橫逆由[174]是也, 君子必自
反也, 我必不忠[175]. 自反而忠矣, 其橫逆由是也. 君子曰, '此亦妄人[176]也已矣.
如此, 則與禽獸奚擇[177]哉! 於禽獸又何難[178]焉?'

是故君子有終身之憂, 無一朝之患也. 乃若[179]所憂則有之: 舜, 人也; 我, 亦人
也. 舜爲法於天下, 可傳於後世, 我由未免爲鄕人也, 是則可憂也. 憂之如何?
如舜而已矣. 若夫[180]君子所患則亡矣. 非仁無爲也, 非禮無行也. 如有一朝之

---

169 存心(존심): 마음을 보존하다. '心'은 인의예지의 단서요(11:5), '存'은 희박한 사람다움을
각성하며 사는 현존재다.

170 恒(항): 대체로.

171 橫逆(횡역): 횡포를 부리다. 무례한 정도를 넘는다는 뜻. "횡역이란 강포하여 이치에 순종
하지 않는 것이다橫逆, 謂强暴不順理也."(주희)

172 物(물): 일. '事(사)'와 같다.

173 奚宜(해의): 어떻게. '何爲(하위)'와 같다.

174 由(유): '猶(유)'와 같다.

175 忠(충): 진정성. 주희는 '盡己(진기)', 즉 '자기 마음을 다함'이라고 하였다. 윤동주의 「서
시」에서 "하늘을 우러러 한 점 부끄럼 없기"를 기약함이 '忠'이다.

176 妄人(망인): 황당한 인간, 미친 녀석.

177 奚擇(해택): 어떻게 구별할 수 있을까? '何異(하이)'와 같다. '擇'은 구별을 뜻한다. "소와
양을 차별한 것은 어째서입니까牛羊何擇焉?"(1:7)가 그 예가 된다.

178 何難(하난): 무엇을 비난하리오. '難'은 나무라다.

179 乃若(내약): ~에 관한 한(펑로이슌, 앞의 책, 394쪽). '가령'으로 번역하였다(11:7 참고).

患, 則君子不患矣."

맹자, 말씀하시다.

"군자가 범인과 다른 것은 마음을 보존하는 데 있다. 군자는 인
으로 마음을 보존하고 예로써 마음을 보존한다. 인자는 남을 아
끼고[181], 예가 있는 사람[182]은 남을 공경한다. 남을 아끼는 사람
은 남도 대체로 그를 아끼고, 남을 공경하는 사람은 남도 대체
로 그를 공경한다.

여기 어떤 자가 있어 내게 횡포를 부리면 군자는 반드시 스스
로 돌이켜 보기를 '내가 분명히 불인했던 게지, 내가 분명히 무
례했던 게지. 어쩌다 일이 이 지경이 되었나'라고 한다. 스스로
돌이켜 보아도 인하였고, 스스로 돌이켜 보아도 예에 합당한데
그가 여전히 횡포를 부린다면 군자는 또 스스로 돌이켜 보기를
'내가 반드시 진정성이 부족했던 게지'라고 한다. 스스로 돌이
켜 보아 진정을 다했는데 여전히 그가 횡포를 부린다면 군자는
'이자는 다만 미친 녀석이다. 이렇다면 짐승과 다를 것이 무엇
이랴. 짐승에게 무엇을 따지겠더냐!'라며 관계를 끊는다.

---

180   若夫(약부): ~에 대해서는(쾽로이쥰, 앞의 책, 394쪽). '그러나'라고 번역하였다. 주석 179의
'乃若'과 대칭된다.

181   仁者愛人(인자애인): 제자 번지가 '仁'을 물었을 때 공자가 '愛人'이라고 답했다(『논어』, 12:22).

182   有禮者(유례자): 공자는 "극기복례가 인"(『논어』, 12:1)이라고 하였다. 그러니 여기 '有禮
者'란 상대(부모, 자식, 형제, 아내 등)에 따라 마음에서 우러난 공경심을 적절하게 행하는 것
이다.

이 때문에 군자에게는 평생의 근심[183]은 있으나 하루아침 걱정[184]은 없다. 가령 평생의 근심이란 이런 것이다. '순임금도 사람이고 나 또한 사람이다. 순임금은 천하의 모범이 되어 후세에 전하건만, 나는 여전히 시골 사람을 면하지 못하고 있구나!' 이 것인즉 근심할 만하다. 근심한다면 어떻게 할 것인가? 순임금처럼 행할 따름이다. 그러나 군자가 걱정할 일은 없다. 인이 아니면 하지 않고, 예가 아니면 행하지 않을 뿐이다.[185] 가사 하루아침의 걱정거리가 있다 해도 군자는 이를 걱정거리로 삼지 않는 법이다."

해설

이 장은 세 단락으로 구성되어 있다. 각 단락은 독립적이면서 또한 연결된다. 복잡하고 심후하다.

1. 존심
앞에서 "사람이 짐승과 다른 까닭은 몹시 드문데, 범인은 그 까

---

183 終身之憂(종신지우): 평생 간직하는 근심. 예컨대 처신이 인의에 합당한지를 근심하는 것.

184 一朝之患(일조지환): 하루아침의 걱정거리. 예컨대 먹고사는 문제에 대한 고민.

185 非仁無爲也, 非禮無行也(비인무위야, 비례무행야): "인의를 몸소 살아낸 것이지 인의를 위하여 산 것이 아니다由仁義行, 非行仁義也."(8:19 참고)

닭을 몰라 내버리고 군자는 그 이치를 알아 보존하며 산다"(8:19)라고 하였다. 이 장은 바로 이 전제에서 출발한다. 범인은 내버리고 군자가 보존하는 '사람이 짐승과 다른 까닭'은 오직 마음일 따름이요, 그 마음을 보존하는 존심存心의 방법은 인을 실천하고 예를 행하는 데 있을 뿐이라는 것. 사람다움의 가치는 타고난 마음에 보존되어 있고 사람다운 짓은 그 마음에서 우러나 타인과 만나서 이뤄지는 것이지, 밖에서 안으로 들어오는 것이 아니라는 말이다. '존심' 두 글자에 사람다움의 사활이 걸려 있고, 그 존심을 행하는 사람을 군자라 칭한다. 뒤에 "사람이라면 누구나 이런 마음을 지니고 있다. 다만 현자는 이를 잃지 않고 간직할 따름"(11:10)이라는 말이 방증이다.

존심은 두 글자밖에 안 되나 그 속은 깊고도 넓다. 뒤에 "잡으면 있고 놓으면 없는 것"(11:8)이 마음이라고 했고, "자기 마음을 보존하고 사람의 본성을 기르는 것이 하느님을 섬기는 일이다"(13:1)라고도 하였으니 존심이란 사람다움에 실로 중차대하다.

존심하려면 일단 마음을 알아야 한다. 알아야 보존을 하든지 버리든지 할 것 아닌가? 양지양능이니 적자지심이니 하는 말은 마음의 본디 성질이 천부적이며 순수한 것임을 알고서 붙인 이름이다. 좋은 줄 알았으면 놓치지 말아야 한다. 공자가 안회를 두고 "그 마음이 석 달 동안 인에서 벗어나지 않는 사람"(『논어』, 6:5)이라 칭찬한 것이 이쯤이요, "군자란 밥 먹는 순간에도 인을 벗어나지 않고, 다급하거나 황망한 순간에도 반드시 인을 행한다"(『논어』, 4:5)라던 것도 존심을 달리 표현한 말이다. 맹자가 '자기 몸을 잃지 않는 것(不失其身)'을 수신守身이라며 중시한 것도 존심의 중요성을 강조한 말이요, 무방심無放心을 지칭한 것이다.

그러나 어찌 보존만을 능사로 하랴. 그 마음을 밖으로 드러내 남과 함께해야 한다. 사람은 사회적 동물이기 때문이다. 아니, 함께 더불어 할 때라야만 사람다움의 가치가 완성된다. 그러므로 본문에서 "인자는 남을 아끼고, 예가 있는 사람은 남을 공경한다. 남을 아끼는 사람은 남도 대체로 그를 아끼고, 남을 공경하는 사람은 남도 대체로 그를 공경한다." 이 상호성 원리는 어디서나 통용된다.

2. 불가즉지

그러나 이런 궤도를 벗어나는 일이 종종 일어나는 것 또한 인간사다. 내가 상대를 사랑으로 대하고 공경하는데도 일마다 어긋나고, 말마다 거스르는 횡포한 자가 있다. 이런 사람은 어떻게 대할 것인가? 군자가 왜 군자이겠는가! 먼저 스스로 돌이켜 성찰해본다. 내가 인의 허울을 쓰고 겉치레 사랑을 한 것은 아니었던가? 또 예라는 형식에 숨어 가식을 부린 것은 아닌가? 이렇게 반성한 결과 그 사람을 사랑으로 대했고 공경심을 유지했다면, 다시 처음처럼 그를 진심으로 대할 뿐이다(7:4).

이렇게 성찰하고 진심으로 대하는데도 상대가 계속 내게 횡포를 부린다면, 이제 문제는 심각해진다. 그렇다면 나의 진정성(忠)을 깊이 고민해본다. 거듭 성찰해보아도 내게 거짓이 없다고 하늘을 우러러 맹세할 수 있다면, 이제 문제는 내가 아니라 상대방에게서 찾아야 한다. 그러니까 세 번 성찰의 기회를 갖는 셈이다. 사람 사이를 유지하는 것이 이렇게도 어렵다. 그런데도 상대의 횡포가 계속된다면 어떻게 해야 할까? 관계를 끊을 따름이다. 상호성이 결여된 이는 상종하지 못할 자, 곧 사람의 탈을 쓴 짐승에 불과하기 때문이다.

이 관계 파정罷定의 문제 찾기 과정은 내력이 있는 처방이다. 유교는 인간을 '관계적 존재'로 보므로 '관계를 파괴하는 자를 어떻게 대할 것인가'는 중차대한 문제다. 특히 공자는 인륜에 속하는 정치적 관계(군신)와 사회적 관계(붕우)의 위기에 대해 소상하게 논한 터다. 우선 군신 관계를 보면, "도로써 군주를 섬기다가 옳지 않으면 그만두어야 한다以道事君, 不可則止."(『논어』, 11:23) 이는 군주가 불의한 신하를 대할 때도 마찬가지다. 거듭 노력해도 소용이 없다면 그만두는 것이다. 이런 결단은 군신 간의 예절로 확정되었는데, 『예기』에서는 이것을 "신하가 세 번 조언했는데도 임금이 들어주지 않으면 자리를 버리고 떠난다三諫不聽則去"라고 규정한다. 붕우 관계 역시 마찬가지다. 자공이 붕우의 도를 물었을 때 공자가 답한 말에도 불가즉지不可則止의 원리가 적용된다(『논어』, 4:26과 12:23).

요컨대 두어 번 충고하되 달라지지 않는다고 지나치게 안달복달할 것 없다는 (군신 관계든 붕우 관계든 모든 사회관계의) 불가즉지 원칙이 여기 맹자의 인간론에 직통한다. 스스로 두어 번 성찰하고, 한 번쯤은 상대를 관찰해본 다음 정녕 상종할 사람이 아니라면 관계를 끊어버리는 것이다. 이런 절연 또한 인의의 실천이니, 증오 없는 사랑이란 불가능하기 때문이다. 그런데 이런 상종하지 못할 인간과 외길에서 불쑥 마주치면 어떻게 하나? 율곡의 대답이다. "먼 산을 바라보면서 날씨 이야기나 하고 자리를 피한다."

그렇다면 군자의 삶은 어떤 것이어야 할까? 타고난 도덕성을 보존하고 확충하는 것이다. 앞에 순임금의 삶을 유인의행由仁義行이라, '타고난 인의를 보존하고 확충하는 것'이라 하였으니 순임금을 범전으로 평생을 산다는 말과도 같다. 안연이 "순은 어떤 사람이며 나는 어떤 사람인가"(5:1)라던 분발심의 각론이다. 이것을 본문에서는 '평생의 근심(終身之憂)'으로 표현했다. 이런 평생의 근심이 없으면 '하루아침 걱정(一朝之患)'이 덮친다. "사람에게 먼 계책이 없으면 반드시 가까운 데 걱정이 생긴다人無遠慮, 必有近憂"(『논어』, 15:11)라던 공자 말씀의 부연이다. 평생 계획이 없으면 가난과 사회적 천시, 희로애락의 파도에 몸과 마음이 휩쓸리고 만다는 것이다. 그렇다면 길은 두 갈래. 요순의 길을 택해 먼 길을 걸을 것인가, 아니면 오욕을 감내하며 하루아침 걱정에 평생을 허덕이며 살다 갈 것인가!

3. 관계를 끊어야 할 자

'횡포한 자와는 관계를 끊는다'라는 맹자의 말은 유교 인간론의 극한이므로 조심해서 다뤄야 한다. 당연히 사람을 사랑으로 대해야 하지만, 겉은 사람이나 속은 사람이 아닌 자, 이를테면 자포자기한 자와는 일을 함께하지 못하고 말을 함께 나눌 수 없다는 것이다(7:10).

미국 프린스턴대학의 해리 G. 프랭크퍼트Harry G. Frankfurt 교수는 『헛소리에 대하여On Bullshit』에서 '거짓말'과 '헛소리'를 구별했는데, 여기 '관계를 끊어야 할 인간'과 '충고하여 개선할 수 있는 사람'을 구분하는 데 참고가 된다. 그는 "거짓말쟁이의 눈은 (최소한) 사실을 향해 있지만,

맹자, 마음의 정치학 2

헛소리꾼은 사실에 신경 쓰지 않는다. 자기 목적에 맞도록 그 소재를 택하거나 가공해낼 뿐"이라고 했다. '거짓말'은 사실이 드러나면 생명이 끝나지만, '헛소리'에는 약이 없기 때문이다. 그래서 "헛소리가 거짓말보다 더 나쁘다"라고 결론을 내렸다.[186]

이런 헛소리꾼은 맹자가 말한 횡포한 자에 걸맞다. 그런 이들은 사랑이나 예의, 진정성이나 논리 따위에는 전혀 관심이 없다. 제 마음에 안 들면 그런 미덕은 악다구니의 소재가 될 뿐이다. 좋은 것이 나쁜 것이 된다. 거짓말은 거짓이라도 일단은 '말'이다. 말은 사람만이 내는 것이니 거짓말쟁이는 그나마 사람의 범주에 든다. 말의 거짓을 밝혀주면 그가 부끄러움을 느낄 수 있기에 사람의 범주에 넣는 것이다. 반면 헛소리의 '소리'는 그 자체로 짐승의 것이다(개의 음성은 개소리, 새의 음성은 새소리이다. 사람의 음성만 '말'이라고 한다. 거짓말도 말이기에 거짓말쟁이는 사람일 수 있지만, 헛소리꾼은 소리를 내니 사람이 아니게 된다).

프랑크퍼트가 '헛소리꾼에겐 약이 없다'라고 혀를 내두른 것과 여기 '횡포한 자는 사람이 아니다'라는 맹자의 평가가 정확하게 겹친다. 처방할 약이 없는 자, 껍데기는 사람의 형상인데 속은 짐승인 자와는 관계를 끊는 수밖에 없다. 의사조차 의심하고 도리어 의사를 평가하려 드는 편집증 환자는 치료가 불가능한 것과 같다. 의외로 주변에 이런 자들이 많다.

---

186 권태호, "Bull Shit", 〈한겨레〉, 2017년 8월 9일자 참고. 이 칼럼에서는 프랑크퍼트 교수의 책을 『헛소리에 대하여』로 소개하며 'bullshit'을 '헛소리'라고 번역했는데, 해당 도서의 실제 한국어판 제목은 『개소리에 관하여』이다. 해리 G. 프랑크퍼트, 이윤 옮김, 『개소리에 관하여』, 필로소픽, 2016.

禹·稷[187]當平世, 三過其門而不入, 孔子賢之. 顏子[188]當亂世, 居於陋巷[189], 一
簞食[190], 一瓢飮[191]; 人不堪[192]其憂[193], 顏子不改其樂, 孔子賢之.

孟子曰, "禹·稷·顏回, 同道. 禹思天下有溺者, 由[194]己溺之也; 稷思天下有
飢者, 由己飢之也, 是以如是其急也. 禹·稷·顏子易地則皆然. 今有同室之人
鬪者, 救[195]之, 雖被髮纓冠[196]而救之, 可也; 鄉鄰有鬪者, 被髮纓冠而往救之,
則惑也; 雖閉戶可也."

우와 직은 치세를 만나 집 앞을 세 번이나 지나치면서 집 안에
들어가지 못했다. 공자는 이들을 현명하다고 평했다. 안자는 난
세를 만나 달동네에 살면서 한 대그릇의 밥과 한 표주박의 물
을 먹고 마시며 살았다. 보통 사람들은 그 괴로움을 감당키 어

---

187 禹·稷(우·직): 순임금의 장관들. '禹'는 아홉 개의 운하인 구하九河를 뚫어 치수에 성공하
였다. '稷'은 곡물을 심고 기르는 법을 가르쳐 기아 문제를 해결하였다.

188 顏子(안자): 공자의 수제자 안회顏回를 이른다.

189 陋巷(누항): '달동네'라고 번역했다. '陋'는 더럽다. '巷'은 골목.

190 簞食(단사): 대그릇 밥. 적빈의 상징. '簞'은 대그릇. '食'는 밥.

191 瓢飮(표음): '맹물을 먹다'는 뜻. '瓢'는 표주박.

192 堪(감): 견디다.

193 憂(우): 괴로움. 8:28의 '하루아침 걱정(一朝之患)'과 같다.

194 由(유): '猶(유)'와 같다.

195 救(구): 구하다. '말리다'라고 번역했다.

196 被髮纓冠(피발영관): 산발한 채로 머리 위에 갓을 얹고 갓끈만 대충 매고 나서는 모양. 다
급하다는 뜻. '被'는 산발하다. '纓'은 갓끈.

려운데 안회는 '그 즐거움'을 바꾸려 하지 않았다.[197] 공자는 그
도 현명하다고 평했다.

맹자, 말씀하시다.

"우와 직과 안회의 도는 같다. 우는 천하의 물에 빠진 자를 보
면 마치 자기가 물에 떠밀어 넣은 듯 여겼고, 직은 천하의 굶주
린 자를 보면 자기가 굶주리게 한 것같이 여겼다. 이에 그렇게
다급하게 서둘렀던 것이다. 우와 직과 안회는 처지가 서로 바뀌
었어도 똑같이 행동했을 터였다.

만약 한 집에 사는 이들 사이에 다툼이 생겼다면, 머리는 산발
하고 갓끈만 대충 맨 채로 뜯어말리더라도 괜찮다. 그러나 이웃
마을 사람들이 다투는데 머리는 산발하고 갓끈만 대충 맨 채로
가서 말리려 든다면 이것은 이상한 짓이다. 이럴 땐 문을 닫고
들어앉아도 괜찮다."

해설

현자들의 삶을 연구해보니 시대가 달랐고 처한 환경도 달랐으
나 그들의 지향은 같더라는 것. 앞의 8:1에서 1000여 년 세월을 사이에
둔 동방 출신 순임금과 서방 출신 문왕이 왕도를 지향한 점에서는 똑같

---

197 『논어』, 6:9의 내용이다.

았다고 혀를 내둘렀다면, 여기서는 현자인 우와 직, 안회의 경우를 들어 논하고 있다. 치세, 즉 평화 시대를 살았던 우와 직의 삶과 춘추시대라는 난세를 살았던 안회의 삶은 현상적으로는 크게 달랐으나, 그 삶의 가치(道)는 동질적이었다. 치세를 살았던 우와 직이 분주한 까닭은 인의를 백성에게 널리 펴기 위함이요, 난세를 산 안회가 달동네에서 굶주리며 홀로 산 것 또한 인의를 보존하기 위함이었다. 앞에서 "그때나 지금이나 다 같다彼一時, 此一時"(4:13)라고 했듯이 그때의 우·직이나 이때의 안회나 속내는 '같은 길(同道)'이더라는 것.

이 장은 바로 앞의 8:28을 부연 설명하는 것 같기도 하다. 우와 직이 세상을 구제하려고 몸을 아끼지 않은 것이 평소 인과 예로써 사람을 대하는 것에 비견된다면, 안회가 문을 닫고 몸을 가둔 것은 횡포한 자와 관계를 절연하는 비상 상태와 같기 때문이다. 우와 직이 세 번씩이나 제 집 문 앞을 지나가면서도 안으로 들어가지 않은 것은 직무에 바빴기 때문이다.[198] 홍수를 잡기 위해 토목 공사의 책임을 맡은 우는 "천하의 물에 빠진 자를 보면 마치 자기가 물에 떠밀어 넣은 듯 여겼"다. 우가 치수에 성공한 후, 토지에 농작물 심는 법을 가르치는 직책을 맡은 이가 직이다. 이에 "직은 천하의 굶주린 자를 보면 자기가 굶주리게 한 것같이 여겼다." 우와 직은 모두 순임금의 관리로 제 직분에 충실하려고 "그렇게 다급하게 서둘렀던 것이다."[199] 이런 진심盡心의 정치, 곧 마음을 다한 충실

---

198 앞서 신농학파와의 논전 가운데 같은 말을 한 적이 있다. "우는 8년 동안 바깥을 돌다가 문 앞을 세 번이나 지나칠 뿐 집 안으로는 들어가지 못했으니, 비록 농사를 짓고 싶다 한들 그럴 겨를이 있었겠습니까禹八年於外, 三過其門而不入, 雖欲耕, 得乎?"(5:4)

함을 두고 공자는 '현명하다'라고 평했다.

한편 안회는 공자의 수제자로서 극빈한 삶을 살았다. 즉 "달동네에 살면서 한 대그릇의 밥과 한 표주박의 물을 먹고 마시며 살았다." 그가 살았던 때가 난세인지라 그 사람됨을 알아보고 써주는 이가 없었기 때문이다. 이에 그는 "보통 사람들은 그 괴로움을 감당키 어려운데" 도리어 '그 즐거움(其樂)'을 누리며 살다가 요절했던 인물이다. 알아주는 자가 없어 가난하게 살아도 안회가 즐거움을 누린 까닭은 빈이락貧而樂, 곧 가난이 침범하지 못하는 즐거움이 따로 있었기 때문이다(안회의 '즐거움'이란 무엇일까? 조선시대 과거시험에 자주 출제되던 문제다). 경제적 풍요, 정치권력, 사회적 인정이나 평가 같은 외부적 가치와는 전혀 관계없는 '어떤 즐거움'을 그는 누릴 줄 알았고, 공자는 그의 독립불기獨立不羈의 삶을 두고 '현명하다'라고 평했다. 공자가 "그 자리에 있지 않으면 그 정사를 논하지 않는다不在其位, 不謀其政"(『논어』, 8:14)라고 했는데, 꼭 안회를 두고 한 말 같다.

다만 자기 처지를 잊고 다른 데 눈을 돌리다 보면, 예컨대 우와 직이 직분을 잊고 안연의 한가함을 선망하고, 안연이 달동네의 처지를 잊고 우와 직의 지위를 탐한다면 미혹한 상태에 빠진다. 이 사태를 본문 끝에 "이웃 마을 사람들이 다투는데 머리는 산발하고 갓끈만 대충 맨 채로 가서 말리려 든다면 이것은 이상한(惑) 짓이다"라고 짚었다.

우와 직과 안회는 삶의 방식에도 공통점이 있다. 우와 직은 남을 위하

---

199   이것이 8:28에서 말한 '평생의 근심(終身之憂)'이다.

여 일하지 않았고, 안회는 남에게 지위를 요구하지 않았다. 이 셋은 무엇을 '위하여' 살았던 사람들이 아니다. 남의 입에 오르내리는 명성을 '구하여' 살지도 않았다. 다만 사람의 사람다움(인과 의)을 '그냥' 살았다. 처한 시공간이 달랐을 뿐, 순임금이 행했던 "인의를 몸소 살아낸 것이지 인의를 위하여 산 것이 아니다"라는 삶의 태도를 똑같이 계승한 것이다. 남이 알아주면 힘껏 나아가 일하지만, 남이 알아주지 않으면 두문불출하며 제 몸을 닦는 것이 군자의 도리, 현자의 행동이다. 이를 따로 "곤궁하면 홀로 몸을 선하게 닦고, 영달하면 천하도 함께 선하게 하였던 것이지窮則獨善其身, 達則兼善天下"(13:9)라고도 표현했다.

요컨대 우와 직은 '치세를 당하여(當平世)' 정치를 했으니 인민 구하기를 다급하게 한 것이요, 안회는 '난세를 당하여(當亂世)' 직위에 없었기에 두문불출하며 자기만의 즐거움을 누리다 간 것이다(직위는 스스로 손들고 요구할 수 없다. 출처진퇴론 참고). 안회가 독선獨善에 머물 수밖에 없었던 것은 '부득이'의 정신이요, 우와 직이 백성의 삶을 개선하려 애쓴 것은 '차마'의 정신이니, 여기서 안회의 '부득이'와 우와 직의 '차마'가 함께 만난다. '부사의 바다'에서. 그러니 위爲하지 말고, 구求하지도 말라!

公都子曰, "匡章, 通國皆稱不孝焉, 夫子與之遊, 又從而²⁰⁰禮貌之, 敢問何也?"

孟子曰, "世俗所謂不孝者五: 惰²⁰¹其四肢²⁰², 不顧父母之養, 一不孝也; 博奕²⁰³好飲酒, 不顧父母之養, 二不孝也; 好貨財, 私妻子, 不顧父母之養, 三不孝也; 從耳目之欲, 以爲父母戮²⁰⁴, 四不孝也; 好勇鬪狠²⁰⁵, 以危父母, 五不孝也. 章子²⁰⁶有一於是乎?

夫章子, 子父責善而不相遇也. 責善, 朋友之道也; 父子責善, 賊恩之大者. 夫章子, 豈不欲有夫妻子母之屬²⁰⁷哉? 爲得罪於父, 不得近, 出妻屛²⁰⁸子, 終身不養焉. 其設²⁰⁹心以爲不若是, 是則罪之大者, 是則章子已矣."

공도자가 말했다.

"광장은 온 나라 사람들이 모두 불효자라고 손가락질하는데 선

---

200 又從而(우종이): '又'는 또. '從而'는 나아가.

201 惰(타): 게으르다.

202 肢(지): '支(지)'로 된 판본도 있다.

203 博奕(박혁): '博'은 바둑. '奕'은 장기.

204 戮(륙): 욕보이다.

205 狠(한): 다투다. '很(흔)'으로 된 판본도 있다.

206 章子(장자): 광장匡章을 높여 칭한 것이다.

207 屬(속): 무리, 가속家屬.

208 屛(병): 물리치다.

209 設(설): 가설하다.

생님은 그와 교유할뿐더러 또 나아가 예를 갖춰 공경하기까지 하시는데 감히 그 까닭을 여쭙습니다."

맹자, 말씀하시다.

"세상에서 불효라 일컫는 것이 다섯 가지더군. 손발을 게을리 하여 부모 봉양을 돌보지 않는 것이 첫째요, 노름에 빠지고 술 마시기 좋아하여 부모 봉양을 돌보지 않는 것이 둘째요, 재물을 탐하고 처자식만 아끼며 부모 봉양을 돌보지 않는 것이 그 셋째요, 또 눈과 귀의 쾌락에 빠져 부모를 욕보이는 것이 넷째고, 성깔을 부려 남과 싸우고 다퉈 부모를 위태롭게 하는 것이 다섯째더군. 광장이 이 가운데 해당하는 게 하나라도 있더냐? 저 광장은 자식으로서 아버지에게 책선[210]하다가 서로 어긋나 버린 것이다. 책선은 붕우 사이의 도리이니, 부자 사이의 책선은 은혜를 손상함이 크다.[211] 광장인들 어찌 부부와 모자의 관계를 갖고 싶지 않았으랴! 그러나 아버지에게 죄를 얻어 가까이하지 못하자, 아내를 내치고 자식을 물리치고서 종신토록 봉양을 받지 않았다. 그 마음에 생각하기를 '이렇게 하지 않으면 죄가 크다'고 여긴 것이니 이런 사람이 광장일 따름이다."

---

210 責善(책선): 잘하라고 상대방을 꾸짖다(7:18 해설 참고).

211 예법에 "부자간은 은혜를 주로 삼고 군신 간은 공경을 주로 삼습니다父子主恩, 君臣主敬"(4:2)라고 하였으니 여기 "부자 사이의 책선은 은혜를 손상함이 크다"라는 말의 바탕이다.

이 장은 8:29의 내용과 연결해서 보자. 발이 부르트도록 공무에 헌신한 우와 직이 문을 처닫고 들어앉은 안회와 동도同道이듯, 하늘을 향해 부모를 탓하며 울부짖은 대효 순임금과 아버지를 탓하다가 손가락질당한 광장도 실은 동도라는 것이다. 둘 다 효를 행하려 했는데 하나는 끝이 좋아 대효로 칭송받고, 광장은 부득이하게 불효로 몰렸을 뿐 그 물밑은 똑같다. 그래서 맹자는 세칭 불효막심인 광장과 "교유할뿐더러 또 나아가 예를 갖춰 공경하기까지" 한 것이다. 맹자가 광장과 교유할 뿐 아니라 예를 갖춰 공경한 것은 그가 "아내를 내치고 자식을 물리치고서 종신토록 봉양을 받지 않"은 다음이 아니라, 필시 광장이 그 부친을 책선하고 사이가 틀어진 때부터였으리라. 어머니를 용서해주십사 강청하였으나 도리어 아버지의 분노를 사 내침을 당했을 때 광장의 마음속에 들끓던 고뇌와 갈등을 맹자는 이해했기에 이미 그때부터 광장을 공경했을 것이다.

광장은 아버지 앞에서 어머니의 처지를 강하게 옹호하다가 버림받은 사람이다(참고를 볼 것). 분노한 아버지의 곁을 얻지 못하여 봉양할 기회가 없었다. 더욱이 부자간 갈등을 해소하지 못한 채 아버지는 돌아가고 말았다. 이에 그는 죄인으로 자처하였다. 그러나 맹자는 불효의 조건을 엄격하게 보았다. 세속에서 말하는 이른바 불효의 다섯 가지 조건에 해당될 때라야 불효다. 효 아닌 것은 다 불효가 아니라, 그 조건에 들어맞는 것만이 불효라는 뜻이다. 요즘 한국 사회가 사람 사냥하듯 마음에 들지 않으면 아무나 '종북'이니 빨갱이니 몰아붙이는 것과 같이, 자식이 부모(특히 아버지)의 마음을 거스르면 몽땅 불효로 몰아가던 당시의 '효도 파시즘'에 반기를 든 셈이다. 공도자의 질문에 저간의 사정이 들어 있다. "광장은 온 나라 사람이 모두 불효자라고 손가락질하는데 선생님은 그와 교유할뿐더러 예를 갖춰 공경하기까지 하시는데……."

광장이 '어머니께 그러면 안 된다'며 아버지를 책선했으니 아버지의 은혜에 상처를 입힌 것은 맞다. 즉 "책선은 붕우 사이의 도리이니, 부자 사이의 책선은 은혜를 손상함이 크다."(7:18) 다만 광장의 죄목은 고작 이 정도일 뿐이다. 은혜를 손상함, 곧 적은賊恩이 광장의 잘못이다.

광장이 상처를 낸 은혜란 무엇인가. 송강 정철의 노랫말을 빌리자면 "아버지 날 낳으시고, 어머니 날 기르심"이 그것이다. 광장이 이 은혜를 해친 것은 맞다. 그렇다고 은혜를 손상함이 곧바로 불효는 아니다. 광장은 아버지와의 갈등을 끝내 해소하지 못하자, 저 역시 처자의 봉양을 평생토록 받지 않겠노라며 홀로 사는 사람이다. 집을 나와 홀로 사는 그의 심중을 헤아려보면 이렇지 않을까? '아내의 봉양을 받으면 어머님이 생각나고, 자식의 봉양을 받으면 아버지가 생각난다.' 그는 효를 행하고자 하였으나 부모의 갈등(운명적 조건)으로 그럴 수 없었던 불행한 사람이지, 불효를 자행恣行한 사람이 아니다. 이에 맹자는 광장에 대해 아버지의 은혜는 크게 해쳤으나, 사람으로서 큰 죄를 저지르지는 않았다고 보았다. 광장의 간쟁 방식을 비판하면서도 그것은 방법의 잘못일 뿐 본질에서 효심을 벗어나지 않았다고 평가한 것이다. 요컨대 거죽만으로 속을 예단해서는 안 된다. 육안을 믿지 말고, 심안을 열어라. 표면에 휘둘리지 말고,

맹자, 마음의 정치학 2

속살을 꿰뚫어 보라는 권고다. 효/불효라는 비평은 사태의 내부를 헤아리고 구체적인 맥락 속에서 이해한 다음에야 가능하다. 겉으로 드러난 것을 소문으로만 듣고 함부로 비평해서는 안 된다.

근세에 이르러 충성과 더불어 효는 국가의 억압 도구였다. '부모가 아프다고 자식이 허벅지 살을 도려 먹이는' 야만을 도리어 효도로 칭송하는 『삼강행실도三綱行實圖』가 '효도 파시즘'의 기원이다. 또 상급자에게 목숨 바치기를 요구하는 사무라이식 복종 윤리, 봉공의 에토스가 이른바 충효론을 구성하여 유교를 '사람 잡아먹는 예교'로 타락시켰다. 이것이 근세에 맹위를 떨친 '충효 파시즘'의 정체다. 그러나 이 장에서 보이는 맹자의 생각은 저 따위 충효 파시즘과는 외려 상반된다. 부모에게 순종하지 않는다고 다 불효가 아님을 표명하기 때문이다.

한국인은 세상에서 가장 효성스러운 사람들이다(아직까지는!). 이제는 일제강점기의 신파조 유행가 〈불효자는 웁니다〉(1939) 따위 징징대는 감상주의는 걷어치워야 한다. 『삼강행실도』에 나오는 효도 외에는 모두 불효가 아니라, 맹자가 지적한 다섯 가지 불효 외에는 모두 효도다. 참된 효도란 내내 공경심으로 어버이를 대하는 것일 따름! 세상에 한국인만큼 효성스러운 사람들이 없을 텐데, 거꾸로 한국인만큼 '불효 콤플렉스'에 시달리는 사람들도 없지 싶다.

참고 『전국책』, 「제책齊策」에는 광장이 아버지와 다툰 이력을 짐작케 하는 대목이 나온다.

광장이 제나라 장수가 되어 진秦나라와 싸웠다. 광장의 어머니 계啓가 그의 아버지에게 죄를 지었는데 아버지가 어머니를 살해하여 마구간(馬棧)에 묻었다. 제나라 위왕威王은 광장을 격려하기를 "그대가 승리하여 병사를 온전히 거두어 귀환한다면 반드시 어머니 묘를 이장해주겠다."

광장이 대답하였다.

"제가 어머니 묘를 이장할 수 없는 것이 아닙니다. 그러나 어머니는 아버지에게 죄를 지었고, 아버지는 어머니의 묘를 어떻게 하라는 말씀 없이 돌아가셨습니다. 제가 어머니의 묘를 이장하면 돌아가신 아버지를 속이게 되는 것이니 감히 이장할 수 없습니다."

진나라와 전쟁할 때 제나라 정탐병이 왕에게 광장이 진나라에 투항했다고 세 번이나 고했다. 이 말을 들은 왕은 이렇게 대답하였다.

"돌아가신 아버지도 속이지 않는 광장인데 어찌 살아 있는 나를 속이겠는가."

청나라 유학자 전조망全祖望은 "광장의 이른바 책선이란 아버지께 어머니를 너무 심하게 대하지 마시라고 권한 것일 터다. 아버지가 들어주지 않자 아버지 곁에 가까이할 수 없게 된 것이다. 여기서 인륜의

맹자, 마음의 정치학 2

큰 변고가 생긴 것이다."[212]라고 말했다. 맹자가 광장과 친교한 까닭은 송나라 유학자 범조우의 주석을 통해 추론할 수 있다.

> 악독한 고수를 아비로 둔 순임금이 있었고, 불충한 곤鯀을 아비로 둔 우임금도 있었다. 옛 성현들은 세평에 얽매이지 않는 것을 숭상했다. 자식으로서 능히 아버지의 잘못을 고쳐 악을 선으로 변모시킬 수 있다면, 효자라고 일컬을 수 있으리라.
>
> _『논어집주』

여기 "능히 아버지의 잘못을 고쳐 악을 선으로 변모시킬 수 있다면, 효자라고 일컬을 수 있으리라"는 구절은 광장의 고민을 대신해준다. 순임금은 아버지의 잘못을 고쳐 악을 선으로 변모시키는 데 성공하였고 광장은 실패하였을 뿐이다. 어디 고대 중국에서뿐일까? 조선에서도 효와 불효 사이의 갈등은 깊다. 소설 『임꺽정』의 작가 홍명희의 아버지 홍범식은 1910년 8월 29일 한일병합 소식에 자결했다.

> (홍범식의) 아버지 홍승목은 '친일파'였다. 대한제국의 고위 관료였으나 국권을 팔아넘기는 일에 일찍부터 열심이었다. 아들 홍범식이 죽는 것을 보고 마음을 바꾸었을까? 천만의 말씀, 한일병합 이후에도 잘 먹고 잘 살았다. 훈장을 받고 감투를 쓰고(20명밖에

---

212 전조망, 『경사문답經史問答』(양백준에서 재인용).

안 뽑는 중추원 찬의를 지냈다) 재산을 불렸다. 홍범식의 아들은 홍명
희. "내 아들아, …… 나를 욕되게 하지 마라." 아버지의 유서에
따라 독립운동에 뛰어들었다. 1913년에는 해외 독립운동 단체인
동제사에서 활동했고 1919년에는 고향의 3·1운동을 이끌었다.
소설 『임꺽정』을 쓴 것도 우리말을 지키기 위해서였단다.[213]

그러니까 홍범식은 아버지를 따르지 않았고, 그 아버지 생전에 목을
매었다. 불효자다. 그러나 정녕 그러한가?

---

213 김태권, "친일 홍승목·항일 홍범식·작가 홍명희 '엇갈린 3대'", 〈한겨레〉, 2017년 8월
29일자.

曾子居武城[214], 有越寇[215]. 或曰, "寇至, 盍去諸[216]?" 曰, "無寓[217]人於我室,

毁傷其薪木[218]." 寇退, 則曰, "修我牆屋[219], 我將反." 寇退, 曾子反. 左右曰,

"待先生如此其忠且敬也, 寇至, 則先去以爲民望; 寇退, 則反, 殆[220]於不可."

沈猶行[221]曰, "是非汝所知也. 昔, 沈猶有負芻之禍[222], 從先生者七十人, 未有

與焉."

子思居於衛, 有齊寇. 或曰, "寇至, 盍去諸?" 子思曰, "如伋[223]去, 君誰與守?"

孟子曰, "曾子·子思同道. 曾子, 師也, 父兄也; 子思, 臣也, 微[224]也. 曾子·子

---

214 武城(무성): 산동성 비현費縣 서남쪽 지역. 남무성南武城이라고도 했다. 노나라 양공 19년 (기원전 554), 이곳에 성을 쌓아 제나라의 침입을 방비했다는 기록이 있다(『춘추좌전』). 공자의 제자 자유가 '武城'의 책임자가 된 적이 있었다(『논어』, 17:4).

215 越寇(월구): '寇'는 노략질. '越'은 양자강 하류 지역에 있던 나라다. 황하 권역인 노나라 무성을 멀리 떨어진 남방의 월나라가 어떻게 침략할 수 있었을까? 월나라는 오월동주吳越 同舟라는 고사에 보듯 수전水戰에 능했다. 또 전략가 손빈을 청하여 장거리 진격전을 개발 하였다(『손빈병법』). 월나라는 물길을 따라 노나라까지 진격하여 침략할 수 있었던 것이다.

216 盍去諸(합거저): 어찌 이곳을 떠나지 않는가. '盍'은 어찌 ~하지 않는가. '去'는 떠나다. '諸'는 '之乎'(지호)의 줄임말.

217 寓(우): 붙이다.

218 薪木(신목): 땔나무. '薪'은 땔감.

219 牆屋(장옥): '牆'은 담장. '屋'은 지붕.

220 殆(태): 자못, 아마.

221 沈猶行(심유행): 증자의 제자. 성은 '沈猶'. 이름이 '行'.

222 負芻之禍(부추지화): 주희는 "증자가 일찍이 심유 씨 집에 머물렀는데 이때 負芻라는 자 가 난을 일으켜 심유 씨를 공격하였다. 증자는 제자들과 떠나 난에 끼어들지 않았다. 곧 스승과 손님은 신하와 같지 않음을 말한 것이다."(『맹자집주』)

223 伋(급): 자사의 이름. 자사는 공자의 손자이니 성명은 '孔伋(공급)'이요, 자가 자사다.

思易地則皆然."

증자가 무성에 살 때 월나라의 노략질이 있었다. 누가 말했다.

"난리가 닥쳤는데 어찌 떠나지 않으십니까?"

증자가 말했다.

"우리 집에 사람을 붙여 땔나무를 헐지 못하게 하라."

외구들이 물러가자 말했다.

"우리 집 담장과 지붕을 손보도록 하라. 내 곧 돌아갈 참이니."

적들이 모두 물러가자, 증자는 돌아왔다. 주변에서 말했다.

"사람들이 선생님 모시기를 그토록 충성스럽고 공경을 다했는데 난리가 나자 서둘러 떠나셔서 사람들이 본받게 하고, 또 외구들이 물러나자 돌아오시니 아마 옳은 처사가 아닌 듯합니다."

심유행이 말했다.

"이건 자네들이 알 수 있는 게 아닐세. 먼젓번에 내가 부추의 환란을 겪었을 때 선생님을 따르는 70명의 제자는 조금도 화를 입지 않았다네."

자사가 위나라에 있을 때 제나라의 노략질이 있었다. 누가 말했다.

"난리가 닥쳤는데, 어찌 떠나지 않으십니까?"

자사가 말했다.

"내가 떠나버리면 임금은 누가 함께 지킬 것이냐!"

224 微(미): 천하다.

맹자, 말씀하시다.

"증자와 자사의 도는 같다. 증자는 스승이자 부형의 위치였고, 자사는 남의 신하이고 미천한 지위였다. 증자와 자사는 처지가 바뀌었대도 똑같이 행동하였으리라."

해설

군신 관계나 사제 관계는 인륜이라는 점에서는 같지만, 그 속을 관찰하면 '신하의 도리'와 '스승의 길'은 엄연히 다르다. 선비로서 벼슬길에 나선 자사가 난리를 당했을 때 '내가 아니면 임금은 누가 지킬 것이냐'라며 군주와 환난을 함께했다면(군신의 도), 똑같이 환란을 겪었지만 학교장인 증자는 난을 피해 학교를 보존했다(사제의 도). 이를테면 군신은 의義로써 만나고, 사제는 (붕우와 같으니) 신信으로써 관계 맺는다. 이렇게 다르다. 주희 역시 이 점을 지목하여 "스승의 도리는 신하의 도리와 같지 않다師資不與臣同"라고 요약한다.

구체적으로 증자는 월나라가 침략했을 때 제자들을 거느린 학교장(師)이었다. 그는 부형父兄으로서 제자들의 생명과 안전을 책임져야 하는 스승이자 학문을 계승해야 하는 교육자였다. 증자는 이런 지위(位)에 따른 책임을 수행하기 위해 난리가 나자 서둘러 떠났다가 외구들이 물러가자 곧 돌아온 것(학교 문을 빨리 열기 위해)이다.

한편 자사는 당시 위나라에 취업하여 말식의 사士로 근무 중이었다.

선비가 벼슬길에 나설 때는 폐백만 들고 가는 것이 아니라 군주와 함께 목숨을 걸(용사는 목이 땅에 떨어질, 지사는 허기져서 구렁텅이에 떨어질) 각오를 품고 나서는 것이다. 고작 밥벌이라면, 야경꾼이나 문지기로 일할 따름이다. 선비는 투신의 각오 없이 벼슬에 나설 수 없다. 이것이 '벼슬 사는 자(仕)'의 직업 윤리다. 그래서 자사는 그 직무에 충실하여 "내가 떠나버리면 임금은 누가 함께 지킬 것이냐!"라며 난을 회피하지 않은 것이다(이 장은 치세의 우와 직, 난세의 안회의 처지가 서로 바뀌었어도 똑같이 행동하였으리라는 8:29의 대목과 뜻이 통한다).

이 두 경우를 유추하면 맹자와 당시 군주들(양혜왕, 제선왕)의 관계에까지 닿는다. 맹자는 군주들의 청에 응한 스승(賓師)이지 그들의 관리가 아니었다. "나는 맡은 관직도 없고 간언할 책임도 없다."(4:5) 즉 맹자와 제선왕의 관계는 사제지간이니 증자의 사례에 합당하지, 군신지간인 자사의 처지가 아니다. 신하는 군주와 환난을 함께 겪는 것이 마땅하지만, 스승은 인의를 보전하고 학술을 지키는 사람이므로 그 진퇴가 적의適宜하여야만 한다. 증자가 난을 피해 학교를 보전했듯 맹자 역시 스승으로 청해놓고 신하로 부리려는 제선왕의 무례를 거침없이 비판했다(4:2의 '불러들일 수 없는 신하' 참고). 맹자는 전국시대 정치권력의 집중화가 심화될 때 '지성의 권력', 즉 학교와 스승의 지위를 보전하려는 강한 의지를 가지고 저항한 것이다. 직하학궁에 소속된 권력 지향의 지식인(處士)들과 맹자의 가장 큰 차이가 여기 있다.

그렇다면 '스승은 학교를 보전해야 한다'는 증자의 처신을 현대 사회에는 어떻게 적용할 수 있을까? 신영복 선생은 '독립적 사유 공간으로서

맹자, 마음의 정치학 2

의 대학론'을 제시한다.

> 지식인은 혁명적 상황이나 식민지 시대가 아니면 정치 일선에는 뛰
> 어들지 않아야 한다는 주장도 지금 우리가 이야기하고 있는 계급적
> 입장을 뛰어넘는 경우에 해당합니다. …… 어느 시대 어느 사회라
> 하더라도 특정 계급에 갇히지 않는 장기적이고 독립적인 사유 공간
> 이 필요합니다. 대학의 존재 이유입니다. '오늘'로부터 독립한 사유
> 공간, 비판 담론, 대안 담론을 만드는 공간이 바로 대학입니다. 지식
> 인도 그 사회적 입장에 있어서 대학과 크게 다르지 않습니다.[225]

이 장은 사람의 행동은 피상적으로 판단할 수 없다는 경고로도 읽힌
다. 그렇다면 앞 장의 '불효자 광장'에 대한 맹자의 비평과도 통한다.

---

225 신영복, 『담론』, 285~286쪽.

儲子²²⁶曰, "王使人瞷²²⁷夫子, 果²²⁸有以異於人乎?"

孟子曰, "何以異於人哉? 堯舜與人同耳."

저자가 말했다.

"왕께서 사람을 시켜 선생을 염탐하게 하였습니다. 선생님은 정말로 보통 사람과 다른 게 있으십니까?"

맹자, 말씀하시다.

"보통 사람과 다를 게 무엇이 있을까요? 요순도 보통 사람과 같은 사람이었던 것을."

해설

요순조차 보통 사람과 다를 바 없는데 맹자야 더 말할 나위가 있겠는가! 요순도 범인과 똑같이 선한 마음을 타고났을 따름이다. 다만 다른 점은 범인은 본심을 내다버리고도 되찾을 줄 모르지만, 요순은 그 마음을 보존하고 또 잃으면 되찾을 줄 안다는 것이었다(8:28의 존심, 11:11

---

226 儲子(저자): 제나라 사람(조기).

227 瞷(간): 엿보다. '염탐하다'라고 번역하였다.

228 果(과): 과연, 정말로.

의 구방심 참고). 오로지 마음먹기에 달렸으니 요순을 바라면 요순이 되고, 요순은 나와 관계없는 먼 데 사람이라고 마음을 닫아버리면 그만 시골 무지렁이로 살다 갈 뿐이다(5:1).

이 장은 당시 전국시대 정치 현실의 일면을 엿보게 한다. '엿보다, 염탐하다'라는 뜻의 간間이 그러하다. 군주들(아마 제선왕인 듯)이 간첩을 풀어 객경으로 초빙한 현자들의 일거수일투족을 감시했던 모양이다. 당시 군주들이 법가가 권하는 방책을 그대로 실행했음을 보여주는 사례다. 이를테면 한비자는 군주가 신하와 벽을 쌓고 비밀주의를 유지하면서 신하들의 일거수일투족을 감시해야 한다고 권했다.

> 영명한 군주가 힘써야 할 일은 비밀을 철저히 유지하는 것이다. 만약 군주의 기쁜 표정이 낯에 드러나면 (신하가 먼저 생색을 내어) 군주의 덕은 사라지고, 군주의 성내는 표정이 드러나면 (신하가 먼저 야단을 쳐서) 군주의 위엄은 나뉘어버린다. 그래서 영명한 군주는 말(言)이 칸막이와 방호막이 처져 있는 것처럼 밖으로 새어나가지 않도록 하며 (不通), 철저히 기밀을 유지해 밖으로 드러나지 않도록 해야 한다.[229]

법가의 군주론, 나아가 『전국책』에서 다뤄지는 정략과 모략은 당시의 정치현실을 사실대로 반영한 것임이 이 장에서 드러났다.

---

229 明主, 其務在周密. 是以喜見則德償, 怒見則威分. 故明主之言, 隔塞而不通, 周密而不見 (『한비자』,「팔경八經」).

저자의 "선생님은 정말로 보통 사람과 다른 게 있으십니까?"라는 질문에는 '영웅=이인異人'에 대한 상식이 깔려 있다. 영웅에 대한 이인설화異人說話는 민간에 널리 유포되어 있었다. 요임금의 눈동자가 두 개라는 식의 이야기들이다. 『수이전殊異傳』이나 『삼국유사』, 「기이」는 이인설화를 긍정하는 기록들이다. 반면 다산의 「중동변重瞳辨」은 이인설화에 대한 맹렬한 비판이다. 조선 정조 때 제주에 큰 기근이 들었는데, 기녀 김만덕이 재물을 풀어 백성을 구제하였다. 그녀의 행실이 갸륵하여 임금이 서울로 청하여 포상하였는데, 만덕의 눈동자가 요순이나 항우처럼 두 개라는 이인설화가 서울에 유포되었다. 정약용은 그녀를 만나보고서 「중동변」, 곧 '두 눈동자 논단'을 썼다.

제주 기녀 만덕이 재물을 출연하여 기근을 진휼하였다. 그 공로로 금강산을 보고 싶다고 청하니 한양으로 초치되었다. 만덕은 스스로 제 눈동자가 두 개라고 말했고 공경대신들은 이 말을 퍼뜨렸다. 내가 만덕을 만나 물어보았다.

"네 눈동자가 둘이라는데 그러하냐?"

"그렇습니다."

"저 궁실과 누대, 초목과 인물이 네 눈에는 모두가 둘로 보이느냐?"

"그렇지는 않습니다."

"그렇다면 넌 눈동자가 둘인 것이 아니다."

그녀의 눈동자를 곰곰이 관찰하니 눈동자의 희고 검은 것이 전혀 다른 사람과 다르지 않았다. 그런데도 눈동자가 둘이라는 소문이 그치지 않으니 사람들이 괴탄한 말을 믿어 스스로 어리석게 만들기가 이와 같다. 대저 눈동자가 두 개면 사람이 각각 두 개로 비친다. 누대는 눈동자에 작은 누대로 비춰지고, 초목은 눈동자에 작은 초목으로 비춰지는 식으로 사물을 보게 되는 것이다. 눈동자가 두 개라면 한 눈동자마다 각각 작은 물체를 비추는 것이 되니, 한 물건이 두 개로 보이지 않겠는가? 이것은 쉬운 원리다. 그러므로 순임금과 항우 역시 눈동자가 둘일 수는 없다. 만일 동자가 둘이라면 물건을 보는 시야가 착란하여 구분하지 못할 것이니 한낱 폐인에 불과한 것이다.

정약용의 맹렬한 비판은 당시 서양에서 들어온 광학 이론에 근거한 것이다. 그러나 기이한 형상에 대한 묘사는 비범한 행적이나 놀라운 성취를 선양하는 신화학적 표현이다. 이런 표현은 동서고금을 막론한다. 처녀 잉태한 마리아, 어미 옆구리에서 태어난 석가모니, 알에서 태어난 주몽과 박혁거세, 떨기나무 불꽃을 보았다는 모세의 이적異蹟이 다 그런 종류다. 정약용의 「중동변」은 이른바 근대적, 과학적인 듯하지만 정작 신화의 세계, 곧 인문학의 영토를 포기하는 것이다.

8:33. 맹자는 가부장주의자가 아니다!

齊人有一妻一妾而處室²³⁰者. 其良人²³¹出, 則必饜²³²酒肉而後反. 其妻問所與飲食者, 則盡富貴也. 其妻告其妾曰, "良人出, 則必饜酒肉而後反; 問其與飲食者, 盡富貴也, 而未嘗²³³有顯者來, 吾將瞷良人之所之也."

蚤²³⁴起, 施從²³⁵良人之所之, 徧²³⁶國中無與立談者. 卒²³⁷之東郭²³⁸墦²³⁹間, 之祭者, 乞其餘; 不足, 又顧而之他 — 此其爲饜足之道也.

其妻歸, 告其妾, 曰, "良人者, 所仰望而終身也, 今若此……." 與其妾訕²⁴⁰其良人, 而相泣於中庭²⁴¹, 而良人未之知也, 施施²⁴²從外來, 驕其妻妾.

由君子觀之, 則人之所以求富貴利達者, 其妻妾不羞也, 而不相泣者, 幾希矣.

---

230 處室(처실): 결혼생활을 말한다. '室'은 장가들다('家'는 시집가다).

231 良人(양인): 남편. '良妻(양처)'는 아내를 칭한다. 참고로 현모양처는 일본식 말이다. 더불어 신사임당을 현모양처의 상징으로 여기는 관념은 율곡 이이를 추숭하던 조선 후기 서인들(송시열)이 맹자와 그 어머니를 견줘 조작한 설화다(고연희 외, 『신사임당, 그녀를 위한 변명』, 다산기획, 2016).

232 饜(염): 배부르다.

233 未嘗(미상): 일찍이 ~한 적 없다.

234 蚤(조): 일찍. '早(조)'와 같다.

235 施從(이종): 보이지 않게 뒤를 좇음. '施'는 둘러가다.

236 徧(변): 두루 미치다. 참고로 '偏(편)'은 치우치다.

237 卒(졸): 갑자기.

238 郭(곽): 성곽. 외성外城을 말한다.

239 墦(번): 무덤. '공동묘지'라고 번역하였다.

240 訕(산): 꾸짖다.

241 中庭(중정): '庭中(뜰 가운데)'과 같다.

242 施施(시시): 의기양양. 기뻐하는 모양, 으스대는 꼴.

맹자, 마음의 정치학 2

제나라에 아내와 첩을 두고 사는 사내가 있었다. 그는 외출하기만 하면 술과 고기를 배불리 먹고 돌아왔다. 아내가 누구와 함께 먹었느냐고 물으면, 매번 부귀한 명사들과 함께였다. 아내가 첩에게 말했다.

"낭군이 출타하면 반드시 술과 고기를 배불리 먹고 오는데 '누구와 먹었느냐'고 물어보니 모두 부귀한 사람들이더라. 그러나 한 번도 귀인이 우리 집을 찾아온 적이 없으니 내가 가는 곳을 한번 알아봐야겠다."

아내는 일찌감치 일어나 남편이 가는 곳을 멀찌감치 좇아갔다. 남편은 온 시내를 지나도록 누구와도 서서 말을 나누는 적이 없었다. 갑자기 동쪽 성문 밖으로 나가 공동묘지로 올라가더니 제사 지내는 무덤에 가서 제사 음식 찌꺼기를 빌어먹는 것이었다. 부족하면 주변을 둘러보고 딴 데로 갔다. — 이것이 남편이 술과 고기를 배부르게 먹는 방법이었다.

집으로 돌아온 아내는 첩에게 말했다.

"낭군이라면 우리가 평생을 우러러보며 함께 살 사람인데, 지금 꼴이 이렇다네……."

아내와 첩은 마당 가운데서 서로 남편을 비난하며 울었다. 남편은 그걸 모르고 집에 들어와서는 또 처첩 앞에서 거들먹대며 교만을 떠는 것이다.

"군자의 눈으로 보면 요즘 부귀영달을 구하는 자들의 짓거리가 저 사내 꼴과 같으니 그 처첩들이 본다면 부끄러워하지 않고 붙잡고 울지 않을 사람이 드물 것이리라.”

맹자는 비유의 달인이다. 여기 무덤 타는 사내의 행각을 읽고 나면 얼굴이 화끈거린다. 그 끝에 붙인 군자의 말은 더욱 맹렬해서 뒤통수가 얼얼하다. 저 앞에서 증자가 “어깨를 옹송그리고 아첨하는 웃음을 짓는 것은 한여름 밭에서 김매는 일보다 힘들다”라 하고, 자로는 또 “동의하지 않으면서 맞장구치는 자들의 얼굴을 보면 화끈화끈하다. 나로서는 도무지 알 수 없는 짓”(6:7)이라고 힐난한 대목과 겹친다.

1. 부끄러움
그러나 이런 자들이 무지렁이라서일까? 외려 배운 자들이 더하다. 다만 처음엔 “한 자를 굽혀 한 길을 얻으려” 덤볐다가 급기야 “한 길을 굽혀 한 자를 얻는다” 해도 저지르게 되는 것이 저런 짓이다. 이욕利慾에 대한 갈망이, 짠물을 마신 기갈든 목처럼 더한 데 또 더하는 것이다. ‘과장 위에 부장, 부장 위에 사장, 사장 위에 회장, 회장 위에 송장’이라는 속담에 깃든 ‘뼈’를 알지 못하기 때문, 아니 알면서도 바로 깨닫지 못하기 때문이다. 이를 두고 맹자는 경고한다.

하늘이 내린 벼슬인 천작天爵이 있고, 사람이 주는 벼슬인 인작人爵

이 있다. 인의와 충신, 선을 즐겨 게을리 하지 않는 것은 천작이요,
공경과 대부 벼슬은 인작이다.

옛사람들은 천작을 닦음에 인작이 저절로 따라왔다. 지금 사람들은
천작을 닦아 인작을 요구하고 인작을 얻고 나면 천작을 내버리니,
이는 미혹됨이 심한 것이다. 결국 그 인작마저 필시 잃고 말 것이다.
_ 11:16

그러나 부끄러움을 모르는 사내의 꼴이 어찌 2000여 년 전 일이기만
할까. 오늘날 정치가나 고위 공직자, 장성, 기자들이 보여주는 무치無恥
와 뻔뻔한 행태는 공동묘지를 누비며 배를 채우고 집에서 거들먹대는 사
내와 얼마나 다를까? 부끄러움이 정의의 기초가 되는 까닭은 불의를 자
각할 때라야 부끄러움을 체감하기 때문이다. 즉 부끄러움은 정의와 불의
의 한계선을 드러내는 심리적 마지노선이다. 그러므로 "부끄러움은 사
람됨의 큰 것이다."(13:7) 그러나 이익에 매몰된 자에게는 부끄러움이 드
물다. 부끄러움을 잃은 권력 추종배들의 행각은 동양이나 서양이나, 예
나 지금이나 다를 바 없다(사회과학이 '과학'일 수 있는 까닭이다. 사람들의 행
태가 변하지 않기 때문이다).

부끄러움을 잃은 소인배들의 권력 추종에 인민이 대응하는 방법은 증
오심을 바탕으로 한 저항이다. 저항은 공자와 맹자가 권하는 합당하고
올바른 길이다. 공자가 정당한 복수는 옳다며 이직보원以直報怨의 원칙
을 권했던 것은 권력자와 권력 추종배의 방자한 사익 추구에 정당한 복
수가 가해지지 않는다면 공동체가 붕괴되기 때문이다(『논어』, 14:36). 또

맹자가 제 이익만을 차리며 공동체를 해치는 군주는 한낱 '홑사내(一夫)'
에 불과하므로 역성혁명을 당연한 일로 여겼던 까닭도 이것이다(2:8). 이
에 대해서는 더 붙일 말이 없다.

2. 부부의 장래

그런데 저 부부의 장래는 어떻게 되었을까? 이 사건 이후 처와
첩은 남편과 계속 살았을까? 아니면 이혼하였을까? 이런 가설적 질문을
통해 부부 사이의 윤리인 이른바 부부유별을 검토해보자. 덧붙여 정말
유교는 여성(아내)의 희생을 강요하고 남성에게 가부장으로 군림하기를
권하는 사상인지도 알아보자(이는 오늘날 유교에 대한 상식이다).

여기 남편은 사회적 관계가 단절된 비천한 사람이다. 아내와 첩에게
는 그것을 속이고 우쭐거리며 사는 소인배다. 아내의 말에서 알 수 있다.
"낭군이라면 우리가 평생을 우러러보며 함께 살 사람인데, 지금 꼴이 이
렇다네." 지금 처와 첩은 남편에게 속고, 가정에서 소외된 처지다. 맹자
가 인간의 가장 큰 재난으로 본, 소통이 부재한 외로운 사람(환과고독)의
형국이다. 이런 사태를 조장한, 아니 스스로 만든 남편을 어떻게 처우해
야 할까? 또 아내들은 어떻게 처신해야 할까? 우리가 아는 유교 도덕, 이
른바 '봉건 윤리'인 여필종부女必從夫(여자는 반드시 남편을 따라야 한다)를
좇아 묵묵하게 죽을 때까지 남편을 모시고 살아야 하는 것일까?

천합天合과 의합義合은 주희가 인간관계의 특징을 구분하는 자리에
서 자주 썼던 대립 개념이다. 천합은 부모 자식이나 형제 사이처럼 인위
적으로 끊을 수 없는 천륜(혈연)의 다른 말이다. 오륜 가운데 부자유친이

천합이다. 이 관계는 한쪽이 자의로 끊을 수 없다. 그러므로 부모가 나쁜 짓을 강행하면, 자식이 울부짖으면서라도 부모를 바른 길로 이끌어야 한다는 행동규범이 파생한다(『소학小學』). "효도가 모든 행동의 근본孝, 百行之本"(『효경』)이라는 규범이 터하는 자리도 바로 이곳이다. 부자지간은 천륜이기 때문이다.

반면 의합은 상호 간 합의에 따른 인위적(계약적) 관계다. 붕우 관계와 군신 관계가 대표적인 의합이다. 신하가 불의하면 군주가 그를 파직하면 되고, 군주가 불의하여 충고를 해도 달라지지 않는다면 신하는 지위를 내놓으면 된다(『논어』, 11:23). 붕우 관계도 마찬가지다. 자공이 친구 관계를 물었을 때 공자가 "충심으로 조언하여 바른길로 이끌되 아니라면 그만두어야 한다"(『논어』, 12:23)라고 선을 그었던 것도 천합이 아니라 의합, 즉 의리의 만남이기 때문이다.

그러면 부부 관계는 어떠한가? 공자와 맹자는 부부 관계를 천륜이 아니라 인륜, 곧 의합으로 보았다. 부부란 태어나면서 엮인 운명적 관계가 아니다. 부부는 서로 다른 사람이 예를 맺어 관계를 시작한다. 부부 관계를 제아무리 신비화하고 신화화해도 붕우 간 우정이나 군신 간 충정과 동류이지, 부자나 형제와 같을 수는 없다. 공자의 아들 리鯉는 아버지보다 먼저 죽었다. 그의 아내, 즉 "공자의 며느리이자 자사의 어머니는 위衛나라 사람에게 재가했다. 공자 집안에서는 가출한 어머니의 장례는 지내지 않았다. 자사부터 이미 그랬다孔氏之不喪出母, 自子思始也."(『예기』, 「단궁」) 부부는 의합이지 천합이 아니기 때문이다.

여성학자 이숙인에 따르면 춘추시대에 이혼과 개가는 논의 대상이 되지 못할 정도로 흔했다. 이혼이 빈번했던 만큼 이혼을 가리키는 용어도 다양했다. 『춘추좌전』에는 이혼하고 본국으로 돌아온 왕실 여성들에 대한 기록이 많다. 이혼을 가리키는 용어로는 내귀內歸, 출出, 귀歸, 손遜, 분奔, 절絶 등이 있다. 안부를 전하기 위해 친정에 다니러 오는 것을 귀녕歸寧이라고 했는데, 귀 또는 내귀는 다시 돌아가지 않는 절혼絶婚을 의미했다. 이혼이 일상적이고 그 용어도 다양하다는 것은 혼인 관계의 성립과 해체가 자유로웠던 당대의 상황을 반영하는 것이다.[243]

그렇다면 훗날 당나라 『민법전』에서 부부 관계를 의합으로 간주하고 이혼을 인정한 것이 전혀 낯설지 않다. 『당률소의唐律疏義』 제14권 '의절이지義絶離之' 조목이 좋은 예다. 거기에 '부부의합夫婦義合, 의절즉리義絶則離'라고 규정되어 있는데, 번역하면 '부부 관계는 의합이므로, 의가 끊기면 곧 헤어져도 좋다'. 당나라 민법에 의거한다면 아내들을 소외시키고 사물로 취급한 위의 남편을 어떻게 처분해야 할까? 아내들은 남편에게 이혼을 요구할 수 있을 뿐 아니라, 그 남편을 집에서 쫓아내도 좋고, 아니라면 떠나서 재혼할 수도 있을 것이다. 이는 앞서 나온 "임금이 신하를 흙덩이나 지푸라기처럼 여기면 신하는 임금을 도적이나 원수같이 대합니다"(8:3)라는 구절과 같은 맥락이다.

동아시아 고대 사회의 부부 관계는 오늘날의 짐작과는 매우 다르다. 맹자가 지금 남편의 부끄러운 짓과 당시 권력 추종배들의 짓을 동급에 놓고 비유하는 까닭도 마찬가지다. 인민이 권력자를 몰아낼 수 있듯 아

---

243 이숙인, 앞의 책, 229쪽.

내가 남편을 비난하고 이혼할 수 있다는 유비가 전제되어 있다. 부부 관계는 '관계성과 소통성(仁)', '정당성과 정합성(義)'의 원리가 관철되는 곳이다. 그런 점에서 '부부 관계는 유별나다(夫婦有別)'. 생명을 낳고 기른다는 점에서 여성이 땅에 유비되지만 땅(여성)이 하늘(남성)에게 복종한다는 신화는 거기 없다(『창세기』식 존비 관계는 맹자와 완전히 다르다). 남성과 여성은 동등하게 부부의 연을 맺어 어느 일방이 예를 어기고 의를 파기하면, 다른 일방은 그 혼인 관계를 파기할 수 있는 '권리'를 갖는다. 이것이 『당률소의』에 나오는 '의절즉리'의 법 정신이다.

3. 유교는 하나가 아니다

그러나 유교는 하나가 아니다. 유교는 오랜 세월 다양하게 변모해왔다. 특히 전국시대 맹자의 유교와 한나라 유교는 전혀 달랐다. 맹자의 부부 관계가 부부유별이라면 한나라의 유교는 부위부강夫爲婦綱이다. 부위부강은 '남편이 아내의 벼리가 된다'는 뜻이니 곧 남편이 주인이요, 아내는 종복이 된다(할머니들이 남편을 칭하던 '주인 양반'이 여기서 탄생했다). 부부유별의 부부 관계에는 관계성과 상호성이 관철되지만, 부위부강의 남편과 아내 사이는 주종 관계가 된다. "한번 혼례를 올렸으면 다시는 고칠 수 없다. 남편이 죽더라도 개가할 수 없다"[244]라는 내용이 여기서 등장한다. 그래서일 것이다. 한나라 시대의 사상을 집대성한 『백호통白虎通』에서는 아내가 남편과 이혼할 수 없다고 규정한다.

---

244 『예기』, 「교특생郊特牲」(이숙인, 앞의 책, 178쪽에서 재인용).

아내가 남편에게 간언할 수는 있다. 남편과 아내는 한 몸으로 영욕을 함께하기 때문이다. …… 그러나 아내의 간언을 남편이 받아들이지 않더라도 집을 떠나갈 수는 없다. 원래 아내를 얻는 목적이 남편에게 간언하여 바로잡는 데 있지 않기 때문이다. 따라서 '여자가 한번 남편과 짝이 되면 죽을 때까지 바꾸지 않는다'라고 한다. 이것은 지地가 천天을 떠날 수 없는 이치와 마찬가지다.[245]

"여자가 한 번 남편과 짝이 되면 죽을 때까지 바꾸지 않는다"라는 우리에게 '낯익은' 유교가 여기서 출현한다. 땅이 하늘을 떠날 수 없는 것처럼 아내는 남편을 떠날 수 없다. 남편의 잘못을 지적할 수는 있지만 이혼은 안 된다는 말이다. 여기서 여필종부라든지, 열녀불경이부烈女不更二夫(열녀는 남편을 바꾸지 않는다) 따위의 여성관이 쏟아진다.

그러나 기독교의 본령이 예수이듯 유교의 본령은 공자와 맹자다. 마르틴 루터의 『성경』으로 돌아가자Back to the Bible!'라는 개신改新 운동이 힘을 얻은 까닭은 기독교의 본질을, 예수의 참모습을 재발견했기 때문임을 상기하자. 공맹의 본래 유교는 상호성과 관계성이 핵심이고, 그 핵심은 맹자의 오륜에 들어 있다. 그러나 진한 제국 체제에서 오륜은 삼강三綱으로 변질한다. 부부유별이 부위부강이 되고, 『백호통』의 내용처럼 남편을 위한 복종 이데올로기로 타락한다(타락한 유교에 대한 반발이자 본래 유교로의 부흥 운동이 송대 성리학 운동이다[246]).

---

245 반고, 신정근 옮김, 『백호통의』, 소명출판, 2005, 188쪽.

맹자, 마음의 정치학 2

맹자가 가장家長에게 요구한 것은 근력을 가진 사내('사내 남男'은 '밭田'에서 '힘力' 쓰는 사람)의 책임과 노력을 통해 가족을 부양하는 역할이지, 일 없이 가족 위에 군림하는 가부장, 권력을 누리는 자가 아니었다. 비열한 남편을 벗어나 혼인 관계를 끊는 아내, 불의한 군주와 결별하는 신하, 부당한 권력에 저항하는 인민의 행동은 옳고 또 정당하다. 맹자에게 이른바 '가부장주의'는 없다.

---

246 저간의 사정에 대해서는 배병삼, 「삼강과 오륜은 다르다」, 『우리에게 유교란 무엇인가』, 녹색평론사, 2012 및 이 책 『맹자, 마음의 정치학』 제1권의 「읽기 전에」 참고.

제9편

만장 상 萬章上

맹자의 깊고 넓은 학문 수준이 드러나는 곳이다.
만장의 질문에서 전국시대 '지식 사회학'의 지형도를
엿볼 수 있다. 맹자는 그 답변을 도덕 정치론의
이론적 타당성을 천명하는 계기로 삼는다.
모두 9장이다.

9:1. 사랑은 역설이다

萬章問曰, "'舜往于田, 號泣[1]于旻天[2]', 何爲其號泣也?"

孟子曰, "怨慕[3]也."

萬章曰, "'父母愛之, 喜而不忘; 父母惡之, 勞而不怨.' 然則舜怨乎?"

曰, "長息[4]問於公明高[5]曰, '舜往于田, 則吾旣得聞命矣; 號泣于旻天, 于父母[6], 則吾不知也.' 公明高曰, '是非爾[7]所知也.' 夫公明高以孝子之心, 爲不若是恝[8]. 我竭力耕田, 共[9]爲子職而已矣, 父母之不我愛, 於我何哉!

帝[10]使其子九男二女[11], 百官[12]牛羊倉廩[13]備, 以事舜於畎畝[14]之中, 天下之士

1　號泣(호읍): 부르며 울다. '號'는 부르짖다.

2　旻天(민천): 하늘. 특별히 "억초창생을 사랑으로 보살피는 어진 하늘."(주희)

3　怨慕(원모): 부모 사랑을 얻지 못함을 원망하면서 사모하다(주희).

4　長息(장식): 공명고의 제자(조기).

5　公明高(공명고): 증자의 제자(조기).

6　于父母(우부모): 부모에게. 역시 『서경』 속 문장이다.

7　爾(이): 너. '汝(여)'와 같다.

8　恝(괄): 무관심하다. 주희는 무수지모無愁之貌라, 애틋함이 없는 것이라고 해석하였다. 글자 모양부터 칼로 마음을 잘게 베는 꼴이다. 무관심한 태도를 말한다. '차마 어쩌지 못하는 사람의 마음(不忍人之心)'과 정반대다. '개'로 읽고 '근심 없음'을 뜻하기도 한다.

9　共(공): '恭(공)'과 같다. '공순히'라고 번역하였다.

10　帝(제): 요임금을 지칭한다.

11　九男二女(구남이녀): 요임금의 아들은 본래 10명이었다. 장남인 백금伯禽은 순에게 가지 않고 남았다가 아버지 요임금이 죽고 난 후, 왕위를 계승하려 하였다. 그러나 제후들과 백성이 그를 좇지 않고 순을 따르니 왕위를 잇지 못했다.

12　百官(백관): 많은 고을. '官'은 본시 궁실宮室, 곧 '집'을 뜻하였다(양백준).

13　倉廩(창름): 곳집.

14　畎畝(견무): '畎'은 밭이랑. '畝'는 밭고랑. 농사일의 상징.

多就之者, 帝將胥[15]天下而遷之焉. 爲不順[16]於父母, 如窮人無所歸. 天下之士悅之, 人之所欲也, 而不足以解憂; 好色, 人之所欲, 妻帝之二女, 而不足以解憂; 富, 人之所欲, 富有天下, 而不足以解憂; 貴, 人之所欲, 貴爲天子, 而不足以解憂. 人悅之・好色・富貴, 無足以解憂者, 惟順於父母可以解憂. 人少, 則慕父母; 知好色, 則慕少艾[17]; 有妻子, 則慕妻子; 仕則慕君, 不得於君則熱中[18]. 大孝終身慕父母. 五十而慕者, 予於大舜見之矣."

만장이 물었다.

"'순이 밭에 가서 하늘을 부르며 울부짖었다'[19]라고 하던데, 어찌하여 순은 '하늘을 부르며 울었다'는 것인지요?"

맹자, 말씀하시다.

"부모를 원망하면서까지 사랑했기 때문이다."

만장이 말했다.

"'부모가 나를 사랑하시면 기쁘더라도 게으르지 말고, 부모가 나를 미워하시면 괴롭더라도 원망하지 말라'[20]고 했습니다. 그

15 胥(서): 살피다(주희).

16 順(순): 소통하다. 부모의 말씀에 순종함이 아님에 유의(7:28 참고).

17 少艾(소애): 소녀. '艾'는 예쁘다.

18 熱中(열중): 마음을 태우다. 노심초사勞心焦思와 같다.

19 舜往于田, 號泣于旻天(순왕우전, 호읍우민천): 『서경』, 「대우모大禹謨」의 기사. 순이 역산歷山에서 농사지을 때 하늘을 부르며 울었던 적이 있다.

20 父母愛之, 喜而不忘, 父母惡之, 勞而不怨(부모애지, 희이불망, 부모오지, 노이불원): 『예기』에서는 증자의 말이라 했고(「제의祭儀」), 『논어』에는 공자의 말로 되어 있다(4:18).

맹자, 마음의 정치학 2

런데도 순은 부모를 원망했더란 말입니까?"

맹자가 말했다.

"장식이 공명고에게 '순이 밭에 갔다는 것은 이미 선생님께 배웠습니다만[21] 하늘을 부르고, 부모를 부르며 울었다는 말은 저로서는 이해하지 못하겠습니다'라고 물었지. 이에 공명고는 '이건 자네로선 알 수 있는 일이 아니네'라며 말을 끊었다. 대저 공명고의 뜻은 효자의 마음이 무심해선 안 된다는 것이다. 가령 '열심히 농사지어 자식의 직분을 공순히 하면 그만이지 부모가 사랑하지 않는 거야 내 어찌하겠는가[22]'라는 식이어서는 안 된다는 것.

요임금이 9남 2녀의 자식들에게 여러 고을과 소와 양, 곡식 창고까지 갖춰 농사짓던 순을 섬기도록 하였다. 천하의 사들이 다투어 순에게 몰려들자 요임금은 천하 민심을 살펴보고[23] 자리를 그에게 넘겨주려[24] 하였는데 외려 순은 부모와 소통하지 못

---

21 순이 역산에서 농사지은 사례史例를 두고 말한 것이므로 "이미 배웠다旣得聞命矣"라고 한 것이다.

22 於我何哉(어아하재): 고문의 상투어로서『논어』에 나오는 "於我何有哉(어아하유재)"와 같다. 부모가 나를 사랑하지 않는 것이 나와 무슨 상관이냐는 뜻(정약용). 부모는 부모이고 나는 나일 뿐이라는 것. 12:3의 '소반小弁'의 노래에 담긴 원망'과 함께 볼 것.

23 胥天下(서천하): 요임금이 천하를 순에게 선양할 때 독단이 아니라 천하 사람들의 마음을 살폈다는 뜻. 곧 정권 교체에 '인민의 뜻general will'을 담았다는 의미니 '胥天下'는 여민과 같다.『이아』에 '胥, 皆也'라고 하였으니, '胥'를 '모두'로 보아 '胥天下'를 '모든 천하 사람'으로 해석하기도 한다(양백준).

24 遷(천): 넘겨주다. 왕위를 선양한다는 뜻.

한 것을 마치 곤궁한 사람이 갈 곳이 없는 듯이 하였다.

천하의 사들이 좋아하며 따르는 것을 싫어할 사람이 없을 것이 건만 순의 근심을 풀기엔 부족하였고, 아리따운 여자는 모든 사내의 바람이건만 요임금의 두 따님을 아내로 삼았으되 순의 근심을 풀기엔 부족하였으며, 부유함을 바라지 않을 사람이 없으련만 천하를 소유하였음에도 근심을 풀기에 부족하였고, 존귀한 지위는 누구나 바라는 것인데 천자에까지 올랐으되 그의 근심을 해소하기엔 부족하였다. 사람들이 자신을 좋아하며 따르는 것으로도, 아리따운 여자나 부귀로도 그 근심을 풀기엔 족하지 않고 오로지 부모 마음을 얻어야만 순의 근심을 풀 수 있었다.

사람이 어려서는 부모를 사랑하다가, 이성을 좋아할 나이가 되면 어여쁜 소녀를 사랑하고, 혼인하게 되면 처자식을 사랑하고, 벼슬을 얻으면 임금을 사랑하다가 그 마음을 얻지 못하면 속을 태운다. 하나 대효란 죽을 때까지 부모를 사랑하는 것이니, 나이 오십[25]에도 여전히 부모를 사랑하는 사람을 나는 '위대한 순'에게서 보았노라."

25　五十(오십): 노년을 상징한다. 인생의 끝을 60세로 보던 시대였기 때문이다.

사랑의 극단에 원망(怨)이 있다! 맹자는 지금 '파천황'의 사랑을 논하고 있다. 원망은 상대방에 대한 사랑이 지극할 때 빚어지는 '사랑의 역설'이라는 것. 실은 모든 참사랑에는 이런 역설의 기운이 감돈다. 사랑의 반대는 원망이 아니라 괄恝, 즉 무관심이기에 그렇다.

질문자인 만장의 눈에 효도란 '부모에 대한 자식의 순종'일 뿐이었다. 몸에 전율이 오는 참사랑을 해보지 못한 탓이다. 그런 만장이 『서경』을 읽다가 효의 대명사인 순이 '부모를 원망했다'는 기사 앞에서 난감했던 것이다. 지금 맹자는 사랑을 일차원적, 평면적으로만 아는 만장에게 참사랑이 여러 겹으로 이루어졌음을, 반대되는 뜻의 두 글자가 만난 원모怨慕(미움/그리움)라는 단어를 통해 이야기하고 있다. 물론 모든 원망이 사랑의 극단은 아니다. 그러니 언행의 표면을 잘 헤아려 살펴야 한다. 그럴 적에야 진상이 드러난다. 현상의 내면은 겹겹하다(참고를 볼 것)!

지금 맹자는 언어(사랑, 효도 등)의 겉면을 들추어 그 속살에 켜켜이 쌓인 진실을 통찰하라고 권하고 있다. 사랑 역시, 아니 사랑이야말로 겹으로 이루어졌다. 애와 증의 교차, 그리움과 원망의 쌍곡선이 사랑이다. 상반되는 것들의 모순적 동거! 이것이 사랑이다. 이미 공자부터 참사랑에는 역설의 아우라가 감돈다는 '사랑의 진실'을 파악했던 터다.

부모의 나이는 알지 않을 수 없다네. 한편으로는 기쁘고(喜), 한편으로는 두렵기(懼) 때문이지.

효도, 아니 모든 사랑의 속살에는 희구喜懼, 곧 기쁨과 두려움이 함께 자리한다. 사랑하는 사람을 만나는 순간을 떠올려보자. 연인을 만나지 못해 애타던 마음이 만남의 순간이 다가올수록 기쁨(喜)으로 충만해지리라. 그러나 애타던 만남의 순간 '이미' 덮쳐오는 헤어짐에 대한 두려움! 만남의 순간에 함께 서리는 기쁨/두려움의 역설적 동거가 사랑의 본질이다. 칼로 잘라서 반듯하게 나뉘는 '차가운 마음(恕)'은 사랑이 아니요, 인이 아니며, 효심도 아니다. 그래서 "부모의 나이는 알지 않을 수 없다네"라고 한 것이다. 지금은 살아 계셔서 기쁘지만 이미 중천을 넘어선 태양처럼 언제 서산에 떨어질지 모르는 것이 또 어버이의 현재다(죽음에는 순서가 없다!). 기쁨과 두려움의 쌍곡선이 한 초점으로 엉키는 자리, 여기가 효심(사랑)이 자리하는 곳이다. 이를 이해한 맹자는 "어버이 잘못이 큰데 원망하지 않으면 더욱 멀어진다"(12:3)고 짚었던 터다. 원망해야 마땅한데도 원망하지 않으면 자기 부모를 제3자로서 바라보는 것이니 무관심이나 다름없다. 이러하다면 과연 사랑은 어디에 있단 말인가!

증오는 사랑의 극단이다. 사랑의 반대가 증오가 아닌 무관심이라는 건 우리도 안다.

시장판 같은 세상에서 속 빈 강정같이 사랑 사랑 하는데, 참된 삶이란 사랑과 증오로 이뤄집니다. 증오도 사랑과 존경 못지않게 소중합니다. 사랑의 배경은 증오고 미움의 배경은 사랑이나 존경입니다.

배경 없는 사진이 어디 있어요?[26]

참사랑은 분노와 증오, 배려와 안타까움이 겹겹이 쌓이고 교차하며 이루어진다. 「논개」의 시인 변영로가 사랑을 두고 "강낭콩 꽃보다도 더 푸른" 또한 "양귀비꽃보다도 더 붉은"이라며 상반된 색깔로 묘사한 까닭이다. 공자 사상의 핵심어가 사랑을 뜻하는 인仁인데, 막상 인을 주로 다루는 『논어』, 「이인里仁」에 증오(惡)라는 단어가 유난히 자주 등장하는 까닭도 마찬가지다. 좋은 말로 사랑하기를 격려해도 시원치 않을 듯한데, 나쁜 것을 철저하게 미워하는 것이 인을 실현하는 방법이라는 매서운 구절들이 그 속에 들어 있다.

원망(怨)은 증오의 감정이다. 상대를 사랑하는 마음이 가닿지 않아 미워하는 몸부림이 원망 속에 들어 있다. 원망은 사랑의 미약微弱이 아니라, 외려 사랑의 과도過度에서 빚어진 마음의 병, 심화心火일 수 있음에 주의하자. 맹자가 불효자로 악명이 자자하던 광장을 이해하고 더욱이 예로써 공대한 까닭(8:30)은 그에게서 무관심(恝)의 찌꺼기가 없는 부모에 대한 애증愛憎, 곧 원모의 역설에 괴로워하는 운명을 발견했기 때문이다 (여기서 원/모를 압축한 것이 본문에 여러 번 나오는 우慶. 즉 '恝=무관심'과 '慶=근심'은 정반대에 자리한 대척 개념이다). 이렇게 사랑은 겹이다. 공자가 한편으로는 기쁘고, 한편으로는 두려운 효의 본질을 이야기했을 때 이미 그속에 사랑의 역설이 자옥하게 감돌았던 터다. 그 역설을 맹자는 지금 원

26   전우익, 『사람이 뭔데』, 현암사, 2002, 122쪽.

모라는 개념으로 잇고 있다.

그렇다면 이제 알겠다. 꼭 만장이 그랬던 것처럼 '사랑=원망'의 등식을 의심하던 장식에게 증자의 제자 공명고가 "이건 자네로선 알 수 있는 일이 아니네"라며 말을 끊었던 까닭을! 또 맹자가 공명고와 장식의 대화로 우회하여 순이 부모에게 품었던 원/모의 겹을 말할 수밖에 없었던 까닭도! 호연지기를 말로써 표현하기 어렵다던 것과 똑같은 맥락으로, 여기 사랑의 겹겹한 내실을 평면적 언어로 표현하기는 난감한 일이었기 때문이다. 역설로 이뤄진 사랑의 진실을 어찌 평면의 말로써 표현할 수 있으랴. 이쯤에서 우리는 자식의 사랑을 왜곡하고 자식을 살해하려고까지 한 부모의 처사를 하늘에 하소연하면서 부모를 원망한 순의 행동이 미움에 그치는 것이 아니라 실은 깊은 사랑에서 우러난 것임을 이해할 수 있다. 그렇기에 맹자는 그에게 '대순'이라는 큰 영예를 부여하고, 그의 행동을 '대효'라고 결론지은 것이다.

그러므로 본문의 '순어부모順於父母'를 고작 '부모에게 순종하다'로 오독해서는 안 된다. 그저 부모의 말씀이라며 묵종하는 짓은 자칫 부모를 불의의 질곡에 빠뜨리는 죄를 짓는 일이다(삼불효 참고)! 부모의 입치레나 생각을 따르는 것은 외려 쉽다. 참된 효는 부모가 도리에 맞게 살 수 있도록 쟁간爭諫하는 것이다.[27] 출세도, 여색도, 부귀도 부모의 근황과

---

27 7:28의 해설과 『순자』, 「자도」 참고. 『소학』, 「계고」에도 "자식이 세 번을 간해도 아버지가 들어주지 않으면 따라다니면서 울부짖는다子三諫不聽, 則隨而號之"라고 하였다. 여기 '隨(수)'란 '일마다 따라다니며'라는 뜻이요, '號(호)'는 '울부짖고 간쟁하다'라는 뜻이지 잘못된 줄 알면서도 부모의 처사를 추종한다는 뜻이 아니다.

처지에 대한 염려와 관심, 즉 근심(憂)을 덮지 못한다. 보통 사람은 예나 지금이나 제 살기 바빠 부모라는 바탕 자리를 잊고 산다. 반면 내 근원으로서의 바탕 자리를 잊지 않고 근심하며 괴로워함, 여기에 순의 효가 자리한다. 이 사이에 쟁자는 옳지만 책선은 그른 좁은 길이 있다. 효도는 생각보다 어렵다! 그러므로 효행에 앞서 수신, 즉 '자기 자신의 정립'이 이루어져야 한다(7:19).

한편 이 장에는 가족의 복원을 통해 문명을 재건하고자 했던 맹자의 꿈이 서려 있다. 맹자는 순을 대효로 표창하여 전국시대 최악의 정치 및 사회문제였던 가족 해체를 구제할 좌표축으로 삼았다. 맹자가 두려워한 것은 가족 붕괴라는 당대의 사회적 재난이었다. "부모와 자식이 흩어졌다父子離"(14:27)라는 짧은 말에 압축돼 있듯 가족 붕괴는 다급한 현실이었다. 그런 가운데 맹자는 고전과 민간전승 설화에서 '맹인인 아비 고수와 포악한 계모, 이복동생 상이 공모하여 순을 죽이려 했다'는 기사를 따져 읽고 효도에 인간 문명의 사활이 걸려 있음을 깨달았다. 그는 전국시대에 권위의 상징이었던 순임금이라는 이름(랑그)에, 최악의 환경을 극복하고 효를 실현해낸 인물이라는 내용(파롤)을 심어 넣어 위력 있는 정치 담론으로 재구성해냈다.

그러나 '순=대효'라는 상징화 작업이 맹자의 의도대로 실현되기는 어려웠다. 전승 설화란 논리적인 담론이 아니다. 민간의 욕망이 더해진 신화적 담론이므로 소재는 같더라도 지역마다, 판본마다 서술이 다양하게 마련이다. 또 순이라는 동일 인물의 설화라도 얼마든지 서로 충돌할 수 있다. 예컨대 효자의 상징인 순과 군주인 순 사이에는 괴리가 있을 수 있다(9:2, 9:3, 9:4 연속 참고). 순의 효행을 부각하여 가족 재건의 토대를 구축하려는 맹자의 의도는 여기저기 모순이 드러나고 여러모로 충돌하지 않을 수 없었다. 이런 논리적 모순과 판본 사이의 충돌을 파고들면서 순의 성인화聖人化 작업, 즉 내성외왕 전략에 시비를 거는 대표적인 제자가 만장이다. 여기 제9편은 제자들이 스승의 논리와 당대 상식 사이의 괴리를 따져 묻고, 맹자는 이를 논증하고 설명하는 방식으로 구성된다.

참고 산타클로스는 있는가? 서너 살 먹은 아이에겐 분명 산타클로스가 '있다'. 그 아이가 일곱 살만 되어도 산타클로스는 '없다'. 그러다가 할아버지가 되면, 그 자신이 산타클로스가 '된다'. 있다가 없다가, 때로는 되기도 하는 산타클로스! 벌써 하나가 셋이다. 사태는 겹겹하다. 왜 유교가 중용을 핵심으로 삼는지 알아야겠다. 공간에만 중이 있는 것이 아니라 시간에도 중이 있다. 그래서 시중時中이다. '그때'에 적중하기다.

"자식이 어버이를 섬김에 세 번을 간해도 들어주지 않으면, 울부짖으면서 따른다子之事親也, 三諫而不聽, 則號泣而隨之"(『소학』, 「명륜」)라고 했다. 부모의 말이나 행동이 잘못이어도 따라야 한다는 말씀. 지금 맹자는 순이 "하늘을 부르고, 부모를 부르며 울었다號泣于旻天, 于父母"라고 한다. 원망하는데 대효가 된다는 말씀. 『소학』과 『맹자』에 공통된 '호읍號泣'이라는 글자의 속뜻은 그야말로 천양지차다. 『소학』의 '있다'와 『맹자』의 '없다'의 차이를 알지 못하면, 공명고가 장식에게 "이건 자네로선 알 수 있는 일이 아니네"라며 말을 끊은 까닭을 이해할 수 없고, 이 장의 참뜻을 모르고 넘어가는 셈이다.

그럼에도 어린 자식에게는 『소학』의 '호읍=순종'을 가르쳐야 하고, 성인으로서 부모를 섬길 때는 순의 '호읍=원망'을 행해야 할 때가 있다. 다만 『소학』의 호읍만을 유일한 효도인 줄 알면 가족이라는 질곡에서 평생을 시달리고, 거꾸로 원망이 곧 효도라며 방종하다가는 부모가 죽고 나서 후회한다. 그러므로 잘 읽어야 한다. 『소학』과 『맹자』에 걸친 참사랑이 무엇인지를 찾아야 한다. 자립하지 못한 사람이 어찌 효인들 제대로 행할 수 있으랴. 수신이 효행보다 앞서는 까닭이다. 이 편에는 이와 같은 겹의 논리와 중용의 난제가 계속 등장한다. 맹자가 가리키는 손가락 끝을 주의 깊게 살펴야 한다.

9:2. 사랑은 머리로 하는 게 아니다

萬章問曰, "詩²⁸云, '娶妻²⁹如之何? 必告父母.' 信³⁰斯言也, 宜莫如舜. 舜之不告而娶, 何也?"

孟子曰, "告則不得娶. 男女居室³¹, 人之大倫也. 如告, 則廢人之大倫, 以懟³²父母, 是以不告也."

萬章曰, "舜之不告而娶, 則吾旣得聞命矣; 帝之妻³³舜而不告, 何也?"

曰, "帝亦知告焉則不得妻也."

萬章曰, "父母使舜完廩³⁴, 捐階³⁵, 瞽瞍³⁶焚³⁷廩. 使浚³⁸井, 出, 從而揜³⁹之. 象⁴⁰曰, '謨⁴¹蓋⁴²都君咸⁴³我績⁴⁴. 牛羊父母, 倉廩父母, 干戈朕⁴⁵, 琴朕, 弤⁴⁶

---

28 詩(시): 『시경』, 「제풍齊風」, '남산南山'. 이 뒤로는 "아내를 맞이할 때는 어떻게 하나. 중매 쟁이가 없으면 얻을 수 없다네娶妻如之何, 非媒不得"라는 구절로 이어진다.

29 娶妻(취처): 장가들다, 아내 삼다.

30 信(신): 정말로.

31 男女居室(거실): 남녀가 결혼하여 함께 살다. 곧 '남녀의 혼인'을 이른다.

32 懟(대): 원망하다. '憝(대)'로도 쓴다. 원망을 넘어 원한을 품는 것이다.

33 妻(처): ~에게 딸을 시집보내다. 곧 ~를 사위로 삼다.

34 完廩(완름): 창고를 고치다. '完'은 고치다. '廩'은 곳집(창고).

35 捐階(연계): 사다리를 치우다. '捐'은 버리다. '階'는 사다리.

36 瞽瞍(고수): 순의 아비 이름. '瞽'는 악사, 소경. '瞍'는 당달봉사. '瞽瞍'는 실제 맹인이라 기보다는 사리분별에 무지한 자의 상징이다.

37 焚(분): 태우다.

38 浚(준): 파다.

39 揜(엄): 가리다, 덮다. '掩(엄)'과 같다.

40 象(상): 순의 동생 이름.

41 謨(모): 꾀.

42 蓋(개): 덮다. '害(해)'와 같은 뜻이다(양백준).

朕, 二嫂⁴⁷使治朕棲⁴⁸.' 象往入舜宮, 舜在牀⁴⁹琴. 象曰, '鬱陶⁵⁰思君爾.' 忸怩

⁵¹. 舜曰, '惟玆⁵²臣庶, 汝其于⁵³予治.' 不識舜不知象之將殺己與?"

曰, "奚而不知也? 象憂亦憂, 象喜亦喜."

曰, "然則舜僞喜者與?"

曰, "否; 昔者有饋⁵⁴生魚於鄭子産, 子産使校人⁵⁵畜⁵⁶之池. 校人烹⁵⁷之, 反命
曰, '始舍之, 圉圉⁵⁸焉; 少則洋洋⁵⁹焉; 攸然⁶⁰而逝⁶¹.' 子産曰, '得其所哉! 得其
所哉!' 校人出, 曰, '孰謂子産智? 予旣烹而食之, 曰, 得其所哉, 得其所哉.' 故君
子可欺以其方, 難罔⁶²以非其道.' 彼以愛兄之道⁶³來, 故誠信而喜之, 奚僞焉!"

---

43 咸(함): 모두.

44 績(적): 공적.

45 朕(짐): 나.

46 弤(저): 붉게 칠한 활.

47 嫂(수): 형수.

48 棲(서): 침상, 잠자리. '두 형수를 제 아내로 삼겠다'는 뜻. 옛날에는 대우혼對偶婚이 상식
    이었다(이숙인, 앞의 책, 78쪽).

49 牀(상): 평상. '床(상)'은 '牀'의 속자다.

50 鬱陶(울도): 울적하다. '鬱'은 근심하다. '陶'는 막히다.

51 忸怩(육니): 부끄러워하다.

52 惟玆(유자): '惟'는 어조사. '玆'는 이.

53 于(우): 돕다.

54 饋(궤): 선물하다.

55 校人(교인): 연못지기(조기). '校'는 울타리.

56 畜(휵): 기르다.

57 烹(팽): 삶다.

58 圉圉(어어): 어릿어릿하다. 지쳐 힘이 없는 모양(조기).

59 洋洋(양양): 빠릿빠릿하다. '洋'은 성대하다.

60 攸然(유연): 유유히. '攸'는 '悠(유)'와 같다. 한가하다.

61 逝(서): 가다.

만장이 물었다.

"『시경』, 「제풍」, '남산'에 '아내를 얻을 때는 어떻게 하나. 부모에게 반드시 알려야지'라고 노래했습니다. 정녕 이 말대로라면 마땅히 순처럼 해서는 안 될 듯합니다. 순이 부모에게 알리지 않고 장가든 것은 어째서인가요?"

맹자, 말씀하시다.

"알렸더라면 장가들 수 없었기 때문이다. 남녀의 혼인은 사람의 큰 윤리인 것. 알렸다면 사람의 큰 윤리를 폐하게 되었을 것이고, 순은 부모에게 원한을 품게 되었을 터. 그래서 알리지 않은 것이다."

만장이 말했다.

"순이 부모에게 알리지 않고 장가든 까닭은 이제 배워서 알았습니다. 한데 요임금이 순을 사위로 삼으면서 그 부모에게 알리지 않은 것은 어째서인가요?"

맹자가 말했다.

"요임금 또한 그 부모에게 알리면 순을 사위로 삼을 수 없을 줄 아셨기 때문이다."

만장이 말했다.

"부모가 순에게 창고를 고치게 하고는 사다리를 치워버리고,

<hr>

62 罔(망): 속이다.
63 愛兄之道(애형지도): 형을 사랑하는 마음. 형이 아우를 아끼듯 아우가 형을 사랑하는 것은 사람됨의 본령, 곧 진리(道)라는 것.

아비 고수는 그 창고에 불을 질렀습니다. 또 우물을 파게 하고는 순이 나오려 하자 곧바로 흙으로 덮어버렸습니다. 이복동생 상은 '도군64을 죽이려는 꾀는 모두 나의 공로! 형의 소와 양은 부모님께 드리고 곡식 창고들도 부모님께 드려야지. 방패와 창은 내가 갖고, 거문고도 내 차지, 옻칠한 활도 내 것, 두 형수는 내 잠자리를 돌보게 해야지'라고 했답니다. 상이 형의 집 안으로 들어섰을 때 순은 평상에서 거문고를 타고 있었습니다. 상이 놀라서 '마음이 울적하니 형님을 걱정하고 있습니다'라면서 부끄러워하자, 순은 동생더러 '오, 저 신하들과 백성. 너는 나의 정사를 도와다오'라고 했답니다.65 알지 못하겠습니다만, 순은 상이 자기를 죽이려 했던 것을 몰랐단 말입니까?"

맹자가 말했다.

"어떻게 몰랐겠느냐! 다만 아우가 근심하면 같이 근심하고, 기뻐하면 같이 기뻐한 것이다66."

만장이 말했다.

"하면 순은 거짓으로 기뻐한 것입니까?"

맹자가 말했다.

---

64 都君(도군): 순의 별명. 그가 머무는 곳마다 사람들이 몰려들어 도읍이 형성되었다는 뜻.

65 "부모가 순에게 창고를 고치게 하고는"부터 여기까지는 『서경』의 일문逸文이다.

66 象憂亦憂, 象喜亦喜(상우역우, 상희역희): 아우가 근심하면 같이 근심하고, 아우가 기뻐하면 같이 기뻐했다. 프랑수아 줄리앙은 이 구절을 "순임금은 고통과 기쁨을 동시에 느꼈다"라고 의역했는데 탁견이다(프랑수아 줄리앙, 앞의 책, 162쪽).

"아니다. 옛날 정나라 자산이 살아 있는 물고기를 선물 받았다. 자산은 그것을 연못지기에게 못에서 기르도록 했다. 연못지기는 물고기를 삶아 먹고는 보고하기를 '처음 놓아주니까 어릿어릿하더니 조금 있으니 빠릿빠릿하게 되살아나 유유히 사라집디다'라고 했다. 자산은 기뻐하며 '제 살 곳을 얻었구나, 제 살 곳을 얻었어!'라고 했다지. 연못지기는 나와서 말하길 '누가 자산을 지혜롭다고 했나!⁶⁷ 내가 물고기를 삶아 먹었는데 그는 제 살 곳을 얻었구나, 제 살 곳을 얻었어!'라고 하던걸.

그러므로 '군자는 도리에 합당한 방법으로 속일 수는 있으나 도리에 어긋난 방법으로 속일 수는 없다'⁶⁸고 하는 것이다. 저 상이 형을 사랑하는 마음으로 찾아왔으니 그 마음을 진실로 믿고서 기뻐한 것이지 어찌 거짓으로 그랬겠더냐!"

67 춘추시대에 "자산은 속일 수 없고, 자고는 차마 속이지 못하고, 서문표는 감히 속이려 들지 못한다"는 속담이 있었다고 한다. 당시 지혜의 대명사가 정자산이었음을 알 수 있다.

68 이 문장은 『논어』에서 비롯한다. 재아가 "인자는 우물 속에 인(仁)이 있다는 말을 들으면, 다급한 마음에 우물 속으로 그냥 들어가는 사람인가요"라고 묻자 공자가 답하길 "군자는 우물 가까이 오게 할 수는 있으나, 우물 안으로 들일 수는 없다. 도리에 합당한 방법으로 속일(欺) 수는 있으나 도리에 어긋난 방법으로 속일(罔) 수는 없다."(『논어』, 6:24) 따라서 이 대목을 인용문으로 처리하였다.

맹자, 마음의 정치학 2

　　세상에 이런 아비가 있을 수 없고, 저런 아우가 있을 리 없다. 요컨대 이것은 설화다. 동아시아에 널리 유포된 설화, 이를테면 '심청 전'(앞 못 보는 아비를 자식의 효행으로 눈뜨게 하다), '흥부전'(형제간의 갈등과 화해), '장화홍련전'(계모와 본처 자식 간의 갈등) 등의 스토리가 한데 모여 '순임금 설화'를 구성한다(혹은 기원이 된다). 순임금 설화는 최악의 인간 조건(앞 못 보는 아비, 계모, 이복동생이 공모하여 자신을 살해하려는 상황)을 극복 하고 최선의 행복을 성취하는 지고의 영웅담이다. 이 성취를 통해 순임 금은 맹자가 건설하려는 새 문명의 모델이 된다. 다만 민간 설화라는 것 이 역사적 사실이 아니라 문학적 표현인 만큼 이 설화와 저 설화가 상충 하고 모순되기 마련이다. 맹자는 순임금 설화를 새로운 인간 문명의 모 델로 삼은 이상 철저히 옹호하고 끝까지 변호해야 했다.

　제자 만장은 스승의 '신화 정치학'을 이해할 수가 없다. 그는 세속적 이고 합리적인 눈으로 '순임금 설화'와 『시경』, 『서경』 등 고전 사이의 모순을 놓고 고민한다. 순임금 설화를 재해석, 재구성하여 제시하려는 스승의 비전을 위태롭게 바라본다(논리적 엄밀성이 떨어지고, 설화와 설화의 틈 사이에 구멍이 숭숭 나 있다는 것이 만장의 염려였으리라). 이 장에서는 그 가 운데 두 가지가 시비에 올랐다. 하나는 대효라는 순이 어떻게 부모에게 통지하지도 않고 혼인하였는가, 또 하나는 형을 죽이려 든 아우를 대하 는 순의 처신이 바람직하였는가 하는 의문이다.

1. 효도란 무엇인가

첫째, 부모에게 알리지 않고 혼인한 '난제'를 보자(이 부분은 후사를 끊는 것이 가장 큰 불효임을 논한 7:26과 함께 보아야 한다). 만장은 『시경』 속 노랫말 "아내를 얻을 때는 어떻게 하나. 부모에게 반드시 알려야지"라는 문장을 예시하며 경전을 신뢰한다면 순의 결혼은 잘못된 것이고, 순이 올바로 행동한 것이라면 경전이 잘못된 것 아니냐고 따진다. 맹자는 이는 양자택일의 문제가 아니라, 순의 가족이 처한 특수성을 감안하여 그 혼인은 일종의 권도權道로 보아야 하며, 도리어 그것이 참된 효의 실천이었다고 대답한다. 앞서 우리는 불효 3종 세트 중 가장 큰 불효가 '자손을 남기지 않는 것', 곧 혼인하지 않아 후사를 끊는 것이라는 대목을 접했다. 자식을 죽이려 드는 부모라면 자식의 혼인을 거부하기 마련이고, 그렇게 되면 자식은 하늘을 우러러 원망하고, 나아가 부모에게 원한(慰)[69]을 품게 된다. 원망을 넘어 원한을 품는다면 부모 자식이 서로 적대시하게 되니 이미 그 가정은 깨진 것이다. 부자리父子離라, 맹자가 가장 두려워한 극단적 사태가 벌어지게 된다.

결론적으로 부모의 반대 의견(意)을 짐짓 무시하고 자손을 보존하는 혼인이 외려 효도가 된다. "남녀의 혼인은 사람의 큰 윤리인 것. 알렸다면 사람의 큰 윤리를 폐하게 되었을 것이고, 순은 부모에게 원한을 품게 되었을 터"라는 대목이 그렇다. 원망에 역설의 기운이 감돌듯(9:1), 원한

---

69 여기 원한(慰)은 앞 장의 원망(怨)과 다르다. 원망이 상대방을 안(가족)으로 전제하면서 사랑이 변질된 것이라면, 원한은 상대방이 밖(타인)이 되고 나아가 적敵으로까지 악화된 것이다.

을 피하여 부모 몰래 결혼한 순의 행동에도 패러독스가 깔려 있다. 겉으로는 불효인 듯하나, 실제로는 큰 효인 경우가 있으니 이것이 순의 혼인이었다. 맹자는 부모에게 알리지 않은 순의 혼사에 겹사랑이 들어 있다고 본다. 겉으로는 불효막심해 보여도 그 속은 참사랑으로 차 있다는 것. 첫째 부모를 불의에 빠뜨리지 않고, 둘째 부자간 의를 상하지 않고, 셋째 후손을 낳아 선조의 혈통을 잇는 세 가지 큰 효도를 고난 속에서 성취한 것이다. 여기서 우리는 몇 가지 교훈을 얻는다. 이치를 알아야 효를 행할 수 있다. 효행은 합리적이어야 한다. 사리에 합당해야 가족 관계를 지속할 수 있다. 육안(겉)으로 속단하지 말라! 진실은 겹겹하다. 요컨대 부모의 생각을 맹목적으로 추종하는 것은 효가 아니요, 외려 올바른 이치로 부모를 인도하는 것이 대효가 된다(7:18의 해설을 볼 것).

2. 형제의 우애

둘째, 만장은 형을 죽이려 한 아우에게 보인 순의 관대함을 지적한다. 곧 '순은 동생 상이 자기를 죽이려 했던 것을 몰랐는가?'라는 물음이다. 이에 대한 맹자의 답변은 "어떻게 몰랐겠느냐! 다만 아우가 근심하면 같이 근심하고, 기뻐하면 같이 기뻐한 것이다." 순이 바보가 아닌 다음에야 어찌 그를 죽이려 한 것을 몰랐을까. 다만 형제간의 사랑은 마음(心)의 소관이지, 머리(知) 곧 이해타산의 소관이 아니라는 것이다. 마음과 머리의 분리, 사랑과 계산이 다른 차원임을 이해하지 못하면 맹자의 답변은 오리무중에 빠진다. 달리 말하면 순의 아우 사랑은 아우를 '위한' 것이 아니라, 동생의 기쁨/슬픔과 '함께 더불어 한' 것이다. 맹자의 정치사상이 위민이 아니라 여민이듯, 그의 가족 사랑도 '위爲하여'가 아니라 '여與하여'일 따름이다.

다시 말해 순은 아우 상이 자기를 죽이려 한 것을 알았다(성인은 바보가 아니다). 그러나 그와 '관계없이' 아우를 사랑한다. 도리어 사랑 때문에 아우의 나쁜 짓이 너무나 가슴이 아프다. 이 아픈 마음에 사랑이 들어 있다. 그런데 놀라운 일이 벌어졌다. 여태 짐승과 진배없이 무지몽매했던 아우가 '부끄러운 표정(忸怩)'을 드러낸 것이다. 여기가 분수령이다. 상이 드러낸 부끄러움은 수오지심의 부끄러움과 똑같다. 부끄러움은 짐승과 인간 사이에 난 문지방이다. "부끄러움은 사람됨의 큰 것이다"(13:7)라고까지 명기했던 터다. 짐승과 진배없던(형을 죽이려 들던) 아우가 부끄러운 표정을 지었다면 이는 그의 심중 깊이 숨어 있던, 여태 드러나지 않았던 사람다움의 씨앗이 발아했다는 뜻이다. 아우의 마음에 움트는 새싹을 확인한 형은 흔쾌히 기뻐한 것이다.

그러나 순이 아우의 '부끄러움'을 발견한 것, 아우가 사람다움을 회복한 것에 기뻐했음을 만장은 이해할 수 없었다. 머리를 굴려 지식으로 사물을 이해하기 때문이다. 이에 만장은 다시 묻는다. "하면 순은 거짓으로 기뻐한 것입니까?" 맹자는 우회하여 춘추시대 현자로 알려진 정자산의 예를 보여준다. 물고기가 살려는 것은 자연스러운 본능이다. 연못지기가 물고기를 삶아 먹고 난 뒤 거짓 보고한 내용은 생명의 본질을 충실하게 묘사한 것이다. "처음 놓아주니까 어릿어릿하더니 조금 있으니 빠릿빠릿하게 되살아나 유유히 사라"지는 것은 물고기의 생태에 걸맞다. 현자가 점쟁이나 무당이 아닌 다음에야 내막을 다 알 수 없고, 또 그 내막을

　　　　　　　　　　　　　　　　　맹자, 마음의 정치학 2

보지 않고 예견하는 자가 현자는 아니다! 말이 사리에 합당할 때 그 말에 속는 것은 현자의 무지를 드러내는 꼬투리가 아니라 도리어 현자다움의 표지다. 앞에서 "대인이란 실로 갓난아기 마음(赤子之心)을 잃어버리지 않는 사람이다"(8:12)라고 했듯 '산 생명이 살아가기를 바라는 마음(仁)' 은 군자의 내실이므로 이치에 맞는 거짓말에 속은 것(欺)은 도리어 현자의 표상이 된다. 그렇다고 몽매함이 현자의 조건은 아니므로 이치에 걸맞지 않은 거짓말(罔)로 속일 수는 없다.

마찬가지로 순은 몽매한 아우 상이 '스스로 부끄러움을 느낌'에 흔쾌히 기뻐하였다. 부끄러움은 인간다움의 조건이기 때문이다. 아우의 부끄러운 표정은 자신이 사람임을 발견한 싹이요, 사람다움을 회복했다는 신호다. 이에 순은 형으로서 그 아우가 인간으로 재탄생함을 기뻐한 것이다. 요컨대 이는 순이 무지하다는 뜻이 아니요, 또 가식적으로 기뻐했다(표리부동)는 뜻도 아니며, 도리어 성인의 성인다움을 증명하는 훌륭한 사례다. 만일 아우 상이 "마음이 울적하니 형님을 걱정하고 있습니다"라고 한 말이 거짓일지라도 거기 속았다면 이치에 합당한 거짓에 속았으므로 외려 순의 사랑이 극진함을 보여주는 예가 된다.

정자산은 사리에 맞는 거짓말에 속았고 순임금은 진심의 싹을 기뻐했다(아우는 지금 처음으로 형을 도리에 맞게 대했고, 순은 아우를 그에 걸맞게 응대했다). 형의 아우에 대한 사랑에는 자식의 부모에 대한 원모怨慕와 마찬가지로 역설의 기운이 감돈다. 노자는 진리가 역설적임을 뚱겨주었고, 예수의 사랑도 다를 바 없었다. 일찍부터 일한 인부와 늦게 일한 인부의 일급이 같았던 이유가 그랬다. 또 우리 안에 든 아흔아홉 마리 양을 두고

'너희는 괜찮다'라며 나머지 한 마리를 찾아나서는 예수의 마음과 여기 아우에 대한 형의 사랑이 닮았다.

여기서 우리는 유교 사상의 본원, 인의 본령에 닿는다. 데이비드 S. 니비슨이 인의 요령을 두고 "사소한 것에서조차 그 사람을 그에 따라 대함 a person like myself, whom I should treat accordingly even in trivial ways"이라고 지적한 것[70]은 아우에 대한 순의 사랑을 꼬집어 드러낸 것이다. '그 사람을 그에 따라 대함'이여! 이게 사랑의 본령일 터다. "내가 하고 싶지 않은 것을 상대방에게 미루지 말라己所不欲, 勿施於人"(『논어』, 12:2)는 말과 같다. 이를 공자는 인이라 하였으니 서로 통한다. 곧 순은 아우 상과 진심으로 교류하여 "그 사람과 나 자신에게 우리가 지닌 공통의 인간성을 재확인시켜준"[71] 것이다.

3. 정약용

한편 정약용은 이 장을 근본적으로 불신하며 '맹자가 직접 쓴 것이 아니다'라고까지 부정하였다. 다산이 비판하는 지점은 순이 상의 회개를 기뻐하며 뱉은 말 "오, 저 신하들과 백성. 너는 나의 정사를 도와다오惟兹臣庶, 汝其于予治"라는 대목이다. 가령 주희는 이 대목을 "순이 상이 오는 것을 보고 기뻐하여 그로 하여금 그 신하와 백성을 다스리자고 한 것이다"라고 해석했는데, 다산은 주희의 해석을 천부당만부당하다며

---

70 Nivison, David S., 앞의 책, p.76.
71 데이비드 S. 니비슨, 『유학의 갈림길』, 150쪽.

쌍수를 들고 비판한다.

> 이 글이 주희의 말과 같다면, 순이 요임금의 아홉 아들과 백관百官을 받아서 사사로이 상에게 준 셈이 되니 사리에 맞지 않는다. "자쾌子噲도 한 개인에게 연나라를 줄 수 없고, 자지子之도 자쾌로부터 연나라를 받을 수 없다."(「공손추 하」)라고 하였으니 쇠락한 주나라 때도 천자의 명령을 오히려 감히 소홀히 하지 않았는데, 하물며 요임금에 있어서랴. 이 장은 아마도 맹자가 직접 쓴 것이 아닌 듯하다.[72]

　정약용은 왕당파다. 여기서도 군주권을 중심으로 『맹자』를 해석한다 (순자의 눈으로 맹자를 읽는다!). 순임금이 자기 한 사람이 장악해야 할 정치 권력을 아우인 상에게 사사롭게 나누자고 했을 리 없다는 것. 따라서 "아마도 맹자가 직접 쓴 것이 아닌 듯하다"라는 데까지 나아갔다. 그러나 맹자는 군주 독재를 거부한다. 맹자의 꿈은 군주와 관료, 군주와 인민이 함께 더불어 정치를 구성하는 여민 체제다. 정약용의 맹자 해석은 주희의 해석에 미치지 못한다(9:5 해설을 참고할 것).

4. 상의 효, 순의 효

　순임금의 아우 상은 정말 불효자일까? 적어도 아버지 고수에 겐 상이 외려 순보다 효자일 수 있다. 왜 그런가? 무엇보다 상은 아버지

72　정약용, 이지형 역주, 『다산 맹자요의』, 현대실학사, 1994, 267쪽.

제9편 만장 상　　　　　　　　　　　　　　　　　　　　　　　417

말이라면 무턱대고 따르는 자식이기 때문이다. 아버지가 형을 증오하는 줄 알고서 앞장서서 형을 살해하려고 나선 자식이니 예뻐하지 않을 수 있겠는가? 본문에도 상이 효자로서 보인 행동이 실감나게 그려져 있다. 상은 형의 재산을 빼앗아 그 가운데 제일 좋은 것들 "소와 양은 부모님께 드리고 곡식 창고들도 부모님께 드려야"라고 했다. 유목 사회에서 소와 양은 가장 중요한 재산이요, 농경 사회에서 최고 재물은 곡식이다. 소와 양, 곡식 창고까지 부모에게 바치는 자식이 효자이지 따로 누가 효자란 말인가. 저 스스로는 고작 활이나 방패 같은 '장난감(혹은 정치권력의 상징물)'을 탐냈을 뿐이다. 즉 아버지의 명령에 맹목적으로 충성하면서 비싸고 좋은 물건을 부모에게 바치려는 효자가 상이다.

상의 잘못이라면 아버지께 형을 살해하는 짓은 잘못이라고 간언하지 못한 일이겠다. 그럼에도 그는 자기 잘못을 부끄러워할 줄 아는 아우이기도 했다. 곧 "상이 형의 집 안으로 들어섰을 때 순은 평상에서 거문고를 타고 있었습니다. 상이 놀라서 '마음이 울적하니 형님을 걱정하고 있습니다'라면서 부끄러워"했다. 이렇게 보면 상은 다만 어리석은 인간일 따름이다. 무지로 인해 '부모의 생각을 맹종하여 곡진하게 따르다가 불의에 빠트리는 결과'(조기가 제시한 불효의 제1조건)를 저질렀을 뿐이다. 새끼 오리가 처음 본 생물을 부모라 여기고 따르듯 아비의 말을 진리라 여기고 맹목적으로 순종한 자이니 어리석으나 악인은 아니라고 해야 한다. 순임금은 그런 아우가 부끄러워하는 모습에서 그 마음에 잠재된 인간다움의 씨앗을 발견하고는 그의 순정을 순수하게 받아들였다.

그렇다면 순은 효자인가? 적어도 아버지 고수의 눈에 순은 효자가 아니다. 그는 아비의 허락 없이 권력자의 딸과 혼인한 '후레자식'이요, 아비의 잘못을 하늘에 대고 원망한 아들이다. 혼인은 인륜지대사라는 말처럼 전통적으로 결혼은 인생에서 가장 큰 통과의례다. 그 옛날 『시경』에서도 '부모의 허락을 얻은 다음 결혼할 수 있다'라고 명기한 것을 보면, 이런 전통과 관례를 깬 순에 대한 아비 고수의 증오는 상상을 초월했을 것이다. 즉 상식에서 볼 때 둘째 아들 상은 아버지에게 곰살 맞은 자식이지만 첫째 아들 순은 아버지의 마음에 상처를 낸 자식이다.

그런데도 상은 역대로 불효자로 낙인찍히고, 외려 순은 대효자로 칭송되는 까닭은 무엇일까? 순의 혼인이 사람의 도리, 가족의 원리에 합당한 일이기 때문이다. 순이 혼인을 결단한 것은 가족의 후사를 끊지 않으려는 의리의 실천이다(7:26). 여기서 우리는 일종의 역설을 발견한다. 효행의 대상인 아버지를 거역하는 짓이 오히려 참된 효가 될 수도 있으니 말이다. 그러면 효행도 겹이다. 얕은 것이 있고 깊은 것도 있다. '상의 효'와 '순의 효'의 차이는 상이 아비의 말을 따져보지 않고 묵종한 데 반해, 순은 아비의 말을 헤아려봤다는 것이다. 그렇다면 효는 단순하지 않다. 관계의 의리義理에 부합할 때 참된 효가 성립한다. 여기서 순의 효행을 "부모에 대한 순종이 아니라 의리에 대한 충성"으로 해석한 주희의 설명은 적절하다(7:28 해설 참고). 순이 대효인 까닭은 자식으로서 '어버이를 도리에 맞게 깨우침(諭之於道)'에 있다고 본 것 말이다.

조기가 제시한 불효의 제1조건과 주희의 해석을 겹쳐 보면 참된 효는 부모의 명령이나 심기에 맹종함이 아니라, 부모를 도리에 맞게 인도하려는 노력임이 분명하다. 순은 사리를 분간하지 못하는 '청맹과니' 아비를 인도하여 사람다운 도리를 깨닫도록 분투했고, 끝내 아비를 기쁨의 세계로 인도하는 데 성공했다.[73] 이에 그는 대효라는 최상의 영예를 얻었다.

---

[73] "순이 어버이 섬기는 도리를 다하자 아비 고수조차 기뻐하기에 이르렀다."(7:28), "고수 또한 믿고 따랐다."(9:4)

9:3. 순임금의 마키아벨리즘?

萬章問曰, "象日以殺舜爲事, 立爲天子則放⁷⁴之, 何也?"

孟子曰, "封之也; 或曰, 放焉."

萬章曰, "舜流⁷⁵共工⁷⁶于幽州⁷⁷, 放驩兜⁷⁸于崇山⁷⁹, 殺⁸⁰三苗⁸¹于三危⁸², 殛⁸³鯀⁸⁴于羽山⁸⁵. 四罪而天下咸服, 誅不仁也. 象至不仁, 封之有庳⁸⁶. 有庳之人奚罪焉? 仁人固如是乎? ― 在他人則誅之, 在弟則封之!"

曰, "仁人之於弟也, 不藏怒焉, 不宿⁸⁷怨焉, 親愛之而已矣. 親之, 欲其貴也; 愛之, 欲其富也. 封之有庳, 富貴之也. 身爲天子, 弟爲匹夫, 可謂親愛之乎?"

"敢問或曰放者, 何謂也?"

---

74 放(방): 유폐하다.

75 流(류): 귀양 보내다.

76 共工(공공): 관직명.

77 幽州(유주): 지명.

78 驩兜(환두): 인명.

79 崇山(숭산): 지명.

80 殺(살): 『서경』, 「우서虞書」, '순전舜典'에는 '방축하다, 내쫓다'라는 뜻의 '竄(찬)'으로 되어 있다.

81 三苗(삼묘): 종족. 남방의 묘족苗族을 이른다.

82 三危(삼위): 지명.

83 殛(극): 죽이다.

84 鯀(곤): 인명. 물고기 알이라는 뜻. '鯀'은 치수治水에 실패하였다. 설화에서는 우임금의 아비라고 한다.

85 羽山(우산): 지명.

86 有庳(유비): 나라 이름.

87 宿(숙): 묵다.

曰, "象不得有爲[88]於其國, 天子使吏治其國而納其貢稅焉, 故謂之放. 豈得暴
彼民哉? 雖然, 欲常常[89]而見之, 故源源[90]而來, '不及貢, 以政接于有庳.' 此之
謂也."

만장이 물었다.

"상은 날마다 형 죽이는 것을 일로 삼았습니다. 순이 천자로 옹
립된 다음, 그를 (죽이지 않고) 유폐한 것은 어째서입니까?"

맹자, 말씀하시다.

"제후로 봉한 것이었다. 이걸 유폐라고 하는 사람도 있더라만."

만장이 말했다.

"순임금은 공공을 유주에 유배했고, 환두를 숭산에 유폐했으
며, 삼묘는 삼위에서 죽였고, 곤은 우산에서 처형하였습니다.
네 사람을 처벌하자 천하 사람 모두가 수긍했습니다. 불인한 자
들을 적법하게 처벌했기[91] 때문이지요. 한데 상은 가장 불인한
자인데도 유비 땅 제후로 봉하였습니다. 유비 사람들은 무슨 죄
를 지었답니까? 어진 사람이 정작 이럴 수가 있답니까? — 다른
사람은 처벌하면서 아우는 제후에 봉하다니요!"

---

88   有爲(유위): 직접 통치하다.

89   常常(상상): 자주자주.

90   源源(원원): 자꾸자꾸.

91   적법하게 처벌하는 것이 주誅다(2:8). 순임금이 분권 정치를 행하여 권한을 나눠줬음에도
        성과를 얻지 못하자 책임을 물은 것이다. 분권 정치는 책임 정치를 동반한다(요순의 정치
        론에 대해서는 4:2 해설 참고).

맹자, 마음의 정치학 2

맹자가 말했다.

"어진 사람은 본시 아우에 대한 분노를 간직하지 않고, 원망을 묵혀두지 않는 법[92]. 다만 아우를 살갑게 여기고 아낄 따름이다. 살가우니 그를 귀하게 해주고 싶고, 아끼니 부유하게 해주고 싶지. 상을 유비 땅에 봉한 것은 아우를 부귀하게 해주고 싶었기 때문이다. 자신은 천자이면서 아우는 필부로 버려둔다면, 형이 아우를 친애한다고 할 수 있겠더냐?"

만장이 말했다.

"감히 여쭙겠습니다. 누구는 제후에 봉한 게 아니라 추방한 것이라고 하는데, 이건 어째서랍니까?"

맹자가 말했다.

"상이 유비 땅을 직접 통치하지 못하게 하고, 관리를 파견하여 대신 다스리게 하였다. 공물과 세금만은 상에게 바치도록 하였기에 추방이라고도 하는 것이다. 어찌 상이 백성을 포악하게 다스리도록 내버려두겠더냐! 비록 그렇지만 언제나 아우가 자주 보고 싶어 자꾸 오게 하였다. '조회할 때가 되지 않았는데 정사를 핑계로 유비의 군주를 접견하였다'[93]라고 한 것이 이를 두고 한 말이다."

92　不藏怒, 不宿怨(부장노, 불숙원): 아우의 잘못에 성을 내되 그것으로 그치고 마음에 담아두지 않는 것. 형의 아우에 대한 본연의 마음, 친애의 본심만 남아 있다는 것. 『논어』의 "분노를 옮기지 않고, 두 번 허물을 짓지 않았다不遷怒, 不貳過"(6:2)라는 말과 통한다.

　　이 장은 유교의 본질인 가족 윤리가 정치와 만나는 접점을 다루고 있다. 동양의 전통인 수직적 본말本末론과 근대 서양의 수평적 공사公私관 사이의 갈등이라고 할까? 요컨대 순임금은 형제의 사랑(本)에 충실한 의리를 확보하면서 정치 영역의 공정성(公)도 어기지 않는 절묘한 중용을 실현했다. 서양식 공/사와 동양식 본/말, 두 접점의 틈새에 순임금의 처신이 적절하게 진동한다(공과 사에 대해서는 9:6 해설을 참고할 것).

　　『천자문千字文』에 형제간을 일러 동기연지同氣連枝(부모의 같은 기운을 받은 이어진 가지)라고 했듯 유교에서 형제간의 사랑은 인간다움의 기초다. 순은 지금 최악의 아우 상을 사랑해야 하는 형제애의 윤리와 상이 포악한 제후가 되는 것을 제어해야 하는 정치가의 공적 직분 사이에서 줄타기를 한다. 즉 본말이라는 도덕의 차원과 공사라는 정치의 차원이 충돌하는 칼끝 위에 서 있다.[94]

93　不及貢, 以政接于有庳(불급공, 이정접우유비): 『서경』의 일문逸文이다. '貢'은 제후가 선물을 갖고 천자를 알현하는 것. 천자가 제후를 둘러보는 것을 순수巡狩라 하고, 제후가 천자를 뵙고 정치를 진달하는 것을 술직述職이라 하였다. 여기 '貢'이 곧 술직과 같다. '有庳'는 아우 상을 분봉한 나라 이름이다. 성호 이익은 따져보기로 "순은 아우인 상을 늘 보고 싶어 했기 때문에 계속해서 불렀다. 그러나 유비는 초나라 지역이다. 초나라에서 중국과의 거리는 여간 동떨어지게 먼 것이 아니었는데, 비록 늘 보고 싶어 했다 할지라도 마음대로 할 수 있겠는가? 이것은 의심할 만하다."(이익, 『성호사설』, 「유비有庳」)

94　동아시아의 공과 사에 대한 글로는 미조구치 유조, 정태섭 옮김, 『중국의 공과 사』, 신서원, 2004; 논문으로는 배병삼, 「유교의 공과 사」, 『동서사상』, 제14집, 경북대학교 동서사상연구소, 2013 참고.

정치가로서 순의 책임 윤리는 공공성을 기준으로 삼아야 하므로 사적 영역인 형제 관계는 뒤로 물려야 한다. 반면 유교의 가치는 수신·제가가 본본이요, 치국·평천하는 말末이므로 형제간 의리가 우선이다. 『시경』에도 "아내에게 모범이 되어 형제에게 미치고, 집안과 나라를 다스린다"라고 노래하였던 바다. 달리 표현하면 '친친親親'이라는 가족 윤리가 '존존尊尊'이라는 정치 윤리보다 근본이다. 상은 순임금의 아우이니 가족 관계에서는 근본적 존재지만, 정치의 차원에서는 사적 존재다. 이 두 차원의 길항, 가족의 근본성과 정치의 공공성이 충돌하는 장면이 본문에서는 '방放'과 '봉封'이라는 단어의 갈등 또는 파열음으로 개념화된다. 형-제라는 천륜(본질)과 군주-신하라는 인륜(공공) 사이에 순의 고민이 놓여 있다. 이 장은 순의 중용적 지혜를 드러내는 대목이라고 할 수 있다.

눈여겨볼 것은 '방'과 '봉', 비슷한 발음 사이에 낀 의미의 격차다. 마치 앞서 신농학파 허행이 '함께할 여與'와 '난폭할 려厲'의 동음이의 관계를 이용한 말놀이로 칼날을 드러냈던 것과 같은 방식이다. 여기 '방'과 '봉' 사이에 형님이면서 군주이기도 한 순의 윤리적 고민과 정치적 선택이 들어 있다. 아우 사랑과 공공질서가 중첩된 길에서 중용 찾기. 군주로서 또한 형으로서 도리를 다하는 양수겸장! 이것이 아우를 제후로 만들어 주면서(封), 실권은 주지 않고 중앙에서 파견한 관리가 정무를 대행하게 하는(放) 묘수다. 이를 통해 '형제간의 정(本)'과 '정치적 공공성(公)'을 함께 살린 것이다. 시중지도時中之道를 실현했다 하겠다.

구체적으로 살펴보자. 아우를 부유하고 귀하게 해주고 싶은 것이 형의 사랑이다. 그러나 아우는 극악한 자다. 순은 아우의 못된 성정을 알지만

(智) 아우를 사랑하기에(仁) 부귀하게 해주고 싶다. 그러려면 제후로 임명해야 한다. 형은 천자인데 아우가 평민이라면 친애의 정을 해친다("자신은 천자이면서 아우는 필부로 버려둔다면, 형이 아우를 친애한다고 할 수 있겠더냐?"). 다른 한편 동생이 제후가 되면 포악함이 백성에게 미쳐 재앙이 된다. 인仁과 지智 사이의 딜레마다. 형제간의 사랑(仁)도 살리고 정치적 지혜(智)도 살려야 한다. 이 딜레마를 해결하는 것이 명목은 제후로 봉해주되 실제는 권력을 박탈하는 조처다. 제후라는 영예를 주어 신분은 귀하게 만들고 또 조세를 받도록 하여 부유하게 하되, 그의 포악함이 인민에게는 미치지 못하도록 금하는 것. 이것이 순의 묘수였다. 그러니까 분봉이면서 동시에 추방이기도 하다(실권 없는 명예? 마치 조선시대 공주들의 남편인 부마駙馬의 운명과도 같다).

덧붙여 순은 상을 자주 친견하였다고 했는데 이는 마찬가지로 친애와 감찰을 동시에 실행한 것으로 해석할 수 있다. "아우가 자주 보고 싶어 자꾸 오게 하였다. '조회할 때가 되지 않았는데 정사를 핑계로 유비의 군주를 접견하였다'"라고 『서경』(일문)의 기사를 빌려 덧붙인 대목이 그렇다.

분봉과 추방을 겸한 묘수의 속살은 어떤가? 마키아벨리즘이 들어 있지 않은가? 순의 정치를 무위이치無爲而治, 순리에 따라 다스려 잡음이 없는 정치라고 평한다. 과연 그렇기도 하겠으나 달리 보면 업무의 성격마다 또 사람의 성정에 따라 깊은 숙고prudence를 행한 흔적이 숨어 있다. 친애의 정을 표방하면서 안으로는 아우의 수족을 꽁꽁 묶어 궁전 속에 유폐시키는 것. 이를 두고 당시 사람들은 '봉封하면서 방放하였다'라고

맹자, 마음의 정치학 2

절묘한 말놀이로 풍자했다. 정치적 명분도 살리고 아우도 살리면서 인민도 살리는 기막힌 묘수가 방과 봉 속에 들어 있다. 본/말(가족 윤리)과 공/사(정치 윤리)를 겸한 것, 봉(제후로 세움)과 방(유폐)을 함께 성취한 것에 유교-정치가로서 순의 탁월성이 있다.

여기서는 또한 한비자(법가)와 맹자(유가)의 차이도 발견할 수 있다. 법치의 핵심은 법 적용의 보편성이다. 군주의 동생이라고 법 적용을 사면하면 법치는 죽는다. 군주의 아우일지라도, 아니 부모와 자식이라도 죽을 짓을 했을 때는 죽여야 한다. 이것이 전국시대의 보편적 법 감정이었다. 만장은 이를 바탕으로 순의 처사에 의문을 표시한 것이다. 다른 범법자들은 법대로 처리하여 모두 극형에 처했다(천하 사람들이 다 수긍하였다). 그런데 극악무도한 상은 유독 천자의 아우라는 이유로 극형은커녕 제후로 봉하였다니 이런 불평등이 없지 않느냐는 것. 성왕인 순이 이런 처신을 했다면 성인이라는 말의 근거는 어디에 있느냐는 힐문이다.

그러나 맹자는 법 적용의 평등성이라는 외눈으로만 사안을 파악해서는 안 된다고 강조한다. 이와 같은 법과 윤리 사이의 줄타기는 공자를 계승한 것이다. 『논어』에 법과 윤리의 충돌이 짧지만 강렬하게 묘사된 터다.

섭공이 공자에게 말했다.

"우리 마을에 정직한 자가 있으니 자기 아비가 양을 훔친 것을 고발하였소이다."

공자, 말씀하시다.

"우리 마을의 정직한 자는 이와 다릅니다. 아비는 자식을 숨겨주고
자식은 아비를 숨겨줍니다. 정직이란 그 가운데에 존재하지요."
_ 『논어』, 13:18

여기에 유교의 법 인식이 들어 있다. 법가의 법 논리와 충돌하는 지점
도 여기다.[95] 순이 아우 상을 유비 땅의 제후로 봉하면서 동시에 유비의
백성에게 피해가 가지 않도록 조치한 것은 친친親親과 인민仁民 사이의
차등애를 감안하여 사랑과 의리를 적절하게 구사한 탁월한 정치 행위다
(13:45).

---

95 한비자가 가만있을 리 없다. 이 사례를 비아냥거린다. "초나라에 지나치게 정직한 사람이
있었다. 아비가 양을 훔쳤다고 관가에 고발했다. 이에 영윤은 그를 죽이라고 했다. 군주
에게는 정직했으나 아비에게는 패륜을 저질렀으니 패륜의 죄로써 벌한 것이다. 이로 보
아 군주에게 정직한 신하가 아비에게는 패륜이 되는 것이다."(『한비자』,「오두五蠹」)

9:4. 순임금은 선왕과 아비를 신하로 부린 적이 없다

咸丘蒙[96]問曰, "語[97]云, '盛德之士, 君不得而臣, 父不得而子.' 舜南面而立[98], 堯帥[99]諸侯北面而朝之[100], 瞽瞍亦北面而朝之. 舜見瞽瞍, 其容有蹙[101]. 孔子曰, '於斯時也, 天下殆[102]哉, 岌[103]岌乎!' 不識此語誠然乎哉?"

孟子曰, "否; 此非君子之言, 齊東野人之語[104]也. 堯老而舜攝[105]也. 堯典[106]

---

96 咸丘蒙(함구몽): 맹자의 제자. 성은 '咸丘'. 이름은 '蒙'.

97 語(어): 당시 세속에 떠도는 말. 법가와 묵가의 말이 많다. 처사횡의에 해당한다.

98 南面而立(남면이립): '南面'은 군주의 지위를 상징한다. "임금이 덕으로 다스리는 정치는 마치 북극성은 가만히 있는데(북극성은 붙박이 별이다) 다른 뭇 별이 그것을 향해 몰려드는 것과 같다."(『논어』, 2:1) 이후 군주를 북극성에 견주었다. '立'은 순이 임금 자리에 오른 것이다.

99 帥(솔): 거느리다.

100 北面而朝之(북면이조지): 군주의 지위가 남쪽으로 향하면 자연히 신하는 북쪽으로 향할 수밖에 없다. '北面'이란 '北向(북향)'과 같다. 곧 신하의 위치를 뜻하며, '朝'는 '군주를 뵙고 조회하다'라는 뜻이다.

101 蹙(척): 찌푸리다. '慽(척)'과 같다.

102 殆(태): 위태하다.

103 岌(급): 위태롭다.

104 齊東野人之語(제동야인지어): 제나라 동쪽 촌놈들의 말. 근거 없는 말을 지어서 퍼트리는 것 또는 그런 자들을 낮춰 부르는 속어. 맹자가 말한 이른바 처사횡의에 속한다. 방사方士들, 예컨대 추연鄒衍, 동방삭東方朔, 진시황을 꾀어 바다로 탈출한 서불徐市 등이 여기 '齊東野人'이다. 골계와 재담꾼으로 유명한 순우곤도 이쪽 출신이다(방사에 대한 설명은 구지에강, 이부오 옮김, 『중국 고대의 방사와 유생』, 온누리, 2012; 장웨이, 이유진 옮김, 『제나라는 어디로 사라졌을까』, 글항아리, 2011 참고).

105 攝(섭): 대신하다.

106 堯典(요전): 『서경』, 「우서虞書」의 편명. 본문에 '堯典'의 기록으로 인용한 것은 오늘날은 '순전舜典'에 채록되어 있다. 아마 현본 '요전'과 '순전'은 본디 한편으로 '堯典'이라 일컬었던 듯하다(양백준).

曰, '二十有八載[107], 放勳[108]乃徂落[109], 百姓[110]如喪考妣[111], 三年, 四海[112]遏
密[113]八音[114].' 孔子曰, '天無二日, 民無二王[115].' 舜旣爲天子矣, 又帥天下諸侯
以爲堯三年喪, 是二天子矣."

咸丘蒙曰, "舜之不臣堯, 則吾旣得聞命矣. 詩[116]云, '普[117]天之下, 莫非王土;
率[118]土之濱[119], 莫非王臣.' 而舜旣爲天子矣, 敢問瞽瞍之非臣, 如何?"

曰, "是詩也, 非是之謂也; 勞於王事而不得養父母也. 曰, '此莫非王事, 我獨
賢勞[120]也.' 故說詩者, 不以文害辭, 不以辭害志. 以意逆[121]志, 是爲得之. 如
以辭而已矣, 雲漢之詩曰, '周餘黎民[122], 靡[123]有孑遺[124].' 信斯言也, 是周無遺

---

107 載(재): 해, 년(年).

108 放勳(방훈): 요임금의 별칭. '放勛(방훈)'이라고도 쓴다.

109 徂落(조락): 돌아가다. '殂落(조락)'으로도 쓴다. '徂'는 죽다.

110 百姓(백성): 백관百官을 뜻한다. "百姓은 첫째 백관, 둘째 서민을 뜻한다. 사서四書에는 百
姓이 25회나 출현하지만, 오직 여기서만 백관을 가리킨다. 대개 벼슬을 사는 사土는 천자
를 위해 참최斬衰 삼년복을 입는 것이 예법이다."(염약거: 양백준에서 재인용)

111 考妣(고비): 죽은 아버지와 어머니.

112 四海(사해): 민간을 뜻한다(양백준). '천하 백성'이라고 번역하였다.

113 遏密(알밀): '遏'은 그치다. '密'은 고요하다.

114 八音(팔음): 쇠, 돌, 줄, 대나무, 박, 흙, 가죽, 목기 등 여덟 가지 재료로 만든 악기. 악기의
총칭.

115 天無二日, 民無二王(천무이일, 민무이왕): 『예기』, 「증자문曾子問」과 「방기坊記」에는 "民無
二王, 士無二王(만무이왕, 사무이왕)"이라고 되어 있다(양백준).

116 詩(시): 『시경』, 「소아小雅」, '북산北山'.

117 普(보): 넓다.

118 率(솔): 따르다.

119 濱(빈): 물가.

120 賢勞(현로): 수고롭다. '劬勞(구로)'와 같다. '賢'은 노력하다.

121 逆(역): 맞이하다. '迎(영)'과 같다.

122 黎民(려민): 백성. '黎'는 검다.

맹자, 마음의 정치학 2

民也. 孝子之至, 莫大乎尊親; 尊親之至, 莫大乎以天下養. 爲天子父, 尊之至也; 以天下養, 養之至也. 詩[125]曰, '永言孝思, 孝思維則.' 此之謂也. 書[126]曰, '祗載[127]見瞽瞍, 夔夔[128]齊栗[129], 瞽瞍亦允若[130].' 是爲父不得而子也[131]?"

함구몽이 물었다.

"사람들 말이 '임금이라도 후덕한 선비는 신하로 삼지 못하고 그 아비라도 자식으로 여기지 못한다'라고들 합니다. 순이 왕위에 올라 남쪽을 향해 서자 요는 제후들을 인솔하여 북쪽을 향하여 조회하였고, 아비인 고수 또한 북쪽을 향하여 조회하였다고 합니다. 순임금이 고수를 회견할 때 얼굴에 그늘이 졌다고도 합니다. 공자도 '당시 천하가 위태로워 아슬아슬하였다'라

---

123 靡(미): 없다.

124 孑遺(혈유): 나머지, 잔여殘餘. '孑'은 외롭다. '遺'는 남다.

125 詩(시): 『시경』, 「대아大雅」, '하무下武'.

126 書(서): 『서경』의 일문이다(조기). 오늘날 『고문상서』, 「대우모大禹謨」에 채록돼 있다(주희).

127 祗載(지재): 채침蔡沈은 "그 자식 된 직분의 일을 공경히 하다敬其子之職事也"(『서경집전』)로 보았다. 호산壺山은 "공경히 섬기는 것이다"라고 하였다(성백효). 여기서는 후자를 따른다. '祗'는 공경하다. '載'는 받들다.

128 夔夔(기기): 공경하고 조심하는 모양(주희). '夔'는 조심하다.

129 齊栗(제율): 삼가고 두려워하는 모양. '齊'는 재계하다. '栗'은 두려워하다.

130 允若(윤약): '允'은 믿다. '若'은 따르다.

131 是爲父不得而子也(시위부부득이자야): 순의 정치학(군신 관계) 및 윤리학(부자 관계)에 대한 함구몽의 질문을 맹자는 왕도론의 핵심 사안으로 여겨 순을 적극 옹호하려 했다. 이에 『시경』과 『서경』 두 경전을 동시에 인용하며 자기주장의 근거로 삼았다. 끝마디 '也'는 의문사 '邪(야)'와 같다(양백준).

고 말했다고들 합니다.[132] 알지 못하겠습니다만, 이런 말은 믿을 만한지요?"

맹자, 말씀하시다.

"아니다! 그건 군자의 말이 아니라 제나라 동쪽 촌놈들이 지어낸 허튼소리다. 요임금이 늙자 순이 섭정하였다. 『서경』, 「우서」, '요전'에 '순의 섭정 28년 만에 요임금이 돌아가시자 백관은 부모가 돌아가신 듯 삼년상을 치렀고, 천하 백성은 풍악을 그치고 그 죽음을 애도했'라고 했다. 공자께서는 '하늘에 해가 둘이 없듯 백성에겐 두 임금이 없다'라고 하셨다. 순이 요임금 생전에 천자가 되고 요임금이 죽었을 때 또 순이 삼년상을 치렀다면, 이는 천자가 둘이었던 셈이 된다."

함구몽이 말했다.

"순이 요를 신하로 삼지 않았다는 것은 이제 배워 알았습니다. 『시경』, 「소아」, '북산'에는 '온 하늘 아래 왕의 땅 아닌 곳이 없고, 땅끝까지 왕의 신하 아닌 자가 없네'라고 노래했습니다. 순이 이미 천자가 되었는데, 감히 여쭙건대 아비인 고수를 신하로 삼지 않았다는 것은 어째서입니까?"

맹자가 말했다.

---

132 함구몽의 말은 전국시대에 널리 유포된 설화였던 듯하다. 한비자는 "기록에 '순이 고수를 보자 근심스런 표정을 지었다. 공자가 말하기를 이때를 당하여 위태로웠다. 천하가 가파르고 위험했다. 도를 터득한 자는 아비도 정녕 자식으로 여기지 못하고, 임금도 정녕 신하로 부리지 못한다'라고 했다."(『한비자』, 「충효」)

"이 시는 그런 뜻이 아니다. '공무에 바빠 부모를 봉양할 틈조차 없다'는 뜻이다. 그래서 '맡은 일에 왕의 업무가 아닌 것이 없는데, 나 홀로 힘들고 수고롭다'라며 하소연한 것이다. 그러므로 시를 해석할 때는 단어에 천착하여 구절을 해쳐서는[133] 안 되고, 구절에 집착하여 그 시의 본뜻을 놓쳐서도[134] 안 된다. 추리하여 시의 본뜻을 헤아려야[135] 시를 이해할 수 있다.『시경』,「대아」, '운한'에 '주나라에 그 많던 사람들 남은 사람이 하나도 없네'라고 했는데 이 노랫말대로라면 주나라에는 남은 사람이 없어야 할 것이 아니냐?

효자의 지극함은 존친이라, 어버이를 높이는 것보다 큰 것이 없고, 또 존친의 지극함은 천하로써 봉양하는 것보다 큰 것이 없

---

133 以文害辭(이문해사): 두 가지 해석이 있다. 구송되던 시를 대상으로 보면 '문자에 천착하여 구절을 해치다'로 번역할 수 있다. '文'은 단어word, '辭'는 문장sentence이 된다. 한편『시경』에 채록된 시편을 대상으로 보면 '文'은 문자literacy요, '辭'는 구송oral으로 해석할 수 있다. 이때는 '문자에 천착하여 말을 해친다'라고 번역할 수 있다. 다만 맹자의 시대는『시경』으로 결집된 이후이고, 본문은『시경』의 내용을 해석하는 것이다. 따라서 "시를 해석할 때는 단어에 천착하여 구절을 해쳐서는 안 된다"라고 번역하였다(월터 J. 옹, 앞의 책 참고).

134 以辭害志(이사해지): 구절에 집착하여 그 시의 본뜻을 놓치다.

135 以意逆志(이의역지): 나의 생각으로 시의 본뜻을 헤아리다. '意'는 '나=독자의 생각'을 말한다. '逆'은 헤아리다. '志'는 시의 본뜻. "逆이란 독자가 작품을 통해 작가가 표현하고자 한 바를 추체험하는 과정을 가리킨다. 이는 가다머H.G. Gadamer가 말한 '전위轉位'의 방법에 속한다. 전위란 자기 자신을 타자(작가)에게 전위시켜 그 개인을 무매개적으로 이해하고자 하는 것을 의미한다."(양충열,「맹자의 문학해석학 방법론」,『중국연구』, 제42집, 2008, 51쪽)

다. 천자의 아버지가 된 것이 존친의 극치요, 천하의 공물로써 봉양하였으니 섬김이 지극한 것이다. 『시경』, 「대아」, '하무'에 '영원토록 효도하리라, 효도하는 마음이 사람의 법도로다'라고 하였으니 이를 두고 한 말이다. 또 『서경』에 '순임금이 공경하게 섬기며 고수를 뵈었는데 그 몸짓이 조심스럽고 삼가며 또 공손하고 경건하였기에 고수 또한 믿고 따랐다'고 하였다. 이것이 '후덕한 선비는 그 아버지라도 자식으로 여기지 못한다'는 것이 아니겠더냐?"

해설

선군先君인 요임금이나 아비 고수는 천자인 순의 신하가 될 수 없고, 된 적도 없다는 것이 맹자의 판단이다. 앞에 논한 증자의 다원사회론(권력 세계와 더불어 덕의 영역, 또 나이의 세계가 각각 따로 존재한다는 삼원사회론)의 부연이다.

1. 아버지는 신하가 될 수 없다

요임금은 죽을 때까지 임금이었다. 노년기 28년간 순이 그를 대신해 섭정攝政을 했을 뿐이다. 또한 고수는 아들 순이 왕위에 오른 이후로 '임금의 아비'로서 특별대우를 받았지, 아들의 신하인 적은 없었다. 임금의 아버지라는 최고 지위(명예)를 누리고, 아들(천자)의 깍듯한 예우에 그만 흐뭇해져 지난 세월 그를 죽이려고까지 했던 몽매함에서 눈을 뜨고 자식에게 감복했다. 이 지극한 장면을 두고 전래된 말이 "후덕한 선비는 그 아비라도 자식으로 여기지 못한다"라는 속언이다(라고 맹자는 본다). 속언을 곧이곧대로 읽자면 '자식이 임금이 되면 그 아비는 그의 신하가 된다(자식으로 여기지 못한다)'는 식으로 해석할 수 있겠지만(이런 속류 해석이 시중에 널리 퍼져 있지만), 맹자가 보기에 이런 해석은 순의 지극한 효성을 감안하지 못한 것이다.

이 장은 순의 군주로서의 성덕盛德과 자식으로서의 지효至孝가 겹쳐 드러나는 여울목이다. 이를 통해 순은 정치 윤리의 기준이 됨과 동시에 가족 윤리(효행)의 좌표축이 된다. 맹자 사상의 핵심인 공공성(정치)과 도덕성(가족) 양 방면에 걸쳐 두루 능통한 내성외왕의 모델로 순이 자리 잡는 까닭이다. 유대교에서 모세의 지위와 같은 위상을 유교에서는 순임금이 차지한다. 성호 이익은 이를 두고 극언한다.

> 맹자가 "공자의 말에 '하늘에는 두 해가 없고 백성에게는 두 임금이 없다'고 하였는데, 순이 이미 천자가 되고도 다시 천하의 제후를 거느리고 요의 삼년상을 치렀다면, 이는 두 천자가 되는 것이다"라고 했으니, 이는 만고에 공통되는 의리다. 이른바 요와 순의 선위禪位한 바는 그러한 데 지나지 않았는데, 후세에 왕위를 아비가 전하고 아들이 받은 것은 당나라 때부터 시작되었고, 이전에는 없는 일이었다. 나라의 권세가 한 번 옮겨 가면 참소가 틈타기 쉽기에 혐의스러운 즈음에는 지극히 말하기 어려운 바가 있는 법이다. 만약 아비가 요

가 아니고 아들이 순이 아니라면 이리저리 알력이 생겨서 마침내 수습할 수 없는 지경에 이를 것인즉, 정 부득이한 사정이 있다면 나라의 정사를 섭행하여 큰일은 품하여 결정하고, 작은 일은 권도로써 처결함이 무방할 것이다. 어찌 보위寶位에 올라 임금이라고 칭해야만 만족할 것이 있겠는가?

_『성호사설』, 「전위傳位」

2. 『시경』의 열여섯 자 시비

오늘날 유교를 연구하는 처지에서 주목할 부분은 "온 하늘 아래 왕의 땅 아닌 곳이 없고, 땅끝까지 왕의 신하 아닌 자가 없네"라는 『시경』속 열여섯 자 "普天之下, 莫非王土, 率土之濱, 莫非王臣(보천지하, 막비왕토, 솔토지빈, 막비왕신)"을 맹자를 비롯한 당시의 사상가들이 어떻게 해석하였는가 하는 점이다. 이 열여섯 자는 『묵자』, 『한비자』, 『맹자』, 『순자』 등 당시 학파들마다 한마디씩 언급하지 않은 예가 없을 정도다. 요컨대 맹자를 제외한 제자백가는 똑같이 (유자인 순자나 맹자의 제자 함구몽조차도) 저 열여섯 자를 군주 독재, 전제주의 이데올로기의 근거로 삼는다. 오직 맹자만이 그런 전제주의 해석에 결연히 반대한다. 우선 『한비자』를 살펴보자.

고수는 순의 아비였는데 순이 그를 추방했고, 상은 순의 아우였으나 형에게 살해당했다. 아비를 추방하고 아우를 죽인 자를 인으로 이를 수는 없다. 요임금의 두 딸을 아내로 삼고 천하를 차지하였으니 의라고 이를 수 없다. 인의가 없다면 현명하다고 이를 수도 없다. 『시경』에 이르길 "普天之下, 莫非王土, 率土之濱, 莫非王臣"이라고 하였다. 정말 『시경』의 이 말에 따른다면, 곧 순은 왕궁에서는 주군(요임금)을 신하로 삼았고, 집에 들어와서는 제 아비를 신하로 삼았으며, 제 어미를 첩으로, 주군의 딸을 아내로 삼은 것이다.

_ 『한비자』, 「충효」

한비자의 말 속에 함구몽이 운을 뗀 '당시 사람들 말', 즉 "순이 왕위에 올라 남쪽을 향해 서자 요는 제후들을 인솔하여 북쪽을 향하여 조회하였고, 아비인 고수 또한 북쪽을 향하여 조회하였다. 순임금이 고수를 회견할 때 얼굴에 그늘이 졌더라"는 유언비어가 담겨 있다. 여기서 한비자는 『시경』의 열여섯 자를 활용하여 순임금을 아비와 군주를 신하로 부리고, 어미를 첩으로 삼는 포악한 권력 찬탈자로 부각하려는 의도를 드러냈다.

한편 유가인 순자 역시 저 열여섯 자를 '지고한 천자가 온 천하를 지배하고, 그가 인민의 생활을 편안하게 만드는 것'[136]으로 읽는다.

---

136 우치야마 도시히코, 앞의 책, 161쪽. 결과적으로 "순자는 인민의 이익을 위해 권력을 행사하는 군주를 상상했다." 여기 "인민의 이익을 위해 권력을 행사하는 군주", 즉 위민 사상이 순자의 정치론이라면, 맹자의 정치론은 인민과 함께 더불어 즐기는 여민 사상이다. 순자의 위민 군주론과 맹자의 여민 정치론 간의 큰 차이에 주목해야 한다. 데이비드 S. 니비슨의 말처럼, 유교는 하나가 아니다!

천자란 그 권세는 지극히 크고, 몸은 지극히 편안하고, 그 마음은 지극히 즐겁고, 뜻은 굽히는 일이 없고, 몸은 수고로울 때가 없다. 존귀하기가 지극한 최상의 존재다. 그러므로 『시경』에 이르기를 "普天之下, 莫非王土, 率土之濱, 莫非王臣"이라고 노래했다. 이것은 바로 천자(의 권력)를 말하는 것이다.

_ 『순자』, 「군자君子」

그러나 순자 연구자 우치야마 도시히코가 적절히 지적하듯 "이 시들의 본래 의미는 이런 해석과는 사뭇 다른 것이다." 여기 순자의 열여섯 자 해석은 유교 사상을 법가의 방식으로 독해하는 상징적 장면이다. 전국시대 말, 힘에 의한 천하통일을 앞두고 '왕도 사상=여민주의'를 '군주 독재=전제주의'로 전환하는 과도기에 순자가 위치한다.

그렇다면 맹자는 이 열여섯 자를 어떻게 읽는가. 저 열여섯 자는 군주의 전제적 통치를 옹호하는 것이 아니라, 모두가 공무원인데 자신에게만 업무가 폭주하여 부모 봉양도 하지 못할 지경이라는 하소연이라는 것. 이는 열여섯 자 시구의 앞뒤 구절을 함께 읽어보면 금방 알 수 있다.

(1)

해 해 사 자 조 석 종 사 왕 사 미 고 우 아 부 모
偕偕士子, 朝夕從事, 王事靡盬, 憂我父母.

장건한 관리들 매일매일 국사國事에 힘쓰니

국사에 허술할 수 없어 부모를 근심케 하는구나.

맹자, 마음의 정치학 2

(2)

보　　천지하　막비왕토　솔토지빈　막비왕신
溥¹³⁷天之下, 莫非王土, 率土之濱, 莫非王臣

너른 하늘 아래 왕의 땅 아닌 곳이 없으며

땅을 따른 해내海內가 왕의 신하 아님이 없거늘,

(3)

대부불균　아종사독현
大夫不均, 我從事獨賢.

대부가 균등하지 못해 나만 종사하게 하여 홀로 어질다 하노라.

　＿『시경』(성백효 번역, 필자 윤문)

　　세 구절 가운데 (2)가 시비가 되는 곳인데, (1)과 (3)을 꼼꼼히 읽으면, 주석자가 올바로 해석했듯 "땅이 너르고 신하가 많거늘 왕이 균평치 못해서 나로 하여금 종사하여 홀로 수고롭게 함을 말한 것이다."(주희, 『시경집전』) 즉 이 열여섯 자는 땅끝까지 미치는 강력한 군주 통치를 찬양한 것이 아니라, 일개 '공무원'이 과도한 업무를 하소연하는 문학적 과장이라는 것. 그러므로 시는(나아가 모든 텍스트는) 단장취의斷章取義해서는 안 되고, 맥락을 살펴 읽어야 한다는 것이 맹자의 주장이다.

3. 이의역지

　　이를 바탕으로 오늘날 보기에도 참신한, 맹자의 텍스트 해석

137　溥(보): '넓다'라는 뜻. '普(보)와 같다.

제9편 만장 상　　　　　　　　　　　　　　　　　　　　　439

방법론(문학론)이 제시된다. 바로 이의역지以意逆志[138] 방식이다. 텍스트를 독자의 현재적 관점으로 끌어당겨 해석하기에 앞서, 텍스트(작자)의 본래 뜻까지 거슬러 올라가 이해하는 상고尙古적 해석학이 선결 과제라는 것. 그러나 당시 여러 학파(특히 한비자)의 열여섯 자 해석과 비교할 때, 맹자의 해석을 고작 텍스트 해석 방법론으로 국한해서는 안 될 듯하다.

단장취의가 문제가 될 것 같으면 맹자 역시 같은 우를 범하고 있다.[139] 아니, 공자부터 이미 그랬다. 노래의 후렴구에 불과한 사무사思無邪를 '생각에 사특함이 없는 것'이라고 해석하여 『시경』의 대지大旨로 삼은 것이 대표적이다(『논어』, 2:2). 그러므로 나의 생각으로 시의 본뜻을 거슬러 헤아리는 것이 올바른 텍스트 해석 방법이라는 맹자의 인식으로 볼 때, 이는 단장취의를 비판한 데서 그치는 것이 아니라 제자백가가 단장취의한 내용, 의미에 잘못이 있음을 지적한 것으로 봐야 옳다. 요컨대 맹자는 단지 시의 해석 방식만이 아니라, 제가백가가 열여섯 자 시구를 군주 독재를 옹호하고 상명하복 체제를 강화하는 데 써먹은 정치적 왜곡

---

138 "우리가 시를 읽을 때 그 의미만 파악하고 시의 은유적인 언어들을 버린다면, 그것은 시 자체를 참살하는 행위입니다. 시에서 시적 은유를 제거하고 났을 때 남는 것은 의미가 아니라 죽은 문자들의 무덤이기 때문입니다. 시적 은유 없이 시가 말하려는 내용을 이야기할 수는 없습니다. 이런 의미에서 시적 은유야말로 시 자체입니다."(박경미, 『신약 성서, 새로운 삶의 희망을 전하다』, 사계절, 2014, 105쪽) 동양고전 역시 마찬가지다. 텍스트를 해석할 때 겉말(문장)에 국한되는 축자주의逐字主義가 아니라 작가의 본래 뜻으로 거슬러 올라가 해석하는 이의역지 방법론은 모든 독서법의 기본이다.

139 10:7에서 『시경』, 「소아」, '대동大東'의 "큰길은 숫돌 같아 곧기가 화살 같네. 군자가 걸어 가니 소인이 우러러보는구나周道如底, 其直如矢, 君子所履, 小人所視"라는 대목에 대한 해석은 맹자가 단장취의한 것이다.

을 비난한 것이다(이런 오용과 오해는 현대에도 마찬가지다!). 여기서 맹자가 꿈꾸는 세계는 군주 독재의 일원적 사회가 아니라, 다원사회론에 기초한 일종의 '연방 국가'였음을 또 한 번 명토 박아둔다.

따라서 천자 권력의 범위는 저 '땅끝까지'가 아니라 정부 안에 국한될 뿐이다. 군신 관계가 전면적, 일률적으로 지배-복종 구조가 된 것은 한 당 제국 체제에서였다. 함구몽의 질문에서 우리는 이미 전국시대부터 진 척되고 있던 군주 전제체제의 징후와 이를 수용하려는 세태를 짐작할 수 있다. 그러나 맹자는 군주 한 사람의 전제권력에 비판적이고, 나아가 저 항적이었다. 맹자는 정치권력이 사람들의 일상 전체를 지배할 수 없고, 지배해서도 안 된다고 강조한다. 앞서 살펴본 것처럼 성왕의 정치, 곧 순 임금의 정치는 가정에서는 가족 관계가 따로 있고, 학교에는 학교 권력 이 따로 존재하는 다원사회를 지향한다(4:2).

맹자의 나라는 다양한 권력과 사회 영역이 함께 존재하고 교차하는 '다원사회'다. 물론 정치권에서는 군주가 정점에 위치하고, 그 권력은 나 눌 수 없다. 이것이 '하늘에는 하나의 태양이 있다'는 말의 뜻이다. 그러 나 천자의 아비까지 신하로 두는 전제권력은 전혀 아니다. 천자의 정치 권력은 가족 내부에까지 미칠 수 없다. 가족 세계에는 친친親親의 윤리가 작동한다. 여기는 부모의 자애와 자식의 효도, 형은 아우를 아끼고 아우 는 형을 공대하는 가족 윤리가 작동하는 또 다른 세계다. 이 안에서는 효 제의 행동이 공적인 행위가 된다.

이에 순(천자)의 아비는 천자의 신하일 수 없고, 그냥 아버지인 것이다. 맹자의 경고는 이렇게 읽힌다. 권력으로 가족을 지배하려 하지 말라! 가족과 정치는 다른 세계다. 도리어 가족이 근본이요, 권력은 말절이다. 천자인 형과 백성인 아우의 관계 역시 마찬가지다. 열여섯 자에 대한 맹자의 비판적 인식은 이 문장을 군주 독재 이데올로기로 읽어서는 결코 안 된다는 경고다.

이리하여 9:1에서 여기까지 순임금의 성인론이 완성된다. 순임금은 부자 관계(9:1), 가족 관계(9:2), 형제 관계(9:3), 군신 관계(9:4) 모두에서 모순을 역설로 치환하여 양편을 모두 살리는 중용의 화신임이 드러났다. 이를테면 순의 마음이 효의 궁극이요, 순의 우애가 형제 사랑의 진수요, 순의 가족애가 가족 사랑의 근본이며, 순의 신하 노릇이 충성의 표준이고, 순의 임금 노릇이 군주의 기준이라는 것. 군도든 신도든 "다만 요와 순을 모범으로 삼을 따름皆法堯舜"(7:2)이라던 말의 뜻을 알 만하고, 맹자가 말끝마다 왜 요와 순을 일컬었는지도 알 만하다. 또한 맹자의 학술이 얼마나 심오한지 실감할 수 있는 계기도 되었다. 훗날 순임금의 눈동자가 두 개라는 중동설이 시중에 퍼졌던 까닭도 짐작할 수 있다. 모순된 양편을 다 살리는 겸수를 두 개의 눈동자에 비유한 것이다. 다산의 「중동변」이 천박한 이유에 대해서는 앞에서 해설한 바 있다.

참고 맹자가 시비를 가린 『시경』의 열여섯 자 해석은 오늘날에도 왜곡되어 유포된다. 맹자 본연의 여민 정치론, 다원사회론, 연방주의 국제체제론을 전면적으로 부정, 왜곡하는 것이므로 이는 반드시 교정되어야 한다. 이 장에 대한 현재 학계의 연구 성과를 인용해둔다.

지금 함구몽이 인용한 바 『시경』, 「소아」, '북산'의 노래는 지위가 낮은 벼슬아치가 상관이 일을 배분함에 있어서 고르지 못하다고 불평하는 작품이다. 그런데 함구몽은 "온 하늘 아래가 왕의 땅 아닌 데가 없고, 온 땅의 물가까지 왕의 신하 아닌 자가 없다"라는 시 구절을 단장취의하여 인용하면서 이를 순임금이 그의 부친인 고수를 신하로 삼지 않은 것과 연관하여 말하고 있다.

사실 이 네 구는 백성은 모두 왕의 신하라는 것을 강조하는 데 그 의도가 있는 것이 아니고, 나라의 일을 함에 있어서 불공평하게 나 혼자만 고생하는 것에 대한 불만을 토로하기 위한 것이다. 그런데 함구몽은 이 시의 전후 맥락은 따져보지 않고 이 구절만 떼어내어 임의로 해석하였다. 이에 맹자는 그의 해석이 잘못되었다고 지적하면서 '국사에 수고로워 부모를 봉양하지 못하자, 이는 나라 일이 아닌 게 없거늘 나만이 홀로 어진 나머지 수고롭다'고 불평한 것으로 보아야 한다고 했다. 이는 정확한 지적이다.

맹자는 당시 만연한 단장취의적 시 이해 방식에 문제를 제기하고 시에 대한 올바른 이해는 문자에 얽매이지 말고 작품 속에 담긴 작가의 의도(志)를 파악하는 데 노력해야 한다고 주장한다. 즉 본문에서 말하고 있듯이 문자적 수식(文)에 얽매여서 언어 표현(辭)의 이해가 방해되어서는 안 되며, 또 언어 표현에 얽매여 작가의 의도에 대한 이해가 방해를 받아서도 안 된다고 한다.

그리고 맹자는 함구몽에게 '운한雲漢'이란 시편을 또 하나의 예로 들었다. 이 시는 『시경』, 「대아」 중의 한 편으로, 주나라 강왕

康王이 재앙을 물리쳐달라고 기도하는 모습을 노래한 것이다. 당시에는 해마다 가뭄이 들어 땅에 무엇 하나 자랄 수 없는 상황이었다. 여기 인용된 시구는 이 시의 제3장 중 두 구로서, 과장법을 통해 심한 가뭄이 주나라 땅에 남아 있는 백성을 모두 굶겨 죽이려 한다고 묘사하고 있다. 이에 맹자는 시의 표현대로라면 주나라에는 한 사람도 남아 있지 않았어야 할 것이라고 했다. 한 글자 한 구절의 수사적 표현에 얽매이다 보면 시 전체의 뜻을 파악하기 어려울 뿐만 아니라 상식에도 어긋나게 된다. 이 점은 맹자가 앞서 '언어에 대한 이해(知言)'의 중요성을 강조한 점과 연결된다. 거기서 맹자는 '지언'을 두고 "편벽된 말에서 가려진 바를 알고, 방탕한 말에서 빠져 있는 바를 알고, 부정한 말에서 괴리된 바를 알며, 회피하는 말에서 논리가 궁함을 알 수 있다"(「공손추 상」)라고 했다. 여기서 맹자는 언어의 수사와 수사 표현의 과장성에 대한 이해가 필요함을 역설했던 것이다. 그리고 이러한 이해와 해석의 근거이자 방법이 곧 본문의 이의역지이다.[140]

---

140 양충열, 앞의 글, 46~47쪽(필자 윤문 및 요약).

萬章曰, "堯以天下與舜, 有諸?"

孟子曰, "否; 天子不能以天下與人."

"然則舜有天下也, 孰與之?"

曰, "天與之."

"天與之者, 諄諄然[141]命之乎?"

曰, "否; 天不言, 以行與事[142]示之而已矣."

曰, "以行與事示之者, 如之何?"

曰, "天子能薦[143]人於天, 不能使天與之天下; 諸侯能薦人於天子, 不能使天子 與之諸侯; 大夫能薦人於諸侯, 不能使諸侯與之大夫. 昔者, 堯薦舜於天, 而天 受之; 暴[144]之於民, 而民受之; 故曰, 天不言, 以行與事示之而已矣."

曰, "敢問薦之於天, 而天受之; 暴之於民, 而民受之, 如何?"

曰, "使之主祭, 而百神享[145]之, 是天受之; 使之主事, 而事治, 百姓安之, 是民 受之也. 天與之, 人與之, 故曰, 天子不能以天下與人. 舜相[146]堯二十有八載,

---

141 諄諄然(순순연): 조곤조곤. '諄'은 자세히.

142 行與事(행여사): '行'은 사계절의 운행(四時行焉)과 같고, '事'는 만물화육(百物生焉)에 해 당한다. 번역하면 '行'은 가시적인 현상이요, '事'는 업무나 일의 성취로 이해할 수 있다. 이에 '行與事'를 '자연현상과 실적'이라고 번역했다.

143 薦(천): 천거하다. 중매쟁이, 매작媒妁의 추천 없이 남녀가 사사로이 만나는 것은 더럽다 고 했다(6:3). 군주가 사람을 구할 때나 선비가 공직에 나설 때도 薦(추천)'이 중요했다.

144 暴(폭): 드러내다. (예) 폭로暴露. '사납다'는 뜻일 때도 '폭'으로 발음한다. (예) 폭력暴力, 난폭亂暴. 한편 '해치다'는 뜻일 때는 '포'로 발음한다. (예) 포악暴惡, 자포자기自暴自棄.

145 享(향): 흠향하다.

非人之所能爲也, 天也. 堯崩, 三年之喪畢[147], 舜避堯之子於南河[148]之南, 天下諸侯朝覲[149]者, 不之堯之子而之舜; 訟獄[150]者不之堯之子而之舜; 謳歌[151]者不謳歌堯之子而謳歌舜, 故曰, 天也. 夫然後之中國, 踐天子位焉. 而[152]居堯之宮, 逼[153]堯之子, 是簒[154]也, 非天與也. 太誓[155]曰, '天視自我民視, 天聽自我民聽.' 此之謂也."

만장이 물었다.

"요임금이 천하를 순에게 주었다고 하던데, 그렇습니까?"

맹자, 말씀하시다.

"아니다. 천자라도 사사로이 천하를 남에게 줄 수는 없다."

만장이 말했다.

"하면 순이 천하를 소유하게 된 것은 누가 주었다는 말입니까?"

맹자가 말했다.

146 相(상): 돕다, 보좌하다.

147 畢(필): 마치다.

148 南河(남하): 중국 하남성 복주濮州 동쪽 25리에 있다(양백준).

149 朝覲(조근): '朝見(조견)'과 같다. "제후가 봄, 가을로 천자를 찾아와 뵙는 것을 '朝'라고 하고 가을, 겨울에 뵙는 것을 '覲'이라고 한다."(정현鄭玄, 『예기』의 주석)

150 訟獄(송옥): 송사(재판).

151 謳歌(구가): 노래하다, 칭송하다. '謳'는 노래.

152 而(이): '如(여)'와 같다. '만약'의 뜻.

153 逼(핍): 핍박하다.

154 簒(찬): 찬탈하다. 여기서는 신민의 동의 없이 임금의 자리를 빼앗는 것.

155 太誓(태서): 『서경』, 「주서」의 편명. '太'는 '泰(태)'와 같다.

"하늘이 주셨지."

만장이 말했다.

"하늘이 주셨다는 것은 조곤조곤 말로써 명했다는 뜻입니까?"

맹자가 말했다.

"아니다. 하늘은 말씀하시지 않는다. 자연현상과 실적으로 보여줄 따름이다."

만장이 말했다.

"자연현상과 실적으로 보여준다는 것은 어떻게 하는 건가요?"

맹자가 말했다.

"천자가 하늘에 사람을 천거할 수는 있지만, 그 사람에게 천하를 주도록 하늘을 강제할 수는 없다. 제후가 천자에게 사람을 천거할 수는 있어도 강요할 수는 없는 것과 같고, 역시 대부가 제후에게 사람을 천거할 수는 있으나 강요할 수는 없는 것과도 같다. 옛날 요임금이 하늘에 순을 후임자로 추천하였더니 하늘이 그를 수용하였고, 또 백성에게 그를 드러내 보였더니 그들이 순을 받아들였다. 이를 두고 '하늘은 말씀하시지 않고 다만 자연현상과 실적으로 보여줄 따름'이라고 한 것이다."

만장이 말했다.

"감히 여쭙습니다만, '하늘에 추천하였더니 하늘이 그를 수용하였고, 백성에게 그를 드러내 보였더니 그들이 받아들였다'라고 하셨는데, 어떻게 했다는 것인지요?"

맹자가 말했다.

"그에게 제사를 주관하게 하였는데 신들이 모두 흠향하였다면 하늘이 그를 수용한 것이요, 사업을 주관하게 하였는데 일이 성사되어 백성이 편안하게 여겼다면 백성이 그를 받아들인 것이다. 그래서 '천자라도 사사로이 천하를 남에게 줄 수 없다'라고 하는 것이다.

순이 요임금을 도와 섭정한 세월이 28년이다. 이 세월은 사람으로서 할 수 있는 것이 아니고, 다만 하늘만이 하실 수 있는 것이다. 요임금이 돌아가시자 순은 삼년상을 마친 뒤 그 아드님[156]을 피하여 남하 땅 남쪽으로 몸을 숨겼더니라. 그런데 조회하려는 제후들은 요임금의 아들이 아니라 순에게로 갔고, 소송을 다투는 사람들도 요임금의 아들이 아니라 순에게로 갔다. 노래하는 사람들은 요임금의 아들이 아니라 순의 덕을 노래했더라. 이런 까닭에 '하늘이 하신 바'라고 말한 것이다. 이런 일이 있은 다음에야 순은 서울로 돌아와 천자의 자리에 올랐다. 만일 순이 요임금의 궁전에 눌러 살면서 그 아드님을 핍박했다면 이는 찬탈이지 하늘이 준 것이 아니다.

『서경』, 「주서」, '태서'에 '하늘은 우리 백성이 보는 것을 통해 보시고, 우리 백성이 듣는 소리를 통해 들으신다'[157]라는 말이 이를 두고 이른 것이다."

---

156 堯之子(요지자): 요임금의 장남 단주丹朱를 말한다. 요임금은 10남 2녀의 자식을 두었다. 그중에 9남 2녀는 순을 따랐지만 장남인 단주는 왕권이 순에게 선양되는 것을 반대했다.

요컨대 천하는 공물公物이다! 주희의 주석이 이 점을 표나게 천명한다. "천하는 천하 사람의 천하이지, 일개인의 사유물이 아니다天下者, 天下之天下, 非一人之私有故也." 천하가 공물이라는 것은 천자의 소유물이 아니라는 뜻이다. 당연히 정권을 사사롭게 주고받을 수 없는 노릇이다. 따라서 위민은 어불성설이다(자기 소유가 아닌데 누구를 위하여 준다는 말인가!). 이 장은 맹자 여민주의의 사상적 기초가 된다. 나아가 우리가 당연시해온 이른바 봉건 왕조의 부자간 권력 승계의 정당성조차 의심케 하는 뇌관이 들어 있다(부자 승계의 정당성은 다음 9:6의 주제다). 맹자의 새 정치 비전이 우리가 묵인해온 동양식 전제주의, 이를테면 군주 독재, 전제 정권, 혈연 승계, 자의적 통치, 절대 군주 체제 등과는 전혀 다르리라 예상해볼 수 있다.

1. 인민의 군주 선택권

앞의 9:4에서 공자의 말이라며 인용한 여덟 글자 '天無二日, 民

---

157 참고로 '태서'의 이어지는 내용은 "백성의 허물은 모두 여기 나의 허물이라百姓有過, 在予一人" 운운. 인민의 중요성과 군주의 정치적 책임을 자임하는 주권재민의 선언이다. 이 대목은 『서경』, 「주서周書」, '태서 중'에 있다. 다만 현본 '태서'는 삼국시대 위나라 매색梅頤이 『고문상서』를 위조하면서 여기저기서 채록하여 만든 것이다. 이 구절 "天視自我民視, 天聽自我民聽(천시자아민시, 천청자아민청)"도 매색이 옛 경전에서 채록한 것이다(유기우, 이은우 옮김, 『상서학사』, 예문서원, 2016 참고). 매색의 인물됨과 『위고문상서僞古文尚書』에 대해서는 정약용, 이지형 역주, 『역주 매씨서평』, 문학과지성사, 2002 참고.

無二王(천무이일, 민무이왕)', 곧 '하늘에 해가 둘이 없듯 백성에겐 두 임금이 없다'가 맹자의 권력론이다. 맹자가 염려한 것은 군주가 둘일 때 벌어지는 권력 간 내부 쟁투다. 반면 맹자가 중시한 것은 인민의 군주 선택권이다. 즉 권력의 정통성, 통치 정당성이 인민의 선택에 달려 있다. 따라서 왕위 승계에서 인민의 선택 절차만큼 중차대한 정치 행사는 없다.

절차는 이러하다. 첫 단계, 왕은 후임자를 하늘에 추천하고 제후는 천자에게 추천한다. 추천이 없으면 정당성의 중대한 결격 사유가 된다. 2:7에서 맹자도 일반 백성이 참여해 결정하는 추천의 중요성을 강조한 바 있다. 성호 이익 역시 이 점을 드러내 인사人事에서 추천의 중요성을 특별히 강조하였다.

> 천하를 다스리는 데는 사람을 얻어야 하고, 사람을 얻는 데는 추천하는 자가 있어야 하며, 추천할 때 재주 있고 유능한 자로 해야 한다는 것은 누구든지 다 아는 바이다. 무엇을 재능이라 하는가? 백성을 잘 보호하고 외환을 미리 방비하는 것뿐이고, 임금을 잘 섬기는 일은 여기에 해당하지 않는다. 대개 군자가 백성을 보호하려다가 임금에게 죄를 얻는 일은 있으나, 임금을 잘 섬김으로 인하여 백성에게 죄를 얻는 일은 있지 않다. 그러므로 "백성이 첫째이고 사직社稷(국가의 기반 또는 국가)이 다음이며 임금이 끝이 된다"라는 말이 있다.
>
> _『성호사설』, 「거주연좌擧主連坐」

두 번째 단계, 전왕前王의 생전에 섭정(군주 대행)을 행한 후보자는 선왕

의 자식을 피해 왕궁을 떠나 숨는다. 왕이 사망하면 두 사람의 계승 후보
자가 자동적으로 생기며, 인민은 이미 둘 가운데 하나를 선택할 권리(자
연권)를 보유하고 있다. 인민의 일반의지(루소의 『사회계약론』 참고, 여기 9:5
본문에서 말하는 '하늘'이 곧 백성의 일반의지이다)가 둘 가운데 하나를 고른다.
맹자는 민심의 향배가 군주를 결정하는 과정을 소상하게 묘사한다.

그러나 이런 절차는 상당한 시간이 걸리기 때문에 그 사이는 마치 군
주의 궐위 상태(무정부상태)처럼 보일 수 있다. 전국시대 지식인들에게
정권 교체기의 공백 상태는 취약한 시기로 인식되었다. 그것이 9:4에서
"공자도 '당시 천하가 위태로워 아슬아슬하였다'라고 말했다고들 합니
다. 알지 못하겠습니다만, 이런 말은 믿을 만한지요?"라는 함구몽의 질
문으로 표현된다. 이와 똑같은 질문이 『한비자』, 「충효」에도 실린 것으로
보아, 당시 지식 사회의 공론이었음이 분명하다(9:4 해설 참고). 그러나 맹
자는 함구몽의 질문을 단호하게 끊어버렸다. "아니다! 그건 군자의 말이
아니라 제나라 동쪽 촌놈들이 지어낸 허튼소리다."

2. 정약용의 염려

한편 군주권을 중시하는 정약용 역시 하늘에 해가 없는 권력
공백 상황(天無日)을 염려한다. 왕위는 한순간도 궐위되어서는 안 된다는
것. 선왕이 죽은 후 왕위를 비워놓은 채 선양받은 후계자와 선왕의 자식
이 후보자로 나서고, 후계자는 선왕의 자식을 피해 숨는 짓은 무책임하
기 이를 데 없다며 강하게 비판한다. 요컨대 요임금이 죽은 다음 선양받
은 순은 즉각 군주의 지위에 올라야만 한다. 하늘에 두 해가 있어서는 안

되지만, 그보다 더 안 되는 일은 하늘에 해가 없는 사태이기 때문이다. 그래서 피하고 숨고, 인민이 고르고, 그제야 왕위에 오르는 등 『맹자』의 인민 선택권 관련 절차를 한낱 허튼소리로 치부하고, "『맹자』는 단연 맹자 혼자 손에서 나온 것이 아니다. 현자가 이런 허튼소리를 할 까닭이 없다"라고까지 의심하고 비판한다.[158]

　　다산은 역사상 실제로는 인민의 군주 선택이 없었고, 그런 과정은 자칫 내란 상태를 초래할 단서가 된다고 염려하는 것이다. 이런 염려에는 일리가 있다. 또한 역사적 사례를 찾을 수 없다는 점에서 이는 맹자의 상상(사상)에 불과한지도 모른다. 그러나 『논어』와 겹쳐 읽어보면, 군주의 궐위로 인한 권력 공백 상태를 보완하는 문제는 공자 학교에서부터 화제가 되었다는 것을 알 수 있다. 가령,

　　　　제자 자장이 물었다.
　　　　"『서경』에 이르길 '은나라 고종은 부왕의 장례를 치르는 3년 동안 말(지시, 명령)이 없었다'라고 하였는데 무슨 뜻인지요?"
　　　　공자, 말씀하시다.
　　　　"어찌 고종만 그랬으랴. 옛 임금들이 다 그랬지. 선왕이 죽으면 3년 동안 백관이 자기 업무를 총괄하면서, 지시 사항은 총재(군주 대행)로부터 받았지."
　　　　_『논어』, 14:43

<hr />

158　정약용, 『다산 맹자요의』 및 9:2 해설 참고.

군주 역시 자식인지라 자신의 부모가 돌아가면 삼년상을 치르는 것이 마땅하다(이는 유교의 상식이다). 따라서 선왕이 죽으면 후계 군주도 삼년 상을 치르고, 그 궐위 기간은 총재冢宰(곧 총리)가 대행하면서 3년간 비상 시국을 관리한다는 것이다.『논어집주』의 해당 조목 주석에 이런 내용이 일목요연하게 나와 있다.

> 호씨(호인)가 말했다.
>
> "지위에는 귀천이 있으나 부모로부터 태어나는 것은 차이가 없다. 그러므로 삼년상은 천자로부터 서인에까지 달한다. 자장이 이 점을 의심한 것은 아니고, 대개 임금으로서 3년 동안 말을 하지 않는다면, 신하는 명을 받을 데가 없어 화란이 혹 이로 인해 일어날까 여긴 것 이다. 공자가 총재로부터 명을 받으면 된다고 알려주었으니, 화란은 근심할 것이 없다."[159]

인용문의 끝 구절이 정약용의 염려를 불식시킨다. 군주가 삼년상을 치 르는 동안의 권력 공백을 총재가 대행한다면, 군주 승계 절차 중에도 해 당 총재가 권한을 행사하는 방식을 준용하면 될 것이다. 이미『논어』를 꿰뚫은 맹자로서는 이 내용을 숙지하였을 것이므로 충분히 가능한 대안 이다. 이에 맹자는 '하늘에 해가 없는 사태'는 기우라고 비평했으리라.

---

159 胡氏曰, "位有貴賤, 而生於父母無以異者. 故三年之喪, 自天子達. 子張非疑此也, 殆以 爲人君三年不言, 則臣下無所稟令, 禍亂或由以起也. 孔子告以聽於冢宰, 則禍亂非所憂 矣." (주희, 『논어집주』)

3. 주권재민

여기서 우리는 맹자 정치학에서 가장 중요한 것은 권력의 정당성 문제이고, 그 정당성은 인민의 선택권 행사에서 비롯된다는 점을 확인할 수 있다. 선양 제도의 핵심은 사실 인민의 선택권에 있다. 선왕의 지명과 추천, 대행이 선양 제도의 시작이라면, 그 계승 절차의 마무리는 인민의 선택으로 완결되기 때문이다. 하늘(天)은 백성의 눈과 귀를 통해 보고 듣는다(『서경』, 「주서」, '태서')고 했으니, 하늘은 인민의 선택(일반의지)을 정당화하는 데 그친다.

권력 성립의 관건으로서 '인민의 선택'을 달리 표현하면 여민(백성이 정권에 참여하다)이 된다. 순이 요의 아들을 피해 남하의 남쪽으로 피신하고, 조회하려는 제후들(행정적 정당성), 소송을 다투는 사람들(사법적 정당성), 노래하는 사람들(민중의 호응) 등 인민의 일반의지가 군주를 선택하는 정치적 절차를 맹자가 필수라 여겼던 이유에 주목해야 한다. 이는 그가 여민(인민 참여)을 왕도 정치의 핵이자 국가 정당성의 기초로 인식했기 때문이다.

여민이라는 개념은 생각보다 깊고 넓어 보인다. 이 속에는 (1) 국가는 '인민의of the people' 공유물이고 (2) 정부는 '인민에 의해by the people' 구성되어야 하며 (3) 행정은 '인민을 중심으로for the people'[160] 행사되어야 하는 민주주의의 3원칙이 다 들어 있다. 이 가운데 (3)의 '인민을 중심으로' 하는 이른바 위민적인 행정 제도는 정전제와 10분의 1 세제, 학교 건설 등의 인정책仁政策을 통해 누누이 제시되었고 또 해설했으므로 군말을 요하지 않는다. 놀랍게도 근대 서양의 고유한 원칙인 줄로만 알았던

(1)과 (2)도 맹자의 여민주의에 포함되어 있다. (1), (2), (3)을 차례로 한 번 살펴보자.

(1) 국가가 '인민의' 공유물임을 성호 이익은 이렇게 논단한 바다.

> 사람이 있으면 곧 땅이 있다. 땅은 모두가 인민의 소유다. 성왕이 땅을 정전으로 구획하여 인민에게 배분했지만, 인민은 왕의 땅을 얻은 것이 아니다. 왕의 역할은 인민 각각의 몫을 가늠하여 경계를 바루고 분쟁을 막는 것이다. 이 때문에 인민은 소득의 10분의 1을 구실(賦)로 주는 것이다. 왕이 자기 것 9할을 떨어 인민을 위해 주고, 인민은 제 소득의 1할을 군주에게 이바지하는 것이 아니다. 그래서 주자는 '천하는 천하 인민의 천하이지, 한 사람의 천하가 아니다'라고 하였다.[161]

---

160 링컨이 제창한 민주주의 3원칙 가운데 'for the people'을 위민으로 번역하면서, '인민의' 정부와 '인민에 의한' 정부는 유교 전통에 없지만 '인민을 위한 정부(위민 정치)'는 존재한다는 식의 논리가 아편전쟁 이후 정설이 되었다. 그러나 이는 초급 영어 수준의 'for=위하여'라는 등식을 적용한 번역이다. 동아시아에 서구 근대식 민주주의가 없었으나 인민 복지는 있었다며 유교를 '위민주의, 민본주의'로 해석한 것이다. 이 논리는 유럽 제국의 강대함과 동아시아의 노쇠함을 설명하는 가설이 되어 서양을 흠모하는 콤플렉스의 근원이 되었다. 근본적으로 링컨의 게티스버그 연설문을 검토하면 'the government for the people'은 '인민을 위한 정부'가 아니라 '인민 중심의 행정부'를 의미한다. 즉 위민이란 번역 자체가 근본적으로 잘못된 것이다. 상세한 논의는 배병삼, 「민본주의는 번역어다」와 「위민은 없다」, 『우리에게 유교란 무엇인가』 참고.

161 "有人此有土, 土皆民之田也. 聖王畫井授民, 民非受王之田也. 乃王者, 因民之有而經界之, 禁其爭奪也. 於是賦之什一, 非王者齲其九而與民, 乃民出其一而供君也. 故曰天下者, 天下之天下也, 非一人之天下也."(이익, 『맹자질서孟子疾書』, 「등문공 하」의 해설)

나는 이 대목을 발견하고 우리 조선 땅에도 맹자의 여민주의를 깊이 이해한 선배 학자가 있다는 사실에 무척 고무되었다. 요컨대 성호 선생은 맹자가 천하의 땅이 본래 인민의 것이라 주장하였음을 정확하게 이해하였다. 정전제를 통해 각 가호에 배당된 100무의 땅 역시 천자 소유의 토지를 빌린 것이 아니라, 본래 인민의 소유물을 분배한 것일 따름이다(요순이 성왕인 까닭은 제 것을 백성을 '위해서' 준 것이 아니라 잘 배분했기 때문이다). 곧 "인민은 왕의 땅을 얻은 것이 아니다民非受王之田也!" 따라서 인민은 왕의 땅을 빌려 쓴 것에 대한 '세금貰金'이 아니라, 왕이 자기 땅을 관리해준 것에 대한 '세금稅金'을 내는 것이다. 그러므로 "왕이 자기 것 9할을 떨어 인민을 위해 주고, 인민은 제 소득의 1할을 군주에게 이바지하는 것이 아니다." 성호 이익의 해설은 국가란 인민의 나라임을 극론한 것으로 맹자의 사상에 가장 근접한 추론이다.

(2) 인민에 의한 정부 구성은 이 장의 주제다. 순을 백성에게 드러내 보였더니 백성이 순을 받아들였다는 내용에서 확인할 수 있다. 조근자朝覲者(조회하려는 제후들)로 표현된 지배층, 송옥자訟獄者(소송을 다투는 사람들)로 표현된 인민, 구가자謳歌者(노래하는 사람들)로 표현된 기층 여론의 향배에 군주를 결정하는 일이 달렸으니 '인민에 의한 정부'와 하등 다를 바가 없다. 역사적 사례로는 주나라 초창기 고공단보(문왕의 조부)가 인민 대표들을 소집하여 망명 의사를 표시한 뒤 나라를 떠나고, 인민은 또 "어진 사람이다, 놓칠 수 없다"라며 그를 따라 새 나라를 만들었다는 고사를 들 수 있다(2:15 참고).

(3) 인민 중심의 행정은 앞서 강조한 인정을 위한 정책들, 예를 들어

정전제, 조법 세제, 학교 건설 등을 통해 확인한 바 있다. 결국 여민은 인민의 나라, 인민에 의한 정부, 인민 중심의 행정이라는 민주주의의 3원칙을 내포한 것이다. 또 이들을 요약하면 '민위귀民爲貴'(14:14) 세 글자가된다. 3원칙 가운데서도 인민의 선택이 권력의 정당성을 결정한다는 본문의 내용은 '맹자 왕정론=여민' 체제의 핵심이다. 군주는 다만 '민의=천의天意'의 대행자요, 행정 관리자이며, 그 책임자인 것이지 국가의 소유자가 아니다. 덕치의 기본, 왕정의 기초가 인민의 선택과 동의에서 시작된다는 데서 이 점은 명확하다. 여민 체제의 근간이 이것이다(덧붙이자면 '인민과 함께with the people'라는 여민주의의 대원칙이 민주주의의 3대 요소를 포괄한다).

아, 물론 맹자의 사상을 위민과 민본으로 개념화하는 오늘날의 '상식'으로는 맹자의 주권재민론은 근대 서구의 주권재민론과 다르고, 또 서구민주주의와 비교했을 때 미흡한 것이겠다. 다음은 오늘날의 상식을 고스란히 대변하고 있다.

> 공자와 맹자는 인민이 나라의 근본이고 국가가 인민을 보호하기 위한 의무를 가진다는 민본 이념을 발전시켰다. 그래서 유학에서는 주권재민이 성립하지는 않았으나, 위민 이념 아래 'the government for the people' 이념이 중시되었고, 민본이 강조되어 'the government of the people' 이념의 싹이 나타났다. 그런데 주권재민이 성립하지는 않았다.[162] 유학의 경제 사상에서 민본 의식은 부국富國이 아니라 부민富民이 우선되고, 부민을 통해 부국을 실현하는 정책안으로 구현

되었다. 기원전 4세기 이전 중국에서 이런 수준 높은 정치사상이 나온 것은 세계사적으로 평가할 만한 일이다. 중국과 한국에서 왕조체제가 장수한 데에는 이러한 유학의 민본 정치 이념에 힘입은 바 있다.[163]

훌륭한 서술에도 불구하고, 이 글의 밑바탕에 깔린 무의식은 서구 근대의 시각에서 유교를 피사체로 조명한 것이다. 더구나 '근대modernity'란 유럽형 근대 하나만 있는 것이 아니다.[164] 주권재민 원리도 넓게 해석할 여지가 있고, 이 장에 개진된 맹자의 소견은 말 그대로 '주권·재민'에 부합한다(고 나는 평가한다). 그러나 당시 일개 지식인에 불과했던 맹자의 처지에서 자기주장의 정당성을 확보하려면 고전에서 그 뜻을 빌릴 수밖에 없었던 터. 이에 맹자는 『서경』을 인용하여 이론을 뒷받침했다.

'태서'에 "하늘은 우리 백성이 보는 것을 통해 보시고, 우리 백성이 듣는 소리를 통해 들으신다"라는 말이 이를 두고 이른 것이다.[165]

---

162 중국의 정치학자 소공권에 의하면 "맹자의 민귀民貴 사상은 민향民享에서 시작하여 민유民有에 이르렀으나 민치民治의 원칙과 제도를 제시하지는 못하였다. 그런데 이 '민유民有'는 주권재민의 내용을 담지는 않았다."(소공권, 최명·손문호 옮김, 『중국정치사상사』, 서울대학교출판문화원, 2014, 161쪽)

163 소공권의 생각과 같다. 이헌창, 「성호의 안민부국론」, 재단법인 실시학사 편, 『성호 이익 연구』, 사람의무늬, 2012, 209~210쪽.

164 근대라는 개념의 중층성 혹은 다양성에 대해서는 김상준, 『맹자의 땀, 성왕의 피』, 아카넷, 2016 참고.

맹자, 마음의 정치학 2

요컨대 천명이란 공공성을 인민을 통해 현시하고, 정치를 통해 실현하게 하는 것이다. 주희는 이 점을 "하늘이 형체가 없어 보고 듣는 것을 모두 백성의 보고 들음을 통하니 백성이 순임금에게 돌아가는 것이 그와 같다면 하늘이 주신 권력임을 알 수 있다"라고 표현하였다(『맹자집주』).

여기서 오늘날 '민본주의=맹자 사상'이라는 상식에 대해 한마디 덧붙여야겠다. 맹자 사상을 '민본주의'라고 이름 지은 것은 근대에 들어 동아시아가 서양의 '데모크라시democracy'라는 말을 번역하면서 비롯한 일이다. 그러나 '인민이 정치의 근본'이라거나 '군주가 민의를 존중하는 정치'라는, 말뜻 그대로의 '민본'은 맹자의 고유한 주장이 아니라 고대 동양 사상의 일반적 특징이다. 중국의 현대 사상가 서복관徐復觀이 지적했듯 "중국의 정치사상은 법가를 제외하고는 모두가 다 민본주의라고 할 수 있다."[166] 정녕 그렇다. 아니 서복관이 예외로 젖혀둔 법가 사상조차도 민본주의라는, 더 나아가 법가 사상이야말로 민본주의의 본래 의미에 합당하다는 주장도 있다. 아래 한비자의 주장을 보자.

> 성인이 인민을 다스림은 인민을 이롭게 하기를 기대할 뿐이다. 그러
> 므로 성인이 형벌을 부여하는 것은 인민을 미워하는 소이가 아니라

---

165 여기서 문득 로마시대의 금언이 겹친다. "인민의 소리가 하늘의 소리다*Vox Populi, Vox Dei*!" 앨린 라이언, 남경태·이광일 옮김, 『정치사상사 – 헤로도토스에서 현재까지』, 문학동네, 2017, 369쪽.

166 中國的政治思想, 除法家外, 都可說是民本主義(徐復觀, 『學術與政治之間』, 臺灣學生書局, 1981, 93쪽).

인민을 사랑하는 근본이다.[167]

    이를 두고 최진덕은 "법가는 한비자의 이 말에서처럼 '민본'이나 '위민'을 드러내놓고 말하는 경우가 드물다. 하지만 법가의 표면적인 입장 이면에는 늘 민본의 이념이 은밀하게 깔려 있다. 한비자는 유학자들이 실현하고자 했던 민본 정치의 이상을 법치를 통해 소수의 강자들의 발호를 막음으로써 실현하고자 한다"[168]라고 지적한다. 또 전국시대 사상을 결집한 『회남자』 역시 "인민은 나라의 근본이라民者, 國之本也"고 지적하고 있다. 그렇다면 맹자뿐만 아니라 민본주의가 아닌 동양 사상은 없다고 볼 수 있다. 민본이 이처럼 모든 것을 다 품을 수 있는 포괄적인 말이라면 그 자체로 '개념'으로서는 실격이다. 세상에 어느 정치사상치고 인민을 근본으로 삼지 않는 사상이 있을까 보냐. 그렇기에 법가조차 민본주의로 포섭될 수 있다는 최진덕 교수의 주장은 새겨들을 만하다.[169] 즉 맹자 사상은 위민주의도 아니요, 민본주의도 아니며, 다만 여민주의일 뿐이다.

참고   본문에서 천불언天不言, 곧 '하늘은 말씀하시지 않는다'라는 대목은 유교의 종교적 특성을 드러낸다. 그에 앞서 공자도 "하늘이 무슨 말씀

---

167   聖人之治民, 期於利民而已. 故其與之刑, 非所以惡民, 愛之本也(『한비자』, 「심도心度」).

168   최진덕, 「유학의 민본 사상, 그 이상과 현실」, 김형효 외, 『민본주의를 넘어서』, 청계, 2000, 182~183쪽.

169   상세는 배병삼, 「민본주의는 번역어다」, 『우리에게 유교란 무엇인가』 참고.

을 하시더냐. 사계절을 움직이고, 만물을 낳으셔도 하늘이 무슨 말씀을 하시더냐!"(『논어』, 17:19)라고 칭탄하였던 터다. 즉 하느님은 말이 없다! 자연의 리듬(춘하추동의 갈마듦)과 사회 질서(예악의 수행, 제사의 흠향)를 통해 그 뜻을 현시할 따름이다. 유교는 여기서 기독교와 결별한다. 『요한복음』의 "태초에 말씀이 있었다"라는 절대신이 유교에 없기 때문이다. '천불언'을 기독교식으로 비틀어 표현하자면 "태초에 말씀이 없었다!" 불교도 이 점에서는 유교에 동의한다. "만일 형상으로 부처를 만나려 하거나 말로써 부처를 찾으려는 자는 삿된 도를 행하는 자이니 결코 여래를 보지 못하리라若以色見我, 以音聲求我, 是人行邪道, 不能見如來."(『금강경』) 모습이나 말씀으로는 부처를 만날 수 없다는 뜻이다. 일견 동양과 서양의 차이인 듯도 하다.

9:6. 왕조 체제도 인민이 선택한 것이다

萬章問曰, "人有言, '至於禹而德衰, 不傳於賢, 而傳於子.' 有諸?"

孟子曰, "否, 不然也; 天與賢, 則與賢; 天與子, 則與子. 昔者, 舜薦禹於天, 十有[170]七年, 舜崩, 三年之喪畢, 禹避舜之子於陽城[171], 天下之民從之, 若堯崩之後不從堯之子而從舜也. 禹薦益[172]於天. 七年, 禹崩, 三年之喪畢, 益避禹之子於箕山之陰[173]. 朝覲訟獄者不之益而之啓[174], 曰, '吾君之子也.' 謳歌者不謳歌益而謳歌啓, 曰, '吾君之子也.'

丹朱[175]之不肖, 舜之子[176]亦不肖. 舜之相堯, 禹之相舜也, 歷年多, 施澤於民久. 啓賢, 能敬承繼禹之道. 益之相禹也, 歷年少, 施澤於民未久. 舜·禹·益相去久遠, 其子之賢不肖, 皆天也, 非人之所能爲也. 莫之爲而爲者, 天也; 莫之致[177]而至者, 命也. 匹夫而有天下者, 德必若舜禹, 而又有天子薦之者, 故仲尼不有天下. 繼世以有天下, 天之所廢, 必若桀紂者也, 故益·伊尹·周公不有天下. 伊尹相湯以王於天下, 湯崩, 太丁未立[178], 外丙二年[179], 仲壬四年[180], 太甲[181]顛覆[182]湯之典刑[183], 伊尹放之於桐[184]. 三年, 太甲悔過, 自怨自艾[185],

---

170 有(유): 또. '又(우)'와 같다.

171 陽城(양성): 산 이름. 현재 중국 하남성 등봉현登封縣 북쪽 38리 소재(양백준).

172 益(익): 본명은 백익伯益. 순임금 때는 불을 맡은 장관이었고, 우임금 때는 재상이었다.

173 箕山之陰(기산지음): 『사기』에는 '箕山之陽(기산지양)'이라고 했다. 산의 북쪽을 '陰'이라고 한다. '箕山'은 현재 하남성 등봉현 동남쪽에 있다(양백준).

174 啓(계): 우임금의 아들. 고서에는 '開(개)'라고도 하였다(참고를 볼 것).

175 丹朱(단주): 요임금의 큰아들. 본명은 '朱'. '丹' 땅에 봉해졌기에 '丹朱'라고 한다(양백준).

176 舜之子(순지자): 순임금의 아들. 이름은 상균商均.

177 致(치): 이르게 하다.

於桐處仁遷義¹⁸⁶, 三年, 以聽伊尹之訓己也, 復歸于亳¹⁸⁷. 周公之不有天下, 猶益之於夏·伊尹之於殷也. 孔子曰, '唐虞¹⁸⁸禪¹⁸⁹, 夏后·殷·周繼, 其義一也.'"

만장이 물었다.

"사람들 말에 '우임금에 이르러 덕이 쇠약해져 왕위를 현자에게 전하지 않고 아들에게 전하였다'는데¹⁹⁰, 그러합니까?"

---

178 太丁未立(태정미립): 은나라의 왕위 계승은 형제 상속이었다고 한다. '太丁'은 탕임금의 큰 동생으로, '未立'은 '太丁'이 태자의 신분일 때 이미 죽었다는 뜻. '太丁'의 '丁'은 태어난 날의 천간天干이 '丁'의 날이기 때문에 붙여진 것이다.

179 外丙二年(외병이년): '外丙'은 탕임금의 둘째 아우로 즉위 후 2년 만에 죽었다. '外丙'의 '丙'은 태어난 날의 천간이 '丙'의 날이기 때문에 붙여진 것이다.

180 仲壬四年(중임사년): 탕임금의 셋째 아우인 '仲壬'은 즉위 후 4년 만에 죽었다. '仲壬'의 '壬'은 태어난 날의 천간이 '壬'의 날이기 때문에 붙여진 것이다.

181 太甲(태갑): 은나라 제3대 임금인 태종太宗의 이름. 탕임금의 손자이자 태정의 아들이다. 중임에 이어 즉위했다. '太甲'이라는 이름은 태어난 날의 천간이 '甲'의 날이기 때문에 붙여진 것이다.

182 顚覆(전복): 뒤집어 엎다.

183 典刑(전형): 헌장憲章과 체제體制, 곧 왕도 이념과 여민 체제를 뜻한다. '刑'은 법.

184 桐(동): 건국자 탕임금의 묘소가 있던 곳이다. 중국 하남성 언사현偃師縣 서남방 5리(양백준).

185 乂(예): 다스리다. '又(예)'와 같다.

186 處仁遷義(처인천의): 인의 집에 살고, 의의 길로 걸어갔다. 태갑이 반성하여 도덕의 가치를 배우고 익혔다는 뜻. 맹자는 인을 자주 편한 집(安宅)에, 의를 큰 길(大路)에 비유한다.

187 亳(박): 은나라 서울. 오늘날 하남성 언사현 서쪽(양백준).

188 唐虞(당우): 요임금, 순임금의 나라 이름.

189 禪(선): 전위하다, 지위를 양보하다.

190 당시 속설만 아니라 학계 견해가 대부분 이러하였다. '권력욕은 인간의 속성이다', '권력은 자기 자식에게 주려는 것이 본성이다', '권력 투쟁이야말로 정치의 핵심이다' 등은 묵가, 법가 등의 공통된 사유이다. 훗날 발굴된 『죽서기년竹書紀年』에는 하나라 건국과 관련된 권력 투쟁설, 현실주의 정치관이 잘 묘사되어 있다.

맹자, 말씀하시다.

"아니다. 그렇지 않다. 하늘이 현자에게 주라고 하면 현자에게 가고, 하늘이 아들에게 주라고 하면 아들에게 가는 것이다. 옛날 순임금은 우를 하늘에 추천하였고, 그 17년 뒤 돌아가셨다. 우는 삼년상을 치른 뒤 그 아드님을 피하여 양성에 숨었는데, 천하 사람들이 우임금을 따르기를[191] 꼭 요임금이 돌아간 뒤 그 아들이 아니라 순임금을 따르는 것과 같았다. 우임금도 하늘에 익을 후계자로 추천하였다.[192] 그 7년 뒤 세상을 떠나자 익도 삼년상을 치른 뒤 그 아드님을 피해 기산의 북쪽에 숨었는데, 조회하는 제후들과 소송을 다투는 사람들이 익이 아니라 우임금의 아드님인 계에게 몰려왔다. 그들은 '우리 임금님의 아드님이시다'라 하고, 또 노래하는 사람들도 익이 아니라 계를 칭송하며 '우리 임금님의 아드님이시다'라고 노래하였다.

요임금의 아들인 단주는 어리석었고 순임금의 아들 또한 그러했다. 순이 요임금을 보필하고 우가 순임금을 보필한 햇수는 길

---

191 從之(종지): '從'자에 인민이 '주체적으로 판단하고 그를 선택한 후 따랐다'는 의사가 함축되어 있다. 옛날 태왕太王이 빈 땅을 떠나자 그 주민들이 그를 인인仁人으로 판단하고 그를 선택하여 따랐다는 고사를 참고하자(2:15).

192 禹薦益於天(우천익어천): 같은 패턴을 재현하여 사실을 강조하는 방식은 동서양을 막론하고 고문헌에 자주 나타난다. 이런 방식을 미드라쉬midrash라고 한다. "미드라쉬란 새로운 인물이나 사건을 이야기할 때 옛날에 있었던 유명한 인물이나 사건에 빗대어 묘사하는 방법이다."(오강남, 『예수는 없다』, 현암사, 2017, 202~203쪽) 중국 고대 왕권 계승의 반복되는 패턴에 대해서는 사라 알란, 오만종 옮김, 『선양과 세습』, 예문서원, 2009 참고.

어 백성이 은택을 입은 지 오래되었다. 반면 우임금의 아들 계는 현명하여 아버지의 정사를 받들어 계승할 만한 데다가, 익이 우임금을 보필한 햇수가 짧아 백성이 은택을 입은 세월이 길지 못했다. 순과 우, 익의 섭정 기간이 짧고 긴 것, 그 아들의 현명함과 어리석음은 모두 하늘[193]이 하신 일이지 사람이 할 수 있는 것이 아니다. 하지 않았는데 이루는 것은 하늘이요, 부르지 않았는데도 이르는 것은 운명이다.[194]

필부로서 천하를 소유하려면 그 덕이 반드시 순임금이나 우임금과 같아야 할뿐더러 또 천자의 추천이 있어야 한다. 그래서 공자가 천하를 소유하지 못한 것이다. 혈연으로 왕권을 계승하는 경우, 반드시 걸이나 주와 같은 폭군이라야 하늘이 멸망시킨다. 그래서 익, 이윤, 주공은 천하를 소유하지 못한 것이다.

이윤은 탕임금을 도와 천하에 왕정을 베풀도록 하였다. 탕임금이 돌아가자 아우 태정은 왕위에 오르기 전에 죽었고, 그 아우 외병은 즉위 2년 만에, 또 그 아우 중임은 재위 4년 만에 죽었다. 태갑이 즉위하고 탕임금이 제정한 헌장과 체제를 뒤집어

---

193 天(천): "하늘이 장차 이 사람들에게 큰 임무를 맡기려 할 적에는 반드시 먼저 그 심지를 괴롭히고, 힘줄과 뼈마디를 수고롭게 하며, 그 육신을 굶주리게 만들고, 그 생활을 궁핍하게 하여 하려 드는 일마다 어긋나고 잘못되게 한다. 이것은 마음을 흔들어 참을성을 길러주어 여태까지 할 수 없던 일을 감당하도록 하려 함이다."(12:15)

194 '하지 않았는데 이루는 것은 하늘이요, 부르지 않았는데도 이르는 것은 운명이다'라니까 다른 말 같지만, 실은 같은 말을 달리 한 것이다. '하늘'은 행하는 주체의 처지에서, '운명'은 당하는 사람의 처지에서 한 말일 뿐이다.

엎자 이윤은 그를 동 땅에 유폐하였다. 태갑은 거기서 3년 동안 과오를 뉘우치며 자신을 책망하고 자기 잘못을 징계하면서 인을 닦고 의를 익혔다. 태갑이 이윤의 가르침[195]을 따랐으므로 도성인 박으로 돌아와 왕위에 복귀하였다.[196]

주공이 천하를 소유하지 못한 것은 익이 하나라를, 이윤이 은나라를 소유하지 못한 것과 같다. 그래서 공자는 '요임금과 순임금은 선양하였고, 하·은·주는 아들이 계승하였지만 그 의리는 하나다[197]'라고 평한 것이다."

해설

하나라는 동아시아 최초의 왕조(혈연 승계)라는 점에서 중요하다. 전국시대 정치학계에는 다양한 의견이 분출했다. 전형적인 예로 한비자의 논단을 보자.

---

195 伊尹之訓(이윤지훈): 『서경』, 「상서」의 '이훈伊訓' 및 '태갑'에 그 대략이 보인다. 요지는 "하늘은 특정한 자를 친애하지 않고 공경하는 사람을 친애하며, 백성은 특정한 자를 사랑하지 않고 어진 사람을 사랑하며, 귀신은 특정한 제사를 받지 않고 정성을 다하는 제사를 받는다. 그래서 천자의 지위는 어려운 것이다."

196 이 대목은 이윤의 정치철학 "잘못된 임금은 섬기지 않고 옳지 않은 백성은 부리지 않는다非君不事, 非民不使" 가운데 '잘못된 임금은 섬기지 않는다'의 예증이 된다.

197 其義一也(기의일야): "그 의리는 하나"에서 하나(一)는 곧 '공공성(公)'일 따름이다.

연나라 군주 자쾌가 재상 자지에게 나라를 물려주려고, 반수에게 사례를 물었다.

반수가 답하기를 "우임금이 재상 익을 사랑하여 천하를 그에게 물려주고자 하였습니다. 그 뒤 아들인 계의 사람을 재상으로 삼았습니다. 우임금이 늙자 아들 계가 천하를 도맡기에 부족하다고 판단하여 다시 익에게 물려주고자 하였습니다. 그러나 세력은 이미 아들인 계에게 집중되어 있었습니다. 이후 계는 당파를 만들어 익을 공격하였고, 천하를 빼앗았습니다. 결국 우임금이 겉으로는 천하를 익에게 물려주려 한 듯하지만, 실상은 아들인 계에게 천하를 취하도록 해준 것입니다. 이로 볼 때 우임금의 덕은 요순에 미치지 못함이 분명합니다."

_『한비자』,「외저설外儲說」

본문 첫머리에 만장이 질문한 "사람들 말에 '우임금에 이르러 덕이 쇠약해져 왕위를 현자에게 전하지 않고 아들에게 전하였다'는데"라는 말과 한비자가 "우임금이 겉으로는 천하를 익에게 물려주려 한 듯하지만, 실상은 아들인 계에게 천하를 취하도록 해준 것입니다. 이로 볼 때 우임금의 덕은 요순에 미치지 못함이 분명합니다"라는 비평은 같은 부류다. 당시 널리 유포된 속설을 만장이 예로 들어 질문했다는 뜻이다. 그러나 맹자는 앞에서와 마찬가지로 이런 의견을 잡설로 치부한다. 선양이든 혈연 계승이든 혁명이든 권력 계승의 핵심은 인민의 선택이라는 것.

선양 제도를 따져보면 혈연 계승을 '인민이 선택했다'는 맹자의 주장을 이해할 수 있으리라. 선양은 예컨대 요임금이 제 마음대로 순이라는 사람을 선택하여 그에게 정권을 물려주는 것이 아니다. 연나라 왕 자쾌가 재상인 자지에게 왕권을 물려주는 것이 사사로운 거래로 부당한 행위이듯(4:8), 요임금이 순을 자의로 지명하여 권력을 물려준다면 이 역시 사사롭고 부당한 일이다. 맹자는 여러 차례 "천자라도 사사로이 천하를 남에게 줄 수는 없다", "천자가 하늘에 후계자를 천거할 수는 있지만, 하늘을 강제할 수는 없다", 또 "하늘이 현자에게 주라고 하면 현자에게 가고, 하늘이 자식에게 주라면 자식에게 가는 것이다"라고 강조한 터다.

선양 제도에서 전임자의 역할은 후임자를 발탁하여 섭정으로 등용하는 데서 그친다. 그 후 승계의 과정에는 하늘의 뜻과 전통, 인민의 의지와 선택이라는 4대 요소가 개입한다. 하늘은 섭정자의 재직 기간에 영향을 미치고(순은 27년, 우는 17년, 익은 7년), 전통은 전임자의 아들과 섭정자 둘을 차기 후보로 내세우게 한다. 그리고 결정적으로 인민이 선택권을 행사한다. 즉 선양 제도는 (1) 전임자 추천, (2) 본인의 능력과 운명(재임 기간), (3) 아들과 섭정자를 후보로 내세우는 전통, (4) 인민의 선택으로 구성된다. 전임자의 영향력은 전체의 4분의 1에 불과하다. 인민은 전왕의 아들과 전왕이 지명한 섭정(군주 대행자) 가운데 한 사람을 선택할 권리를 천부적으로 보유하는 것이다(자연권).

맹자가 공자의 말씀이라며 "요임금과 순임금은 선양(禪)하였고, 하·은·주는 아들이 계승(繼)하였지만 그 의리는 하나다"라고 한 것에서 '하나'란 인민의 선택권 행사는 선양에서나 왕조(혈연 계승)에서나 같다는 뜻이다. 인민이 혈연 계승을 선택하였다면 이 체제를 끊고 다른 혈연을 선택하는 역성혁명 역시 인민의 자연권(선택권) 행사라는 말이다. 유신 땅의 농사꾼이던 이윤이 탕을 도와 혁명을 한 것이나, 탕임금을 계승한 손자 태갑이 국가를 위기에 빠트렸을 때 이윤이 그를 유폐시킨 것 역시 인민 주권의 발휘이므로 정의롭고 정당한 정치 행위가 된다. 역성혁명은 이를테면 '김씨 왕조'를 '이씨 왕조'로 바꾸는 것이 아니라, 폭정으로 박탈당한 인민의 권리를 회복하는 것에 주안점이 있다. 탕임금의 혁명은 여민 체제(인민의 군주 선택권)의 회복을 위한 첫 번째 정치적 조치이다. 그런 점에서 요순의 선양과 더불어 탕무의 혁명도 정당한 정치 행위일 수 있다.

연나라 군주 자쾌가 자지에게 권력을 주려 하자 반수가 우임금이 아들 익에게 계승한 사례를 들었다는 한비자의 서술은 그 자체로 선양 제도를 오해한 것이다. 선양 제도의 핵심은 인민 선택권의 발휘이고, 인민 선택권은 혈연 승계 곧 부자 권력 승계에도 유지된다. 연나라의 자쾌-자지의 권력 승계는 '사사로운' 증여로 연나라 인민의 군주 선택권이 개입하지 못했으며, 따라서 자지의 정권은 타도되어야 할 불의한 정부다. 이에 맹자는 제선왕의 연나라 침공을 일면 부당한 권력에 대한 정벌로 이해할 수 있다고 용인한 것이다(4:8).

요컨대 선양이든 혈연 계승이든 혁명이든, 정권을 선택할 권리는 인민에게 있다. 인민의 선택권이 보장되는 한 외면상 차이(선양, 혈연)에도 불구하고 정권은 정당성을 확보한다. 앞에서 "군자는 나라를 만들고 정통을 드리워서 계승시키고자 하지만 그 성공 여부는 하늘에 달렸습니다"[198]라고 했을 때의 하늘 역시 인민의 동의, 선택권을 의미한다(물론 성공한 혁명이라면 모두 인민의 의지가 개입한 것이냐는 문제가 발생하지만, 적어도 불의한 정부는 오래 가지 못한다고 해석해왔다. 진시황의 경우가 그렇다).

맹자는 이 장을 통해 상제(하늘)의 권능을 빌려 왕정 체제하에서 주권재민의 토대를 강조하고 있다. 왕조가 건설되고, 왕위가 혈연으로 승계되는 가운데서도 인민 주권은 '잠재적으로' 보존된다. 왕조 체제에서 왕위 상속은 전왕(부친, 형)의 지명과 인민의 '묵인'으로 이뤄진다. '실제적으로de facto' 왕조 체제에도 인민 주권은 '묻혀 있다'. 그럼에도 '법적으로 de jure' 혈연 승계에는 선양 제도와 마찬가지로 전임자의 추천(지명권)과 인민 선택권이 '함께' 작동하고 있다. 왕조 체제의 혈연 승계 전통에 가려진 인민 선택권이 균열을 통해 그 본질을 드러내는 순간이 혁명이다. 즉 왕조 체제에서 인민 주권은 장기간 부재한 듯 보여도 그 기층은 '집요저음'으로 잠복해 있다가 급기야 혁명을 통해 분출하여 재확인되고 복원된다(9:8 참고).

왕조 체제 아래서 권력의 혈연 상속을 '묵인해왔던' 인민은 혁명을 통해 왕조(정권)를 전복하고 정당한 권력을 선택하는 최종, 최고 주권을 발휘한다. 이런 생각을 맹자는 "'홑사내 주'를 처벌했다는 말은 들었어도 임금을 시해했다는 말은 들은 바 없습니다"(2:8)라고 단호하게 강조했다. 맹자가 『서경』에서 인용한 "하늘은 우리 백성이 보는 것을 통해 보시고, 우리 백성이 듣는 소리를 통해 들으신다"(9:5)라는 금언은 혈연 왕조에서도 일관되게 적용된다.

---

198 君子創業垂統, 爲可繼也. 若夫成功, 則天也(2:14).

결국 왕조 체제에서 공公(인민 주권)과 사私(혈연 승계)는 공존하면서 길항한다. 혈연 승계라고 해서 사사롭기만 한 것은 아니며, 선양 또한 그 자체로 공공적이지는 않다. 혈연 승계라도 인민 주권의 암묵적인 동의를 받는다면 공공성을 확보할 수 있다. 요컨대 선양(9:5), 승계(9:6), 혁명(9:7)은 현상은 다르나 인민 주권과 여민 정치의 시대적 응용이라는 본질은 동일하다. 여기에도 중용의 원리가 작용한다. 끝에 "요임금과 순임금은 선양하였고, 하·은·주는 아들이 계승하였지만 그 의리는 하나다"라는 공자의 말을 인용하여 명토 박아둔 까닭이다.

참고 고문서에는 우임금의 아들 계가 맹자가 서술한 것처럼 유능하고 유덕한 인물이 아니라 외려 한비자가 전한 것처럼 간교한 권력자라는 기록이 많다.[199] 다만 우리 작업에서 중요한 점은 계가 정말로 어진 임금인지, 아니면 불인한 군주인지 같은 역사적 사실 관계가 아니다. 맹자가 역사적 사실들 속에서 어떤 것을 취하여 이론의 근거로 삼았는가, 그 의도는 무엇인가에 주목해야 한다. 이런 점에서 피석서皮錫瑞가 논단한 "맹자가 계를 현자라고 한 것은 후세에 가르침을 세우려고 한 방편이다孟子以爲賢者, 爲世立敎耳"라는 비평을 수용할 수 있다.

---

199 상세한 논의는 양백준, 우재호 옮김, 『맹자역주』, 중문출판사, 2005, 206쪽 주석 4 참고.

萬章問曰, "人有言, '伊尹以割烹²⁰⁰要湯,' 有諸?"

孟子曰, "否, 不然; 伊尹耕於有莘²⁰¹之野, 而樂堯舜之道焉. 非其義也, 非其

道也, 祿之以天下, 弗顧也; 繫²⁰²馬千駟²⁰³, 弗視也. 非其義也, 非其道也, 一

介²⁰⁴不以與人, 一介不以取諸人.

湯使人以幣聘²⁰⁵之, 囂囂然²⁰⁶曰, '我何以湯之聘幣爲哉? 我豈若²⁰⁷處畎畝之

中, 由是以樂堯舜之道哉?' 湯三使往聘之, 旣而幡²⁰⁸然改曰, '與我處畎畝之

中, 由是以樂堯舜之道, 吾豈若使是君爲堯舜之君哉? 吾豈若使是民爲堯舜之

民哉? 吾豈若於吾身親見之哉? 天之生此民也, 使先知覺²⁰⁹後知, 使先覺覺後

200 割烹(할팽): 요리 솜씨. '割'은 베다. '烹'은 삶다.

201 有莘(유신): '莘'은 나라 이름. 중국 하남성 진류현陳留縣 동북방에 있었다. '有'는 전치사. 9:3에서 순임금이 아우 상을 봉한 나라. '有庳(유비)'의 '有'와 같다(양백준).

202 繫(계): 매다.

203 駟(사): 사마四馬. 사두마차.

204 介(개): 지푸라기. '芥(개)'와 같다.

205 幣聘(폐빙): 예물을 갖춰 사람을 초청함. '幣'는 비단. '聘'은 부르다. 문자학적으로 "聘은 왼쪽은 사람 귀의 상형이며, 오른쪽 윗부분은 무언가로 가득 채운 커다란 대바구니의 상형이 변한 것이고, 아랫부분은 이를 메고 있는 사람의 상형이 변한 것이다. 『설문해자』에 의하면 聘의 본뜻은 '방문하다'이며, 은거하고 있는 현자에게 폐백을 보내어 조정으로 불러 올린다는 초빙招聘의 뜻으로 쓰인 예는 『맹자』, 「만장」에서 보이기 시작한다."(김언종, 앞의 책, 423쪽)

206 囂囂然(효효연): 허허롭게. '囂'는 만족하다.

207 豈若(기약): 뒤에 '哉(재)'와 함께 '어찌 ~하리오!'

208 幡(번): 뒤집다. '飜(번)'과 같다.

209 覺(각): 깨닫다.

覺也. 予, 天民之先覺者也; 予將以斯道覺斯民也. 非予覺之, 而誰也?'

思天下之民匹夫匹婦[210]有不被堯舜之澤者, 若己推[211]而內[212]之溝中, 其自任以天下之重如此. 故就湯而說[213]之以伐夏救民. 吾未聞枉己而正人者也, 況辱己以正天下者乎? 聖人之行不同也, 或遠, 或近; 或去, 或不去; 歸潔其身而已矣. 吾聞其以堯舜之道要湯, 未聞以割烹也. 伊訓曰, '天誅造[214]攻自牧宮, 朕載[215]自亳[216].'"

　　만장이 물었다.

　　"사람들 말에 '이윤이 요리 솜씨로 탕임금에게 접근하여 벼슬을 요구하였다'는데[217] 그렇습니까?"

　　맹자, 말씀하시다.

　　"아니다. 그렇지 않다. 이윤은 유신의 들판에서 농사지으며 요

---

210 匹夫匹婦(필부필부): 장삼이사張三李四와 같은 뜻이니 '일개 서민'이라고 번역하였다.

211 推(퇴): 밀다.

212 內(납): 넣다. '納(납)'과 같다.

213 說(세): 유세하다.

214 造(조): 비로소.

215 載(재): 비로소.

216 亳(박): 은나라 수도.

217 묵자는 "옛날 이윤이 처음 유신 씨의 딸이 탕에게 시집갈 때, 종으로 따라가 스스로 요리사가 되어 탕을 섬기더니 탕이 그의 현명함을 알아보고 천거하였다"라고 하였다(『묵자』, 「상현尙賢」) 또 사마천은 "이윤은 탕에게 벼슬을 구하려고 하였으나 길이 없자, 유신 씨의 딸이 탕임금의 비가 되었을 때 수행하는 신하가 되어 솥과 도마를 지고 따라 가서 맛좋은 음식으로 대접하면서 탕임금을 설득하여 왕도 정치를 펴도록 하였다."(『사기』, 「은본기殷本紀」; 주희 및 양백준 참고) 만장이 질문한 '사람들 말'이란 대개 이런 것이다.

순의 도를 즐기고 살았다. 의에 합당하지 않고 도에 걸맞지 않으면 천하를 녹봉으로 준다 해도 돌아보지 않았고, 천승지국의 제후로 임명한들[218] 쳐다보지 않았다. 의에 합당하지 않고 도에 걸맞지 않으면 지푸라기 한 오라기도 남에게 주지 않았고 지푸라기 한 오라기도 남에게서 받지 않았다.

탕이 폐백을 갖춰 사람을 보내 이윤을 초빙하였는데, 그는 허허롭게 말하기를 '내가 이런 선물을 어디 쓸 데가 있나. 시골에서 농사지으며 홀로 요순의 도를 즐기는 사람이!'라고 하였다. 탕이 사람을 거듭 세 번을 보내 초빙하자 이윤은 문득 마음을 바꾸어[219] '내가 농사지으며 홀로 요순의 도를 즐기고 사는 것이 어찌 저 사람을 요순과 같은 임금으로 만드는 것과 같겠으며, 이 백성을 요순의 백성이 되게끔 하는 것만 할까 보냐! 그리고 내가 몸소 그 모습을 직접 보는 것만 하겠는가? 하늘이 만백성을 내실 적에 '먼저 도를 안 사람'이 뒤에 알게 될 사람들을 일깨우고, '먼저 깨달은 사람'이 뒤에 깨달을 사람들을 깨우치게 하셨다. 나는 천민[220] 가운데 먼저 깨달은 사람이니 장차 요순의 도로써 만백성을 일깨워야겠다. 내가 이들을 깨우쳐주지

---

218 千駟(천사): '駟'는 사두마차니 '乘(승)'과 같다. '千駟'는 곧 천승지국千乘之國이니, 제후로 임명함이다.

219 幡然(번연): 문득 마음을 바꾸는 모양. 번쩍하는 순간 혁명이 시대적 소명임을 깨달았다는 뜻이다.

220 天民(천민): 서민庶民과 다를 바 없다. 이윤은 농부다. 다만 요순의 도를 알고 깨달은 사람일 뿐이다.

않으면 또 누가 하리오!'라고 하였다. 이윤은 천하 백성 가운데 일개 서민이라도 요순의 은택을 입지 못한 사람이 있으면 마치 자신이 물고랑에 떠밀어 넣은 것같이 여겼으니, 천하의 무게를 '스스로 짊어지기'가 이와 같았다. 그러므로 탕에게 나아가 설득하여 하나라를 정벌해서 도탄에 빠진 백성을 구한 것이다.

나는 '자신을 굽혀 남을 바로잡는다'[221]는 말을 들어보지 못했는데 하물며 자신을 욕되게 하면서 천하를 바로잡을 수 있을까 보냐! 성인의 행동은 똑같지 않다. 혹은 은둔하고 혹은 출사하며 혹은 떠나기도 하고 혹은 머물기도 하지만, 결국 자기 처신을 깨끗이 하는[222] 점에서는 같았다. 나는 '요순의 도[223]로써 백성 구제를 탕에게 요구했다'는 말은 들어봤으나 '요리 솜씨로 벼슬을 요구했다'는 말은 들어보지 못했다. 『서경』,「상서」, '이훈'[224]에 '하늘의 징벌이 걸의 목궁에서 비롯되었으니 내가 박 땅에서 정벌을 시작하였노라'[225]고 하였다."

---

221 앞에 "자기를 굽혀 남을 바로잡는 경우는 있을 수 없네"(6:1)라고 했는데 뜻이 같다.

222 潔其身(결기신): 처신을 깨끗이 하다. 수신守身과 같다(7:16, 7:19). 출처진퇴의 정치적 처신에 사사로움이 없었다는 것.

223 堯舜之道(요순지도): 주권재민, 여민주의를 구성물로 한 왕도 정치를 뜻한다. 9:5의 선양, 9:6의 승계, 이 장의 혁명이 모두 요순지도를 응용한 것으로 본래는 하나(一)라는 뜻이다.

224 伊訓(이훈): 옛날 『서경』의 한 편인데 이미 사라졌다(조기). 오늘날 『서경』,「상서」, '伊訓'은 매색이 위조한 『고문상서』다. 이윤이 태갑을 훈계하는 문장이다.

225 혁명은 권력 투쟁이나 폭력을 통한 전복이 아니라 인민 주권의 회복이라는 뜻.

앞 장을 마무리 지으면서 맹자가 이윤의 공적을 언급하였을 때, 만장은 문득 이윤에 대한 당시 속설들을 떠올렸던 것 같다. 이 장의 들머리에 만장이 운을 뗀 '사람들 말에(人有言)'라는 표현을 통해 세간에 이윤에 대한 이런저런 이야기가 떠돌았음을 짐작해볼 수 있다. 예의 『한비자』를 위시하여 『사기』, 『전국책』, 『죽서기년』, 『일주서逸周書』 등에는 이윤이 요리 솜씨로 탕에게 접근하고, 탕을 조종하여 하나라를 전복하는 꾀를 부렸다는 설화가 두루 실려 있다(솜씨를 활용하여 군주에 접근하는 패턴은 9:9에서도 반복된다). 그러나 맹자는 이것들을 모두 '제나라 동쪽 촌놈들'의 잡설로 치부한다. 맹자에게 이윤은 전국시대 이후 새로운 문명 건설의 나침반이다. 적극적으로 옹호하지 않으면 안 되는 '성인聖人'이다.

1. 여민 정치가 왕도다

여기 맹자가 서술한 이윤의 출사 과정은 훗날 삼고초려三顧草廬라는 드라마로 대중화될 일화의 원형이다. 즉 "탕이 사람을 거듭 세 번을 보내 초빙하자 이윤은 문득 마음을 바꾸어" 출사한다는 스토리는 권력자 유비가 숨어 사는 현자(제갈량)를 여러 번 찾아가 초빙하여 정치적 성공을 이룬다는 전승의 원형이다. 그 과정을 구체적으로 살펴보자. 우선 이윤의 출신 성분이 농사꾼인 점에 주의하자. 이윤이 요리 솜씨(테크닉)로 권력자 탕에게 접근하여 그의 환심을 사고 모략을 통해 체제를 전복한 정략가라는 속설을 맹자가 비판하는 데는 농사꾼이라는 페르소나

*persona*가 적격이기 때문이다. 농사꾼으로서 입신하여 유덕한 군주 또는 현명한 재상이 되는 구조는 이미 『논어』에 보인다.

> 남궁괄南宮适이 공자에게 물었다.
> "예羿는 활을 잘 쏘았고, 오奡는 땅 위에서 배를 끌 정도였으나 둘 다 제대로 죽지 못했다는데, 우禹와 직稷은 몸소 농사를 지었으나 천하를 얻게 되었다죠?"
> 공자, 대답이 없었다가 남궁괄이 나가자 말씀하시다.
> "군자로구나, 저 사람은! 덕을 숭상하는구나, 저 사람이여!"
> _『논어』, 14:6

공자의 제자 남궁괄은 고대 정치사를 연구하여 폭력이 아니라 덕력이 유교 정치의 이상임을 이해했다. 천하 명궁 예와 천하장사 오가 폭력의 기술(활 솜씨, 칼 솜씨)로는 권력은커녕 제 한 목숨도 제대로 보전하지 못했다면, 우와 직은 농사꾼 출신이면서도 덕을 발휘하여 천하를 소유하기에 이르렀다는 것. 이러한 역사 해석은 정치를 바라보는 공자의 관점, 즉 덕치의 이상을 훌륭하게 적시한 것이었으므로 스승은 제자 남궁괄의 놀라운 성장을 크게 찬탄한 것이다. 스승의 놀라움이 얼마나 컸던지 제자가 문밖으로 나간 다음에야 칭찬할 지경이었다.

이처럼 농사꾼은 권력이나 폭력이 아니라 생명과 생존 활동을 상징하며, 기층민의 삶을 대변한다. 맹자는 순임금 또한 농사꾼 출신임을 앞에서 명기한 터다. 곧 "일개 농사꾼에서 옹기장이, 어부를 거쳐 천자에 이르도록 남에게서 취하지 않은 것이 없었다."(3:8) 농사꾼이라는 직종의 정치적 의미를 인식해야 이윤이 요리사가 아니라 극구 "유신의 들판에서 농사지으며" 살았던 사람이라고 하는 맹자의 뜻을 이해할 수 있다. 맹자는 이윤이 순과 마찬가지로 인민 속에서, 인민과 함께, 인민을 중심으로 사고하고 생활했던 기층 민중 출신이라는 점을 부각하려 했다.

한편 시골 농사꾼으로 살면서도 이윤의 성품은 칼칼하기가 이를 데 없었다. "의에 합당하지 않고 도에 걸맞지 않으면 지푸라기 한 오라기도 남에게 주지 않았고 지푸라기 한 오라기도 남에게서 받지 않았"을 정도였다. 남에게 지푸라기 한 오라기도 주지 않았다는 것은 남을 '위하지' 않았다는 말이요, 남으로부터 받지도 않았다는 것은 남에게 '구하지' 않았다는 말이다. 오로지 의리에 합당하게 '민중과 함께 살았다'는 뜻이다. 역시 이윤의 생각과 행동은 순임금과 꼭 마찬가지로 여민주의에서 한 오라기도 벗어나지 않았음을 알겠다. 그가 마음을 바꿔 탕임금에게 출사하기로 결심했을 때 요순을 여러 차례 거명하는 것도 '여민=왕도 정치'를 계승하겠다는 의지의 표명으로 봐야 하리라.

정리하자면 성왕(순임금, 탕임금)과 성현(우와 직, 이윤)의 출신은 동일하게 기층 민중이며 그들의 정치는 '인민의', '인민에 의한', '인민과 함께한' 정치였다. 맹자가 이윤과 탕임금의 관계를 통해 드러내고자 한 뜻은 인민과 더불어 호흡하고 연대하여 '여민의 정치'를 실현할 때만이 왕도 정치라는 것이다. 이 장에서 이윤을 다루면서도 맹자의 손가락은 인민 주권과 인민의 선택권, 저항권(혁명의 정당성)을 가리키고 있다. 이것이 맹자 정치학의 핵심 3요소다. 그 뜻은 '民爲貴, 君爲輕(민위귀, 군위경)'이라는 여섯 글자로 압축된다(14:14). 이 여섯 자는 괜한 너스레가 아니요, 공치사도 아니요, 격려사가 아니며, 경고문도 아니다. 그냥 본시 그러한 사실의 진술이다.

2. 혁명은 인민 주권의 폭발이다

애당초 농사꾼으로 요순의 도를 즐기며 홀로 살려고 했던 이윤은 갑자기 마음을 바꾸었다. "탕이 사람을 거듭 세 번을 보내 초빙하자 이윤은 문득 마음을 바꾼" 이력을 추론해보자.

제후 탕은 혁명이 시대적 소명임을 먼저 깨달았고(先覺), 시골에 묻힌 현자 이윤도 그 시대적 소명을 이미 알 것이라(先知) 여겨 폐백을 보냈다. 그런데 이윤이 "허허롭게 말하기를 '내가 이런 선물을 어디 쓸 데가 있나. 시골에서 농사지으며 홀로 요순의 도를 즐기는 사람이!'라고" 거절한 까닭은 제후 탕의 초빙을 천자인 걸왕에 대한 '반역'을 요청하는 것으로 받아들였기 때문이다. 이윤은 그저 초야에 묻혀 홀로 선을 닦으며 살기를 고집한 것이다. 그런데 여러 차례 초빙을 받는 와중에 문득 탕의 뜻이 사사로운 권력욕이 아니라 도탄에 빠진 '인민을 구해내려는(救民)' 것임을 알아챘다. 그가 불현듯 마음을 바꿔 먹고 참여를 결정한 이유다. 번쩍하는 한순간 이윤은 탕의 폐백에 든 정치적, 역사적 의미를 깨달은 것이다. 폭군에 대한 습관적인 신복이 충성은 아니며 나라의 주인은 인민이니 인민이 군주를 선택하는 자연권을 되살려야 한다는 것, 요컨대 혁명이 '요순의 도'를 구현하는 일이라는 데 동의한 것이다. 선양으로, 혈연 계승으로 전전해왔던 인민의 선택권은 이제 혁명이라는 초유의

정치적 행동으로 구현되어야 한다. 혁명이 '요순의 도'라는 판단이 든 순간, 이윤은 스스로 자임하기를

> 하늘이 만백성을 내실 적에 '먼저 도를 안 사람'이 뒤에 알게 될 사람들을 일깨우고, '먼저 깨달은 사람'이 뒤에 깨달을 사람들을 깨우치게 하셨다. 나는 천민 가운데 먼저 깨달은 사람이니 장차 요순의 도로써 만백성을 일깨워야겠다. 내가 이들을 깨우쳐주지 않으면 또 누가 하리오!

여기 이윤의 '먼저 깨달음', 즉 선각先覺이란 인민 주권과 인민의 정부 선택권을 깨달은 것이고 '먼저 앎', 즉 선지先知란 군주는 인민의 생활과 생존을 경영하는 관리자이지 천하의 주인이 아님을 안 것이다. 따라서 혁명이란 우임금의 집안을 탕의 집안으로 바꾸는 사사로운 권력 변동이 아니다. 인민 주권과 인민 선택권의 회복, 군주권의 재조정이 혁명의 내용이다. 그랬기에 이윤은 인민 주권(왕도)을 뒤집어엎으려는 탕임금의 손자 태갑의 전복 시도를 철저히 징계하고(할아버지 묘소가 있는 동 땅으로 유배하고), 그가 회개한 이후에야 군주의 지위로 복귀시킨 것이다.

이윤의 제반 활동은 철저하게 인민 주권을 회복하려는 공적 활동임을 맹자는 믿어 의심치 않았다. 그러므로 위민 정치 따위는 요순의 도와 어긋날 뿐 아니라 이윤의 정치도 아니며, 공자와 맹자의 비전은 더욱 아니다. 남을 위한다는 명분으로는 지푸라기 한 오라기도 주고받지 않은 이윤에게는 가당치 않은 말이 위민이다. 그러므로 인민과 함께하라! 오로

맹자, 마음의 정치학 2

지 인의라는 의리에 비춰 함께 행할 뿐이니 왕도의 다른 이름은 여민주의일 따름이다.

3. 이윤의 참뜻

맹자의 이윤론은 일관된다. '何事非君, 何使非民(하사비군, 하사비민)'이라는 여덟 글자, 즉 "임금답지 않은 임금을 어찌 섬기며, 잘못된 백성을 어찌 부리랴"(3:2, 10:1)는 생각이 이윤의 정치 생애를 관통하는 철학이다. 그런데 이 여덟 글자가 끊임없이 오독되어 유도儒道를 망치는 계기가 되었다. 그 계기는 주희에게서 비롯되었다.

주희는 저 여덟 자를 해석하기를 "누구를 섬긴들 군주가 아니며, 누구를 부린들 백성이 아니겠는가?"[226]라고 읽었다. 주희의 말처럼 누구를 섬긴들 군주가 아니랴 한다면 이윤이 아무 데나 몸을 의탁했다는 말이고, 이는 유하혜가 보인 "더러운 임금을 부끄럽다 여기지 않고, 미관말직도 하찮다 여기지 않았"(10:1)던 태도와 같다. 또 누구를 부린들 백성이 아니겠는가라고 한다면, 이윤이 인민에 대해 시큰둥했다는 것인데 이 역시 유하혜가 보인 "너는 너고 나는 나다. 내 옆에서 웃통을 벗어 던지고 또 벌거벗은들 네가 어찌 날 더럽힐 수 있을까 보냐"라던 행태와 같다. 이런 유하혜를 맹자는 "오만하다"(3:9)라고 저평가했던 터다. 즉 주희

---

226 주희는 이렇게 해설한다. "何事非君은 섬김을 받는 이가 임금이라는 말이고, 何使非民은 부려지는 사람이 백성이라는 말이니 누구를 섬긴들 군주가 아니며, 누구를 부린들 백성이 아니겠는가라는 뜻이다何事非君, 言所事卽君. 何使非民, 言所使卽民. 無不可事之君, 無不可使之民也."(『맹자집주』)

식 이윤은 유하혜와 다를 바 없고, 이럴 때 봉착하는 문제는 맹자가 이윤을 두고 '성지임자聖之任者'로, 유하혜는 '성지화자聖之和者'로 구분했던 (10:1) 의도가 무색해진다는 것이다.

백 보 양보하면 주희의 독법은 전통적인 군주 독재 체제를 감안한 것으로 볼 수 있다. 주희의 역사적 곤경을 고려하여 그가 처한 현실과 사상 사이의 딜레마를 이해하는 데는 대만 학자 황준걸黃俊傑의 해설을 참고할 만하다.

> 『맹자』 해석자들이 맹자학의 가치를 의식적으로 견지하는 것과 (한 당대 이후) 대일통 제국의 신민이라는 처지를 의식하는 것 사이의 긴장감은 맹자 사상의 특질과 전통 중국의 전제적 정치현실 사이의 괴리가 그 결정적인 요인이다.[227]

그렇긴 하지만 맹자의 이윤론에 주희식으로 접근하면 맹자 본인이 천양하려던 '이윤의 뜻(伊尹之志)'은 왜곡되고 만다. 이윤이 군주 독재가 아니라 왕도 정치, 곧 혁명을 통한 여민 정치를 지향하고 실현한 정치가임을 우리는 이제 알고 있다. '何事非君, 何使非民'이라는 여덟 자를 '非君을 어찌 섬기며, 非民을 어찌 부리랴'라고 번역해야 하는 까닭도 알게 되었다. '非君을 어찌 섬기랴'의 사례가 태갑왕이 건국이념을 전복하려 하

---

227 황준걸, 함영대 옮김, 『이천 년 맹자를 읽다 - 중국맹자학사』, 성균관대학교출판부, 2016, 126쪽.

자 탕임금의 묘소가 있는 동 땅에 유폐시킨 것이다(9:6, 13:31). 뒤에 "성왕 탕에게 다섯 번 나아가고, 폭군 걸에게 다섯 번 나아간 이가 이윤이다 五就湯, 五就桀者, 伊尹也"(12:6)라는 대목 역시 현군을 보좌하고 '폭군(非君)'을 교정하기 위해 분주한 사례가 된다. 이에 이윤은 "어지러워도 나아갔다亂亦進."(3:2, 10:1) 결국 '何事非君'이란, 군주 폐위(혁명)와 군주 축출(혁신)이라도 인민 주권에 기초한 공적 행위라면 정의로운 정치 행위가 된다는 뜻이다(이윤이 태갑을 유폐시키면서도 왕위를 찬탈하지 않은 것은 그가 의리를 간직했다는 방증이다).

또한 '非民을 어찌 부리랴'의 사례는 탕임금을 도와 정사를 베푸는 중에도 이윤이 "천하 백성 가운데 일개 서민이라도 요순의 은택을 입지 못한 사람이 있으면 마치 자신이 물고랑에 떠밀어 넣은 것같이 여겼"던 것과 "나는 천민 가운데 먼저 깨달은 사람이니 장차 요순의 도로써 만백성을 일깨워야겠다"라고 천명하는 대목을 들 수 있다. 곧 '非民을 어찌 부리랴'는 문장은 '非民'을 몰아낸다는 말이 아니라 궁핍한 상황, 곧 '非民'의 처지에 빠진 백성을 구제한다는 뜻이다. 그러므로 이윤은 "다스릴 만해도 나아갔다治亦進."(3:2) 이것이 '스스로 천하의 짐을 짊어지겠다'고 기약한 것의 의미이니, 10:1에서 맹자가 이윤을 두고 '성인 가운데 자임한 분(聖之任者)'이라고 평한 까닭이다. 그러므로 맹자의 이윤론은 한결같다. '非君은 섬길 수 없고, 非民은 구제해야 한다.' 이것이 '何事非君, 何使非民'의 참뜻이다.

4. 이윤에 대한 왜곡

그러나 맹자 사후 2000여 년 동안 '何事非君, 何使非民'이라는 여덟 자에 대해 온갖 왜곡이 자행되었고, 이윤의 뜻은 끊임없이 곡해되었다. 이윤에 대한 오해는 맹자 사상의 핵심인 여민을 위민으로 왜곡하는 실마리이므로 명백하게 밝혀두지 않을 수 없다. 앞에서 지적했듯, 주희식으로 이 여덟 자를 해석하면 이윤의 뜻은 당연히 앞뒤가 모순된다. 이숙인 교수가 정확하게 그 모순점을 지적하였으나, 그 또한 주희의 이윤론이 내포한 문제점을 탐색하지 않았기에 모순의 실질까지는 밝히지 못했다.

> 맹자의 (이윤에 대한) 평가 논리가 때론 모순된 관계에 있음을 볼 수 있다. 「공손추 상」(3:2)에서 보인 바 이윤은 자신의 기준으로 군주와 백성을 선택하는 것이 아니라 군주나 백성이라는 존재 그 자체에 의무를 부여했던 인물로 보인다. 그러나 「만장 상」(9:7)과 「진심 상」(13:31)에서 설명되는 이윤은 이와는 다른 모습을 보인다. …… 맹자의 답변은 논의를 다시 원점으로 돌려놓은 듯한 느낌을 갖게 한다.[228]

여기서는 '이윤에 관한 맹자의 논리가 때로 모순된 관계에 있다'라는 정보만 취하자. 그러나 이런 모순조차 발견하지 못한 유자들은 의와 불의를 따지지 않고 아무 데나 몸을 투탁하거나 변절하는 행태의 방패막이

---

228 이숙인, 앞의 책, 100~101쪽.

로 이윤의 여덟 자를 써 먹었다. 이 여덟 자에 대한 오독이 유도儒道를 망친 사례는 조선 땅에도 많다. 일제하 식민지 조선 땅에서 이른바 '황도유교'를 제창한 자들이 이윤의 말이라며 저 여덟 자를 인용하고, 이를 빌미삼아 일제에 추종하기를 조장한 글은 그 왜곡의 전형이다. 일제하 조선유교연합회의 기관지 『유도』에 실린 내용이 그렇다.

> 옛말에 '누군들 섬기면 임금이 아니며 누군들 부리면 백성이 아니리오'라 말하였나니 이는 곧 왕도의 정신이라. 대저 정치의 목적은 민중의 행복을 위한 것인즉 이를 목적으로 하는 것이 곧 군주요, 이 군주 아래에 민중은 그 삶이 영광을 더하고 행복을 누림을 이름이니 왕도를 시행하는 자는 요임금이나 순임금이나 이가李哥나 박가朴哥를 감히 물을 바가 아니니라.[229]

인용문 서두의 "'누군들 섬기면 임금이 아니며 누군들 부리면 백성이 아니리오'라 말하였나니"라는 구절은 이윤의 '何事非君, 何使非民'을 자의적으로 번역한 것이다. 그러나 앞서 강조했듯 이 여덟 글자는 '非君을 어찌 섬기며, 非民을 어찌 부리랴'는 말이다. 이는 이윤이 하나라 폭군 걸을 처단하고 혁명을 실행하게 한 동력이었고, 또한 태갑왕의 건국이념 전복 사태를 처리할 때 기준이 된 가치였다. 만일 이것을 위의 인용문을 쓴 필자(애족생)처럼 "누군들 섬기면 임금이 아니며 누군들 부리면 백성

229　애족생愛族生, 「유도상儒道上으로 견견한 일한병합日韓倂合」, 『유도儒道』, 제4호, 1943.

이 아니리오"라고 오독하면, 바로 그 순간 이윤의 뜻은 백성을 위하는 자라면 누구든 좋다, "요임금이나 순임금이나 이가나 박가를 감히 물을 바가 아니니라"는 견강부회로 직행하게 된다. 오로지 백성의 복리라는 물질적 풍요를 제공하기만 하면, 일본 천황이든 중국 천자든 조선 왕이든 가릴 게 없음을 '이윤의 뜻'이라고 한다면 이것은 천부당만부당한 해석이다.

이윤이 유신의 들판에 살던 때부터 "의에 합당하지 않고 도에 걸맞지 않으면 천하를 녹봉으로 준다 해도 돌아보지 않았고, 천승지국의 제후로 임명한들 쳐다보지 않았다"라고 맹자가 명토 박아두었거늘, 물질적 풍요를 제공하는 정치라면 어느 정부라도 좋다는 뜻으로 해석하는 건 분명한 날조다. 필자 애족생이라는 자의 의도는 뻔하다. 백성에게 경제적 이익을 제공하는 이른바 위민 정부인 일본 제국에 복종하는 것이 식민지 조선 유교의 행할 바라는 것이다.[230] 그러나 이 따위 기능주의적 해석은 맹자가 '이利'라는 한마디로 묶어두었던 터다. 『맹자』 첫머리부터 '하필왈리'(1:1)라며 이익 추구와는 선을 그었고, 이어서 정치란 "인의일 따름이다仁義而已矣"라고 단언했다. 맹자가 민중의 행복을 위한 정치를 마다한 것이 아니다. 그 배후인 의와 불의를 따져서 헤아리는 데까지 주의했던 것이다. 애족생이란 자는 공자의 눈으로는 비부鄙夫요, 맹자의 말로는 향원鄕原에 해당한다. 의에 대한 감각이 무뎌지면 유교의 모든 개념이 다

---

230   일본 제국주의에 부역한 식민지 시기 유교를 '황도皇道 유교'라고 한다(이이화, "황도 유학파의 친일행각(下)", 〈경향신문〉, 2004년 9월 1일자 참고). 애족생의 인용문은 이이화의 글에서 재인용하였다.

썩는다.

요컨대 맹자가 이윤을 중시하고 주목한 까닭은 이윤이 폭정으로 군주 선택권을 상실한 인민의 주권을 되살렸고, 인민의 궁핍한 처지를 구제했기 때문이다. 즉 정치와 경제 양면에 걸쳐 여민의 정치를 복구했기 때문이다. 군주가 공공성의 실현이라는 직무에서 벗어나 폭군이 되면, 당연히 왕위를 잃고 그 정부는 혁명으로 무너져야 옳다. 이것이 '이윤의 뜻'이다. 이윤은 여러 성현 가운데 한 사람이 아니라, 맹자의 꿈이 투사된 '정치적 분신political persona'으로 읽혀야 한다(13:31을 함께 보자).

한편 여기 9:7(이윤)과 다음 9:8(공자), 9:9(백리해)의 물밑에는 전국시대의 일반 상식이 깔려 있다. 당시에도 오늘처럼 정치적 목적을 실현하기 위해서라면 수단의 부도덕성 또는 간계와 교지巧智도 인정해야 하지 않느냐는 마키아벨리즘이 팽배했다. 이런 속설에 대한 맹자의 견해는 공자의 처신에 대한 비평에 담겨 있다. "공자는 예에 합당하면 출사하였고 의를 헤아려 물러났다. 벼슬을 얻고 못 얻는 것을 모두 천명으로 여겼다."(9:8) 이어서 제10편의 첫머리 10:1에는 이윤, 백이, 유하혜, 공자 등 역대 성인에 대한 맹자의 분석과 총결산이 들어 있다. 같이 보아야 한다.

9:8. 공자도 올바르지 않으면 공자가 아니다

萬章問曰, "或謂孔子於衛主²³¹癰疽²³², 於齊主侍人瘠環²³³, 有諸乎?"

孟子曰, "否, 不然也; 好事者爲之也. 於衛主顏讐由²³⁴. 彌子²³⁵之妻與子路之妻, 兄弟也. 彌子謂子路曰, '孔子主我, 衛卿可得也.' 子路以告. 孔子曰, '有命.' 孔子進以禮, 退以義, 得之²³⁶不得, 曰 '有命.' 而²³⁷主癰疽與侍人瘠環, 是無義無命也. 孔子不悅於魯衛, 遭²³⁸宋桓司馬²³⁹將要²⁴⁰而殺之, 微服而過宋. 是時孔子當阨²⁴¹, 主司城貞子²⁴², 爲陳侯周²⁴³臣. 吾聞觀近臣, 以其所爲主; 觀遠臣, 以其所主. 若孔子主癰疽與侍人瘠環, 何以爲孔子?"

---

231 主(주): 청했거나 스스로 찾아온 손님을 맞이하여 상대하는 사람. (예) 주인장.

232 癰疽(옹저): 악성 종기 또는 그것을 치료하는 사람. '癰'은 종기. '疽'도 종기. '癰疽'의 치료법은 종기 부위에 입을 대고 고름을 빨았다. 의자醫者는 무당과 같이 천한 직업이었다.

233 瘠環(척환): 환관의 이름. 제나라 임금이 총애한 내시.

234 顏讐由(안수유): 위나라 어진 대부. 『사기』에는 '안탁추顏濁鄒'라고 하였다.

235 彌子(미자): 위영공의 간신인 미자하彌子瑕를 이른다.

236 之(지): ~와. '與(여)'와 같다(양백준).

237 而(이): '如(여)'와 같다. '만약'을 뜻한다.

238 遭(조): 만나다.

239 桓司馬(환사마): 송나라 대부 사마상퇴를 이른다(주희).

240 要(요): 맞이하다.

241 阨(액): 재난.

242 司城貞子(사성정자): '司城'은 벼슬 이름. '貞子'는 시호. 송나라 대부로서 현자였다.

243 陳侯周(진후주): '陳侯'의 이름이 '周'. 회공자懷公子를 이른다. 진나라가 초나라에 망했기에 시호가 없다(조기). 『춘추좌전』에는 "민공閔公 월越을 이른다"라고 하였다. 민공은 기원전 502년에 즉위하여 초나라가 망할 때(기원전 478)까지 24년 동안 재위했다(최술, 이재하 옮김, 『수사고신록』, 한길사, 2009, 311쪽 주석 참고).

만장이 물었다.

"누구는 '공자가 위나라에서는 의사 옹저를 주인으로 삼았고, 제나라에서는 환관 척환을 주인으로 삼았다'라고 하던데 그러합니까?"

맹자, 말씀하시다.

"아니다! 그럴 리가 없다. 호사가들이 꾸민 말이다. 공자는 위나라에서 안수유를 주인으로 삼았지. 미자의 아내와 자로의 아내는 형제간이었다. 미자가 자로더러 '공자가 나를 주인으로 삼으면 위나라 정승이 될 수 있다'고 했다. 자로가 이 말을 전하자 공자는 '천명에 따를 뿐'이라고 답하셨다. 공자는 예에 합당하면 출사하였고 의를 헤아려 물러났다. 벼슬을 얻고 못 얻는 것을 천명으로 여겼다는 분이 옹저와 척환을 주인으로 삼았다면 그건 의도 아니요, 천명도 없는 것이다. 공자는 노나라와 위나라에서 실망하였고[244] 송나라에서는 환사마가 길을 막고 죽이려는 사태를 맞아 변장을 하고 피신하기도 하였다. 이런 재난을 겪는 중에도 뒷날 진후인 주의 신하가 되는 사성정자의 집에서 기숙하였다.

들건대 '근신近臣의 사람됨을 알려면 누구의 주인이 되는가를 살펴보고, 원신遠臣의 사람됨을 알려면 누구를 주인으로 삼는

---

[244] 공자가 조국인 노나라에서도, 방문한 위나라에서도 뜻을 이루지 못하여 실망한 것이다. 『논어』에 공자가 "노나라와 위나라의 정사가 형제와 같구나"(『논어』, 13:7)라고 했으니 뜻이 같다.

지 살펴보라'더군. 공자가 옹저나 척환 따위를 주인으로 삼았
다면 어찌 공자라고 할 수 있겠더냐!"

해설

　　앞의 장들과 같이 시정에 떠돌던 속설의 진위를 검증하는 곳이
다. 이번에는 공자다. 바로 앞 장에서 이윤을 논하던 중에 맹자는 성인들
의 공통점으로 '제 한 몸을 깨끗이 함(潔其身)'을 꼽은 바 있는데, 이 장은
공자의 그러한 면모를 맹자가 추론하는 내용이다.[245] 공자는 출세를 위
해 아무나와 어울리는 사람이 아니었다고 맹자는 확신한다. 그의 확신은
『논어』에서 증명된다. 본문에서 자로의 동서인 미자가 "공자가 나를 주
인으로 삼으면 위나라 정승이 될 수 있다"고 유혹한 내용과 꼭 같은 유혹
이 『논어』에도 있다. 위나라 실권자 왕손가王孫賈가 무력한 군주에게 충
성하느니 자신에게 빌붙으라 유혹하는 것에 공자가 응대한 대목이 그것
이다.

245　'결백한 처신'은 동양의 현자뿐만 아니라, 서양의 현자에게도 두루 관철되는 보편적 원
　　칙이다. "소크라테스에 있어서 철학적 삶은 곧 정의正義에 사는 삶으로 정의定義되고, 이
　　러한 삶에 정의正義 아닌 일체의 불순물이 끼어들 틈이 없다. 목숨을 부지하기 위해 탈옥
　　하는 것은 이러한 불순물에 해당하며, 이때 구실을 철학[때문]으로 붙인다고 해서 그것
　　이 순수해질 수는 없다. 이렇듯 소크라테스에게 있어서 삶의 일관성은 평판을 잃게 될까
　　봐 두려워서가 아니라, 그 일관성이 없다면 철학적 삶이 바로 자기 자신에게 의미를 상실
　　하게 될 것이기 때문에 중요하다."(박동천, 『플라톤 정치철학의 해체』, 모티브북, 2012, 157쪽)

왕손가가 공자에게 물었다.

"속담에 '마님에게 잘 보이는 것보다 부엌데기에게 잘 보이는 것이 낫다'는 말이 있는데 무슨 뜻입니까?"

공자, 말씀하시다.

"그러는 것이 아니오. 하늘에 죄를 지으면 빌 곳조차 없소이다."

_『논어』, 3:13

틀림없이 맹자는 『논어』 속 이 기사를 읽었을 것이다. 여기 마님은 실권 없는 위나라 군주 영공靈公을 비유하고, 밥주걱을 쥐고 손님에게 밥을 주는 부엌데기는 왕손가 자신을 빗댄 것이다. 즉 실권을 쥔 자기와 친하면 높은 벼슬을 얻을 수 있다는 유혹이다. 왕손가라는 이름 위에 옹저와 척환, 미자하를 겹쳐서 보면 맹자가 공자의 공자다움을 확신한 근거를 알 수 있다.

역시 맹자는 공자의 엄격한 출처관을 계승하였다. 제자 악정자가 소개한 노나라 평공平公과의 회견을 시큰둥하게 대한 것이 그 징표다. 평공의 깜냥으로는 왕도 천하를 이룰 수 없다고 생각한 맹자는 "노나라 임금을 만나지 못하게 한 것은 하늘이다"라며 시큰둥해했다(2:16). 맹자의 이런 태도와 왕손가의 유혹을 뿌리치며 "하늘에 죄를 지으면 빌 곳조차 없소이다"라며 "벼슬을 얻고 못 얻는 것을 천명으로 여겼다"는 공자의 처신은 서로 부절符節처럼 들어맞는다. 한편 본문의 "미자의 아내와 자로의 아내는 형제간이었다"에 나오는 미자의 본명은 미자하彌子瑕다. 미자하는 법가인 한비자도 비천하게 여겼던 인물이다.

중국 춘추시대 말기에 위영공이라는 군주가 있었다. 그는 한비자의 저술에서 자기 멋대로 정치를 한 군주의 대명사처럼 쓰였다. 그의 자의성을 보여주는 수많은 일화들은 대부분 미자하라는 요물 같은 신하와의 관계에서 빚어졌다. 미자하는 위영공이 총애한 신하로 남자임에 틀림없으나 위영공과 그의 행각을 보면 이 군주의 취향에 대한 호기심을 억누르기 어렵다.

위나라 법에 따르면 군주의 수레를 몰래 타면 발목을 자르는 형벌을 받는다. 미자하는 어미가 아프다는 소식을 듣자 거짓으로 꾸며 군주의 수레를 타고 갔다. 총애받는 자의 자신감 넘치는 전횡이다. 위영공은 나중에 이걸 알고 이렇게 말했다. "효자로다! 어미 때문에 발목 잘릴 것도 잊었구나!" 한번은 위영공과 미자하가 과수원에 놀러 갔다. 미자하는 복숭아를 먹다가 너무 맛있어서 자기가 먹던 것을 군주에게 먹였다. 위영공은 이렇게 말했다. "나를 사랑하는구나! 맛있는 것도 잊고 과인을 먹이다니!" 남이 먹던 것 좋아하는 것도 그의 취향이겠으나, 돋는 닭살 억누르기 어렵다.

아이돌 외모의 미자하가 늙자 위영공의 애정도 가셨다. 한비자는 이를 '색쇠애이色衰愛弛'라고 표현했다. "미모가 시들자 사랑도 게을러진다"는 뜻이다. 색쇠애이해진 위영공은 미자하에게 이렇게 호통을 쳤다. "이놈은 거짓을 꾸며 내 수레를 몰래 탄 자이고, 제 놈이 처먹던 복숭아를 내게 먹인 자이다!" 총애할 때는 먹던 복숭아 준 것도 사랑이고 국법을 농단한 것도 효성이지만, 군주의 취향이 달라져 그 모든 게 죽일 죄로 변했다.

한비자는 색쇠애이하는 군주의 자의적인 통치를 가장 미워하여 자신의 글 전편에 걸쳐 '상을 주기로 공약했으면 반드시 상을 주고, 잘못한 이에겐 반드시 벌을 내리는' 신상필벌信賞必罰을 강조했다(후략).[246]

위의 글을 읽다 보면, 공자가 미자하의 집에 기숙하기를 꺼려한 까닭을 충분히 이해할 수 있으리라. 따로 공자는 "사랑하는 사람은 잘살기를 바라고 미워하는 사람은 죽기를 바라는데, 잘살기를 바랐다가 또 죽기를 바라는 것이 미혹됨(惑)이라"(『논어』, 12:10)고 했다. 여기 위영공의 미자하에 대한 변심이 그의 '미혹된 마음'을 잘 보여준다. 역시 위나라에서 평천하의 뜻을 실현해보려던 공자가 영공이 진법陳法을 묻자 부랴부랴 위나라를 떠났던 까닭도 더불어 알게 된다(『논어』, 15:1).

---

[246] 이상수, "각하의 취향", 〈한겨레〉, 2013년 10월 7일자.

9:9. 충성이란 무엇인가

萬章問曰, "或曰, '百里奚^{247}自鬻^{248}於秦養牲^{249}者五羊之皮食^{250}牛以要^{251}秦穆公.' 信乎?"

孟子曰, "否, 不然; 好事者爲之也. 百里奚虞^{252}人也. 晉人以垂棘^{253}之璧^{254}與屈^{255}産之乘^{256}假^{257}道於虞以伐虢^{258}. 宮之奇^{259}諫, 百里奚不諫. 知虞公之不可諫而去之秦, 年已七十矣; 曾不知以食牛干^{260}秦穆公^{261}之爲汚也, 可謂智乎? 不可諫而不諫, 可謂不智乎? 知虞公之將亡而先去之, 不可謂不智也. 時擧於

---

247 百里奚(백리해): 우나라 사람. 그에 관한 일화는 전국시대부터 한나라 때까지 각종 문헌에 다양하게 출현한다. 그는 다섯 마리 양가죽으로 몸을 팔아 진나라 대부가 되었다고 하여 오고대부五羖大夫라고도 불린다(양백준).

248 鬻(육): 팔다. '제 몸을 팔다(自鬻)'는 "자기를 굽혀 남을 바로잡는 것"(6:1)과 같다.

249 牲(생): 희생용 가축.

250 食(사): 먹이다.

251 要(요): 요구하다. "이윤이 요리 솜씨로 탕임금에게 접근하여 벼슬을 요구하였다(要)"에서의 '要'와 같다.

252 虞(우): 나라 이름.

253 垂棘(수극): 지명. 질 좋은 옥玉 산지.

254 璧(벽): 둥근 옥.

255 屈(굴): 지명. 좋은 말의 산지.

256 乘(승): 네 마리 말.

257 假(가): 빌리다.

258 虢(괵): 나라 이름. 가도멸괵假道滅虢이라는 고사가 여기서 비롯되었다. 명나라를 친다며 조선에게 길을 빌려달라는 명분으로 임진왜란을 일으킨 것이 이 말을 모방한 사례다.

259 宮之奇(궁지기): 우나라 대부.

260 干(간): 요구하다. '求(구)'와 같다.

261 秦穆公(진목공): 중국 서북방의 강국 진秦의 군주. 춘추오패의 한 당사자.

秦, 知穆公之可與有行也而相之, 可謂不智乎? 相秦而顯其君於天下, 可傳於
後世, 不賢而能之乎? 自鬻以成其君, 鄕黨自好者[262]不爲, 而謂賢者爲之乎?”

만장이 물었다.

"사람들 말에 '백리해는 양가죽 다섯 장을 받고 진秦나라 희생
소 목장에 자기 몸을 팔았다가 소를 잘 키운 것을 빌미로 진나
라 목공에게 벼슬을 요구했'라던데, 믿을 만한지요?"

맹자, 말씀하시다.

"아니다. 그렇지 않다. 호사가들이 지어낸 말이다. 백리해는 우
나라 사람이다. 진晉나라가 괵나라를 치고자 길을 빌리겠다며
수극의 진귀한 옥구슬과 굴 땅의 명마 네 필을 우나라 임금에
게 바쳤다. 궁지기는 간언했으나 백리해는 말문을 닫았다. 임금
이 간언해봐야 소용없는 인물임을 알고 진秦나라로 망명하였
다. 그때 이미 70세가 넘은 노인이었다.

소를 잘 기르는 것을 빌미로 진나라 목공에게 벼슬을 요구하는
짓이 더러운 줄 몰랐다면 과연 지혜롭다고 할 수 있겠더냐? 간
언할 수 없음을 알고 간언하지 않았으니 지혜롭지 않다고 할
수 있겠더냐? 우공이 망할 줄 알고 먼저 떠났으니 현자가 아니
라고 할 수 없으리라. 때맞춰 진나라에 발탁되어 목공이 함께

---

262 鄕黨自好者(향당자호자): '제 한 몸을 위하는 시골 선비'라고 번역하였다. 주희는 "제 몸
을 스스로 아끼는 자다自愛其身之人也"라 하였다.

큰일을 도모할 만한 인물임을 알고 그를 도왔으니, 지혜롭지 않다고는 하지 못할 터. 진나라를 경영하여 그 임금을 천하에 드날리고 후세에 이름을 전하게 하였으니 지혜롭지 않고서야 그럴 수 있겠더냐? 자신을 팔아 임금을 성취시키는 짓은 제 한 몸을 위하는 시골 선비조차 하지 않거늘, 하물며 현자로 불리는 사람이 그리 했겠더냐!"

해설

결기신潔其身이라, 선비의 정치적 행동(출처-은퇴)은 사사로움 없이 공공적이라는 뜻이 9:7의 이윤, 9:8의 공자, 그리고 여기 9:9의 백리해까지 일관된다. 이 장 역시 앞의 장들과 마찬가지로 맹자가 이치를 토대로 세평의 진위를 추론하고 비평한 것이다. 요지는 이윤을 논한 9:7에서 맹자가 지적한 것과 같다. 즉 "성인의 행동은 똑같지 않다. 혹은 은둔하고 혹은 출사하며 혹은 떠나기도 하고 혹은 머물기도 하지만, 결국 자기 처신을 깨끗이 하는 점에서는 같았다. 나는 '요순의 도로써 백성 구제를 탕에게 요구했다'는 말은 들어봤으나 '요리 솜씨로 벼슬을 요구했다'는 말은 들어보지 못했다"라는 대목을 백리해의 사례에 적용한 것이다. 이윤이 '요리 솜씨로 벼슬을 요구했다'는 설이 호사가들의 말장난이듯 백리해가 '희생소 기르는 솜씨로 벼슬자리를 요구했다'는 설 역시 다를 바 없다는 것.

문면으로 보면 백리해는 조국의 군주를 '배신'하고, 타국의 군주에게 '충성'한 사람이다. 맹자는 "궁지기는 간언했으나 백리해는 말문을 닫았다. 임금이 간언해봐야 소용없는 인물임을 알고 진秦나라로 망명하였다"라고 하였으니 오늘날 상식으로 백리해를 충신이라고 하기는 어려워 보인다. 그런데도 이런 사람을 맹자는 지혜롭다 하고, 또 현자라 평할뿐더러 '처신이 깨끗한 사람'이라고도 칭송한다.

여기서 '과연 충성이란 무엇인가'라는 질문을 던지게 된다. 충성의 문제는『논어』에서 이미 깊숙이 다뤄진 바 있다. 관중의 처신을 놓고 공자와 자로 사이에 충성이냐 불충이냐는 시비가 있었던 터다. 공자와 자로의 서로 다른 충성관은 여기 맹자와 만장의 것과 동질적이다. 백리해가 변절했는데도 현자로 고평가되는 까닭을『논어』를 통해 유추해보자.

> 자로가 물었다.
> "제나라 환공이 형제인 공자 규糾를 살해했는데, 동료 소홀召忽은 따라 죽었으나 관중은 죽지 아니하였습니다. 관중은 '인하지 못하다'고 해야겠지요?"
> 공자, 말씀하시다.
> "제환공이 제후들을 여러 차례 규합하였어도 무력의 힘을 빌리지 않았던 것은 관중의 힘이었다. 그의 인과 같다면! 그의 인과 같다면!"
> _『논어』, 14:17

춘추시대 제나라의 정황을 조금은 알아야겠다. 공자 규와 소백은 제나라 양공의 아우들이다. 양공이 무도하여 동생들을 죽이려 하자 둘 다 망명을 떠났다. 관중과 소홀이 모시던 공자 규는 노나라로 망명했고, 소백(앞으로 환공이 될 왕자)은 관중의 친구 포숙아와 함께 거莒나라로 망명했다. 그러는 가운데 본국에서는 무지無知가 양공을 시해하였다. 이제 후계자는 공자 규나 소백 가운데 한 사람이 될 참인데, 소백이 공자 규보다 먼저 입성하여 임금이 되었다(그가 환공이다). 동서고금의 정치가 다 그렇듯 임금이 된 소백은 공자 규와 관중, 소홀을 처단하도록 노나라에 압력을 넣었다. 그중에서 소홀은 주군(공자 규)을 따라 죽고 관중은 살아남았다. 이 사건이 관중의 처신이 '충성이냐, 배신이냐'라는 문제를 형성하는 실마리가 된다. 그 후 관포지교管鮑之交 고사가 말해주듯 포숙아는 '절친' 관중을 환공에게 추천하였고, 관중은 재상이 되어 환공을 천하의 패자로 만들었다.[263] 즉 동료인 소홀은 주군을 위해 목숨을 바쳤는데 관중은 함께 죽지 않았고, 주군의 원수인 환공을 위해 정치를 했으며, 더욱이 그를 춘추오패의 으뜸으로 만드는 공적을 이루기까지 한 것이다. 여기 『맹자』와 관련지으면 관중은 백리해, 소홀은 백리해의 동료 궁지기에 대응한다. 또 관중이 제환공을 천하의 패자로 만들었다면, 백리해는 진목공을 천하의 현군顯君으로 만들었다. 『논어』 속 관중의 사례는 맹자의 백리해 평가의 준거가 되는 것이다.

그러면 과연 충성loyalty이란 무엇일까. 자로의 문제의식은 '신하가 주군을 따라 죽는 것이 충성'이라는 것이다. 그러므로 자로는 관중은 그르

---

263 『춘추좌전』, 「장공莊公 8~9년」.

고 소홀의 행동은 옳다고 본다("관중은 '인하지 못하다'고 해야겠지요?"). 그러나 공자는 충성이란 사람에 대한 맹목적 복종obedience이 아니라고 본다. 공자에게 충성은 인간을 대상으로 한 것이 아니라 문명 차원의 이념, 즉 의리義理에 대한 것이다. 따라서 관중의 선택은 지혜에 해당한다. 역시 백리해가 우공을 떠나 진목공을 선택한 것도 지혜로운 처신이다. 곧 "간언할 수 없음을 알고 간언하지 않았으니 지혜롭지 않다고 할 수 있겠더냐? 우공이 망할 줄 알고 먼저 떠났으니 현자가 아니라고 할 수 없으리라."

공자가 보기에 자로의 충성이란 맹목적 복종으로 '사소한 약속에 목숨을 거는 행위(諒)'(『논어』, 14:18)일 뿐이다. 반면 관중의 선택은 올바른 충성이 된다. 천하의 혼란을 규합하고 평화 구축을 실현하는 대의에 충성했기 때문이다. 이렇게 볼 때, 공자에게 (역시 맹자에게도) 주군-가신은 서로 존중하여야 하고, 그 관계는 합리적이어야지 고작 '서약(말)'에 얽매이는 것은 어리석은 짓이다. 공자의 제자 유약이 했던 "약속이 의리에 합당해야 그 서약을 실천할 수 있다信近於義, 言可復也"(『논어』, 1:13)라는 지적이 그것이다. 공자는 수직적 주종 관계를 비인간적이고 건강하지 못한 억압 구조로 이해하였다. 이를테면 자로가 말하는 의리란 인이라는 중용적 승화에 기여하지 못하고, 고작 깡패들의 꼬붕-오야붕식의 의리에 지나지 않는다는 것. 공자가 관중의 배신을 두고 "그의 인과 같다면! 그의 인과 같다면!"이라며 거듭 칭찬한 것은 굴종을 충성으로 오해하는 자로의 관념을 부수고 의리에 대한 충성을 각성시키려는 의도에서다.

권력이 군주 일인에게 집중되는 진한시대 이후 변질된 유교는 공자와 맹자의 '오리지널 유교'의 시적 정취와 자율적 인간성을 상실하고 관료적 지배를 위한 수단으로 타락하였다. 이에 따라 충이나 의와 같은 개념도 지배-복종의 권력 관계 속으로 편입되었다. 그러나 공자와 맹자가 본래 지향한 바는 인간(권력자)에 대한 맹목적 복종이 아니었다. 그러므로 저기 공자의 관중에 대한 생각과 여기 맹자의 백리해에 대한 관점은 동일하다. 특히 충성과 정치적 지혜에 대한 부분이 그렇다. '개는 주인을 위해 짖고, 선비는 주군을 위해 목숨을 바친다'는 따위의 속언은 일본 사무라이들에게나 통용되던 '개의 윤리'[264]이지 유교 정통의 충성은 결단코 아니다. 유교의 충성이란 인간에게 얽매여 몸을 바치는, 이른바 멸사봉공이 아님을 명토 박아둔다.

참고 공자와 맹자가 제기한 충성론, 곧 '사람이 아니라 의리를 좇는 것이 충성'이라는 원칙은 조선에 이르러 선비의 전통으로 계승되었다. 조선 중기 사화士禍는 사람, 곧 군주에 대한 충성파와 이념에 대한 충성파 사이의 갈등이었다(전자를 훈구파, 후자를 사림파라고 부른다). 조선 후기 이익 선생도 이 장을 거론하면서 '충성이란 무엇인가'를 논한 바 있다.

무릇 벼슬에 나서서 임금을 섬기게 되면 으레 '나라의 은혜에 보답한다'고들 하는데, '보답'이란 쏟은 노고와 받은 은수恩數가 서

---

264 와나타베 히로시, 박홍규 옮김, 『주자학과 근세일본사회』, 예문서원, 2004.

로 맞춤할 때 쓰는 말이다. 요즘 나라에 보답한다는 것을 신하라면 누구든 '수고롭게 일하다가 죽음에 이르는 것'이어야만 하는 줄로 안다. 그러나 위에서 볼 때 하찮은 녹봉으로써 그 목숨까지 바치기를 기대하는 것이 과연 옳은가?

원체 '높은 벼슬을 사양하고 낮은 벼슬에 머물고, 높은 녹봉을 사양하고 작은 녹을 받고자 한 까닭'(맹자)은 선비가 보답하기 수월한 것을 택하고자 한 때문이다. 백리해가 간할 수 없는 것을 알고서 간하지 않았으므로 맹자가 그 지혜를 칭찬하였으니, 여기에는 그만한 의의가 있는 것이다.

진秦나라 이후에는 임금의 형세는 더욱 높고, 신하의 형세는 더욱 낮아져 임금이 신하 부리기를 마치 군법으로 군졸을 통솔할 때, 이미 군졸(行伍)에 예속되었다 하여 그 책임 지우는 바가 모두 생명 바치기를 기대하듯 하니 이 어찌 옳은 이치라 하겠는가?

_『성호사설』, 「보국報國」

특별히 끝 문단의 지적은 통렬하다. 당시 세속의 충성관은 본래 유교의 충성론과 어긋났음을 성호 선생은 정확하게 파악하고 있었다.

제10편

만장 하 萬章下

이 편에서는 선비(士)의 정체를 주로 다룬다.
특히 제3장에서 제9장까지가 그렇다. 맹자와 만장이
처음 만나 나눈 대화들인 듯하고, 이를 계기로
스승-제자 관계를 맺은 것 같다. 만장은 맹자가
떠도는 이유(출세가 아니라 도덕 가치의 실현)를 알았고,
맹자는 만장의 의기義氣를 기꺼워하여
실력은 무르익지 않았으나 뜻은 고결한 광사狂士로
여기며 제자로 받아들인 듯하다.
모두 9장이다.

두 개의 절로 나누어 해설하였다.

10:1-1. 성인들의 풍모

孟子曰, "伯夷, 目不視惡色, 耳不聽惡聲. 非其君, 不事; 非其民, 不使. 治則進, 亂則退. 横政之所出, 横民之所止, 不忍居也. 思與鄉人處, 如以朝衣朝冠坐於塗炭[1]也. 當紂之時, 居北海之濱[2], 以待天下之清也. 故聞伯夷之風者, 頑[3]夫廉[4], 懦[5]夫有立志.

伊尹曰, '何事非君, 何使非民?' 治亦進, 亂亦進, 曰, '天之生斯民也, 使先知覺後知, 使先覺覺後覺. 予, 天民之先覺者也. 予將以此道覺此民也.' 思天下之民匹夫匹婦有不與被堯舜之澤者, 若己推而內之溝中一其自任以天下之重也. 柳下惠不羞汚君, 不辭小官. 進不隱賢, 必以其道. 遺佚[6]而不怨, 阨窮而不憫. 與鄉人處, 由由然不忍去也. '爾爲爾, 我爲我, 雖袒裼裸裎[7]於我側, 爾焉能浼[8]

1　塗炭(도탄): '塗'는 진흙. '炭'은 숯.

2　濱(빈): 물가.

3　頑(완): 완고하다. '우매하다'라고 번역했다.

4　廉(염): 청렴하다. '염치를 알다'라고 번역했다.

5　懦(나): 나약하다.

6　遺佚(유일): 세상에 쓰이지 않아 숨다(또는 그런 사람).

7　袒裼裸裎(단석라정): '袒'은 걷다. '裼'도 걷다. '裸'는 벗다. '裎'도 벗다.

我哉?' 故聞柳下惠之風者, 鄙夫寬, 薄夫敦.

孔子之去齊, 接淅[9]而行; 去魯, 曰, '遲[10]遲吾行也, 去父母國之道也.' 可以速而速, 可以久而久, 可以處而處, 可以仕而仕, 孔子也."

　　맹자, 말씀하시다.

　　"백이는 눈으로 추잡한 꼴을 보지 못했고, 귀로는 추악한 소리를 듣지 못했다. 임금다운 임금[11]이 아니면 섬기지 않았고, 백성다운 백성[12]이 아니면 부리지 않았다. 다스릴 만하면 나아가고 어지러우면 곧 물러났다. 폭정이 행해지는 곳이나 횡포한 백성이 사는 곳에는 차마 머물지 못했다. 무례한 마을 사람과 같이 사는 것을 꼭 관복과 관모를 차려입고 진흙탕과 숯 구덩이에 주저앉는 것같이 꺼렸다. 폭군 주의 시대를 당하여 북녘 바닷가에 숨어 살면서 세상이 맑아지길 기다렸다. 그러므로 백이의 풍모를 들으면 우매한 자는 염치를 알고, 나약한 자는 뜻을 세웠다.

8　洗(매): 더럽히다.

9　接淅(접석): '接'은 받다. '淅'은 쌀을 일다.

10　遲(지): 더디다.

11　其君(기군): 공자가 "임금은 임금답고, 신하는 신하답다君君臣臣"(『논어』, 12:11)라고 할 때 임금다운 임금이 '其君'이다. 백이에게 '정당한 임금'이란 서백西伯 창昌, 곧 주나라 문왕을 지칭한다. "백이는 폭군 주를 피해 북해 바닷가에 숨어 살았는데 문왕이 일어났다는 소식을 듣고 떨쳐 일어나 말했다. '어찌 그에게 귀의하지 않으리오! 나는 서백이 노인을 잘 봉양한다고 들었다.'"(13:22)

12　其民(기민): 백성다운 백성. '其民'이란 이윤의 '非民'과 반대니 의리를 아는 인민을 뜻한다.

이윤은 '임금답지 않은 임금을 어찌 섬기며, 잘못된 백성을 어찌 부리랴!'[13]며 다스릴 만해도 나아가고 어지러워도 나아갔다. 그는 '하늘이 만백성을 내실 적에 먼저 도를 안 사람이 나중에 알게 될 사람들을 일깨우고, 먼저 깨달은 사람이 뒤에 깨달을 사람들을 깨우치게 하셨다. 나는 천민 가운데 먼저 깨달은 사람이니 장차 요순의 도로써 만백성을 일깨워야겠다'라고 하였다. 천하 백성 가운데 일개 서민이라도 요순의 은택을 입지 못한 사람이 있으면 마치 자신이 물고랑에 떠밀어 넣은 것같이 여겼으니 ― 그 스스로 천하의 무게를 짊어진 사람이다.

유하혜는 더러운 임금을 부끄럽다 여기지 않고, 미관말직도 하찮다 여기지 않았으며, 출사하면 지혜를 숨기지 않고 반드시 합당한 도리로 정사를 밝혔다. 벼슬에서 내쳐져도 원망하지 않았고 곤궁해도 걱정하지 않았다. 무례한 마을 사람과 같이 살아도 유유자적 차마 떠나지 않았다. '너는 너고 나는 나다. 내 옆에서 웃통을 벗어 던지고 또 벌거벗은들 네가 어찌 날 더럽힐 수 있을까 보냐!'라고 하였다. 그러므로 유하혜의 풍모를 들으면, 비루한 자는 관대해지고 각박한 자는 후덕해졌다.

공자께서 제나라를 떠날 적엔 밥을 지으려고 조리질하던 쌀을 건져 가지고 곧장 떠났으나, 노나라를 떠날 때는 '더디고도 더디구나. 내 발걸음이여!'라고 하셨다. 이는 조국을 떠나는 길이

---

13 여기 '非君'과 '非民'은 백이를 논할 때의 '其君'과 '其民'에 조응한다.

었기 때문이다. 빨리 떠날 만하면 빨리 떠나고, 오래 머물 만하면 오래 머물며, 은둔할 만하면 은둔하고, 벼슬할 만하면 벼슬한 것은 공자셨다."[14]

해설

성현들에 대한 맹자의 인식은 줄곧 변함이 없다. 유사 이래 공자만 한 성인은 없다! 본문과 같은 내용은 3:2, 3:9 및 14:15에서도 유사한 형태로 서술된다. 백이와 유하혜, 이윤 및 공자에 대한 인식과 비평은 앞서 3:9의 해설에서 종합적으로 논했으니 여기서는 거듭하지 않겠다.

맥락을 살펴 읽으면, 이 장은 앞의 제9편을 총괄하여 요약하고 있음을 알 수 있다. 순임금론(9:1~9:5), 우임금론(9:6), 이윤론(9:7), 공자론(9:8), 백리해론(9:9)을 서술한 뒤 맹자는 제10편의 첫 장으로 넘어와 자신의 성현론聖賢論을 총괄하고 있다. 각론은 다음 절로 이어진다.

참고 『한비자』에는 당시 이윤과 백리해에 대한 풍설이 소개되어 있다.

이윤은 요리사가 되고, 백리해는 포로가 됨으로써 모두 군주에

---

14 공자 스스로 "가함도 없고 불가함도 없다無可無不可"(『논어』, 18:8)라고 자평한 바 있다. 이 대목은 맹자가 『논어』의 내용을 해석한 것이다.

게 발탁되기를 구하였다. 이 두 사람은 모두 성인聖人이다. 그런
데도 오히려 제 할 바를 하는 것으로 인정을 받을 수 없어 그와
같이 더러운 방법을 써야만 했다니!

　　_『한비자』, 「세난說難」

누가 말했다.

"이윤은 스스로 요리사가 되어 탕에게 자리를 요구하였고, 백리
해는 스스로 포로의 몸이 되어 진목공에게 지위를 요구하였다.
포로는 몸을 욕되게 함이요, 요리사는 수치스러운 것이다. 수치
와 욕됨을 입으면서도 군주를 만나고자 한 것은 현자가 세도의
위태로움을 근심하였기 때문이다."

　　_『한비자』, 「난이難二」

전국시대 당시 이윤과 백리해가 부도덕한 수단으로 권력자에게 접근
하는 비루한 인물들로 회자되었음을 보여준다. "이 두 사람은 모두 성
인이다. 그런데도……" 하는 표현 속에 조롱이 잔뜩 담겨 있다.

10:1-2. 집대성자, 공자

孟子曰, "伯夷, 聖之清者也; 伊尹, 聖之任者也; 柳下惠, 聖之和者也; 孔子,
聖之時者也. 孔子之謂集大成[15]. 集大成也者, 金聲而玉振[16]之也. 金聲也者,

始條理[17]也; 玉振之也者, 終條理也. 始條理者, 智之事也; 終條理者, 聖之事也. 智, 譬則巧也; 聖, 譬則力也. 由[18]射於百步之外也, 其至, 爾力也; 其中, 非爾力也."

맹자, 말씀하시다.

"백이는 성인 가운데 청렴한 분이요, 이윤은 성인 가운데 자임한 분이며, 유하혜는 성인 가운데 화목한 분이고, 공자는 (세 분의 성스러움을 겸비하여) 때에 맞게 처신한 분이다. 이에 공자를 일러 집대성이라고 한다. 집대성이란 종을 쳐 소리를 떨치고 옥을 쳐 소리를 거두는 것이다. 종소리는 음악 연주의 시작

15 集大成(집대성): 소성小成이 모여 대성大成이 된다. 본래 음악 용어다. 소성은 각 악장樂章이요, 대성은 각 악장(小成)들이 모이고 쌓여 완결된 악곡이다. '集'은 쌓다, 모으다. 앞에 호연지기를 이루기 위한 방법으로 권한 '集義(집의)'의 '集'과 같다. 즉 백이, 유하혜, 이윤을 소성에 견주고, 공자를 소성들을 융통하여 완전한 '大成'을 이룬 사람으로 비유한 것이다. '大成'은 공자의 별칭이 되어 이후 공자를 모신 사당의 명칭이 대성전大成殿이 되었다.

16 金聲而玉振(금성이옥진): '金'은 쇠로 만든 종(쇠북). '聲'은 소리를 내다. '玉'은 옥돌을 기역자로 만든 특경特磬이다. '振'은 거두다. '金聲玉振'은 공자를 모신 중국 산동성 곡부曲阜의 사당 입구에 게시되어 있다.

17 條理(조리): 맥락을 뜻하는 말인데 '음악 연주'라고 번역하였다. '條理'의 '條'는 나뭇가지를 뜻한다. 부분, 부속이라는 뜻이니 법률 용어로는 조항條項으로 많이 쓰인다. 또 가지가 없으면 나무가 생장할 수 없지만 가지가 많아도 나무가 제대로 클 수 없다. 이에 없어도 안 되지만 많아도 좋지 않으니 한정이 있어야 한다는 뜻에서 '條理'라는 말이 파생되었다. 반대말인 '부조리不條理'를 떠올리면 '條理'의 뜻을 알 수 있다. 여기서는 악사들이 각각 악기를 연주하는 것이 '條理'다. 악기가 소리를 내기 시작하는 것이 '시조리始條理'요, 소리를 그치는 것은 '종조리終條理'다. 본문에서 '條理'의 쓰임새는 시조리와 종조리이므로 부득이 '음악 연주'라고 번역하였다.

18 由(유): 같다. '猶(유)'와 같다.

을 알리고, 옥소리는 음악 연주를 마무리 짓는다. 연주를 시작하는 것은 지智에 속하고 연주를 마무리 짓는 것은 성聖에 속한다. 지는 기교에 비유할 수 있고, 성은 힘에 비유할 수 있다. 백 보 밖에서 활을 쏘는데 화살이 과녁에 도달하는 것은 그대의 힘이지만, 과녁에 적중하는 것은 힘이 아닌 것과 같다."

해설

이 대목을 읽다 보면 우선 '성인이 너무 많다'는 느낌을 받는다. 뿐만 아니라 저 앞에 "백이는 협애하고 유하혜는 오만하다"(3:9)라던 비평을 떠올리면, 백이와 유하혜를 편벽되고 흠 있는 사람이라 해놓고 여기서는 또 성인이라고 추숭하니 그럴 수 있는가 하는 당혹감도 든다. 틀림없이 전국시대는 대혼란의 시기라 언어 인플레이션이 있었던 것 같다. 성인이란 단어도 남발된 듯하다. 춘추시대 공자의 성인이 '하늘의 별'처럼 천상에서 사람다움의 길을 비춰주는 좌표였다면, 전국시대 맹자의 성인은 지상의 존재로서 사람들과 함께 길을 찾아가는 안내자로 이해하면 좋을 듯하다(아래 참고를 볼 것!).

성왕의 계보를 만들고, 공자 한 사람을 성인으로 숭배하며, 그 밑 단계인 아성亞聖을 '맹자로 할 것이냐, 안연으로 할 것이냐'를 따지는 이른바 유교의 도통론道統論(성인의 계보학)은 북송시대 이르러서야 완성되었다. 전국시대 작품인 『맹자』 속 성인은 '고상하고 위대한 인간' 정도로 널리 통용되었음에 유의하자. 산에 비유하면 최고봉인 에베레스트뿐만 아니라 K2, 마나슬루 등 8000미터 넘는 히말라야 봉우리들도 천하의 고산준령으로 우러르듯이 성인도 고상하고 탁절한 인격에 두루 붙이는 칭송으로 쓰였다. 고산준령의 생김새나 모습이 제각각이듯 성인들 모두 탁월한 인격이긴 하나, 풍모나 행태에는 또 서로 다른 측면이 있으니 그 각각의 특징에 주목한 것이 전국시대다.

이에 맹자는 성인 가운데 백이의 캐릭터를 '청淸'으로 지목하고 유하혜는 '화和'로, 이윤은 '임任'으로 요약하였다. 성인은 사람들을 감화시키는 힘이 있으니 백이의 '청'은 나약한 사람을 일으켜 세우고, 유하혜의 '화'는 각박한 사람을 어울리게 하고, 이윤의 '임'은 방만한 사람을 각성시켰다는 뜻이다. 다만 고산준령 가운데서도 우뚝 높은 최고봉이 있듯 성인 중의 성인은 공자인데 맹자는 그 특성을 '시時'로 요약했다.

공자의 '시'는 이른바 '시중時中'이라, 시의적절하여 넘치지도 모자라지도 않은 중용을 삶 속에 체화한 최고 경지를 이른다. '시'는 '청', '화', '임'과 동급 개념이 아니고 '청', '화', '임'을 한데 아우르면서 융통하되 전혀 다른 범주에 속하는 언어다. 말로써 표현할 수 없는 것을 겨우 말로 표현해본 것이 '시'다. 유위有爲의 세계를 포월包越한 무위無爲의 언어라고나 할까. 노자의 말을 빌리자면, "도를 도라고 말하면 이미 도가 아니다道可道, 非常道"에서 '이미 도 아닌 도'가 여기 '시'요, "이름을 이름 붙이면, 이미 이름이 아니다名可名, 非常名"에서 '이름 아닌 이름'이 '시'다(『도덕경』, 제1장). 어찌 말 너머 말, 유有를 초월한 무無, 육안 너머 심안의 세계를 제자 만장이 제대로 알아먹을 수 있을까. 이에 맹자는 음악 연주와 활쏘기에 성인을 비유한다(과연 만장은 스승의 말이 떨어지는 곳, 손가락이 아닌 그것이 가리키는 달을 제대로 볼 수 있었을까?).

고대의 아악雅樂은 짧은 악장들, 곧 소성小成이 모이고 쌓여 악곡을 완성하는데 그 완결된 악곡을 대성大成이라고 했다. 『논어』에도 공자가 노나라 악단장에게 들뜬 말투로 "음악의 구조를 자득했노라"며 해설하는 대목이 있다. 거기서도 한 악장이 종결된 매듭을 '성成'이라고 하였다. "연주를 시작할 때는 타악기가 주도하고, 이어서 현악기가 소리를 순하게 이끌고, 점점 밝아지다가 절정에는 관악기가 합세하여 끝내 한 악장을 완성합니다(成)"[19]라는 술회에서의 '성'이 여기 대성이다. 각 소성이 어울려 완결된 전 악장이 대성이다. 맹자는 여러 성인을 융합한 공자의 특출 난 경지를 연주 과정의 집대성에 비유한 것이다. 이토 진사이는 이를 아래와 같이 해설했다.

> 음악 연주를 시작하기 전에 먼저 종들을 쳐서 그 소리를 퍼뜨리는 것을 '조리條理를 시작한다'고 한다. 음악이 모두 끝나기를 기다린 뒤에 특경特磬을 쳐서 울리는 소리를 거둬들이는 것을 '조리를 마친다'고 한다. 이 둘 사이에 맥락이 관통해 순서를 빼앗지 않고 여러 소성을 쌓아 한 대성이 된다. 공자의 덕이 처음과 끝을 겸비해 가진 것과 같다. 그렇기 때문에 집대성이라고 한 것이다.[20]

---

19 子語魯大師樂, 曰, "樂其可知也, 始作, 翕如也, 從之, 純如也, 皦如也, 繹如也, 以成."(『논어』, 3:23)

20 이토 진사이, 앞의 책, 395~396쪽.

곧 백이는 '청'을 주제로 훌륭하게 한 소성을 이루었고, 유하혜의 음악은 '화'를 주제로 아름다운 한 소성을 성취하였으며, 이윤은 '임'을 테마로 멋지게 한 소성을 이루었는데, 공자의 음악은 각 소성을 다 아우르면서 융통하여 새롭고 완벽한 음악을 대완성했으므로 이를 집대성이라고 표현한 것이다. 성균관이나 향교의 중심에 공자를 모신 전각을 대성전大成殿이라고 일컫는 것이 여기서 비롯한다. 한걸음 더 들어가 연주의 처음과 끝에 비유하자면 금성옥진金聲玉振, 즉 종을 쳐서 시작을 알리고 옥을 쳐서 소리를 거두니 그 처음과 끝을 완비한 성인은 오로지 공자뿐이라는 것이다. 여기서 맹자는 "연주를 시작하는 것은 지智에 속하고 연주를 마무리 짓는 것은 성聖에 속한다"라고 덧붙였다. (만장이 이해가 되지 않아 고개를 갸웃거린 듯) 맹자는 다시금 활쏘기를 들어 비유한다.

활시위를 당겨 화살이 과녁까지 미쳐야 궁사라고 할 수 있듯 (고산이라고 부르려면 4000미터 이상은 돼야 하듯) 성인이라는 이름을 얻으려면 역시 힘, 곧 덕력이 기본이다. 덕력은 백이, 유하혜, 이윤, 공자 모두가 갖췄다. 반복하면 "백이의 풍모를 들으면 우매한 자는 염치를 알고, 나약한 자는 뜻을 세웠다." 또 "유하혜의 풍모를 들으면, 비루한 자는 관대해지고 각박한 자는 후덕해졌다." 이렇게 네 사람 모두 당대인뿐 아니라 후대인에게까지 큰 영향력을 미쳤기에 성인이다. 다만 백 보 먼 거리에서 과녁의 정중앙, 즉 정곡正鵠에 적중시키는 것은 힘의 소관이 아니라 기예의 소관이다. 활쏘기에서 기예의 중요성을 지적한 것은 공자부터였음을 상기하자.

공자, 말씀하시다.

"활쏘기에서 과녁의 가죽 뚫는 것을 주로 삼지 않는 까닭은 힘이 동등하지 않기 때문이다. 그러나 옛날의 도가 되고 말았네."

_『논어』, 3:16

　궁사들의 힘이 동등하지 않으므로 다만 과녁에 맞히기만 해도 점수를 주었다는 말은 과녁 가죽을 뚫는 힘보다 적중하는 솜씨, 곧 기예에 궁술의 핵심이 있다는 뜻이다. 맹자는 지금 『논어』 속 활쏘기 비유를 염두에 두고 있다. 맹자의 생각은 이렇다. 성인들 모두 과녁까지 화살이 닿게 할 충분한 힘을 갖췄다. 이를테면 백이의 '청', 유하혜의 '화', 이윤의 '임'이 모두 각각의 힘(=덕)을 상징한다. (다만 공자가 기예를 숭상했듯) 과녁의 정중앙에 맞히는 솜씨는 공자만이 유일하게 갖췄는데 맹자는 이것을 '시'라고 표현한다. '시'는 물론 시중을 은유하고 있다. 시시각각 변동하는 상황마다 적절하고 올바르게 처신하는 '지혜=기예'가 공자의 특장점이라는 것.

　상황과 시기를 바로 알고, 또 자신을 제대로 알 때라야 언제 어디서나 적중할 수 있는 법이다. 지혜가 없이 어찌 적중을 도모할 수 있으랴! 그러므로 시중은 지혜의 범주에 속한다. 맹자는 공자의 특출한 점은 변화에 대응하면서 때를 놓치지 않고, 적중함이 무궁한 데 있다고 판단했다. 그 지혜로운 처신을 출처진퇴의 적중에서 찾았으니 "빨리 떠날 만하면 빨리 떠나고, 오래 머물 만하면 오래 머물며, 은둔할 만하면 은둔하고, 벼슬할 만하면 벼슬한 것은 공자셨다"라고 표현했다.

　객관적 시대 인식과 적의한 실천의 겸비, 이를테면 지행합일이 공자가 획득한 경지다. 그러므로 맹자는 여러 성인을 사모하지만 "다만 바라기로는 공자를 배우고 싶다乃所願, 則學孔子也"(3:2)라고 했다.

참고　『논어』 속 공자의 성인론과 맹자의 성인론에는 차이가 있다. 맹자의
주안점은 모든 사람은 평등하기에 성인도 사람인 다음에야 '누구나
성인이 될 수 있다'는 점을 부각하는 데 있다. 현대 중국의 학자 리링
李零이 공자와 맹자의 성인을 비교한 내용을 참고할 만하다.

　　맹자가 말하는 성인과 공자가 말하는 성인은 근본적으로 다르
다. 맹자의 성인 개념은 좀 과도하다. 성인의 모습을 따라 배우기
만 하면 누구든 성인이 될 수 있다고 하니 말이다. 그는 이렇게
말했다. "백이는 성인 중에 청렴한 자이고, 이윤은 성인 중에 책
임을 다하는 자이며, 유하혜는 성인 중에 화합을 잘하는 자이고,
공자는 시의적절하게 행동하는 분이다." 이것들은 맹자가 제멋
대로 말한 성인이다. 공자의 기준에 따르면 모두 부정확한 것들
이다. '성인 중에 화합을 잘하는 자'란 어떤 사람인가? …… 이는
성격이 유순한 성인을 가리킨다. 유하혜는 치욕을 참아가며 무
거운 짐을 지고 억울한 일을 당하는 것도 두려워하지 않는 특징
을 지닌 그런 성인이라는 것이다.[21]

　　맹자가 쓰는 성인이란 개념은 공자의 것과 다르다는 점, 맹자의 성인

21　리링, 황종원 옮김, 『논어, 세 번 찢다』, 2011, 글항아리, 192쪽.

이란 누구나 배워서 이를 수 있는 경지라는 점을 강조한 것에 주의하자. 다만 리링은 맹자의 성인 개념이 과도하다, 또한 맹자가 성인을 제멋대로, 즉 자의적으로 말하였다고 비판하고 있다. 그러나 꼭 그렇지는 않다.

그렇다면 맹자 성인론의 특징은 무엇인가? 공자의 성인이 천상의 별처럼 형이상의 존재였다면, 맹자는 공자를 계승하되 성인을 지상에 정착시켰다. 사람다운 길을 범인과 함께 찾아가는 길잡이가 맹자의 성인이다. 그러므로 "100세대 전에 분발하신 것을 100세대 뒤의 사람들이 들으면 떨쳐 일어서니 성인이 아니고서야 어찌 그럴 수 있으랴?"(14:15)라며 뒤에 오는 사람들을 분발하게 하는 이는 다 성인이라고 보았다. 따라서 백이는 '성지청자聖之淸者'로, 유하혜는 '성지화자聖之和者'로 명명될 수 있었다. 곧 여민주의를 인간 세상에 실천한 역사적 인물이라면 두루 맹자의 성인이다. 조선 말기의 위정척사파 화서 이항로가 염두에 둔 성인론이 그 방증이다.

> 화서가 학문의 목표로 삼은 '성인'은 별처럼 저 홀로 빛나는 존재가 아니었다. "맹자는 그 마음속에 백성 두 글자를 항상 새겨 두고 잊지 않았다." "성인은 천하 만민 가운데 한 사람이라도 그 덕화를 입지 못하거나 한 물건이라도 제자리를 얻지 못하면 사지의 뼈 마디마디가 당기고 찌르는 아픔을 느낀다." 그 역시 부단히 민생 개혁을 추진했다.[22]

이항로는 맹자의 성인론이 공자를 계승하되 여민주의를 특화한 점을 올바로 파악하였다. 그의 성인론이 "맹자는 그 마음속에 백성 두 글자를 항상 새겨두고 잊지 않았다"라고 기명한 것이 증거다. 그래서 "화서 역시 부단히 민생 개혁을 추진했다"라고 하였으니 맹자 성인론의 핵심을 찔렀다. 이와 같이 유교 사상사에서 맹자의 기여는 '인민과 함께하는 성인'이라는 현세적이고, 구체적이며, 실천적인 의미를 드러내 밝힌 것이다.

---

22   곽병찬, "참보수주의자 이항로의 통곡", 〈한겨레〉, 2017년 2월 15일자.

北宮錡²³問曰, "周室班爵祿²⁴也, 如之何?"

孟子曰, "其詳不可得聞也, 諸侯惡其害己也, 而皆去其籍²⁵; 然而軻²⁶也嘗聞其略也.

天子一位, 公一位, 侯一位, 伯一位, 子·男同一位, 凡五等也. 君一位, 卿一位, 大夫一位, 上士一位, 中士一位, 下士一位, 凡六等.

天子之制, 地方千里, 公·侯皆方百里, 伯七十里, 子·男五十里, 凡四等. 不能五十里, 不達²⁷於天子, 附於諸侯, 曰附庸. 天子之卿受地視侯, 大夫受地視伯, 元士受地視子·男.

大國地方百里, 君十卿祿, 卿祿四大夫, 大夫倍上士, 上士倍中士, 中士倍下士, 下士與庶人在官者同祿, 祿足以代其耕也.

23 北宮錡(북궁의): 위나라 사람(조기). '北宮'은 성이고, '錡'는 이름이다.

24 班爵祿(반작록): '관작과 봉록 제도'라고 번역하였다. '班'은 반열. 무관은 호반虎班, 문관은 학반鶴班으로 불렸다. '爵祿'은 벼슬과 봉록.

25 籍(적): 전적典籍. 국가 제도를 기록한 자료. 맹자가 "주나라 제도의 상세는 알 수 없다"고 했으니 현본『주례周禮』는 위작이 된다.『주례』의 원래 이름은『주관周官』으로 전한 무제武帝 때(기원전 2세기) 발견되었다고 한다. 주공이 주왕국周王國의 관제를 기록한 책으로 유흠劉歆을 비롯한 고문학파古文學派에게 중시되었다. 금문학파今文學派의 배척에도 불구하고, 후한 정현의『주례주周禮注』의 성행으로 예학禮學의 권위를 획득하였다. 정명도는 "지금 예서들(『주례』,『의례』)은 진한 교체기의 전란으로 모두 불탄 뒤 주워 모은 것으로 모두 한유漢儒들이 일시적으로 부회傅會한 것"이라고 지적한다(『맹자집주』).

26 軻(가): 맹자의 이름이다. 자字는 분명하지 않다. 자여子輿 또는 자거子車 등의 설이 있다. 여기서『맹자』가 1000여 년 동안 묻혀 있었다는 점을 상기할 필요가 있다. 맹자가 공자의 적통으로 부각된 것은 송대 성리학자들, 특히 주희에 의해서였다.

27 達(달): 통하다.

次國地方七十里, 君十卿祿, 卿祿三大夫, 大夫倍上士, 上士倍中士, 中士倍下士, 下士與庶人在官者同祿, 祿足以代其耕也. 小國地方五十里, 君十卿祿, 卿祿二大夫, 大夫倍上士, 上士倍中士, 中士倍下士, 下士與庶人在官者同祿, 祿足以代其耕也.

耕者之所獲²⁸, 一夫百畝; 百畝之糞²⁹, 上農夫食³⁰九人, 上次食八人, 中食七人, 中次食六人, 下食五人. 庶人在官者, 其祿以是爲差."

북궁의가 물었다.

"주 왕실의 관작과 봉록 제도는 어떠했습니까?"

맹자, 말씀하시다.

"그 상세한 내용은 알지 못하오. 제후들이 자신에게 해가 될까봐 그 전적들을 모두 없애버렸기 때문이오. 다만 내 일찍이 그 대략은 들은 바 있소.

천하의 관작 제도는 천자가 한 자리, 공작이 한 자리, 후작이 한 자리, 백작이 한 자리, 자작과 남작이 같이 한 자리로 모두 5등급이었소. 국가의 관작 제도는 군주가 한 자리, 정승이 한 자리, 대부가 한 자리, 상사가 한 자리, 중사가 한 자리, 하사가 한 자리로 모두 6등급이었소.

천자의 제도는 영지가 사방 1000리, 공작과 후작은 각각 사방

---

28 獲(획): 얻다. '수령하다'라고 번역했다.

29 糞(분): 거름. '경작하다'라고 번역했다. '耕(경)'과 같은 뜻이다.

30 食(사): 먹이다.

맹자, 마음의 정치학 2

100리, 백작은 70리, 자작과 남작은 같이 50리로 모두 4등급이었소. 사방 50리에 미치지 않는 나라는 천자를 조회할 수 없어 제후에게 부속시켰는데 이를 부용[31]이라고 했소.

천자의 정승은 후작에 견주어 봉토를 받았고, 대부는 백작에 준하고, 원사는 자작과 남작에 준했소이다. 대국의 봉토는 사방 100리로 임금은 정승의 봉록의 10배요, 정승은 대부의 4배, 대부는 상사의 2배, 상사는 중사의 2배, 중사는 하사의 2배였고, 하사의 봉록은 관아에서 일하는 서민의 것과 같고 그 액수는 농민의 한 해 소출을 충분히 대신할 정도였소.

그보다 작은 나라는 봉토가 사방 70리로 임금은 정승의 봉록의 10배요, 정승은 대부의 3배, 대부는 상사의 2배, 상사는 중사의 2배, 중사는 하사의 2배이고, 하사의 봉록은 관아에서 일하는 서민의 것과 같고, 그 액수는 농민의 한 해 소출을 충분히 대신할 정도였소.

소국은 봉토가 사방 50리로 임금은 정승의 봉록의 10배요, 정승은 대부의 2배, 대부는 상사의 2배, 상사는 중사의 2배, 중사는 하사의 2배이고, 역시 하사의 봉록은 관아에서 일하는 서민의 것과 같고, 그 액수는 농민의 한 해 소출을 충분히 대신할 정도였다오.

31　附庸(부용): 이를테면 등나라가 노나라의 부용국이다. "종주국인 노나라 선대 임금들도 하지 않은 짓이요吾宗國魯先君莫之行."(5:2)

농부가 수령하는 농지는 가구당 100무인데, 100무를 경작하기에 따라 상등 농부는 9명을 먹일 수 있고, 그다음은 8명을, 중등 농부는 7명을, 그다음은 6명을, 하등 농부는 5명을 먹일 만합니다.[32] 관아에서 일하는 서민은 이를 기준으로 또 봉록에 차등을 두었소이다."

해설

맹자가 사상가일 뿐 아니라 고대 정치 제도 연구에도 식견이 깊은 정치경제학자임을 보여주는 사례다. 이 장은 앞서 양혜왕과 제선왕, 등문공에게 두루 해설했던 주나라 문왕의 인정仁政 제도, 구체적으로 정전법, 10분의 1 세제, 학교 제도 등에 대한 논설과 짝을 이루는 것으로 맹자의 정치 제도론에 해당한다. 전국시대를 지나면서 역사 자료들이 흩어지고 사라지는 가운데 맹자는 그 잔적들을 수습하여 선왕들의 헌장 문물과 정치 제도를 추론하고 복원하려는 노력을 기울였다. 그 까닭은 성왕들의 정치 이력과 정치 체제를 올바로 이해해야만 이를 바탕으로 새

---

32 여기서 전국시대 농가 구성은 대략 5~9인임을 엿본다. 한당대 대가족 중심의 장원莊園 경제와 달리 소가족 중심의 소농小農 형태다. 고대 동양 사회의 경제 구조에 대해서는 니시지마 사다오, 변인석 편역, 『중국고대사회경제사』, 한울아카데미, 1996 참고. 한편 박유리는 "귀족과 관리의 녹봉을 기술한 후, 농민의 수입까지 언급한 것은 경제의 기초가 농민에게 있다고 의식했기 때문"이라고 지적한다(박유리, 『풀이한 맹자』, 세종출판사, 2009, 287쪽).

로운 문명의 청사진을 구성할 수 있기 때문이다. 실증 자료를 수집하고 해석하여 자기 이론을 수립하는, 이를테면 실증사학 방법론은 공자에게서 계승한 것이기도 하다. 공자 스스로 "옛것을 서술할 뿐 창작하지 않으며, 옛것을 믿고 또 좋아하노라"(『논어』, 7:1)고 술회한 터였다. 그러나 공자 시대에도 고대 자료들은 이미 흩어져 얼마 남지 않았다. 공자가 "하나라 예법을 내가 말할 수는 있으나 그 후예인 기나라에서 증명할 수가 없고, 은나라 예를 내가 말할 수는 있으나 그 후예인 송나라에서 증명할 수가 없는 것은 문헌이 부족한 까닭이다. 문헌이 넉넉하다면 내 충분히 증명할 수 있을 터인데!"(『논어』, 3:9)라고 했던 토로가 그렇다.

본문에서 눈길을 끄는 점은 맹자 왕도 정치의 모델인 주나라가 특정한 존재(왕, 군주)의 소유물이 아님이 분명하게 천명되어 있다는 사실이다. 주나라 체제에서 왕의 비중은 "천자가 한 자리, 공작이 한 자리, 후작이 한 자리, 백작이 한 자리, 자작과 남작이 같이 한 자리로 모두 5등급"이라는 체계system 안에서 한 자리를 차지하는 것에 불과하다. 즉 천자는 공-후-백-자-남 등 체제 관리자(勞心者)의 최상급자에 불과할 뿐 하늘이 부여한 절대 권력자가 아니다. 또 그가 보유하는 영지는 고작 인민이 수령한 100무 토지의 320배에 국한될 따름이다(참고를 볼 것). 그러므로 천하의 모든 땅과 모든 인민을 사유한 절대적 지배자가 아니다(보천지하 普天之下의 해석을 둘러싼 9:4 참고). 천자라도 사방 1000리라는 한정된 땅을 소유할 뿐이다. 그걸로 그는 궁내 고용인들을 먹이고, 제후를 영접하며, 제사를 지내야 한다. 백성이 내는 세금은 왕의 소유지에 세 들어 사는 비용, 곧 세금貰金이 아니라 국가가 농토를 관리해주고 사회 구조를 유지하며 공적 활동을 하는 데 쓰는 비용, 곧 세금稅金일 따름이다. 따라서 소득의 10분의 1 세율은 철칙으로 지켜야 한다(12:10).

요컨대 왕은 사람과 땅과 생명을 지켜주고 관리하는 대가로 밥을 먹는 공직자이지, 토지와 인민의 소유자가 아님이 여기서 밝혀졌다. 인민이 행정 관리자(천자, 제후, 대부, 사 등)에게 수여하는 봉토와 지위는 일의 규모와 책임의 크기에 따라 제한이 있다. 당연히 천자부터 서민에 이르기까지 관작과 봉록 제도에는 차등이 있을 수밖에 없다. 천자 역시 이런 체계 안에서 상대적 위상을 점할 뿐 '천하 왕토의 독점적 소유자'로 군림하는 전제적 권력자가 아님은 아무리 강조해도 지나치지 않다.

맹자가 분석한 주나라 정치 구조의 특징은 '왕도=여민' 체제의 특성을 제도화한 것으로 평가할 수 있다. 군주는 절대적 존재가 아니고, 인민 위에 군림하는 통치자가 아니며, 인민과 함께 더불어 정치를 구성해나가는 한 요소라는 여민주의의 특징이 관철되고 있기 때문이다(경제 및 수취 제도의 여민주의적 특징은 정전제와 조법 세제로 각각 표현되었다. 5:3 참고). 주나라의 정치 구조에 관한 맹자의 해석은 훗날 새로운 왕조나 국가를 건설하려는 창업자와 사상가의 상상력에 큰 영향을 미쳤다. 특히 중국의 근세 명말청초의 사상가들에게 미친 영향은 실로 컸다.

> 명말청초 사상가들은 황제 권력의 절대성을 부정하고 그 권력을 상대적으로 낮추려는 방향으로 몇 가지 논의가 있었다. 그것은 『맹자』, 「만장」편에 나오는 '주대 봉건제를 해설한 부분'에 의거하여 진행되었다. 즉 하사의 연봉을 1로 하면, 대부는 8배, 경은 32배, 군주는

320배가 되므로 결국 군주의 1년 수입은 일반 농민의 320배라는 말
이 된다.

황종희는 『명이대방록明夷待訪錄』, 「치상置相」편에서 주대에는 '천
자 한 사람이 초월적으로 등급 위에 존재한 것이 아니'라고 기술하
여, 황제가 관료 위에서 초월적인 권력을 갖고 있는 것을 비판했다.
또한 고염무도 『일지록日知錄』에서 천자에게 '절세의 존귀함이 있는
것은 아니라'(권7)고 보고, 그 봉록도 농農을 기준으로 한 것인 이상
황제가 백성에게 세금을 무겁게 징수하여 자기에게 바치게 하는 것
은 이상하다며 황제와 일반 백성 사이의 격절을 비판했다.[33]

이런 서술은 맹자의 사상 속에서 청사진으로 기획된 여민 체제론이
훗날 혁명과 혁신을 꿈꾸는 동아시아 사상가들의 상상력을 얼마나 강하
게 자극했던가를 보여주는 한 사례다. 한편 이 장에서 맹자가 해석한 정
치 제도, 봉록 체제는 『예기』, 「왕제王制」에 부연되어 있다. 한나라 예학
박사들이 진나라의 분서갱유에서 살아남은 전적과 사료를 수집하여 편
찬한 것으로 보인다. 앞부분만 잠깐 보면,

왕자王者가 녹작祿爵을 제정하는 데는 공-후-백-자-남 5등급으로
했다. 제후는 상대부, 경, 하대부, 상사, 중사, 하사의 5등급이다. 천
자의 토지(田)는 사방 1000리요, 공후의 전지는 사방 100리다. ……

---

33 미조구치 유조, 조영렬 옮김, 『중국 제국을 움직인 네 가지 힘』, 글항아리, 2012, 239~240쪽.

천자의 상공上公의 전지는 공후公侯와 같이 하고, 천자의 경卿은 백伯과 같이 하고, 천자의 대부는 자子·남男과 같이 하고, 천자의 원사는 부용과 같이 한다.
_『예기』, 「왕제」

참고 성호 이익은 이 장을 해설하면서 군주의 녹봉이 말단 관리의 320배에 지나지 않는다는 점을 강조하였다. 군주의 봉록에 왕실 유지 비용, 시종과 일꾼들의 봉급이 모두 포함된 것이라고 부연한 점은 특기할 만하다. 궁궐 유지 비용을 백성의 세금으로 쓰지 않았다는 뜻이다. 특히 왕실의 밥값, 술값, 반찬값조차 군주의 녹봉에서 회계 처리해야 한다는 주장에는 놀라지 않을 수 없다.

임금의 봉록은 하사에 비하면 320배인데, 쌀로 따지면 12만 8천 말을 넘지 않는 셈이다. 우리나라에는 15말로 한 섬(石)을 만들었으니, 섬으로 따지면 8530섬에 지나지 않았다. 이것이 임금의 한 해 녹봉이었는데 궁궐 안에 있는 여러 관직자가 함께 먹었다는 것이다.

『주례』, 「천관天官」편에 "선부膳夫는 연말이 되면 문서를 회계하는데 오직 왕과 후와 세자의 반찬값은 회계하지 않고, 주정酒正도 연말이 되면 문서를 회계하는데 왕과 후와 세자의 반찬값은 회계하지 않고, 외부外府도 연말이 되면 문서를 회계하는데, 역시 왕과 후와 세자의 반찬값은 회계하지 않는다" 하였고, 그 주

맹자, 마음의 정치학 2

註에는 "소비액의 많고 적은 것은 따지지 않고 다만 임금이 모든 신하에게 반사頒賜한 것만 회계한다" 하였는데 이 해설은 큰 착오이다. 무릇 임금이 대궐 안에 거처하는 것도 마치 여러 백성의 한 집안과 똑같은 것이므로, 각각 그 작위에 따라 녹을 알맞게 마련하여 등분을 넘지 못하도록 한다면 어찌 마음대로 쓰기만 하는 것이 제한되지 않을 리가 있겠는가?

_ 『성호사설』, 「군록君祿」

쌩하니 코끝을 스치는 찬바람이 느껴지지 않는가? 성호 선생은 '1년 동안 왕과 왕비, 왕자들이 소비한 음식값, 술값, 반찬값은 공제해준다'라는 『주례』의 규정조차 부정하고 있다. 『주례』라면 정도전이 『조선경국전』을 기초할 때 의지한 천하 경영 텍스트이자, 다산 정약용이 개혁 국가를 구상하며 집필한 『경세유표』의 저본이기도 하다. 그만큼 중요한 경전이다. 그런데 성호 이익은 '감히' 그 내용의 일부를 부정하고 "무릇 임금이 대궐 안에 거처하는 것도 마치 여러 백성의 한 집안과 똑같은 것이므로, 각각 그 작위에 따라 녹을 알맞게 마련하여 등분을 넘지 못하도록" 해야 한다고 주장한다. 군주는 천하의 인민과 재화를 소유한 지고한 권력자가 아니라, 군위君位를 수행하는 공직자일 뿐이라는 말이다. 그러니 왕실의 사생활 비용(밥값, 술값, 반찬값)은 임금의 봉록에서 반드시 회계 처리해야 한다는 것이다.

10:3. 벗을 사귄다는 것

萬章問曰, "敢問友."

孟子曰, "不挾[34]長, 不挾貴, 不挾兄弟而友. 友也者, 友其德也, 不可以有挾也. 孟獻子[35]百乘之家也, 有友五人焉: 樂正裘, 牧仲, 其[36]三人, 則予忘之矣. 獻子之與此五人者友也, 無獻子之家者也. 此五人者, 亦有獻子之家, 則不與之友矣. 非惟百乘之家爲然也, 雖小國之君亦有之. 費惠公[37]曰, '吾於子思, 則師之矣; 吾於顏般, 則友之矣; 王順・長息[38]則事我者也.' 非惟小國之君爲然也, 雖大國之君亦有之. 晉平公[39]之於亥唐[40]也, 入云則入, 坐云則坐, 食云則食; 雖蔬食菜羹[41], 未嘗不飽, 蓋不敢不飽也. 然終於此而已矣. 弗與共天位也, 弗與治天職也, 弗與食天祿也, 士[42]之尊賢者也, 非王公之尊賢也.

舜尙[43]見帝, 帝館[44]甥[45]于貳室[46], 亦饗[47]舜, 迭[48]爲賓主, 是天子而友匹夫也.

---

34 挾(협): 끼다, 의식하다.

35 孟獻子(맹헌자): 춘추시대 노나라 대부. 이름은 중손멸仲孫蔑(주희).

36 其(기): 여기서는 '나머지'로 쓰였다.

37 費惠公(비혜공): 비읍費邑의 군주.

38 長息(장식): 비혜공의 신하. 증자의 제자인 공명고의 제자로서 앞에 나왔다(9:1).

39 晉平公(진평공): 춘추시대 晉나라 제후. 이름은 표彪. 도공悼公의 아들이다. 현자이자 악사樂師인 사광師曠을 등용하였다.

40 亥唐(해당): 춘추시대 진晉나라의 현자.

41 蔬食菜羹(소사채갱): 잡곡밥과 시래깃국. '蔬'는 거칠다. '食'는 밥. '菜'는 나물. '羹'은 국.

42 士(사): '일개인'으로 번역하였다.

43 尙(상): 오르다.

44 館(관): 접대하다.

45 甥(생): 사위.

用下敬上, 謂之貴貴; 用上敬下, 謂之尊賢. 貴貴尊賢, 其義一也."

만장이 물었다.

"벗을 사귀는 도리를 감히 여쭙습니다."

맹자, 말씀하시다.

"나이에 상관하지 않고, 신분에 구애받지 않고, 가문에도 걸림
없이[49] 벗하는 것이다. 벗을 사귄다는 것은 그 사람의 덕을 사
귀는 것이지 달리 끼는 것이 있어서는 안 된다. 맹헌자는 백승
의 가문으로 다섯 사람과 사귀었는데, 악정구와 목중과 나머지
세 사람 이름은 내가 잊어버렸다. 여하튼 헌자는 이 사람들과
사귀면서 가문을 의식하지 않았다. 그 다섯 사람이 헌자의 가문
을 의식했다면 헌자는 그들과 사귀지 않았으리라. 백승의 가문
만 그런 것이 아니고, 소국의 임금도 그러하였다. 비 땅의 혜공
은 '자사는 내가 스승으로 섬기고, 안반은 벗으로 대하고, 왕순
과 장식은 나를 섬기는 사람들이다'[50]라고 했다. 소국의 임금만

---

46 貳室(이실): 별궁別宮.

47 饗(향): 먹이다.

48 迭(질): 갈마들다, 번갈아.

49 不挾兄弟(불협형제): 이를테면 세가世家의 권세를 의식하지 않는다는 것.

50 師之, 友之, 事我(사지, 우지, 사아): '師之'는 스승으로 섬기다. '友之'는 벗으로서 평교平交
하다. '事我'는 군신 관계. 이것이 전국시대에 유행하던 관계의 3유형이다. 1973년 출토
된 한나라 고분 마왕퇴馬王堆의 『황제사경黃帝四經』, 「칭稱」에도 교유의 예절을 논하는 대
목이 있다.

이 아니라 대국의 군주 또한 그러하였다. 진나라 평공이 해당
과 사귄 것이 그러하다. 평공은 해당이 들어오라고 해야 그 집
에 들어갈 수 있었고, 앉기를 권해야 앉을 수 있었고, 숟가락을
들자고 해야 밥을 먹었는데 비록 잡곡밥에 시래깃국이라도 배
불리 먹지 않은 적이 없었다. 감히 배불리 먹지 않을 수 없었기
때문이다.[51] 하지만 이것으로 그쳤을 뿐이지, 하늘이 준 지위를
함께 나누지 않았고, 하늘이 내린 직무를 함께 다스리지 않았
고, 하늘이 준 봉록을 함께 먹지 않았다.[52] 이것은 일개인으로
서 현자를 존경한 것이지, 왕공의 지위로서 현자를 존경하는 방
식은 아니다.[53]

순이 위로 요임금을 뵈러 가면 요임금은 사위를 별궁에 머물게
하면서, 그 또한 순에게 음식을 대접하고, 서로 번갈아 손님과
주인이 되었다. 이것이 천자로서 필부를 사귀는 도리다. 아랫사

51 현자와의 대화가 흥미진진하여 소찬이지만 맛있게 먹다 보니 배부르지 않을 수 없었다
   는 뜻.

52 진평공이 해당을 임용하지 않은 것을 지금 비판하기로 "共天位(공천위)를 弗與(불여)하
   고, 治天職(치천직)을 弗與하고, 食天祿(식천록)을 弗與하였다." 짧은 문장 안에 세 번을
   거듭하는 '弗與(함께 하지 않았다)'에 주의하자면 '與'에 대한 맹자의 강한 욕구를 거꾸로
   헤아려볼 수 있다. 또 국가의 位(지위), 職(직책), 祿(봉록)은 공공적이라는 인식이 깔려 있
   다.

53 천하는 군주의 사유물이 아니라 공천하公天下라는 말이다. 따라서 현자를 사사로이 사귈
   뿐 공직에 등용하지 않는다면 왕공의 책임을 스스로 방기한 것이 된다. 범조우가 주석하
   기로 "지위를 천위天位라 하고, 직책을 천직天職이라 하고, 봉록을 천록天祿이라 부르는
   까닭은 하늘이 현자를 대우하여 천민天民을 다스리게 한다는 뜻이다. 군주가 사사로이 해
   서는 안 된다는 말이다."(『맹자집주』)

람이 윗사람을 공경하는 것을 귀귀라 이르고, 윗사람이 아랫사
람을 공경하는 것을 존현이라고 한다. 귀귀와 존현은 그 의리가
같다."

해설

교우交友, 벗을 사귀는 일은 한 사람의 평생에 가장 큰 일이다.
동서고금을 막론하고 선현들이 우정과 교우를 소재로 글을 남긴 것을 봐
도 그렇다. 공자는 "좋은 벗이 셋이요, 나쁜 벗도 셋"(『논어』, 16:4)이라 했
고 고대 그리스의 아리스토텔레스 역시 벗을 셋으로 나누어 첫째 즐기
기 위한 벗, 둘째 이용 가치를 위한 벗, 끝으로 선과 덕을 바탕으로 한 벗
으로 분류하였다.[54] 장자는 아예 『장자』, 「내편」, '대종사'에 의기투합한
네 사람의 벗이 생과 사를 초탈한 경지를 논하는 자리를 마련하였고, 맹
자는 지금 천자와 필부 사이의 툭 트인 사귐을 논하고 있다. 고대 서양의
에피쿠로스 역시 우정을 '공모共謀 관계'라고 했는데 공감하는 사이라야
벗이라는 뜻이다. 로마의 키케로는 「우정론」을 썼고 마테오리치는 「교우
론」을 남겼으니 동서고금이 우정을 귀히 여긴 것은 공통된 바다.

그러하나 사람을 사귀는 일이 어디 쉬울쏜가! 누군가 내게 찾아와서
기다렸다는 듯 손을 잡아주는 경우는 드물지 않던가. 유유상종이라, 내

---

54   아리스토텔레스, 천병희 옮김, 『니코마코스 윤리학』, 숲, 2013 참고.

가 그만한 사람이 아니고서는 그가 내 벗이 되지 않는 법. "미덕이 우정을 낳고 지켜주나니, 미덕 없이 우정은 어떤 경우에도 존속할 수 없다"라는 키케로의 우정론은 이를 지적한 것이고, 여기 "나이에 상관하지 않고, 신분에 구애받지 않고, 가문에도 걸림 없이 벗하는 것이다. 벗을 사귄다는 것은 그 사람의 덕을 사귀는 것이지 달리 끼는 것이 있어서는 안 된다"는 맹자의 경고 역시 마찬가지다.

다시금 알겠다. 키케로가 미덕을 꼽고, 맹자가 덕을 들어 사람 사귐의 핵심으로 여긴 까닭을! 사람을 사귄다는 것은 돈도 집안도 명예도 관계없이, 이를테면 '계급장 다 떼고' 오로지 그의 사람됨, 덕을 사귀는 것이다. 덕이란 무엇이던가? '인격의 힘'이다. 그렇다면 인격의 힘을 어떻게 획득할 수 있을까? 『논어』 첫 장, 첫 구절이 그 방법을 논한다. "배우고 늘 익히면 기쁘지 않으랴學而時習之, 不亦說乎!"(『논어』, 1:1) 배움의 기쁨이 넘실거릴 때, 즉 배움이 몸에 무르익어 온화하고 탁월하며 공손하고 검소한(溫良恭儉) 사람으로 변모할 때 덕은 자연히 생겨나고 그 힘에 이끌려 "벗이 먼 데서 날 보러 오고有朋自遠方來"(『논어』, 1:1), 내가 또 그에 응하면 교우 관계가 성립한다. 급기야 평범한 사귐은 자기 소리를 알아주던 벗이 죽자 거문고 줄을 끊어버렸다는 백아절현伯牙絶絃의 고사에까지 나아가고, 거문고와 비파같이 조화로운 소리를 내는 금슬상화琴瑟相和의 결합까지도 성취할 수 있게 된다. 그러므로 맹자가 "벗을 사귄다는 것은 그 사람의 덕을 사귀는 것이지 달리 끼는 것이 있어서는 안 된다"라고 말한 것이다. 달리 의식하는 것이 있어 사람을 사귄다면 그것은 이용 가치를 보고 만나는 짓이니 사귐이 아니라 거래에 불과하다. 오늘날 돈이나

맹자, 마음의 정치학 2

배경을 끼고 사람을 만나는 세태를 감안하면 맹자의 경고는 서늘한 칼날이다.

한편 이 장의 뜻은 증자가 논하고 맹자가 계승한 이른바 '삼원三元사회론'과도 관계가 있다(4:2 참조). 교우는 정치권력도, 사회권력도 개입할 수 없는 혹은 개입해서는 안 되는 탈속적이고 독립된 제3의 공간에서 벌어지는 사건이다. 여기는 권력자인 맹헌자와 평민 다섯이 탈계급적으로 소통하고, 비혜공이 덕을 잣대로 네 사람의 평민을 평가하며, 진평공이 일개 필부인 해당과 평교平交하는 일이 아무렇지 않게 일어나는 세상이다.

다만 진평공에게 안타까운 점은 현자를 묵혀두고 사사로이 사귈 뿐 공직에 등용하여 평천하를 도모하지 않은 일이다. 경세제민을 하려면 유덕자의 손을 빌려야 하는데, 그 공적 책무를 방기한 점이 큰 흠이라고 맹자는 비판한다. 진평공의 수준에서 한걸음 더 나아가 현자와 사사로이 사귈 뿐만 아니라 그를 등용하여 공공성까지 성취한 역사적 인물이 있으니 바로 요임금이다. 한낱 필부였던 순이 현자인 줄 알아채고, 그를 사위로 삼아 왕궁으로 초치하여서는 그의 숙소로 직접 찾아가고, 서로 번갈아 손님과 주인으로 상호 접대하는 절차 속에 이른바 존현尊賢의 몸짓이 깃들어 있다. 요컨대 권력자와 현자의 상호 교류, 이것이 덕으로 사람을 사귐의 극치다.

맹자는 권력자 요임금과 현자 순의 상호 교류를 교우의 표본으로 제시하면서 권력자를 한껏 떠받들기만 하는 전국시대의 군주 독재, 전제주의 경향을 강력히 경고하고 있다. 인간 사회의 다양한 영역을 전일적으로 지배하는 독재 체제가 출현할 것을 염려하고(진나라 통일 이후 찾아올 군주 독재를 감지한 것이다), 인민이 주권과 군주 선택권을 잃어버릴 사태를 두려워한 것이다. 이 장은 권력자들이 유덕자와 상호 동등한 관계 속에서 더불어 정사를 펼치는 여민주의 정치 체제를 우회하여 권하고 있다. 특히 "귀귀貴貴와 존현尊賢은 그 의리가 같다"라는 끝 구절은 주희의 적절한 지적처럼 "당시 권력자 중심의 풍조에 현자 존중의 가치를 드러낸 것"(『맹자집주』)이다. 상명하복의 지배 체제를 상하 소통의 관계로 전환하려는 맹자의 구조 개혁 발상이 이 밑을 흐른다. 귀족의 귀인다움은 그가 가진 권력이 아니라 정치가적 덕성virtue에서 나오는 것이요, 현자의 현자다움 역시 명망이나 나이가 아니라 몸에서 번져 나오는 덕의 힘에서 비롯할 뿐이라는 것.

10:4. 절망 속에서 희망 일구기

萬章問曰, "敢問交際[55]何心也?"

孟子曰, "恭[56]也."

曰, "'却[57]之却之爲不恭', 何哉?"

曰, "尊者賜之, 曰, '其所取之者義乎, 不義乎?' 而後受之, 以是爲不恭, 故弗却也."

曰, "請無以辭却之, 以心却之, 曰, '其取諸民之不義也', 而以他辭無受, 不可乎?"

曰, "其交也以道, 其接也以禮, 斯孔子受之矣."

萬章曰, "今[58]有禦人[59]於國門之外者, 其交也以道, 其餽[60]也以禮, 斯可受禦與?"

曰, "不可; 康誥曰, '殺越[61]人于[62]貨, 閔[63]不畏死, 凡民罔不譈[64].' 是不待敎而

---

55 交際(교제): 예의와 예물을 갖춰 서로 만나는 것(주희). 오늘날 쓰는 '서로 가까이 지냄'이 아니라 "어떤 목적을 달성하기 위한 수단으로서의 사교社交"가 '交際'다.

56 恭(공): 공손하다. 자신을 낮추는 것. "공경하는 마음(恭敬之心)이 곧 예다."(11:6) 참고로 "공경심은 예물을 보내기에 앞서 갖춰야 한다. 공경한다는 예물에 실질이 없으면 군자는 헛되이 예법에 얽매이지 않는다."(13:37)

57 却(각): 물리치다. '却(각)'과 같다. 각지却之를 거듭한 까닭은 알 수 없다(주희).

58 今(금): 만일.

59 禦人(어인): 노상강도. '禦'는 가로막다.

60 餽(궤): 음식이나 물건을 보내주는 것. '饋(궤)'와 같다.

61 越(월): 넘어지다.

62 于(우): 빼앗다.

63 閔(민): 완강하다. '暋(민)'과 같다.

64 譈(대): 원망하다.

誅者也. [殷受夏, 周受殷, 所不辭也; 於今爲烈][65], 如之何其受之?"

曰, "今之諸侯取之於民也, 猶禦也. 苟善其禮際矣, 斯君子受之, 敢問何說也?"

曰, "子以爲有王者作, 將比[66]今之諸侯而誅之乎? 其[67]敎之不改而後誅之乎?
夫謂非其有而取之者盜也, 充類至義之盡也. 孔子之仕於魯也, 魯人獵較[68],
孔子亦獵較. 獵較猶可, 而況受其賜乎?"

曰, "然則孔子之仕也, 非事道與?"

曰, "事道也."

"事道奚獵較也?"

曰, "孔子先簿[69]正祭器, 不以四方之食供簿正."

曰, "奚不去也?"

曰, "爲之兆[70]也. 兆足以行矣, 而不行, 而後去, 是以未嘗有所終三年淹[71]也.
孔子有見行可之仕, 有際[72]可之仕, 有公養之仕. 於季桓子, 見行可之仕也; 於
衛靈公, 際可之仕也; 於衛孝公[73], 公養之仕也."

만장이 물었다.

65 주희는 [ ] 안의 열네 자는 군더더기라며 빼놓고 번역하길 권한다.

66 比(비): '모조리'라고 번역했다. '同(동)'과 같다(양백준).

67 其(기): 아니면. '抑(억)'과 같다.

68 獵較(엽각): '獵'은 사냥하다. '較'은 다투다.

69 簿(부): 문서.

70 兆(조): 조짐.

71 淹(엄): 지체하다.

72 際(제): 만나다.

"감히 여쭙습니다. 교제는 어떤 마음으로 해야 하는지요?"

맹자, 말씀하시다.

"공손한 마음으로 해야지."

만장이 말했다.

"'예물을 거절하는 것은 공손하지 않다'고 하는 것은 어째서입니까?"

맹자가 말했다.

"높은 사람이 보낸 예물을 두고 '의로운 물건인가, 부정한 물건인가' 따져본 뒤 받는 것은 공손하지 못하므로 거절하지 말라는 게다."[74]

만장이 말했다.

"청컨대 말로는 거절한다 하지 않고 마음으로 거절하기를 '이건 백성에게서 수탈한 불의한 물건이다'라고 생각해서 다른 핑계를 대고 받지 않는 것도 안 됩니까?"

맹자가 말했다.

---

73 衛孝公(위효공): 역사에 '衛孝公'에 관한 기록이 없다. '출공 첩'을 칭한 것으로 보인다. 최술은 "기록을 살펴봐도 공자가 衛孝公과 주고받은 말을 찾을 수 없다. 그렇다면 아마 衛孝公은 나이가 어렸기 때문에 아직 공자와 이런저런 이야기를 나눌 정도가 아니었으며, 단지 위나라 대신인 공문자孔文子가 임금에게 아뢰고 난 뒤에 공자를 대접했던 것 같다. 맹자도 이를 두고 공양지사公養之仕라고 한 것이며, 조정에 들어가 녹봉을 받은 것은 아님이 분명하다."(최술, 『수사고신록』, 365쪽)

74 양화陽貨가 공자에게 삶은 돼지고기를 보냈을 때 공자가 받았고, 또 인사차 양화의 집을 방문했던 것이 예다(『논어』, 17:1).

"사귐이 도리에 맞고 대하는 것이 예법에 맞으면 그런 예물은 공자도 받으셨다."

만장이 말했다.

"만일 성문 밖에서 사람을 가로막아 강도질하는 자라도 사귐이 도리에 맞고 대하는 것이 예법에 맞으면, 그 강도질한 물건을 예물로 보내면 받을 수 있단 말씀입니까?"

맹자가 말했다.

"그럴 순 없지! 『서경』, 「주서」, '강고'에 '사람을 죽여 물건을 빼앗고 난폭하게 굴며 죽음을 두려워하지 않는 자를 만백성이 증오한다'라고 했다. 이런 자는 가르치기를 기다릴 것 없이 죽여도 된다. [은나라는 하나라의 법을 이었고, 주나라는 은나라의 법도를 이었는데 오늘날까지 불문율로 엄연히 살아 있으니] 어떻게 강도의 물건을 받을 수 있겠더냐!"

만장이 말했다.

"오늘날 제후들이 백성에게 취하는 것은 강도짓과 똑같습니다. 그런데 저들이 예를 잘 갖춰 교제하면 이것은 군자조차 받는다고 하시니 무슨 말씀인지 감히 여쭙습니다."

맹자가 말했다.

"자네는 만약 성왕이 일어난다면 지금 제후들을 모조리 죽일 것이라고 보는가, 아니면 요순의 도를 가르치고 나서 고치지 않으면 그다음에 죽일 것이라고 보는가? 자기 소유가 아닌데 자기 것으로 취하는 자를 도둑이라고 칭하는 것은 그런 류를 극

　　　　　　　　　　　　　　　　맹자, 마음의 정치학 2

대화하고 그 의미를 극단화하는[75] 것이네. 공자가 노나라에서 벼슬하실 적에 노나라 사람들이 엽각[76]을 하니 공자 또한 엽각을 하셨다. 엽각도 하셨거늘 하물며 내려준 예물이랴!"

만장이 말했다.

"하면 공자가 벼슬한 것은 성왕의 도를 실행하려 함이 아니었습니까?"

맹자가 말했다.

"도를 실행하려고 하셨지!"

만장이 말했다.

"도를 실행하려 한다면서 어떻게 엽각을 하셨답니까?"

맹자가 말했다.

"공자는 먼저 장부의 제기를 올바로 하려고 하셨다. 사방에서 오는 진귀한 제수를 장부에 올리는 것을 옳다고 여기지 않았기 때문이다."[77]

만장이 말했다.

"왜 벼슬을 그만두지 않았습니까?"[78]

---

75 充類至義(충류지의): 유추를 확대하여 말뜻의 극단에 이르다. '類'는 종류, 현대어로는 범주category와 같다(데이비드 S. 니비슨). '充類'는 앞서 진중자의 사례에 나왔다(6:10 해설). 주희는 '充類至義'를 "그 비슷한 류를 추리하되 뜻이 지극히 정밀한 데까지 나아가 극언함"이라고 하였다. 해설을 볼 것.

76 獵較(엽각): "사냥해서 잡은 포획물을 비교하여 많이 잡은 쪽이 적게 잡은 쪽의 것까지 몰아 가져가는 게임."(조기)

맹자가 말했다.

"희망을 실행하려 한 것이다. 희망이 보여 그것을 실행하려고 벼슬하였지만 실행되지 않은 다음 떠나셨으니, 그래서 일찍이 3년을 체류한 나라가 없었다. 공자는 희망을 실행하려고 벼슬한 적이 있고, 교제가 예에 합당하여 벼슬한 적이 있고[79], 현자를 대접하기에 벼슬한 적도 있었다[80]. 계환자에게 벼슬을 산 것은 희망을 실현할 수 있다[81] 여겨서였고, 위영공의 경우는 교제가 합

77 先簿正祭器, 不以四方之食供簿正(선부정제기, 불이사방지식공부정): 이 문장에는 빠진 글자들이 있는 것 같다. 다만 조기에 따르면 "공자는 도가 쇠약한 시대를 살면서 갑작스럽게 잘못된 점을 고칠 수는 없었기 때문에 점진적으로 바로잡고자 했다. 먼저 장부를 작성해 종묘 제사에 쓰는 제기를 올바로 했다. 옛날의 예를 토대로 나라 가운데 구비한 것이다. 사방에서 오는 진귀한 음식을 장부에서 확정한 그릇에 맞게 바치도록 하지는 않았다. 진귀한 음식은 항상 갖추기가 어려워 부족하거나 떨어지면 불경不敬을 저지르게 되리라 생각했기 때문이다. 그러므로 엽각을 해서 제사를 지낸 것이다."(이토 진사이)

78 奚不去也(해불거야): 이 앞에도 글자들이 빠진 것 같다.

79 際可之仕(제가지사): 교제가 예에 합당하여 벼슬하는 것. "際可란 예우의 높고 낮음을 의미하는 듯하다."(최술, 『수사고신록』, 255쪽)

80 公養之仕(공양지사): '公養'은 '나라에서 봉록을 주다'라는 뜻. 위효공에게 벼슬하게 된 것은 내력이 있다. 공자는 위효공의 전임자 위영공에게 실망하여 위나라를 준비 없이 떠났다(『논어』, 15:1). 내처 초나라로 향했는데 진채陳蔡의 사이에서 큰 곤경에 빠졌다. 겨우 위나라로 돌아온 공자는 효공의 '公養之仕'에 응할 수밖에 없었던 것이다. 최술은 추론키로 "공자가 위나라로 돌아온 것을 맹자가 '公養之仕'라고 한 것은 바로 지난날 양식이 떨어진 상황을 겨우 모면할 수 있었다는 말이다."(최술, 『수사고신록』, 334~335쪽)

81 계환자는 노나라 대부로 당시 집정자였다(『논어』, 「팔일八佾」 참고). "계환자는 공자의 능력을 알았으므로 비록 사구司寇였지만 정사를 돌보게 한 것이다. 그러므로 '계손 씨와 일을 같이하며 석 달이 지나도록 서로 의견이 어긋나지 않았다'고 했고, 공자는 '계환자는 도를 실현할 만한 조짐이 있어 벼슬했다'(맹자)고 했으니 이것은 계환자가 공자를 신임했음을 잘 보여준다."(최술, 『수사고신록』, 213쪽)

당해서였고, 위효공의 경우는 현자를 우대했기 때문이었다.”

10:3부터 10:8까지는 모두 같은 주제를 다루고 있다. 사士의 신분으로 제후나 대부와 교제하는 일, 취업하려는 선비의 합당한 처신, 경제적 삶과 올바른 삶 사이에서 택해야 할 길 등 실제적이고 직접적인 행동 요령을 논한다. 추리하면 이 부분은 여기 「만장 하」에 배치되어 있으나, 실은 맹자가 송나라에서 만장을 처음 만나 나눈 대화 기록으로 보인다. 당시 송왕 언의 폭정에 전전긍긍하던 송나라 정승들이 현자 설거주를 초청하여 임금 곁에 두는 한편(6:6), 고향인 추나라에 은퇴해 있던 맹자도 초빙했던 듯하다. 양나라 혜왕이나 제나라 선왕의 현자 초빙 방식을 본뜬 것이다. 맹자가 막상 송나라에 와보니 송왕 언은 조언이나 계도로 고쳐질 임금이 아니었다. 이에 백리해가 우임금에게 조언하기를 포기했듯 송왕과의 만남은 그만두고 대불승이나 대영지 등 송나라 정승들과 왕정에 대해 논했던 듯하다(6:6~6:8 참고).

1. 만남

그러므로 맹자가 송나라에 체류하던 중 젊은 선비 만장을 만나 나눈 첫 대화가 이 장이라는 것이 내 생각이다. 여기 구사하는 만장의 어투는 유가, 특히 공자의 행적과 맹자의 행태에 노골적으로 적대적이다.

이것이 만장과 맹자가 사제 관계를 맺기 이전의 대화임을 방증한다. 마치 자로가 공자를 처음 만났을 때 무사의 칼춤을 추고 무례한 언사를 남발하며 공자를 협박하던 무엄한 몸짓을 연상케 한다(『공자가어孔子家語』, 「자로초현子路初見」).

만장의 담대하고(오늘날 제후들은 몽땅 강도다!) 칼날 같은 질문 공세(공자도 제후들의 부정한 행위를 정당화해주고 밥을 얻어먹은 추악한 유세객이 아니냐!) 앞에서 맹자는 광사狂士[82]를 떠올렸음직하다. 훗날 이 첫 만남을 기억하고 그 대화를 기록한 것은 만장일 것으로 추측된다. 사마천이나 주희가 '노경의 맹자가 만장 등과 함께 텍스트『맹자』를 편찬했다'라고 추론했는데, 이 장은 만장 본인이 기억을 토대로 문장을 구성했기에 본인은 공세적이고 외려 맹자가 수세적으로 묘사되었고, 내용에도 모호한 부분이 남게 된 것으로 보인다. 주희도 이 장을 "억지로 해석하려 하지 말아야 한다"라고 토를 달아두었다.

여하튼 일련의 날 선 대화를(10:3~10:8) 통해 만장은 맹자의 고녀, 요컨대 '안 될 줄 알면서도 개입하여 광정하려는' 희망의 정치학을 이해하고, 맹자는 만장의 기개를 높이 사서 '잘 다듬으면 큰 재목이 될 것'으로 여겨 스승과 제자의 관계를 맺은 듯하다. 본문 가운데 만장의 문제의식이 잘 드러난 질문들을 요약해보자.

---

[82] "마음에 품은 뜻은 드높아서 말끝마다 '옛사람이여, 옛사람이여!'라고 하지만 평소 행실을 살펴보면 말하는 바가 몸에 익지 못한 이들"이 광사다. 본문에서 구사하는 만장의 어투야말로 광사에 부합한다. 흥미롭게도 광사의 정체를 질문하는 장본인이 또한 만장이다 (14:37 참고).

(1) "만일 성문 밖에서 사람을 가로막아 강도질하는 자라도 사귐이 도리에 맞고 대하는 것이 예법에 맞으면, 그 강도질한 것을 예물로 보내면 받을 수 있단 말씀입니까?"

(2) "오늘날 제후들이 백성에게 취하는 것은 강도짓과 똑같습니다. 그런데 저들이 예를 잘 갖춰 교제하면 이것은 군자조차 받는다고 하시니 무슨 말씀인지 감히 여쭙습니다."

젊은 선비 만장이 보기에 전국시대 제후와 귀족은 모두 날강도들이다(날강도 '같은' 것이 아니라, 바로 날강도다). 권력자의 부패와 위선, 탐욕과 이기심이 인민을 수탈하여 삶을 피폐하게 만드는 주범이다. 시인 김지하가 장시 「오적五賊」(1970)에서 부패하고 추악한 한국의 지배층(국회의원, 재벌, 장성, 장차관, 고급 공무원)을 조롱했듯, 지금 만장은 "오늘날 제후들은 날강도다"라고 저격한다. 한걸음 더 나아가 맹자를 겨눠 '당신이 떠받드는 공자는 이 나라, 저 나라를 배회하면서 날강도들이 주는 밥을 얻어먹기 위해 그들의 악행을 옹호하고 정당화했던 것 아니냐, 맹자 당신도 그럴 의도로 송나라에 온 것 아니냐?'라며 직격탄을 날린다. 제후(권력자)들이야 아예 나쁜 놈들이지만, 그들의 부정과 악행을 옹호하고 정당화해주는 대가로 밥을 먹는 유자儒者는 더 추악하지 않느냐는 힐난이다. 만장의 분노한 목소리에서 2000년 세월을 건너뛰어 지배층의 부패와 지식인의 위선에 구역질하는 젊은 광사의 거친 숨소리를 듣는다.

맹자 특유의 장쾌하고 날카롭던 기세가 여기선 눈에 띄게 주춤거리고 수세적으로 바뀐다. 다만 맹자는 몽땅 도둑놈들이라며 다 쓸어버릴 듯한 만장의 의기는 가상하나, 거친 손가락질만으로는 시대의 병을 해결할 수 없다고 타이른다. '높은 데서 손가락질하고 멀리서 욕질을 하는 데서 내려와 지상에 발을 디뎌라! 문제의 중심으로, 현재의 일상으로 들어와야 한다'라고. 누추하고 복잡하며, 질척거리고 던적스러운 '지금-여기-삶 *hic et nunc*' 속에서 사람들과 '함께' 문제를 고민하고 또 '같이' 문제를 풀어가야 한다. 맹자의 답변 요지는 여기 함축되어 있다.

> (1) 자네는 만약 성왕이 일어난다면 지금 제후들을 모조리 죽일 것이라고 보는가, 아니면 요순의 도를 가르치고 나서 고치지 않으면 그다음에 죽일 것이라고 보는가?

> (2) 자기 소유가 아닌데 자기 것으로 취하는 자를 도둑이라고 칭하는 것은 그런 류를 극대화하고 그 의미를 극단화하는 것이네.

남의 것을 함부로 취하는 것을 도둑질이라고 한다면, 요임금의 나라를 이어받은 순임금은 도둑놈이 될 것이며, 혁명으로 새 나라를 건설한 탕임금과 무왕은 강도가 될 것이다. 그러므로 '도둑질'이라는 말(名)은 "자기 소유가 아닌데 자기 것으로 취하는 것(實)" 모두를 담을 수 없다. 하나의 명칭은 하나의 사실만을 가리킨다고 보는 소박한 언어 이론, 즉 명실론名實論으로는 현실 세계의 구체적 진실을 다 담을 수 없다는 것.[83] 요임금의 나라를 통째로 인수한 순임금이 도둑일 수 없듯이, 또한 혁명으로 왕조를 전복한 탕임금과 무왕이 성왕이었듯이 도둑질이라는 말은 한정

맹자, 마음의 정치학 2

해서 써야 한다.

도둑이란 말의 속내도 복잡하다. 남의 옷가지나 훔치는 좀도둑, 호주
머니를 터는 소매치기, 남의 담 넘어 재물을 훔치는 진짜 도둑, 칼을 든
강도, 나아가 나라를 훔치는 역적에 이르기까지 다양하다. 즉 도둑질이
라는 이름이 포괄하는 행동은 넓고, 내용은 복잡하다. 만장처럼 제 것 아
닌 것을 취하는 것을 모두 도둑질로 규정하고 끝까지 밀어붙이면 '프로
크루스테스 침대의 오류'를 저지를 수 있다. 고정된 언어로 복합적 삶을
재단하는 뒤집힌 오류가 그것이다. 본문 속에서 그 차이를 찾자면

> 강도: 가르치기를 기다릴 것 없이 죽여도 되는 자(不待教而誅者)
>
> 제후: 가르치고 나서 고치지 않으면 죽일 자(教之不改而後誅者)

교敎(가르치다)라는 말을 공유하면서도 다르게 운용하는 두 구절 사이
의 거리는 고작 오십보백보가 아니다. 제후와 강도 사이는 하늘과 땅만
큼 벌어져 있다. 이 사이를 뒤섞어버리는 것을 맹자는 충류지의, 곧 '유
추를 남발하고 말뜻을 압축하기를 지나치게 하는' 오류라고 지적한다.
요즘 식으로 말하면 '일반화의 오류'를 저지르지 말라는 것이다. '제후=
강도'라는 등식은 비유법으로 쓸 수는 있으나 사실로 치환(名=實)해서는
안 된다는 것.

---

83 당시 공손룡, 혜시 등 명가학파가 실제로 이런 오류를 범했다. 명가에 대해 장자는 "말로
입을 다물게 할 수는 있지만 마음을 움직이게는 못 한다"라고 꼬집었다.

한 정치철학자의 말을 빌리면 "어떤 경우에 언어가 어떤 사물을 표상한다고 말할 수 있는 것은 틀림없는 사실이지만, 그렇기 때문에 모든 경우에 그래야만 한다고 말하는 것은 오류이다. '책'이나 '의자', '산', '호랑이' 등이 물리적 세계를 구성하는 일부분을 표상한다고 말하는 것이 틀린 말은 아니겠지만, 그렇다고 해서 모든 언어 요소들이 그에 상응하여 실재하는 대상을 표상한다는 것은 무리한 주장일 것이다."[84] 나아가 "관습과 현실을 도외시하고 오직 상상 안에서만 가능한 형태의 도덕에 입각해서 생각하다 보면, 위선이 악이라는 명제만 가지고 곧바로 한 번의 위선적인 행동으로 그 행위자를 악인으로 치부하는 비약을 저지르기가 쉬워진다. 그러나 위선이 그 자체로 악이라는 말이 가능하다고 해서, 위선으로 간주할 수 있는 행동을 어떤 사람이 한 번이라도 했다면 그 행위만으로 악인이 된다는 말도 가능하다고 연결하는 것은 비약이다. 도덕의 원천을 도덕적 용어의 논리적 함의에서만 구하게 되면, 세상은 악으로 가득 차 있고 그 상태에서 빠져나갈 길도 없다는 귀결밖에 남지 않는다."[85] 데이비드 흄David Hume의 사상을 '도덕의 원천이 논리가 아니라 우리의 사회적 삶에 있다'라고 요약한 박동천 교수의 지적은 맹자의 도덕론(거슬러 공자의 정명론)을 해설하기에도 적절하다.

---

[84]   박동천, 앞의 책, 39쪽.
[85]   박동천, 「데이비드 흄 – 습관의 철학과 전통의 정치」, 강정인 외 엮음, 『서양 근대 정치사상사』, 책세상, 2007, 366~367쪽.

2. 류類

덧붙여 "그 류를 극대화하고 그 뜻을 극단화하는"이라고 번역한 충류지의充類至義에 담긴 사상사적 의미도 잠시 살펴보자. 이 네 글자는 전국시대의 논리학에서 두루 쓰였던 개념이다. 특히 '류'는 묵가의 개념어 사전인 『묵경』에 그 정의가 나온다.

> 하나의 같은 네모 모양은 모두 류가 되니, 함께 법을 갖추고 있다. 그러면서도 다를 수 있어서 혹은 나무의 네모남 혹은 돌의 네모남이 있다. 그 네모남이 서로 맞는 것을 저해하지는 않는다. 그것들이 모두 류가 됨은 '네모남'으로부터 온 것이기 때문이다. 사물은 모두 그러하다.[86]

이 정의에는 이런 해설이 딸려 있다. "하나의 같은 네모 모양은 모두 류가 되는데 그것은 함께 법을, 즉 '네모의 기준'을 갖추고 있기 때문이다. 그러면서도 차이가 없다고는 할 수 없으니, 혹은 나무의 네모남, 혹은 돌의 네모남이 그런 예다. 그러나 서로 다른 네모남이 법에 맞는 것을 저해하지 않는데, 왜냐하면 그것들이 모두 류를 이루게 되는 것은 네모남(方)으로부터 온 것이기 때문이다. 사물은 모두 그러하다."[87] '류'는 오늘날의 표현으로는 범주(카테고리)로 번역할 수 있다(데이비드 S. 니비슨). 동

86　一方盡類, 俱有法而異, 或木或石, 不害其方之相合也. 盡類猶方也, 物俱然.

87　염정삼 주해, 「67. 일법자一法者」, 『묵경 2』, 342~345쪽.

류同類[88]와 지류止類[89], 추류推類[90] 등은 그 하위 개념이다. 즉 동류를 구별하고 그 동류를 묶어 나아가는 추류, 그렇다고 무한정 포섭하는 것이 아니라 한계를 설정하여 멈추는 지류 등은 묵가 논리학에서 파생된 논리학적 조작 방법이었다.

『맹자』에 '류'라는 단어가 여러 차례 등장하고, 특히 이곳에서 충류充類라는 개념이 동원되는 것은 맹자가 묵가가 풍미하는 환경에서 사상을 구성해나갔다는 표지다. 선학의 언어 문자를 비틀어 취하는 단장취의는 사상사 본연의 방법론이다. 묵가도 그 선배인 공자의 사상에서 인, 충 등의 개념을 추출하여 계승하되 그 내용물을 바꾸어 채웠다. 맹자 역시 선배이자 전국시대 유행 학문인 묵가의 영향을 받으면서 자기 사상을 구성해나갔다. 다만 맹자는 어느 시점부터 묵가가 공자로 표상되는 '정통' 사상을 곡해한다고 판단하여, 묵가를 비판하고 공자를 재현하는 작업을 자임했던 터다. 사상가는 선학의 영향을 입으면서도 또한 비판하며 자기 사상을 구축해나가는 법이다. 『맹자』의 여기저기서 산견되는 '류'라는

88　맹자에게 성인(요순)과 범인은 동류다. 그러므로 "우리는 누구나 요순이 될 수 있다"는 결론이 도출된다. 즉 맹자의 평등사상의 기초가 '동류'라는 묵가의 개념을 통해 설득력을 확보한다.

89　인간계의 동질성, 즉 동류를 포섭한다 하더라도 자연계 전체로까지 무한정 나아갈 수는 없다. 따라서 인간계에 그 류가 멈춰야 논리의 엄밀성이 확보된다. 고자가 "생生이 성性이다"라고 했을 때, 이것은 모든 동물에까지 무한정 동류 개념을 확장하여 오류가 발생한 것이다. 이에 맹자는 지류의 방법을 통해 "인간의 본성과 소의 본성은 다르다"는 엄밀성을 확보한다.

90　제선왕이 당뜰 앞을 지나가는 소의 울음소리에서 아픔을 느꼈을 때 이것을 미루어 사람에게 미친다면 그 사람의 고통에 공감할 수 있다는 논리가 추류의 방법을 통한 것이다.

개념은 묵자로부터 계승한 것이다.

3. 희망

구체적 시공간을 무시하고 평면에서 말을 구사하면 비판은 날카로울지 모르나, 개선의 싹을 죽이는 오류를 범하게 된다. 당시 제후들을 모두 죽일 놈이라며 몽땅 쓸어다 없앤다면, 왕정을 실현하려던 등문공 같은 제후의 노력도 뭉개버리게 된다. 그런 싹조차 일거에 제거한다면 천하는 다시 불모의 땅이 되는데, 그렇다면 앞으로 인간은 어떻게 살아갈 것인가? 무슨 수로 절망의 시대를 뚫을 희망의 싹을 피울 수 있겠는가? 문제는 희망이다. 맹자가 공자의 이 나라, 저 나라 찾아다닌 행보의 핵심어를 조兆라고 요약한 까닭이 이것이다('兆'는 곧 희망이다). 공자가 천하를 주유한 까닭은 고작 밥벌이를 위해서가 아니라, "희망을 실행하려 한 것이다. 희망이 보여 그것을 실행하려고 벼슬하였지만 실행되지 않은 다음 떠나셨으니, 그래서 일찍이 3년을 체류한 나라가 없었다."

희망이란 무엇인가. '希(희)'에는 '바라다'와 함께 '드물다'라는 뜻도 들어 있다. 그 속에 든 아이러니(희망/희박)는 곧 '바람이란 본시 실현하기 어렵다'는 패러독스를 상징하는 듯하다. 공자의 행보, 그리고 맹자가 송나라에까지 온 까닭 역시 희망이란 본시 실현하기 어렵다는 리얼리티를 '알면서 그럼에도 불구하고' 실현하려 애쓰는 패러독스에 정치적 행동의 진수가 들어 있음을 보여준다. 공자와 맹자의 행보는 사적 이익을 추구함이 아니요, 다만 희망의 싹을 발견하고 그 싹을 키워서 (연대하여) 새 꿈을 실현하는 길이다. 모든 인간 앞에는 갈림길이 놓여 있으리라. 하나는 더러운 세상을 조롱하면서 손을 탈탈 털고 산속에 은둔하여 제 한 몸의 깨끗함을 지향하는 길이요(노장/은둔자), 또 하나는 세상의 더러움을 인정하면서도 그 속에서 문명과 질서 잡힌 사회를 확보하려 노력하는 길이다(공자/맹자).

어렵지만 불가능하지만은 않은 길. 전설처럼 전해지던 요와 순의 나라를 실체처럼 부여안고 그 희미한 불빛을 등대 삼아 걷는 길이 유자의 길(儒道)이다. 세상은 더럽지만, 그럼에도 불구하고 이 세상에 요순의 세계를 재현하려는 '어렵지만 불가능하지만은 않은 가능성의 길'을 걸었던 사람이 공자였다. 그리고 맹자는 그 길을 뒤따른다. 『논어』 속 한 장면을 보자.

> 자로가 스승을 따라가다가 뒤에 처졌다. 한 노인을 만났는데 지팡이를 짚고 망태기를 짊어졌다. 완연한 은둔자의 행색이다. 자로가 물었다.
>
> "노인께서는 혹시 우리 선생님을 못 보셨는지요?"
>
> 늙은이가 발끈 화를 내며 말했다.
>
> "아니, 팔다리를 놀리지도 않고 콩과 팥을 구별하지도 못하는 자가 무슨 놈의 선생이란 말이오!"
>
> 그러고는 지팡이를 쿡 찔러놓고 김을 계속 매는 것이다. 자로는 우두커니 서 있었다. 그러자 노인은 자로를 자기 집에 묵어가게 했다. 닭을 잡고 기장밥을 지어 대접하였다. 그의 두 자식을 인사시켜 주기도 했다.

다음 날, 자로는 공자를 만나 어제 일을 고했다. 공자가 말했다.

"은둔자로구나."

자로에게 돌아가서 만나보도록 하였다. 그 자리에 가보니 그들은 떠나가 버린 다음이었다. 자로가 말했다.

"정치에 참여하지 않는 것은 의롭지 않다. 장유의 예절도 폐할 수 없거늘, 군신 간의 의리를 어찌 폐지할 수 있으랴. 제 한 몸 깨끗이 하고자 사람의 큰 윤리를 어지럽히는 짓이다. 군자가 벼슬을 사는 것은 그 의리를 실행하고자 함이지. 도가 행해지지 않는 것이야 이미 알고 있노라."

_『논어』, 18:7

　지금 공자의 제자 자로가 은둔자와 만났다(자로는 공자의 대변자라고 보아야 한다). 은둔자는 공자를 두고 "팔다리를 놀리지도 않고 콩과 팥을 구별하지도 못하는 자가 무슨 놈의 선생이란 말이오!"라고 힐난한다. 즉 실제 노동을 하지 않고, 제 한 몸 추스르지도 못하면서 천하 대사를 논하는 공자의 행태를 관념주의라고 비난하는 것이다. 그 비판에 자로는 찔끔하여 응대하지 못한다. 은둔자는 자로를 집으로 초대한다. 그는 소박한 생활을 하면서도(기장밥을 먹는다) 자로를 극진하게 대접한다. 닭을 잡고 또 자신의 두 아들을 소개해주는 것이 그렇다. 이는 은둔자가 사람 사는 도리를 잘 알고 있음을 뜻한다. 즉 그는 손님을 대접할 줄 아는 예의 바른 사람(유교적 가치를 이해하는 사람)이다. 다만 시대의 혼란 때문에 자연 속으로 숨어든 것이다. 요체는 누군가가 나서서 이 잘못된 정치를 개혁해야 하는데 그럴 만한 지식인(은둔자)은 대세를 거스를 수 없다며 손을 놓고 앵돌아 앉아 남의 집 불구경을 하고 있고, 이로 말미암아 문제가 더욱 악화되고 있다는 사실이다.

공자가 보기에 문제 해결의 첫걸음은 인간이 정치적 존재이며 관계 속에 산다는 '비관적 리얼리즘'을 인정하고, 정치(일상 세계)에 참여하는 것이다. 더러운 것을 더럽다고 여겨 내팽개치면 이 악취는 누가 처리할 것인가. 물론 공자는 천하에 가득 찬 죽음, 도덕의 상실과 사회질서의 붕괴라는 현실이 어떤 특정인이나 특정 세력에 의해 극적으로 해결 혹은 극복되리라 생각할 만큼 유치하지는 않다. 그의 뜻은 다음과 같은 자로의 말에 잘 드러나 있다.

> 군자가 벼슬을 사는 것은 그 의리를 실행하고자 함이지. 도가 행하지 않는 것이야 이미 알고 있노라.

공자는 당시 현실을 잘 알던 사람이다. 은둔자들의 표현을 빌리자면 "쿠당탕탕 물 쏟아지는 것이 오늘날 형세이니 뉘라서 이를 바꿀 수 있을까"(『논어』, 18:6)라는 비관적인 현실을 그는 잘 알고 있었다. 내 한 몸 추슬러 "우물 파고, 흙 일궈 먹고사는 것"이 수월한 줄 모르는 바도 아니었다(『논어』, 14:42). 다만 그는 시대의 혼란과 고통을 도외시하지 않는 것을 지식인의 책무로 자임한 것이다. 이것이 맹자가 의기 높은 만장에게 가르치려던 뜻의 기원이다.

4. 가르침

'도둑'이라는 글자를 살균 처리하여 진공 상태로 포장하면, 즉 말의 구체적 의미를 무시하고 사전적인 해석을 극단까지 밀어붙이면, '공자도 도둑놈이다'라는 결론에 다다를 것이다. 맥락을 무시한 언어와 해석은 극단으로 치닫고 만다. 앞서 맹자가 진중자를 두고 "지렁이 같은 인간"(6:10)이라고 비판했던 까닭이다.

맹자는 타이른다. '이보게 만장, 열여섯 살 사춘기 소년 같은 단순 논리를 벗어나시게! 말과 뜻 사이에 패인 깊은 웅덩이, 일과 말 사이에 끼어 있는 겹겹한 층차에 유의하시게!' 선비의 사회 참여란, 더러운 물속으로 들어가는 일이니 몸을 더럽힐 수밖에 없다. 그러나 더러움에 물들지 않겠다는 각오도 함께 갖춰야 한다. 그 와중에 몸을 더럽히고 뜻을 상실하는 수도 있지만, 그렇다고 '구더기 무서워 장을 담그지 않으랴!' 공자가 노나라 풍속인 엽각을 마다하지 않고 또 양화의 예물을 수령하면서도 그 한정을 넘지 않으려 한, 그 틈새의 떨림에 주의해야 한다.[91] 구체적이고 실제적인 지상의 현실을 고려하지 않고 인공위성에서 내려다보듯 '일반 이론'에 기대어 큰 칼을 마구 휘둘러서는 안 된다. 비판과 비난만으로는 사회 문제를 해결하지 못한다. 역시 문제를 해결할 자리는 일상의 삶이 생생하게 살아 있는 '지금, 여기'다. 공자는 고작 밥을 얻기 위

---

91 공자가 쿠데타 주모 세력의 초청에 선뜻 응하려 하자 자로는 언짢아했다. 그때 공자가 답한 말에서 정치사상과 정치 행동 사이의 미세한 떨림이 포착된다. "정말 단단한 것은 갈아도 갈아지지 않는 것이요, 정말 흰 것은 물들여도 물들지 않는 것이리라. 내 어찌 한낱 외줄기 포과匏瓜와 같을까 보냐. 어찌 먹지 못하는 과실로 살다가 가랴!"(『논어』, 17:7)

해 이 나라 저 나라를 배회한 것이 아니다. 희망, 즉 '兆'를 찾아다녔다. 희망이 있어 보이는 나라에서는 오래 머물고 희망이 사라지면 곧장 떠났다. 절망의 와중에서도 희망을 놓지 않고 씨를 뿌리는 삶, 그것이 공자의 평생이었다(절망 속에서 희망을 일구는 것, 이것이 맹자가 공자에게 감복한 바였다. 이런 태도는 맹자의 정치적 행동의 근거가 되었다).

여기서 만장은 눈에 비치는 것이 곧 진실은 아니라는 사실을 알았고, 맹자를 스승으로 삼아 더 배우기를 결단했으리라. 물론 앞으로 몇 고비가 남았지만(10:5~10:8), 결국 만장이 맹자의 제자가 된 계기는 역시 그의 문제의식, '狂'에서 비롯한 것이겠다. 한편 맹자는 날 선 만장의 '광'을 느꺼워했으리라. 만장의 맹렬한 시대정신을 흐뭇하게 여겨 제자로 받아들였을 것이다.

孟子曰, "仕非爲貧也, 而有時乎爲貧; 娶妻非爲養也, 而有時乎爲養. 爲貧者, 辭尊居卑, 辭富居貧. 辭尊居卑, 辭富居貧, 惡乎宜乎? 抱關擊柝[92]. 孔子嘗爲委吏[93]矣, 曰, '會計[94]當而已矣.' 嘗爲乘田[95]矣, 曰, '牛羊茁[96]壯長而已矣.' 位卑而言高, 罪也; 立乎人之本朝, 而道不行, 恥也."

맹자, 말씀하시다.

"벼슬 사는 것이 가난을 면하기 위함은 아니지만, 때로는 가난 때문인 경우가 있다. 아내를 얻는 것이 봉양받기 위함은 아니지만, 혹 봉양 때문인 경우가 있듯이.[97] 다만 가난 때문에 벼슬 사

---

92 抱關擊柝(포관격탁): '抱關'은 관문을 지키는 문지기. '擊柝'은 야경꾼. 산속이 아닌 도시에 숨어사는 현자를 시은市隱이라고 일컬었다. 여기 '抱關'과 '擊柝'은 시은의 주된 직종이었다. 공자를 "안 될 줄 알면서도 행하는 사람"(『논어』, 14:41)이라고 지목한 신문晨門이 '抱關'의 대표다. 그리고 공자를 회견한 관문지기가 공자를 "어둠을 깨트리는 목탁木鐸이 되리라"(『논어』, 3:24)고 예견했는데 여기 목탁이 '擊柝'이다. '抱'는 끌어안다. '關'은 관문. '擊'은 치다. '柝'은 목탁.

93 委吏(위리): 국가의 세금출납을 행하던 창고지기. 낮은 벼슬. '委'는 창고.

94 會計(회계): 금전이나 물품의 출납.

95 乘田(승전): 가축의 사육을 맡은 낮은 벼슬.

96 茁(촬): 살찌다, 자라다.

97 "아내를 얻는 일은 본래 후사後嗣를 잇기 위해서이지만 또한 직접 물을 긷고 절구질할 수 없어서 도움을 받으려는 사람 역시 아내를 맞이해야 하는 경우가 있다."(주희) 선비의 벼슬살이란 그래서는 안 되지만 피치 못해 그럴 수도 있음을, 당시 세속의 아내 맞는 경우를 예로 들어 설명한 것이다.

는 사람은 높은 자리는 사양하고 낮은 자리에 머물러야 하고, 많은 녹봉은 사양하고 적은 녹봉에 족해야 한다. 높은 자리는 사양하고 낮은 자리에 머무르며, 많은 녹봉은 사양하고 적은 녹봉에 족하는 벼슬로는 어떤 자리가 합당한가? 문지기나 야경꾼이 적합하다.

공자는 일찍이 창고지기가 되었을 때 '출납이 맞으면 되는 일'이라고 했고, 또 목장지기가 되었을 때는 '소와 양이 살지고 잘 자라면 그만'이라고 했다. 지위가 낮은데 하는 말이 고상하면 허물이 되고[98], 남의 조정에 있으면서 도가 행해지지 않으면 부끄러운 일이다[99]."

해설

앞 장과 연결해서 읽어보면, 만장은 맹자의 해설에 미진한 바가 있어 떨떠름한 표정을 지었던 듯하다. 앞 장의 끝 문단이 특히 그렇다. 맹자는 공자가 벼슬을 산 이유가 희망을 일구기 위함이라 해놓고, 막

---

98 "그 자리에 있지 않으면 그 정사를 논하지 않는다不在其位, 不謀其政"(『논어』, 8:14)와 같다.

99 공자의 제자 원헌이 부끄러움을 물었을 때, 공자가 "나라에 도가 있으면 벼슬 살지만 나라에 도가 없는데도 벼슬 사는 것이 부끄러움이다"(『논어』, 14:1)라고 답한 적이 있다. 또 공자가 "대신은 도道로써 군주를 섬기다가 옳지 않으면 그만두는 것"(『논어』, 11:23)이라고 했던 지적도 참고가 된다.

상 교제가 예에 합당해도 벼슬을 살았고 군주가 우대해도 벼슬을 살았다고 했다. 그렇다면 공자도 밥을 얻어먹으려고 벼슬을 산 일이 두 차례나 되는 것이다. 만장의 불만을 읽은 맹자가 공자 역시 가난 때문에 벼슬 사는 일이 있었지만, 목장지기나 창고지기 같은 미관말직에 머물렀다고 해명하는 것이 이 장의 요지다.

사土 계급은 대부와 달리 영지가 없는 일종의 '월급쟁이'에 불과하다. 자기 재능을 팔아야 먹고살 수 있다. 그럼에도 또 맹자는 사에게 의와 불의를 판단하고, 이익이 아니라 의로운 삶을 선택하기를 요구한다. 이 사이에서의 갈등(의 대 불의/도덕 대 이익)은 실존적이다. 즉 선비가 봉착하는 구체적 삶의 현실은 가파르고 강퍅하다. 생존을 위해 스스로 농사짓는 것이 방편이 되겠지만, 농토조차 없을 때는 야경꾼이나 성문지기 같은 말단의 공직 정도가 합당하다는 것이다. 이런 일은 수월하고 또 책임이 가볍기에 봉록도 얼마 되지 않는다. 자기 몸을 부려 그 노고로 밥을 먹는 것이니 하늘을 우러러 부끄러울 게 없는 직책이 된다. 공자의 사람됨을 금방 파악했던 성문지기 신문晨門이 좋은 예다.

자로가 석문에서 밤을 지내고, 새벽에 성 안으로 들어갈 참이었다.

성문지기가 물었다.

"어디서 오는 길이슈?"

자로가 말했다.

"공자로부터 오는 길이외다."

성문지기가 말했다.

"아, 그 안 될 줄 알면서도 행하는 사람 말이우?"

_『논어』, 14:41

여기 문지기는 도성에 숨어 사는 현자임에 틀림없다. 단 한마디로 공
자를 찍어 넘겨버렸다. "안 될 줄 알면서도 행하는 사람"이라니! 이보다
더 정확하고 올바르게 공자를 정의할 수 있는 말은 없다. 정녕 안 될 줄
알면서도 뚜벅뚜벅 세상사에 개입하는 그 '비관적인 사회 참여'야말로
공자의 특점이기 때문이다. 더불어 여기 숨어 사는 현자 신문은 물론이
고 공자 역시 육신을 보존하기 위해 천업을 마다하지 않았음도 알겠다
(공자가 창고지기며 목장지기를 지냈다는 것은 무위도식이 선비의 죄악이라는 뜻이
다. 6:4에서 팽경이 맹자더러 '선비가 공밥을 먹어도 되느냐'고 힐문한 데는 나름 까
닭이 있었던 것이다).

그러나 조선의 양반들은 육체 노동을 비루하게 여겨 천시하다가 나라
를 망쳤다. 유교 본래의 이력과 조선 유교의 다른 점이다. 박제가의 『북
학의北學議』에 이런 뜻이 소상하다.

중국 사람들은 가난하면 장사꾼이 되는데 참으로 현명한 생각이다.
거기서는 장사꾼으로 나서도 그 사람의 풍류와 명예는 제대로 인정
된다. …… 지체 높은 사람이 물건을 사러 골동품 상점(隆福寺)에 온
것을 목격하기도 하였다. …… 지금 청나라의 이런 풍속은 어제오늘
에 비롯된 것이 아니다. 벌써 명송시대로부터 내려온 것이다.
우리는 어떠한가. 겉치레만 알고 뒤돌아보며 꺼리는 일이 너무 많

맹자, 마음의 정치학 2

다. 사대부는 놀고먹으면서 하는 일이라고는 없다. 사대부로서 가난하다고 들에서 농사를 지으면 알아주는 자 없고, 짧은 바지에다 대나무 껍질 갓을 쓰고 저자에서 물건을 매매하거나 품팔이를 하면 부끄러워하고 우습게 여겨 혼인길마저 끊지 않는 사람이 드물다. 그러므로 집에 비록 한 푼의 돈이 없는 사람이라도 높다란 갓에 넓은 소매가 달린 옷으로 어슬렁거리며 큰소리만 하는 것이다. 그러면 그들이 입는 옷이며 먹는 양식은 어디서 나오는 것인가. 권력에 기대는 수밖에 없다. 여기서 요행을 바라는 길이 열리고 청탁하는 버릇이 생겼으니, 시정의 장사치도 그들이 먹던 나머지를 더럽다 할 것이다. 그러므로 중국 사람이 장사하는 것보다 못함이 분명하다.

_『북학의』, 「내편內編」, '상고商賈'[100]

100 박제가, 안대회 옮김, 『북학의』, 돌베개, 2003.

10:6. 국가는 군주의 사유물이 아니다

萬章曰, "士之不託諸侯, 何也?"

孟子曰, "不敢也. 諸侯失國, 而後託於諸侯, 禮也; 士之託於諸侯, 非禮也."

萬章曰, "君餽[101]之粟, 則受之乎?"

曰, "受之."

"受之何義也?"

曰, "君之於氓[102]也, 固周之[103]."

曰, "周之則受, 賜[104]之則不受, 何也?"

曰, "不敢也."

曰, "敢問其不敢何也?"

曰, "抱關擊柝者皆有常職以食於上. 無常職而賜於上者, 以爲不恭[105]也."

曰, "君餽之, 則受之, 不識可常繼乎?"

---

101 餽(궤): 음식이나 물건을 보내주는 것. '饋(궤)'와 같다. 굶주린 사람을 구제하는 음식물을 뜻하므로 '구휼미'라고 번역했다.

102 氓(맹): 백성, 망명자. '빈민'이라고 번역했다.

103 固周之(고주지): '빈민 구제'라고 번역했다. '固'는 본래. '존재 이유'라고 번역했다. '周'는 '賙(주)'와 같다. '진휼하다, 구휼하다'라는 뜻. 기아 구제, 백성의 생존 보장은 정치의 존재 이유라는 것. 김우창의 말을 빌리자면, "기본적인 생활을 확보해주는 건 절대적으로 국가의 의무다. 부자를 부자가 아니게 하는 것보다 가난한 사람을 인간의 적절한 수준으로 생활하게 해주는 게 중요하다."(김우창 인터뷰, "누가 대통령 될지 모르는 상황, 위기로 볼 것만 아냐", 〈한겨레〉, 2015년 1월 14일자)

104 賜(사): 봉록, 녹봉.

105 不恭(불공): 무례하다. 군신 관계를 맺지 않았다면 군주가 주는 봉록을 받을 수 없다는 뜻. 교제交際하는 마음은 공손함(恭)이다(10:4 참고).

曰, "繆公[106]之於子思也, 亟[107]問, 亟餽鼎肉[108]. 子思不悅. 於卒[109]也, 摽[110]使
者出諸大門之外, 北面稽[111]首再拜而不受, 曰, '今而後知君之犬馬畜伋[112].'
蓋自是臺[113]無餽也. 悅賢不能擧, 又不能養也, 可謂悅賢乎?"

曰, "敢問國君欲養君子, 如何斯可謂養矣?"

曰, "以君命將[114]之, 再拜稽首而受. 其後廩人[115]繼粟, 庖人[116]繼肉, 不以君命
將之. 子思以爲鼎肉使己僕僕爾[117]亟拜也, 非養君子之道也. 堯之於舜也, 使
其子九男事之, 二女女[118]焉, 百官[119]牛羊倉廩備, 以養舜於畎畝之中, 後擧而
加諸上位, 故曰, 王公之尊賢者也."

만장이 물었다.

"사[120]가 제후에게 의탁하지 않는 것은 어째서인지요?"

106 繆公(목공): 춘추시대 노나라 제후. '繆'은 시호.
107 亟(기): 자주. '극'으로 읽을 때는 '빨리'라는 뜻.
108 鼎肉(정육): 삶은 고기. '熟肉(숙육)'과 같다. '鼎'은 세 발 솥.
109 卒(졸): 끝, 마지막.
110 摽(표): 손을 내젓다.
111 稽(계): 조아리다.
112 伋(급): 자사의 이름.
113 臺(대): 하인.
114 將(장): 보내다. '送(송)'과 같다.
115 廩人(늠인): 양곡 창고지기. '廩'은 곳집.
116 庖人(포인): 푸주한. '庖'는 부엌, 푸줏간.
117 僕僕爾(복복이): 황송한 체하다.
118 女(녀): 시집보내다.
119 百官(백관): 여기서는 '일백 고을'을 뜻한다(양백준).

맹자, 말씀하시다.

"감히 그럴 수가 없기 때문이다. 제후가 나라를 잃고 난 뒤 다른 제후에게 의탁하는 것은 예에 합당하지만, 사가 일 없이 제후에게 의탁하는 것은 예가 아니다."[121]

만장이 말했다.

"나라 임금이 보내는 구휼미는 받아도 좋습니까?"

맹자가 말했다.

"그건 받아야지!"

만장이 말했다.

"구휼을 받는 이유는 무엇입니까?"

맹자가 말했다.

"나라 임금의 빈민 구제는 그 존재 이유이기 때문이다."

만장이 말했다.

"구제하는 물품은 받으면서 봉록을 주면 받지 않는 것은 어째서입니까?"

맹자가 말했다.

---

120 士(사): "주나라 시대까지는 관직 있는 자를 士, 관직 없는 독서인을 유儒라 했으나 춘추 시대 이후 관직이 없는 자를 처사處士, 유사游士라고 했다. 『맹자』의 士에는 관직이 있는 자와 없는 자가 모두 해당한다. 그러나 여기서는 관직에 있지 않은 자를 말한다."(박기봉 역주, 『맹자』, 비봉출판사, 1992)

121 "옛날 자기 나라를 떠나 다른 나라로 달아나 거기서 주는 양식을 먹는 제후를 기공寄公이라 했다. 사는 본래 지위가 낮아 제후와 똑같은 예를 실행할 수 없다. 그러므로 예가 아니다."(이토 진사이)

"봉록은 감히 받을 수가 없는 것이다."[122]

만장이 말했다.

"감히 여쭙겠습니다. '봉록은 감히 받을 수 없다'는 것은 어째서인지요?"

맹자가 말했다.

"문지기와 야경꾼조차 일정한 직무를 수행하고 위로부터 밥을 얻는데, 일정한 직무 없이 봉록을 받는 것은 불공스럽다고 여기기 때문이다."

만장이 말했다.

"임금이 보내주는 구호물자는 받아도 된다고 하셨는데, 알지 못하겠습니다만 임금이 계속해서[123] 보내줄 수는 있습니까?"

맹자가 말했다.

"노나라 목공이 자사를 예우한다며 자주 안부를 묻고 삶은 고기를 보내자 자사가 좋아하지 않았다. 마지막엔 물건을 가져온 하인을 손사래로 물리쳐 대문 밖으로 쫓아내고 북쪽을 향해 머리를 조아려 두 번 절한 뒤[124] 물품을 사절하며 말했다. '이제야

122　不敢也(불감야): "구제해주면 백성이 되고, 봉록을 주면 손님이 된다."(이토 진사이) 사가 제후와 지위가 다른데 손님이 될 수는 없다는 뜻. 감히(敢)라는 부사에 의리가 들어 있다.

123　常繼(상계): 계속해서. 구휼미를 계속 보내주고 늘 받으면 봉록과 다를 바 없게 된다.

124　稽首再拜(계수재배): 머리가 땅에 닿도록 절하는 것을 '稽首', 꿇어앉아 두 손을 맞잡고 머리를 손등까지 굽혀 가슴과 평평하게 하는 것을 '拜'라고 한다. '稽首再拜'는 흉배凶拜라고도 하는데 여기서는 '예물을 거절한다'는 뜻이다. 반면 '再拜稽首(두 번 절한 다음 머리를 조아림)'는 길배吉拜라고도 하는데 여기서는 '예물을 받아들인다'는 뜻이다(양백준).

임금이 나를 개나 말을 기르듯 대우하는 줄 알겠노라'[125]고. 그로부터 하인을 시켜 물건을 보내는 일이 없어졌으리라. 현자를 좋아한다면서 발탁하여 등용할 줄 모르고, 또 봉양하지도 못한다면 현자를 좋아한다고 할 수 있겠더냐?"[126]

만장이 말했다.

"감히 여쭙겠습니다. 임금이 군자를 봉양하려면 어떻게 해야 올바로 한다고 할 수 있을까요?"

맹자가 말했다.

"임금의 명으로 물품을 보내오면, 두 번 절하고 고개를 조아리고 받는다. 그 뒤로는 창고지기는 계속 곡식을 대주고 푸줏간에서는 계속 고기를 보내되 임금의 명을 일컫지 않는다. 자사는 고작 삶은 고기로 번거롭게 자꾸 절을 하게 만드는 것이 군자를 봉양하는 도리가 아니라고 생각한 것이다.

요임금이 사위 순을 대접함에 아홉 아들로 하여금 그를 섬기게 하였고, 두 딸을 그에게 시집보냈으며, 일백 고을과 소와 양, 곡식 창고를 갖추어 농사짓던 순을 봉양케 한 다음, 순을 발탁하여 높은 자리에 등용하였으니 그래서 말하기를 '왕공으로서 현

---

125 앞에 나왔던 "임금이 신하를 개나 말처럼 여기면 신하는 임금을 낯선 사람처럼 본다君之視臣如犬馬, 則臣視君如國人"(8:3) 참고.

126 현자라면 당연히 등용해야 한다. 국가는 개인 사유물이 아니기 때문이다. 등용하지 못한다면 현자를 봉양하는 것 또한 군주의 책무다. 학교의 건설과 유지는 왕정王政의 한 요소인데, 양현養賢은 그 실질이 된다. 고려시대 장학제도를 양현고養賢庫라 했다.

자를 존경한 도리다'[127]라고 하는 것이다."

해설

만장, 보통 집요한 놈이 아니다. 공자의 벼슬살이가 절망 속에서
의 희망 일구기였다는 맹자의 설명이 아무래도 미진한 것이다. 공자가 가
난 때문에 미관말직의 벼슬을 산 일이 있었다면, 거꾸로 가난 때문에 사가
제후에게 몸을 의탁하여 공밥을 먹는 것은 왜 안 되느냐는 의심이다. 생존
의 문제, 먹고사는 문제야말로 모든 인간의 욕구인데 이것을 도외시하고
인의라느니, 희망 일구기라느니 하는 것은 겉치레 말에 불과한 것 아니냐
는 의심이었으리라. 만장의 질문을 몇 조목으로 나눠서 따져본다.

1. "사가 제후에게 의탁하지 않는 것은 어째서인지요?"

이에 대한 답은 본문에 적시되어 있다. 빈곤 때문에 벼슬을 사
는 예로 문지기와 야경꾼을 들었다. 다시 인용하면 "문지기와 야경꾼조
차 일정한 직무를 수행하고 위로부터 밥을 얻는데, 일정한 직무 없이 봉
록을 받는 것은 불공스럽다고 여기기 때문이다." 사실 '사가 제후에게
의탁하지 않는 것은 왜냐!'라는 만장의 질문에는 힐난이 들어 있다. '사
회적으로 평민에 불과한 사(곧 공자)가 "희망을 실행하려고 벼슬한 적이

---

127 "귀귀와 존현은 그 의가 같다貴貴尊賢, 其義一也"(10:3) 참고.

있"든, "교제가 예에 합당하여 벼슬한 적이 있"든, 또 "현자를 대접하기에 벼슬한 적"이 있든(10:4) 간에 제후에게 빌어먹은 것은 분명한데, 그게 의탁이 아니라면 무엇이란 말인가'라는 비아냥거림이다. 맹자의 답변은 '사가 계급을 건너 제후에게 몸을 의탁하는 것은 코드가 맞지 않는 망령된 짓이다'라는 뜻이다. 여기 '감히'라는 부사어에 의리가 깃들어 있다("봉록은 '감히' 받을 수가 없는 것이다"). 인의예지라는 도덕성은 고작 부사로밖에 표현할 수 없지만(차마, 감히, 부득이 등), 그 힘없는 부사를 보존할 때만이 사람다운 사람이 된다! 자존감 있는 사만이 의리를 헤아리며 살 수 있고, 의식 있는 사만이 관리 아닌 '선비'가 될 수 있다. 그러나 만장의 의심은 해소되지 않았다. 만장의 질문은 계속된다.

2. "나라 임금이 보내는 구휼미는 받아도 좋습니까?"

맹자의 답변은 당연히 받아먹어야 한다는 것이다. 굶주려 죽을 형편인 인민을 구제하는 것은 국가의 본질적 책무이기 때문이다. 흥미롭게도 『장자』에도 장애인의 '특권'을 나열하는 가운데, 빈민 구제를 국가의 당연한 책무로 여기는 대목이 있다.

지리소支離疏라는 곱추는 턱이 배꼽에 묻히고, 어깨가 정수리보다 높고, 상투가 하늘을 향하고, 내장이 위로 올라갔으며, 두 넓적다리가 옆구리에 닿아 있었습니다. 바느질을 하고 빨래를 하면 혼자 먹을 것은 충분히 벌고, 키질을 해 쌀을 까불면 열 식구 먹을 것은 충분히 벌었습니다. 나라에서 군인을 징집할 때도 두 팔을 걷어붙이고 사람들 사이를 (당당하게) 다녔고, 나라에 큰 역사가 있어도 성한 몸이 아니라 언제나 면제를 받았습니다. 나라에서 병자들에게 곡식을 배급하면 3종의 곡식과 장작 열 단을 받았습니다.[128]

장자는 지금 "사회에서 '병신'이라 취급받는 사람이 바느질, 빨래, 키질 등을 해서 잘 먹고살 뿐 아니라 군대로 끌려가거나 부역에 불려 나갈 걱정이 없는 데다 나라에서 주는 후생비까지 받으며 살았다는 것이다. 일반적으로 '쓸모없다'고 하는 이런 몸으로 이렇게 잘 살아가니, 이것이 바로 '쓸모없음의 쓸모(無用之大用)'라는"[129] 것을 보여주려고 이런 사례를 든 것이다.

장자의 의도와는 관계없이 우리는 여기서 문득 국가의 장애인 복지 정책이 당연시되던 당시의 상식을 엿보게 된다. 인용문의 끝 문장 "나라에서 병자들에게 곡식을 배급하면 3종의 곡식과 장작 열 단을 받았습니다"라는 말을 뒤집어 읽으면 전국시대 국가들이 구호 대상자에게 "3종의 곡식과 장작 열 단"을 후생비로 제공하는 복지 정책을 두루 시행했다는 뜻이다. 이는 이 장에서 맹자가 말하는 "나라 임금의 빈민 구제는 그 존재 이유이기 때문이다君之於民也, 固周之"의 방증이 된다. 적어도 맹자와 장자는 빈민에 대한 군주(국가)의 생존 구제 대책은 당연하다고 여겼다.

한편 군주의 처지에서 보자면 세금 수취와 군사 동원을 위해서라도

---

128 오강남 풀이, 『장자』, 현암사, 1999, 214쪽.
129 위의 책, 215쪽.

백성의 생명을 보존해야 한다. 따라서 빈민에 대한 후생비 지출은 국가의 경영, 아니 군주 본인의 생존을 위한 정책이 된다. 동서고금을 막론하고 국가의 존재 이유이자 국가 보존을 위한 최소한의 복지가 바로 구휼미 제공이다. 그렇기에 구휼미를 먹고 피난처에서 새우잠을 자는 사람도 그 신세를 부끄러워할 것이 전혀 없다. 인간이 사회적 동물인 이유이고, 세금을 내고 함께 국가를 구성하는 까닭이다. 마찬가지로 구휼미를 주는 임금 역시 자기 호주머니를 털어서 백성을 '위하여' 주는 게 아니라, 공동체의 상호 부조를 기계적으로 수행하는 것일 뿐이다.

그가 사일지라도 생존이 위태로우면 당연히 구휼 대상일 수 있다. 구휼미를 먹는 것은 전혀 부끄러운 일이 아니다. 다만 선비라면 "굶주림을 면하는 데 그칠 뿐"이다. 그렇다면 구휼미로써 원기를 회복하고 난 뒤 사는 무엇을 해야 하나? 머슴을 살든, 장사를 하든, 제 입을 제가 벌어야 마땅하다. 계속 국가의 구휼을 받는다면 그것은 '무례한 짓'이기 때문이다 (얻어먹는 것이 직업이 되어버린다). 구휼미를 계속 받아먹는 것이 무례한 까닭은 야경꾼이나 문지기의 일을 하며 겨우 입에 풀칠을 하는 직업인들이 있기 때문이다. 즉 한때의 재난을 벗어나 목숨을 부지하려면 취업을 해야 마땅하다. 공자가 석 달 동안 실업 상태에 있으면 폐백을 싣고 다른 나라로 취업하러 떠난 까닭이다. 즉 공자는 공밥을 먹은 적 없다(6:3).

'당연히 받아먹어야 한다'라는 말밑에는 맹자 사상의 핵심 '백성이 귀하고, 임금은 가볍다(民爲貴, 君爲輕)'라는 의미도 깔려 있다. 본래부터 토지는 인민의 소유요, 사람이 국가를 구성하며 사는 이유는 땅을 보존하고 생명을 살리기 위함이다. 군주는 그것을 관리하고 보존하여 밥을 얻어먹는 공직자일 따름이다. 즉 국가는 군주의 사유물이 아니요, 백성은 그를 위해 사역하는 노동자가 아니다. 따라서 빈민 구제는 군주가 특정인을 '위하여' 제공한 하사품이 아니라, 모든 백성이 '마땅히' 누려야 할 자연적 권리이다. 그래서 맹자는 말한다. "나라 임금의 빈민 구제는 그 존재 이유이다." 빈민 구제는 '인민을 위한' 자비의 실천이 아니라 국가의 책무, 군주의 존재 이유*Raison D'état*라는 것. 따라서 사는 제후에게 공밥을 얻어먹을 수는 없으나, 국가가 주는 구호물자는 마땅히 받아야 한다. 도리어 구휼하지 않는 것이 군주의 죄가 된다. 제 책무를 방기하는 군주는 처벌받아 마땅하기 때문이다.

아마 이쯤에서 만장은 정신이 번쩍 들었을 것이다. 여태껏 그는 국가는 군주의 소유물이며, 사는 군주를 위해 봉사하는 자요, 인민은 노동하여 군주에게 세를 바치고 또 그의 명에 따라 목숨을 바쳐야 한다는 법가식 '충효 사상'에 물들어 있었기 때문이다.

3. "임금이 계속해서 구호물자를 보내줄 수는 있습니까?"

'사는 공밥을 먹어서는 안 된다'라는 고집불통 만장의 꽉 막힌 생각에 숨통이 트인다. 그러자 그는 임금이 계속 구호물자를 보내줄 수 있느냐며 질문을 돌린다. 구휼이란 생존 위기에 처한 이재민을 구제하는 것이니 임시적인 조치일 따름이다. 만일 구호물자를 계속 보내면 정기적인 봉록과 다를 바가 없다. 맹자는 자사의 예를 들어 그럴 수 없음을 설명한다. 허기진 사가 배고픔을 면하기 위해 미천한 일용직이라도 골라서 밥을 벌어야 하듯, 군주가 현능한 사람이라면 마땅히 그에게 응분의 직책을 주고 부려야 한다. 봉록은 군주의 시혜가 아니라 공무公務에 대한 대가다. 봉록을 천록天祿이라 하고, 공무를 천위天位라고 부르는 까닭이다.

즉 노나라 목공이 자사를 현자로 여겼다면 그를 등용해서 공직을 주면 된다. '그 사람이 있어야 그 정사가 일어난다'는 원리는 유교 행정 이론의 핵심인 터다. 리더십은 현능자를 알아보고(知人), 그를 등용하는(用人) 일로 집약될 따름이다. 그러므로 구호품을 계속 받아먹지 않는 것이 선비(자사)의 도리이듯, 군주(목공) 역시 구호품을 찔끔찔끔 계속 보내는 건 무례한 짓이 된다. 때문에 "현자를 좋아한다면서 발탁하여 등용할 줄 모르고, 또 봉양하지도 못한다면 현자를 좋아한다고 할 수 있겠더냐?"라고 되물은 것이다. 양현養賢이라, 현자를 봉양하는 것 역시 군주의 사사로운 시혜가 아니라 직무에 대한 보상이므로 '공직에 밥을 먹이는 것'일 따름이다(6:4 참고).

4. 요약

정리하면, 천하는 만백성의 공물이지 군주의 사유물이 아니다. 백성 가운데 현자가 있다면 군주는 마땅히 그를 찾아가(삼고초려) 스승으로 삼거나 공직에 임용해야 한다. 요임금이 순의 정치가다움을 알고서 결국 그에게 천하를 인계했으니 이것이 군주의 책무를 다한 역사적 사례다. 요가 순에게 수여한 천하는 그의 사유물이 아니요, 또 순은 요임금의 소유물을 도둑질한 것이 아니다.

여기서 만장은 맹자에게서 결정적인 채찍을 맞았다. 매사 상하 위계질서로 세상을 보던 만장의 '계급주의적' 눈길이, 또 군주는 국가의 소유자요 신하는 그 일을 해주고 밥을 얻어먹는 고용인이라는 권력 중심의 정치관이 따끔한 매를 맞았다. 나라의 주인은 인민이요, 외려 군주는 그 공공선을 이루기 위한 도구일 뿐이며, 평민이 군주의 스승이 될 수도 있다는 파천황의 생각 앞에 만장의 상식이 무너지고 있다. 그러나 만장의 깨달음은 미진하고, 맹자도 할 말을 다 못했다. 논쟁은 다음 장으로 연결된다. 아직 만장과 맹자는 스승과 제자의 연을 맺지 않은 상태다.

萬章曰, "敢問不見諸侯, 何義也?"

孟子曰, "在國曰市井之臣, 在野曰草莽[130]之臣, 皆謂庶人[131]. 庶人不傳質[132] 爲臣, 不敢見於諸侯, 禮也."

萬章曰, "庶人, 召之役[133], 則往役; 君欲見之, 召之, 則不往見之, 何也?"

曰, "往役, 義也; 往見, 不義也. 且君之欲見之也, 何爲也哉?"

曰, "爲其多聞也, 爲其賢也."

曰, "爲其多聞也, 則天子不召師, 而況諸侯乎? 爲其賢也, 則吾未聞欲見賢而 召之也. 繆公亟見於子思, 曰, '古千乘之國以友士, 何如?' 子思不悅, 曰, '古之 人有言曰, 事之云乎, 豈曰友之云乎?' 子思之不悅也, 豈不曰, '以位, 則子, 君 也; 我, 臣也; 何敢與君友也? 以德, 則子事我者也, 奚可以與我友?' 千乘之君 求與之友而不可得也, 而況可召與? 齊景公[134], 招虞人以旌[135], 不至, 將殺 之. '志士不忘在溝壑, 勇士不忘喪其元[136].' 孔子奚取焉? 取非其招不往也."

曰, "敢問招虞人何以?"

---

130 草莽(초망): 수풀. '草'는 풀. '莽'은 잡초. 참고로 초개草芥는 풀과 지푸라기(7:28).
131 庶人(서인): 서민庶民과 같다.
132 傳質(전지): 예물을 드리다. '傳'은 바치다. '質'는 폐백. 사는 꿩을, 서민은 오리를 예물로 썼다.
133 役(역): 군역 또는 부역.
134 田(전): 사냥하다. '畋(전)'과 같다.
135 旌(정): 깃발.
136 元(원): 머리.

曰, "以皮冠[137]. 庶人以旃[138], 士以旂[139], 大夫以旌. 以大夫之招, 招虞人, 虞人死不敢往; 以士之招, 招庶人, 庶人豈敢往哉? 況乎以不賢人之招, 招賢人乎? 欲見賢人而不以其道, 猶欲其入而閉之門也. 夫義, 路也; 禮, 門也. 惟君子能由是路, 出入是門也. 詩[140]云, '周道如底[141], 其直如矢; 君子所履[142], 小人所視.'"

萬章曰, "孔子, 君命召, 不俟駕[143]而行; 然則孔子非與?"

曰, "孔子當仕有官職, 而以其官召之也."

만장이 물었다.

"감히 여쭙겠습니다. 제후를 찾아가서 만나지 않는다는 것은 무슨 의리입니까?"

맹자, 말씀하시다.

"도성에 사는 서민을 '시정의 신하'[144]라 하고 시골에 사는 백성을 '초망의 신하'라고들 하는데, 모두 서민을 이르는 말이다.

---

137 皮冠(피관): 사냥용 가죽 모자. 변弁이라고도 불렀다. "변弁은 피변皮弁과 작변爵弁 두 가지가 있다. 피변은 정벌과 사냥 때 쓰고, 작변은 제사 때 썼다. 훗날에는 무관이 피변을 썼기 때문에 변은 무관을 가리키게 되었고, 병변兵弁과 장변將弁 같은 말이 나오게 되었다."(조선탁, 송강호 옮김, 『중국어 한자의 어원』, 지식과교양, 2011, 179쪽)

138 旃(전): 깃발.

139 旂(기): 깃발. '旗(기)'와 같다.

140 詩(시): 『시경』, 「소아」, '대동'.

141 底(지): 숫돌. '砥(지)'와 같다.

142 履(리): 밟다.

143 俟駕(사가): 멍에 메기를 기다리다. '俟'는 기다리다. '駕'는 멍에를 메다.

서민은 예물을 드리고 신하가 되지 않으면 감히 제후를 만나지

않는 것이 예다."

만장이 물었다.

"부역으로 소집하면 응하여 일을 하면서, 임금이 만나보고자

호출하면 가서 만나지 않는 것은 어째서입니까?"

맹자가 말했다.

"부역에 응하는 것은 의무[145]이지만, 가서 만나는 것은 의무가

아니기 때문이다. 한데 임금이 서민을 만나려는 것은 무엇 때문

인가?"

만장이 말했다.

"그가 학자[146]이거나 현자이기 때문이지요."

맹자가 말했다.

"학자로 여겼다면 천자도 스승을 불러들일 수 없었거늘 하물며

제후임에랴! 더욱이 현자로 여겼다면, 임금이 만나고 싶다고

현자를 호출한다는 말을 나는 들어본 적이 없다. 목공이 자주

---

144 市井之臣(시정지신): 도성에 사는 서민. 여기 '臣'은 임금이 스스로를 낮춰 짐朕이라 부르
듯, 백성이 스스로를 낮춰 신하라 부른 것이다. '市井'은 도성 안, 곧 시내. "예부터 사람
들은 우물을 둘러싸고 거주지를 삼았다. 우물이 있는 곳이 바로 마을이었다. 마을은 또
장사하는 곳이기도 했다. 그래서 상업 지구를 '市井'이라고 불렀다. 당나라 장수절張守節
은 '옛날에는 모여서 물을 길었는데 거기서 물건을 팔기도 했다. 이로 인하여 시장이 형
성되었으므로 市井이라고 하였다.'"(조선탁, 앞의 책, 253~254쪽)

145 義(의): 여기서는 '옳다, 그르다'의 '義'가 아니고 뜻이나 의미를 가리키는 '義'도 아니며,
공적 책무로서 '의무義務'를 뜻한다.

146 多聞(다문): 견문이 많은 사람. '학자'라고 번역하였다.

맹자, 마음의 정치학 2

자사를 만나서 묻기를 '옛날 천승의 나라 임금이 사와 사귀었다는데, 어떻습니까?'라고 하였다. 자사는 불쾌히 여기며, '옛사람들 말에 섬겼다고 했을지언정 어찌 사귀었다고 했습디까?'라고 되받았다. 자사가 불쾌했던 까닭은 '지위로 보면 당신은 임금이고 나는 신하이니 어찌 신하가 감히 임금과 더불어 사귈 수 있겠으며, 덕으로 보면 당신이 나를 섬겨야 할 처지인데 어찌 나와 함께 사귈 수 있겠느냐'라는 뜻이 어찌 아니겠는가. 천승의 군주도 사귀기를 요구하였으나 그럴 수 없었는데, 하물며 호출할 수 있겠더냐?

제나라 경공이 사냥할 적에 정旌 깃발로 사냥터지기를 불렀는데 오지 않자 그를 죽이려 하였다. 공자는 '지사는 굶주리다 도랑과 골짝에 굴러떨어져 죽기를 각오하며 살고, 용사는 전쟁터에서 머리통이 날아갈 것을 각오하며 산다'라며 그를 기렸다. 공자가 사냥터지기의 무엇을 기린 것일까? 합당한 부름이 아니면 가지 않은 점을 취한 것이다."

만장이 말했다.

"감히 여쭙습니다만 사냥터지기를 부를 때는 무엇을 써야 합니까?"

맹자가 말했다.

"가죽 모자를 써서 불러야지. 평민은 전旃 깃발, 사는 기旂 깃발, 대부는 정 깃발을 사용한다. 대부를 호출하는 깃발로 사냥터지기를 호출하였으니 그가 죽기를 무릅쓰고 감히 응할 수 없었던 것인데, 사를 호출하는 방법으로 서민을 부른다면 또 어찌 감히 응할 수 있겠더냐.[147] 하물며 불초한 자를 부르는 방식으로 현자를 호출함에 있어서랴!

현자를 만나고 싶다면서 올바른 방법을 쓰지 않는다면 이는 안으로 들어오기를 바란다면서 문을 닫아버리는 것과 같다. 대저 의는 길이요, 예는 문이니 오직 군자라야 이 길을 걸을 수 있고 이 문을 드나들 수 있는 법.[148] 『시경』, 「소아」, '대동'에 '큰길은 숫돌 같아 곧기가 화살 같네. 군자가 걸어가니 소인이 우러러 보는구나'라고 노래하였다."

만장이 말했다.

"공자는 '임금이 명하여 호출하면 말에 멍에 메기를 기다리지 않고 먼저 길을 나섰다'[149]라고 했습니다. 하면 공자도 잘못한 것입니까?"

맹자가 말했다.

"공자는 당시 벼슬에 나아가 관직이 있었으니 임금이 그 관직으로 호출하였기 때문이다."

---

147 앞서 만장이 말한 "부역으로 소집하면 응하여 일을 하면서, 임금이 만나보고자 호출하면 가서 만나지 않는" 경우를 이른다.
148 의리에 밝은 유위지군有爲之君이 아니라면, 예법을 행하는 이른바 불소지신不召之臣을 거느릴 수 없다(4:2 참고).
149 『논어』, 10:13 참고.

이 장에 와서 만장의 굳은 의구심이 해소된다. 공자든 누구든 관직에 종사하고 있다면 한밤중이라도 임금의 호출에 부응해야 하지만, 신하가 아니라면 군주가 함부로 오라 가라 할 수 없다는 지적에 문득 깨달은 바가 있었겠다. 기세등등하던 만장이 수굿하게 고개를 숙이며 맹자의 가르침을 받아들이고 사제師弟의 예를 취하였으리라.

만장이 깨달았을 알맹이를 추려본다. 첫째, 예는 상호성을 생명으로 한다. 공자가 지적했듯 "군주가 신하를 예로써 부리면 신하는 군주를 충심으로 섬긴다"(『논어』, 3:19). 상호성의 원칙이 군신 관계의 기본 구조다. 우선 신료가 되려는 후보자가 참여 의사를 밝히고 폐백을 드리면 군주가 이를 받아들임으로써 군신 관계가 성립한다. 군신유의는 신하에게만 적용되고 군주는 면제되는 원칙이 아니다. 도리어 군주가 먼저 의로워야 신하에게 의리를 요구할 수 있다(10:9 해설 참고). 군주는 그 직위에 합당한 예(시그널)로써 신하를 호출해야 하고, 신하는 직분에 걸맞게 업무를 수행해야 한다. 둘 다 공적 책무를 수행하지 못하고 사사로운 패거리가 되면 군신유의라는 책무duty[150]를 위반하게 된다. 즉 군주라도 상호성을 위반하면 무례한 자로 추락하거나 범법자가 된다. 군주는 천하 인민을 통치하고 백성은 그의 명을 죽기로 받들어야 한다는 이른바 충효 사상으로 무장했던 만장의 상식이 드디어 무너진다.

둘째, 군신 간의 예(계약)를 맺지 않는 한 임금은 서민을 호출하지 못한다. 군주-신하 간 계약을 맺지 않은 상태라면 서민이 군주를 만나보는 것은 의무가 아니다. 다만 군역軍役이나 부역賦役의 경우는 다르다. 이는 공동체 구성원이라면 누구나 행해야 하는 공적 의무다. 군사령관인 군주가 예비군으로서 서민을 징병하는 것이요, 공사 책임자인 군주가 노동자로서 서민을 징발하는 것이다. 공동체 구성원으로서 성인 남성이 지닌 의무이므로 맹자는 징병과 징용에 응하는 것은 의라고 하였다. 반면 서민이 군주의 호출로 그를 만나는 것은 의무 사항이 아니므로 응할 필요가 없다. 군주는 공무 이외에는 사사로이 서민을 오라 가라 하지 못한다(하물며 현자이랴!). 내내 뻐딱하던 만장이 맹자의 말에 뒤통수를 맞고 정신을 차리는 계기가 이즈음이다.

> 만장이 물었다.
> "부역으로 소집하면 응하여 일을 하면서, 임금이 만나보고자 호출하면 가서 만나지 않는 것은 어째서입니까?"
> 맹자가 말했다.
> "부역에 응하는 것은 의무이지만, 가서 만나는 것은 의무가 아니기 때문이다. 한데 임금이 서민을 만나려는 것은 무엇 때문인가?"

---

150 여기 '의義'는 'duty'로 번역할 수 있다. 다만 'duty'라는 개념에는 유일신과의 계약이라는 세계관이 깔려 있다. 반면 "맹자의 도덕은 의무가 아니라 현실 자체인 것이다. 그것은 어떠한 평가나 의지의 목적이 되는 대상물이 아니며 그 자체로서 명백한 것이다. 서양의 맹자 해석자들은 맹자 도덕론의 본질을 제대로 파악하지 못하고 있다. 왜냐하면 그들은 맹자의 도덕 개념을 규범론적 시각에서의 도덕, 즉 기독교적인 '의무義務로서의 도덕'과 명확히 구분하여 이해하고 있지 않기 때문이다"라는 지적은 번역의 차원을 넘어 동서양 비교철학의 과제가 된다(프랑수아 줄리앙, 앞의 책, 110쪽).

대화의 분수령이 바로 여기다. "임금이 서민을 만나려는 것은 무엇 때문인가?"라는 되물음에서 공수가 뒤바뀐다. 군주가 서민을 호출하려는 이유는 자문을 구하거나 뭔가를 배우기 위해서일 터인데, 이때부터 군주와 백성은 스승-제자 관계로 전환한다. 스승-제자 관계라면, 군주라고 해도 감히 스승을 함부로 호출할 수 없다. 도리어 제자로서 예물을 갖춰 찾아가 배움을 얻어야 한다. 즉 군주-신하의 위계적 관계는 조정(관료 사회) 내부의 의례일 뿐이지 어디에서나 누구에게나 무차별적으로 적용되는 것이 아니다. 이 장 밑에도 '다원사회론'이 깔려 있다(4:2). 만장은 이를 통 이해하지 못하다가 여기서 숨이 뚫렸다.

다만 젊은 만장에게 '신하'라는 개념은 헷갈리기 십상이었다. 당시 일반 백성을 통칭 또는 겸칭하여 신하라고 부르는 관습이 있었기 때문이다(마치 군주가 스스로를 짐朕이라고 겸칭하듯). 도성에 사는 서민을 '시정지신市井之臣'으로, 시골 사는 서민을 '초망지신草莽之臣'으로 통칭하는 관례적 표현과 '조정의 진짜 신하'가 섞여서 쓰였던 것이다. 맹자는 이를 분명하게 구분하여 쓸 줄 알아야 한다고 넌지시 가르친다. '제후들은 몽땅 도둑놈들이야'이라는 말이 욕설로서는 쓰임새가 있을지 모르나 사실 관계에서는 충류지의의 오류를 범할 수 있듯, 신하라는 언어도 사회적 맥락과 정치적 의미를 구분해서 써야 한다는 것.

곧 시정지신과 초망지신은 평민에 대한 별칭일 뿐 실제 신하라는 뜻이 아니며, 진짜 신하는 구직을 희망하는 사서인士庶人이 임금에게 폐백을 갖춰 올리고 임금이 그를 받아들여 관직에 임명할 때라야 붙일 수 있다. 도성에 사는 서민이나 시골에 사는 야인은 '국민'으로서 군역이나 부

역의 의무에 임할 때만 임금(君)의 지시와 통솔을 받는다는 뜻에서 신하
(臣)라고 불렀다. 실제의 군신 관계는 전지위신傳質爲臣, 곧 상호 계약을
맺은 자들 사이에만 성립했다. 요컨대 『맹자』 속 인민(民)은 국가를 구성
하는 엄연한 주체이자 정치의 한 당사자이지, 군주에 복속된 존재가 전
혀 아니다.

셋째, 사는 일 없이 공밥 먹는 존재가 아니라는 사실이 분명해졌다. 군
주와 계약을 맺으면 신료로서 공직을 집행하고, 처사로 재야에 살더라도
사람다움의 가치를 실현하며 전통과 도덕을 계승하는 '교사'의 역할을
행한다. 군주가 선비와 현자에게 밥을 주는 것은 그 공적 기여에 대한 보
상이다(6:4 참고).

넷째, 군주는 사회 질서를 유지하고 문명을 보전하는 공공선의 수호자
요 관리자이지, 국가의 소유자가 아니다. 또 국가란 여러 자율적인 사회
로 구성된 복합적 공간이지, 정치권력의 위계적인 지배 체제가 아니다.
역시 백성은 군주의 종복이 아니다.

다섯째, 공자가 한밤중에 군주의 소환 명령에 곧장 몸을 일으켜 길을
나선 것은 군주와 계약을 맺은 관리의 신분이었기 때문이다. 만일 공자
가 재야의 서민이었다면 군주라도 감히 그를 부를 수 없고, 공자라도 그
런 부름에 응했다면 그건 공자가 아닌 것이다(아래 참고를 볼 것)!

만장은 집요하고 간절한 질문 끝에 이쯤에서 숨통이 트였으리라. 군주
를 지고의 존재로 떠받들고 만백성이 그 명령에 복종하는 것을 당연하게
여기던 만장이 이제야 맹자의 '다원사회론'과 '계약적 군신론'을 이해하
였다. 여기서 만장은 제자의 예를 차리며 맹자를 스승으로 모시겠다고

맹자, 마음의 정치학 2

청했으리라. 맹자 역시 만장의 의기와 집요한 질문을 기꺼워하며 제자로 받아들였을 것이다.

참고　그러므로 군신의 예(계약)를 맺지 않은 서민이라면, 정부가 망한다고 따라서 죽을 이유가 전혀 없다. 세속에서 국가가 망할 때 선비가 목숨을 바치는 것을 '충忠'이라고 떠받들지만 그 정부에 출사하지 않은 선비는 군주의 신하가 아니므로 목숨을 바칠 이유가 없다. 조선왕조가 망할 때 고위 관리였던 민영환이 자결한 것은 충성이라 할 수 있겠으나, 출사한 적이 없던 시골 선비 황현의 자결은 충성이 아니었음을 눈여겨봐야 한다. 충성은 아무 때나 누구에게나 요구할 수 있는 것이 아니다. 황현의 「절명시絶命詩」에 그런 뜻이 잘 들어 있다. 그가 자결한 까닭은 지식인으로서의 도덕적 책무감 때문이지, 조선왕조에 대한 의리 때문이 아니라는 사실을 분명히 밝히고 있다.

　　『황현전黃玹傳』에 "융희 4년(1910) 7월 일본이 드디어 대한을 병합하였다. 8월 황현이 그것을 듣고 비통해하며 마시거나 먹을 수 없었다. 어느 날 저녁 「절명시」 4수를 쓰고 또 자제에게 글을 남기며 말하기를 '나는 죽어야 할 의리가 없다. 다만 국가가 선비를 기른 지 500년 동안인데, 나라가 망하는 날에 한 사람도 난리에 죽는 자가 없다면 어찌 통탄할 일이 아니겠는가? 내가 위로는 황천의 떳떳한 아름다움을 저버리지 않고, 아래로는 평소 읽은 책을 저버리지 않으려고 조용히 죽는 것이 정말 통쾌한 일임을 깨달았으니, 너희는 지나치게 슬퍼하지 말라'"고 하였다.

여기 조선 왕조에 벼슬하지 않았기 때문에 자결할 이유가 없다
고 말했듯이, 황현의 절명絕命은 충忠이라는 이유로 자결한 것이
아니라 사士로서 양심을 지키기 위한 것이었다.[151]

'아! 선비라는 존재가 조상의 얼을 이어받고, 인민의 피땀 어린 노동
에 빚지고 있으니 망국에 이르러 어찌 자책함이 없으리오!'라는 뜻이
렷다. 이 주제는 뒤에 나오는 왕자 점의 '사란 무엇으로 사는가?'라는
질문으로 이어진다(13:33).

151   원주용, 『조선시대 한시 읽기 下』, 이담북스, 2010.

10:8. 현세에 벗이 없으면, 고전에서 찾는다

孟子謂萬章曰, "一鄕之善士斯[152]友一鄕之善士, 一國之善士斯友一國之善士, 天下之善士斯友天下之善士. 以友天下之善士爲未足, 又尙[153]論古之人. 頌[154]其詩, 讀其書, 不知其人, 可乎? 是以論其世也. 是尙友也."

맹자, 만장에게 일러 말씀하시다.

"한 고을의 좋은 선비[155]라야 곧 한 고을의 좋은 선비와 벗할 수 있고, 일국의 좋은 선비라야 곧 그 나라의 좋은 선비와 벗할 수 있으며, 천하의 좋은 선비라야 곧 그 천하의 좋은 선비와 벗할 수 있는 법이다.

천하의 좋은 선비와 벗하는 데 미진하면 또 위로 거슬러 올라가 옛사람을 논하게 된다. 옛사람의 시를 외우고 그의 글을 읽음에 그 사람됨을 모르고야 될 일이겠는가? 이에 그가 살던 시대를 논한다. 이것을 '옛사람과의 교우'라고 한다."

---

152 斯(사): 곧.
153 尙(상): 오르다.
154 頌(송): 외다. '誦(송)'과 같다.
155 善士(선사): '좋은 선비'라고 번역하였다. 향원과 상대되는 개념으로 봐도 좋겠다.

앞의 10:3에서 만장은 교우交友의 도리를 물었고 맹자는 "사람의 덕을 사귀는 것"이라고 답한 터다. 이어 10:4에서는 만장이 교제交際의 도리를 물었고 맹자는 "공손한 마음으로 해야지"라고 답했다. 10:5, 10:6에서는 사로서 벼슬 사는 예법에 대하여, 10:7에서는 서민으로서 권력자(군주, 제후)와 교유하는 예에 대하여 문답이 있었다. 드디어 여기 10:8에서 맹자는 자신의 고독한 처지와 공자를 만난 경위를 만장에게 토로한다. 이는 스승-제자의 예를 취한 뒤 사제지간의 교우를 논한 장면이다.

벗의 사귐이란 유유상종이라 자신의 덕과 학문의 정도에 따라 벗의 수준이 맞춰진다고 맹자는 지적한다. 내가 한 나라의 좋은 선비라야 나라의 좋은 선비들을 벗 삼을 수 있고, 천하의 좋은 선비라야 천하의 좋은 선비들을 벗 삼을 수 있는 법. 하긴 공자도 스스로 배우고 늘 익힘에 기쁨이 안에서부터 터져 나온 다음이라야 "벗이 먼 데서 나를 보러 온다有朋自遠方來"(『논어』, 1:1)고 천명한 터였다.

1. 죽마고우가 벗이 아니다

그러하나 지금 이 시대에 나와 벗할 사람이 없다면, 즉 고독한 학자라면 역사를 거슬러 올라가 옛사람과 벗하는 수밖에 없다고 맹자는 극언한다. 이것은 한편으로는 벗의 중요성을 극한까지 밀어붙인 주장이면서, 또 다른 한편으로는 맹자 본인의 실존적 외로움을 토로하는 장면이다.

곰곰이 이 대목을 씹어보면, 전국시대라는 대혼란기에 처한 맹자의 '고독한 자아'가 손에 잡힐 듯하다. 여기 '옛사람'을 공자로 환치하여 읽으면 우리는 『춘추』에 아로새겨진 공자의 두려움(孔子懼)을 발견해내고, 그 두려움이 자신의 두려움(吾此爲懼)과 직통하는 '해석학적 통로'를 발견했던 맹자의 사유 경로를 이해하게 된다. 맹자는 반복되는 전쟁과 폭력에 진저리치며 인간의 처참한 삶과 무고한 죽음을 두려워하는 자신과 똑같이 춘추시대를 바라보던 공자의 눈길과 만났다(6:9). 당대 지식인들과는 도무지 공감대를 이루지 못하다가 세월을 거슬러 겨우 공자를 만났던 것이다.

맹자는 독학으로 공부한 사람이 분명하다. 청나라 고증학자 최술도 "맹자는 공자의 손자인 자사로부터 수업을 받은 적이 없다"(『맹자사실록』)라고 단언한 터요, 맹자 스스로도 "나는 공자의 제자가 될 수 없어 사람들을 통해 사숙하였노라"(8:22) 하고 술회하였던 바다. 그렇다면 이 장은 맹자가 역사 연구를 시작한 계기가 당대에는 함께 고민을 나눌 벗이 없었던 절대 고독이었음을 알려준다.

실은 모든 명저의 출발이 고독과 쓸쓸함일 터다. 궁형에 처한 사마천의 『사기』 저술이 그러했고, 정약용이 유배지에서 쓴 『목민심서牧民心書』도 그러했다. 스스로 고백하기를 "심서心書라고 한 것은 무슨 까닭인가? 목민牧民할 마음은 있으나 몸소 실행할 수 없기 때문에 '심서'라 이름 붙인 것이다."(『목민심서』, 「서문」) 다산의 이런 자문자답에는 절절한 고독과 함께 벗을 얻지 못한 채 홀로 붓을 드는 선비의 아픔이 가득하다.

2. 길이 다르면 끊어야 한다

벗이란 무엇인가? 벗을 사귀는 도리나 군신의 관계는 같다. 부모와 형제는 천륜이지만 붕우와 군신은 인륜이란 점에서 동질적이다. 붕우를 사귀고 군신의 관계를 맺는 데는 나름대로 '거리'가 있어야 한다. 제아무리 절친한 사이라 할지라도 서로가 넘지 말아야 할 선이 있다. 그래서 "오랜 벗에게 공경하는 자세를 잃지 않은 안평중을 두고 공자는 '친구를 잘 사귀는 사람'이라고 평한 것"(『논어』, 5:16)이겠다.

그러니 붕우가 잘못한다고 해서 지나치게 끌어안고 안달복달할 것은 없다. 두어 번 올바른 도로써 충고하되 벗이 교정하지 않으면 '이제부터 나와는 길을 달리하니 벗이 아니다' 하며 절교하면 그만이다. 소맷자락을 부여잡고 의리가 어쩌고, 우정이 저쩌고 하면서 나대다가는 괜한 봉변을 당하는 수가 있다. 봉변을 당한 다음에 '넌 내 친구가 아니다'라고 절교한들 맞은 뺨만 더 아플 뿐이다. 공자는 붕우의 도에 대해 이렇게 경고한다.

> 자공이 붕우의 도를 여쭈었다.
>
> 공자, 말씀하시다.
>
> "충심으로 조언하여 바른길로 이끌되 아니라면 그만두어야 한다(不可則止). 욕됨을 자초할 까닭이 없다."
>
> _『논어』, 12:23

사람 사귐은 인간다움의 핵심 사안이지만 아무나 사귈 것은 아니요,

또 좋은 길로 이끈답시고 오지랖 넓게 나서서 가타부타할 것은 아니라는 말이다. 공자나 맹자가 말하는 벗이란 고작 '초등학교 동창생'을 뜻하는 것이 아니라, 나와 뜻을 같이하여 길을 함께 가는 '동지同志' 또는 동반자이기 때문이다(『논어』, 1:1). 뜻을 같이하였기에 벗이 되었으나 언젠가부터 벗이 다른 길로 접어들면 충심으로 권해보다가 '아니다' 싶으면 그만두는 것이 붕우의 도다. 이 장에서는 '붕우의 도'를 극단까지 논했다. 남은 것은 군신 관계에 대한 맹자의 논단이다. 다음 장으로 이어진다.

참고 맹자가 공자를 사숙한 것이 '상우尙友'의 원형인데, 덧붙여 현대판 상우론으로 전우익과 신영복의 교유는 기록해둘 만하다. 직접 대면하지 않고 글로써 만나더라도 서로 흠모하는 관계, 이것이 상우의 본뜻 아니던가. 한 잡지사 기자의 회고다.

1989년 여름쯤에 좀 특별한 농부를 취재해 오라는 지시를 받고 경북 봉화군 상운면 구천리에 살던 전우익이라는 이상한 농부(그는 몇 년 뒤에 『혼자만 잘 살믄 무슨 재민겨』 같은 소중한 책 몇 권을 썼다)를 만나러 갔을 때, 내가 쓴 '신영복의 첫 강의'가 실린 잡지를 그가 가지고 있으며 내 이름까지 기억하고 있다는 사실에 화들짝 놀랐다. 그는 처음 본 내게 "그분은 잘 계시느냐"고 물었다. 해방 직후 좌익 활동가였고 그 덕에 남한 사회에서 치러야 할 대가를 혹독하게 치렀으며 지금은 케테 콜비츠의 판화에 매혹된, 그러나 여전히 농부인 이 노인은 신영복이라는 인물 혹은 그의

말과 글에서 오래 숨죽여 기다리던 대화의 상대를 발견한 것 같았다.[156]

"벗이 먼 데서 날 보러 오면, 즐겁지 않으랴!" 사람을 사귄다는 것은, 벗이란 것은 고작 글 한 토막으로도 의리가 통하여 느껍고 즐거워하는 관계임을 알겠다.

156　허문영, 「게으른 경배자의 변」, 『신영복 함께 읽기』, 돌베개, 2006, 346쪽.

齊宣王問卿. 孟子曰, "王何卿之問也?"

王曰, "卿不同乎?"

曰, "不同; 有貴戚之卿[157], 有異姓之卿[158]."

王曰, "請問貴戚之卿."

曰, "君有大過則諫[159]; 反覆之而不聽, 則易位[160]."

王勃然[161]變乎色.

曰, "王勿異也. 王問臣, 臣不敢不以正對."

王色定, 然後請問異姓之卿.

曰, "君有過則諫, 反覆之而不聽, 則去."

> 제나라 선왕이 정승에 대해 물었다.
>
> 맹자, 말씀하시다.

---

157 貴戚之卿(귀척지경): '貴戚'은 귀족貴族과 같으니, 임금과 한 집안을 말한다. '卿'은 정승, 재상을 뜻한다. 이에 '성이 같은 정승'이라고 번역하였다.

158 異姓之卿(이성지경): '異姓'은 군주와 피가 다른 성씨이니 '성이 다른 정승'이라고 번역하였다.

159 大過則諫(대과즉간): '大過'는 나라를 망하게 할 수 있는 과오를 말한다(주희). '諫'은 아랫사람이 윗사람에게 조언하는 것을 말한다. "諫은 군주의 정치적 결정에 잘못이 있을 때 면전에서 그것을 지적하는 것이다. 이를 통해 군주가 군대와 국가에 관한 대사를 처리할 때 범하는 오류를 적시에 시정할 수 있게 하였다."(바이시, 앞의 책, 131쪽)

160 易位(역위): 군주의 지위를 교체하는 것.

161 勃然(발연): 발끈하여. '勃'은 변색하다.

"왕께서는 어떤 정승을 물으십니까?"

왕이 말했다.

"정승은 다 같지 않은가요?"

맹자가 말했다.

"같지 않습니다. 임금과 성이 같은 '귀척의 정승'이 있고, 성이 다른 '이성의 정승'이 있습니다."

제선왕이 말했다.

"청컨대 성이 같은 귀척의 정승을 여쭙고자 합니다."

맹자가 말했다.

"임금에게 큰 과오가 있을 때는 간언합니다. 거듭해서 간언해도 듣지 않으면, 임금을 교체합니다."

왕이 발끈하며 낯빛이 변했다.

맹자가 말했다.

"왕께선 이상하게 생각하지 마십시오. 왕께서 제게 물으시기에 저로서는 감히 바른대로 대답하지 않을 수 없을 따름이외다."[162]

낯빛이 안정된 뒤에 왕이 성이 다른 정승에 대해 물었다. 맹자가 말했다.

"임금에게 잘못이 있을 때 간언하는데, 거듭하는데도 들어주지

---

162 공자가 자로에게 '임금 섬기는 법(事君)'에 대해 답한 것과 통한다. "임금을 속이지 말고, 도리어 덤벼들어라勿欺也, 而犯之."(『논어』, 14:23)

않으면 자리를 그만둡니다."[163]

위에서 사람 관계에는 두 종류가 있다고 했다. 부모와 형제는 천륜으로 운명적이다. 반면 정치적 관계인 군신, 사회적 관계인 붕우 사이는 인위적이므로 인륜이라 이른다. 이는 계약적 관계라고 불러도 좋겠다. 앞 장과 이 장은 대표적 인륜 관계인 붕우와 군신에 대한 맹자의 곡진한 발언이다.

그렇다면 붕우와 군신 관계의 공통점은 무엇인가? 바로 '불가즉지不可則止'라는 한마디로 집약된다. 올바른 길을 함께 가다가 혹은 사귀다가, 또는 함께 다스리다가 잘못이 있어 충고했는데도 '고치지 않을 때는 관계를 끊는 것'이다. 크게 보면 군신, 사제, 붕우 사이는 모두 동지적 관계일 따름이다. 따라서 이성異姓의 정승인 경우 "임금에게 잘못이 있을 때 간언하는데, 거듭하는데도 들어주지 않으면 자리를 그만둡니다."

1. 천륜과 인륜의 사이
다만 애매한 것이 천륜과 인륜이 겹치는 부분이다. 이른바 귀

---

163 훗날 예법에서는 삼간불청즉거三諫不聽則去, 곧 '신하로서 세 번을 간했는데 군주가 들어주지 않으면 지위를 떠난다'라고 정리하였다.

척지경貴戚之卿과 군주 사이가 그렇다. 혈연으로 한 집안이면서 또한 정치적으로 군주-신하 관계인 경우 천륜과 인륜이 중첩된다. 맹자는 애매한 이 지점을 짚고 있다. 군주와 한 집안 출신인 귀척지경은 국가와 명운을 같이해야 하니 객경客卿처럼 '불가즉지'할 수가 없다. 즉 군주의 옳지 않은 처사에 인끈을 풀고 자리를 물리거나 나라를 떠날 수가 없다. 임금과 마찬가지로 나라의 운명과 연결되어 있는 존재이기 때문이다. 그렇다고 일마다 임금의 과오를 간쟁할 수는 없다. 사이가 벌어지기 때문이다. 이에 귀척지경은 임금의 '큰 과오'에 대해서만, 즉 국가의 명운이 걸려 있는 잘못에 대해서만 군주에게 간언한다. 이 자체가 비상사태가 된다. 은나라 폭군 주의 악행으로 나라가 망할 형편에 이르렀을 때 귀척지경인 미자微子와 기자箕子, 왕자 비간王子比干이 목숨을 걸고 조언한 사례가 좋은 예다. 결국 "미자는 나라를 떠났고, 기자는 노예가 되고, 비간은 간하다가 죽임을 당했다. 공자는 '은나라에 인仁한 분이 셋 있었다'고 기렸"(『논어』, 18:1)던 터다.

주의할 대목은 귀척지경의 조언(말장난을 하자면, 군주의 '대과大過'에 대한 '대간大諫'이 되겠다)을 받아들이지 않는 경우다. 맹자는 이럴 때 귀척지경은 (물론 가문회의를 통한 의사결정 과정이 있겠지만, 어쨌든) '임금을 갈아치울 수 있다(易位)'라고 비평했다. 왕조(정권)는 군주 개인의 사유물이 아니기 때문이다. 일종의 궁중혁명의 권한이 동성同姓 재상에게는 '정치적 자연권'으로 부여되어 있다. 나라(곧 집안)를 멸망으로부터 구출하기 위해서라면, 폭군을 몰아내고 가문 내의 인사나 다른 혈연을 택해 왕위를 계승시키는 수밖에 없다. 맹자는 이런 궁정 내 혁명을 당연한 조치로 이해했

맹자, 마음의 정치학 2

다. 여기서 제선왕은 "발끈하며 낯빛이 변했다."

선왕이 발끈하며 낯빛이 변한 이유는 무엇일까? '군주=국가 소유자'라는 등식을 당연시해왔기 때문이다. 반면 맹자에게 군주란 가산家産의 공적 관리자(가는 혈연의 공유물)요, 나아가 국가의 관리자일 뿐이다(나라는 인민의 공물). 군주는 집안의 대표자이자 국가의 경영자일 따름이지, 가산의 소유자이거나 국가 권력의 독점자가 아니다. 곧 군주는 공직公職이다. 당연히 귀척지경은 가산의 관계자로서 거듭하여 간언하는데도 수용하지 않으면 임금을 교체할 수 있다. 인민은 폭군에 대한 혁명권을 자연권으로 부여받았다(2:8). 이 장 밑에는 (이제 구구한 말이 되었지만) 군신 관계는 주인-종복의 관계가 아니라는 뜻이 천명되어 있다(8:3). 신하는 군주와 국정(공무)을 실현하는 '파트너(與人)'이다. 특별히 신하의 관점에서 그 정치적 능동성을 강조하는 것이 이 장이다.

실은 '재상에는 종류가 있다'는 맹자의 포석과 '재상에게 무슨 종류가 있는가?'라는 제선왕의 뜨악한 반응에 이미 전국시대 군신 관계에 대한 상식이 생생하게 드러나 있다. 이 장은 맹자가 제선왕에게 하는 마지막 경고였는지 모른다. 이를테면 '성씨가 다른 객경인 내가 이미 여러 차례 반복하여 조언했으나 당신이 듣지 않으니 이제 객경의 지위를 그만두겠지만, 독단을 행하는 그대의 정치 행태는 스스로 군주의 지위를 위태롭게 하고 있음에 주의하라'는 것.

2. 의맹 대 존맹

그러나 이 장은 제선왕의 뜨악한 반응만큼이나 이후 동아시아 전제 군주 체제하에서 뜨거운 감자였다. 군주 독재 체제에서는 해석하기 난감한 대목이라 학자로서의 입장과 당시를 살아야 하는 생활인의 처지가 괴리되는 파열음이 터지는 곳이다.

유의할 점은 『맹자』는 1000여 년 동안 묵혀 있다가 송나라 시대 성리학자들에 의해 발굴된 텍스트인데, 이 속에 잠재된 폭발력이 당시 정국의 뇌관이 되었다는 '사실史實'이다. 송대에 이르러 한당 제국 이래 고착된 군주 독존 체제를 전복하는 맹자의 정치철학이 '뜨거운 감자'로 불거진 것이다. 당시 송나라 정국에서는 맹자에 대한 호불호가 쫙 갈릴 수밖에 없었다. 핵심은 군신 관계론과 역성혁명론이었다. 특히 맹자의 생각을 강력하게 비판한 이는 '왕당파'로 분류되는 사마광司馬光인데, 「의맹疑孟」(맹자를 의심한다)이라는 논문에 그의 생각이 집약되어 있다(다산 정약용도 결국 사마광 계열이다. 13:35의 해설 참고). 사마광은 요컨대 임금과 신하라는 직분을 엄격하게 구분해야 한다는 입장이다. 역성혁명론이나 이 장의 궁정혁명론 역시 그에게는 가당치 않은 입론이다. 반면 주희는 사마광을 비판한다(주희는 '보수꼴통'이 아니다. 외려 혁신 정치가다).[164]

일본의 사무라이 문화라면 더 말할 것이 없다. 나름 '주자학을 넘어

---

164 송대 성리학자들의 정치적 지향과 그 실천에 대한 세밀한 역사적 분석으로는 위잉스, 이원석 옮김, 『주희의 역사세계 상·하』, 글항아리, 2015; 피터 K. 볼, 김영민 옮김, 『역사 속의 성리학』, 예문서원, 2010; 『맹자』에 대한 송대 학자들의 사상적 논쟁은 황준걸, 「송대 유학자들의 맹자 정치사상에 대한 쟁변과 그 함의」, 앞의 책; 그리고 논문으로는 이찬, 「『맹자』 독해의 정치철학적 함의와 경經과 사史의 긴장 - 사마광의 '의맹疑孟'과 주희의 논평을 중심으로」, 『철학연구』, 제49집, 고려대학교 철학연구소, 2014 등을 참고하자. 상세한 내용은 이 책과 논문들에 미룬다.

본래 유교의 진면목을 찾겠노라'는 의욕으로 에도시대 일본에서 맹자 읽기를 시도한 이토 진사이(그래서 그의 책 이름이 『맹자고의孟子古義』다)에게도 불편하기 이를 데 없는 것이 이 장이었다. 주군이 명하면 죽는 시늉이라도 해야 하는 멸사봉공, 상명하복 체제에서 감히 '궁정 쿠데타'를 용인할 수 있으랴! 이토 진사이는 이 장을 해설하다가 그 끝에 송나라 정치가 진덕수陳德秀의 말을 인용하며 꼬리를 내린다.

진덕수가 말했다.
"친척은 임금의 자리를 바꾼다는 말은 후세에는 실행할 수 있는 게 아니다. 임금에게 큰 잘못이 있으면 당연히 반복해서 가장 높은 강도로 간언해 굴원屈原과 유향劉向이 그랬던 것처럼 해야 한다. 동성의 경들은 떠날 수 있는 의가 없더라도, 임금에게 큰 악이 있는데 간언할 수 없었다면 임금 자리를 바꾸는 일은 또 실행할 수 없는 것이다. 종묘사직이 위태로울 텐데 앉아서 기다리는 일이 어떻게 용납되겠는가. 그렇다면 미자가 은나라를 떠난 일 또한 명확한 의가 존재하는 것이다. 임금의 악행이 주紂와 같지 않다 해도 의에서 볼 때 당연히 그런 임금이 주는 봉록은 받지 않아야 하니, 노나라의 숙힐叔肸(『춘추좌전』, 「선공宣公 17년」)이 모범 사례가 될 수 있다. 시대에 따라 의를 제정해야 하는 것이지 처음부터 정해진 법이 있는 게 아니다."

진덕수의 말은 (사마광도 그러한데), 한 집안의 정승이라도 임금의 악행을 빌미로 임금을 바꿀 수는 없고 스스로 자리를 버리고 (객경들과 마찬가지로) 나라를 떠나야 한다는 것이다. 절이 싫으면 중이 떠나야 한다는 것. 그러면서 "시대에 따라 의를 제정해야 하는 것이지 처음부터 정해진 법이 있는 게 아니다"라니 경학經學은 없고 고전은 사학史學으로 읽어야 한다는 말이다. 보편적 원리란 없으니 제국의 시대에는 제국의 법대로, 민주의 시대에는 민주의 법대로 살아야 한다는 것. 이렇게 접근할 바에야 공자, 맹자가 무슨 소용이 있으며 부처의 말씀이며 예수의 언행은 또 무엇에 쓰랴. 이토 진사이가 제아무리 공자, 맹자의 원래 뜻을 이해했노라며 자기 책 이름을 '고의'라 붙였다 해도 그 역시 에도시대의 구속에서 벗어날 수 없었던 것이다(전국시대 학파로 구분하자면 후왕주의를 주장한 한비자 계열이다).

반면에 이 장은 주희를 위시한 성리학자들의 눈에는 군주 권력을 억제하고 군신 간의 협치協治를 이룰 수 있는 중요한 대목으로 재발견되었다. 이 장의 사상사적 의의는 주희의 주석에 잘 드러나 있다.

> 군주와 신하는 의합 관계(義合)다. 의가 합당하지 않으면 신하는 그만둔다.
> _『맹자집주』

군주와 신하는 한당대 제국주의의 시각에서 유학을 편입했던 동중서의 '군위신강君爲臣綱'식 상명하복 관계가 아니라, 상호 의를 공유하면서 협치하는 '군신유의'의 동반자라는 정치의식이 여기 들어 있다. 주희가 군신 관계를 상반이상성相反而相成, 곧 '서로 반대되면서도 서로를 이뤄

주는 관계'로 요약한 말에 성리학자들의 정치론이 오롯이 들어 있다.[165]

3. 의리의 군신 관계

'군신의합', '상반이상성'은 주희의 독창적인 개념이 아니다.
이는 공자로부터 내려온 원시 유교의 군신관을 정리한 것일 뿐이다. 공
자의 발언을 주석한 성리학자들의 필치에 유교 본래의 군신론이 잘 드러
나 있다. 『논어』의 한 대목을 보자.

(1) 노나라 정공이 물었다.

"군주는 신하를 어떻게 부리고, 신하는 군주를 어떻게 섬겨야 합니
까?"

(2) 공자, 대하여 말씀하시다.

"군주가 신하를 예로써 부리면 신하는 군주를 충심으로 섬긴다."

_ 『논어』, 3:19

노나라 정공의 질문은 군신 관계에 대한 원론이나 다름없으니 공자
의 답변은 유교 군신 관계론의 표준으로 삼을 만하다. 공자는 군신이 상
호적, 쌍방적 관계라는 전제 아래 군주가 신하를 대하는 원칙은 예에 합
당해야 하고, 신하가 군주를 섬기는 원칙은 충임을 밝혔다. 상호성과 관

---

165 이에 대해서는 배병삼, 「삼강과 오륜은 다르다」, 『우리에게 유교란 무엇인가』에서 집중
적으로 다루고 있다.

계성이라는 두 가지 트랙이 이 속에 들어 있다. 물론 맹자는 공자를 따라 군신 쌍방이 의라는 가치관에 합의하고(군신유의), 이 합의를 통해서만 군신 관계가 유지된다고 본다. 그렇다면 성리학자들은 이 문장을 어떻게 해석했던가. 『논어집주』에 기재된 입장들을 보자.

> (1) 주희: 군신 관계는 모두 이치의 당연함이니, 각각 자기 일을 다할 따름이다.
>
> (2) 여조겸: 임금이 신하를 부릴 적에 그가 불충할까 염려하지 말고, 도리어 신하를 넉넉히 예로써 대하였는지 염려해야 한다. 신하가 임금을 섬김에는 임금의 무례를 근심하지 말고, 제 직분에 충실한지를 근심해야 한다.
>
> (3) 윤돈: 군신 간은 의합이다. 그러므로 임금이 신하를 예로써 부리면(則), 신하는 임금을 충으로써 섬긴다.[166]

해석해보자. (1) 주희는 군주와 신하의 상호 관계를 당연시하면서 각자의 업무를 충실히 행하라는 것이 공자의 뜻이라고 짚었다. (2) 여조겸은 군신의 상호 관계를 병렬문으로 읽는다. '군주=예, 신하=충'으로 서로 상보적으로 대해야 한다고 본다. 주목해야 할 것이 (3) 윤돈의 독법이다. 그는 조건문으로 읽는다. 군신 관계를 의합, 곧 상하 관계가 아닌 '의

---

166 (君臣)二者皆理之當然, 各欲自盡而已. ○ 呂氏曰 "使臣不患其不忠, 患禮之不至; 事君不患其無禮, 患忠之不足." 尹氏曰 "君臣以義合者也. 故君使臣以禮, 則臣事君以忠." (『논어집주』)

리 동맹'으로 전제하면서 특별히 군주가 신하를 예로써 대하는 것이 우선이라고 본다. 군주가 의를 시행할 때라야만 신하에게 직무 충실성을 요구할 수 있다는 것. 윤돈의 방식으로 읽자면 공자의 답변은 "군주가 신하를 예로써 부리면(則) 신하는 군주를 충심으로 섬긴다"가 된다. 놀라운 발상이다. 결국 주희는 군주든 신하든 각각 제 직분을 잘 수행하는 것이 (各欲自盡而已) 군신 간의 올바른 관계라고 정리하고, 이럴 때 정치적 공공성이 확보되며 정치의 참뜻이 실현된다고 결론짓는다. 『논어』의 군신 관계 의리론을 전용하여 주희는 『맹자』의 본문 주석에서 이 대목을 '군신의합君臣義合' 네 글자로 요약한 것이다.

정리해보자. 성리학자들은 첫째 군주를 국가의 소유자가 아니라 관리자로 보고 있다. 둘째, 군주가 직무 수행에 실패할 경우 신하는 두 가지 반응을 보일 수 있는데, 의리(군신유의)에 합당하다면 둘 다 정당한 행동이 된다. 같은 집안의 정승이라면 집안(나라)을 망하게 할 만큼 과오가 심각할 경우 군주를 추방하는 것이 옳다. 다른 집안의 정승이라면 직무를 내놓고 떠나는 것이 옳다. 이 대목에 주희는 "군주와 신하는 의합의 관계다. 의가 합당하지 않으면 신하는 그만둔다"라는 주석을 달아놓았다. 이것이 유교다. 멸사봉공이니 상명하복이니 군위신강이니 하는 따위는 진짜 유교가 아니다!

참고문헌

1. 『맹자』 역주서

김용옥, 『맹자, 사람의 길』, 통나무, 2012.

김학주 역주, 『맹자』, 서울대학교출판문화원, 2013.

박경환 옮김, 『맹자』, 홍익출판사, 2008.

박기봉 역주, 『맹자』, 비봉출판사, 1992.

박일봉 편저, 『맹자』, 육문사, 2011.

범선균 역주, 『맹자』, 혜원출판사, 1990.

부남철, 『맹자정독』, 태학사, 2019.

성백효 역주, 『현토완역 맹자집주』, 전통문화연구회, 2010.

양백준, 우재호 옮김, 『맹자역주』, 중문출판사, 2005.

윤재근 역주, 『맹자 1, 2 - 희망과 소통의 경전』, 동학사, 2009.

이기동 역해, 『맹자강설』, 성균관대학교출판부, 2005.

이상호 역주, 『맹자』, 계명대학교출판부, 2012.

이우재, 『이우재의 맹자 읽기』, 21세기북스, 2012.

이을호 옮김, 『한글맹자』, 올재, 2014.

이익, 『孟子疾書』(한국경학자료집성 39-맹자 5책), 성균관대학교 대동문화연구원, 1990.

이토 진사이, 최경열 옮김, 『맹자고의』, 그린비, 2016.

이한우, 『논어로 맹자를 읽다』, 해냄출판사, 2015.

정약용, 이지형 역주, 『다산 맹자요의』, 현대실학사, 1994.

조수익·박승주·함현찬 옮김, 『맹자』, 전통문화연구회, 2011.

허경진 역해, 『맹자』, 청아출판사, 1988.

황종희, 이혜경 옮김, 『맹자사설』, 한길사, 2011.

孫奭, 『孟子正義』(十三經注疏(本)), 臺北: 藝文印書館, 1981(趙岐의 「孟子題辭」, 「孟子註」 수록).

安井衡 校訂, 『孟子定本』(漢文大系 1), 東京: 富山房, 1984.

楊伯峻 譯註, 『孟子譯注』, 北京: 中和書局, 1992.

宇野精一, 『孟子』(全釋漢文大系 第2卷), 東京: 集英社, 1974.

朱熹 撰, 『孟子集注』, 명문당, 1973.

焦循, 『孟子正義』, 河北人民出版社, 1986.

Dobson, W. A. C. H., *Mencius: A New Translation Arranged and Annotated For The General Reader*, University of Toronto Press, 1963.

Lau, D. C., *Mencius*, Penguin Classics, 2005.

Legge, James, *The Works of Mencius*(The Chinese Classics, vol.1), Oxford University Press, reprinted, Shanghai, 1935.

2. 『맹자』 해설서

김형효, 『맹자와 순자의 철학사상』, 삼지원, 1990.

남회근, 설순남 옮김, 『맹자와 공손추』, 부키, 2014.

남회근, 설순남 옮김, 『맹자와 양혜왕』, 부키, 2015.

남회근, 설순남 옮김, 『맹자와 진심』, 부키, 2017.

대진, 임종진·장윤수 옮김, 『대진의 맹자 읽기』, 소강, 1996.

데이비드 S. 니비슨, 김민철 옮김, 『유학의 갈림길』, 철학과현실사, 2006.

박유리, 『풀이한 맹자』, 세종출판사, 2009.

백민정, 『맹자, 유학을 위한 철학적 변명』, 태학사, 2015.

원보신, 황갑연 옮김, 『맹자의 삼변철학』, 서광사, 2012.

신동준, 『맹자론』, 인간사랑, 2006.

이민홍, 『맹자, 정치를 말하다』, 성균관대학교출판부, 2013.

이혜경, 『맹자, 진정한 보수주의자의 길』, 그린비, 2008.

장현근, 『맹자 - 바른 정치가 인간을 바로 세운다』, 한길사, 2010.

정제두, 민족문화추진회 편, 『국역 하곡집 1 - 맹자설』, 민족문화문고, 1989.

정천구, 『맹자독설』, 산지니, 2012.

조성기, 『소통과 설득의 달인 맹자』, 그물, 2013.

조원일, 『맹자의 철학사상』, 전남대학교출판부, 2012.

채인후, 천병돈 옮김, 『맹자의 철학』, 예문서원, 2006.

최술, 박준원 옮김, 『맹자사실록』, 지식을만드는지식, 2010.

퀑로이슌, 이장희 옮김,『맨얼굴의 맹자』, 동과서, 2017.

푸페이룽, 정광훈 옮김,『맹자 교양강의』, 돌베개, 2010.

프랑수아 줄리앙, 허경 옮김,『맹자와 계몽철학자의 대화』, 한울아카데미, 2009.

함영대,『성호학파의 맹자학』, 태학사, 2011.

황준걸, 함영대 옮김,『이천 년 맹자를 읽다 - 중국맹자학사』, 성균관대학교출판부, 2016.

加賀榮治,『孟子』, 東京: 淸水書院, 1990.

戴震,『孟子字義疏證』, 北京: 中華書局, 1996.

Nivison, David S., *The Ways of Confucianism: Investigations in Chinese Philosophy*, Open Court
      Publishing Company, 1996.

Shun, Kwong-loi, *Mencius and Early Chinese Thought*, Stanford University Press. 1997.

3. 동양 고전 및 1차 문헌

『論語集註』(朱熹 撰, 명문당, 1973)

『春秋繁露義證』(薛與 譯註, 中華書局, 1992)

『管子注譯 上·下』(趙守正 撰, 光西人民出版社, 1987)

『老子翼·莊子翼』(漢文大系 9) (東京: 富山房, 1984)

『大學章句』(朱熹 撰, 명문당, 1973)

『毛詩』(漢文大系 12) (東京: 富山房, 1984)

『墨子閒詁 上·下』(孫詒讓 撰, 北京: 中華書局, 1986)

『史記』(全10卷) (北京: 中華書局, 1959)

『四書集注』(朱熹 撰, 보경문화사, 1994)

『尙書』(漢文大系 12) (東京: 富山房, 1984)

『荀子集解』(諸子集成本) (王先謙 撰, 上海書店, 1996)

『詩傳』(朱熹 撰, 명문당, 1988)

『禮記鄭注』(漢文大系 18) (東京: 富山房, 1984)

『禮記訓纂』(朱彬 撰, 北京: 中華書局, 1996)

『儀禮』(영인본, 학민출판사, 1995)

『左氏會箋 上·下』(漢文大系 10, 11) (東京: 富山房, 1984)

『周禮』(전2권)(영인본, 학민출판사, 1995)

『周易』(漢文大系 16)(東京: 富山房, 1984)

『中庸章句』(朱熹 撰, 명문당, 1973)

『春秋經典集解 上·下』(杜預 撰, 上海古籍出版社, 1978)

『春秋左傳注』(全4卷)(楊伯峻 譯註, 北京: 中華書局, 1995)

『韓非子集解』(諸子集成本)(王先謙 撰, 上海書店, 1996)

『淮南鴻烈集解 上·下』(劉文典 撰, 中華書局, 1989)

『孝經, 爾雅』(영인본, 학민출판사, 1995)

『경제학-철학 수고』(카를 마르크스, 강유원 옮김, 이론과실천, 2006)

『고독한 산책자의 몽상, 말제르브에게 보낸 편지 외』(장 자크 루소, 진인혜 옮김, 책세상, 2013)

『고문진보 후집』(황견 엮음, 이장우·우재호·박세욱 옮김, 을유문화사, 2007)

『공자가어』(이민수 옮김, 을유문화사, 2003)

『국부론』(애덤 스미스, 김수행 옮김, 비봉출판사, 2007)

『국역 성호사설』(이익, 신호열 외 옮김, 한국고전번역원, 1977)

『국역 열하일기』(박지원, 민족문화추진회 편, 민족문화추진회, 1990)

『국역 퇴계전서』(이황, 퇴계학연구원, 1992)

『군주론』(니콜로 마키아벨리, 강정인·김경희 옮김, 까치, 2015)

『논어고금주』(정약용, 이지형 역주, 사암, 2010)

『니코마코스 윤리학』(아리스토텔레스, 천병희 옮김, 도서출판 숲, 2013)

『다산 논설선집』(정약용, 박석무 옮김, 현대실학사, 1996)

『도덕경』(오강남 풀이, 현암사, 1995)

『목민심서』(정약용, 다산연구회 편역, 창비, 2018)

『묵경 1, 2』(염정삼 주해, 한길사, 2014)

『묵자 상·하』(김학주 옮김, 명문당, 2003)

『묵자 1, 2』(이운구 옮김, 도서출판 길, 2015)

『백호통의』(반고, 신정근 옮김, 소명출판, 2005)

『북학의』(박제가, 안대회 옮김, 돌베개, 2003)

『사기열전 1, 2』(박일봉 역저, 육문사, 2011)

『삼국사기』(김부식, 이병도 역주, 을유문화사, 1991)

『삼국유사』(일연, 이민수 옮김, 을유문화사, 2013)

『성학십도, 자기 구원의 가이드맵』(퇴계 이황 편집, 한형조 독해, 한국학중앙연구원출판부, 2018)

『손자병법』(유동환 옮김, 홍익출판사, 2005)

『수사고신록』(최술, 이재하 옮김, 한길사, 2009)

『수사고신여록』(최술, 이재하 옮김, 한길사, 2009)

『순자』(김학주 옮김, 을유문화사, 2001)

『순자』(정장철 역해, 혜원출판사, 1990)

『에밀 또는 교육론 1, 2』(장 자크 루소, 문경자·이용철 옮김, 한길사, 2007)

『여씨춘추』(정하현 옮김, 소명출판, 2011)

『역주 국어 1, 2』(허호구 외 옮김, 전통문화연구회, 2007)

『역주 매씨서평』(정약용, 이지형 역주, 문학과지성사, 2002)

『예기』(이민수 옮김, 혜원출판사, 2001)

『왕양명실기』(박은식, 이종란 옮김, 한길사, 2010)

『장자』(앵거스 그레이엄, 김경희 옮김, 이학사, 2015)

『장자』(안동림 역주, 현암사, 1994)

『장자』(오강남 풀이, 현암사, 1999)

『전국책』(유향, 임동석 옮김, 동서문화사, 2009)

『정본 여유당전서: 상서고훈 1, 2』(정약용, 다산학술문화재단 엮음, 사암, 2013)

『주자행장』(황간, 강호석 옮김, 을유문화사, 1975)

『퇴계전서』(이황, 성균관대학교 대동문화연구원 엮음, 성균관대학교 동아시아학술원, 1992)

『한글세대가 본 논어 1, 2』(배병삼 주석, 문학동네, 2002)

『한비자』(박건영·이원규 역해, 청아출판사, 1993)

『현토완역 시경집전 상·하』(성백효 역주, 전통문화연구회, 2004)

『회남자 1, 2』(유안, 이석명 옮김, 소명출판, 2010)

4. 공구서

김언종, 『한자의 뿌리 1, 2』, 문학동네, 2001.

김원중 엮음, 『허사사전虛詞辭典』, 현암사, 1989.

단국대학교 동양학연구소, 『한한대사전韓漢大辭典』, 단국대학교출판부, 2007.

미조구치 유조 외 엮음, 김석근 외 옮김, 『중국사상문화사전』, 민족문화문고, 2003.

민중서림 편집부, 『한한대자전漢韓大字典』, 민중서림, 1999.

서정, 매지고전강독회 옮김, 『모시명물도설』, 소명출판, 2012.

시라카와 시즈카, 심경호 옮김, 『한자 - 기원과 그 배경』, AK커뮤니케이션즈, 2017.

연세대학교 허사사전편찬실, 『허사대사전虛辭大辭典』, 성보사, 2001.

에드윈 풀리블랭크, 양세욱 옮김, 『고전중국어 문법강의』, 궁리, 2005.

이재운·유동숙·박숙희 편저, 『뜻도 모르고 자주 쓰는 우리말 어원 500가지』, 위즈덤
　　하우스, 2012.

이토 진사이, 최경열 옮김, 『어맹자의』, 그린비, 2017.

임종욱, 『중국역대인명사전』, 이회문화사, 2010.

정치학대사전편찬위원회, 『21세기 정치학대사전』, 아카데미아리서치, 2002.

조선탁, 송강호 옮김, 『중국어 한자의 어원』, 지식과교양, 2011.

한국고전용어사전편찬위원회, 『한국고전용어사전』, 세종대왕기념사업회, 2001.

한국정신문화연구원, 『한국민족문화대백과사전』, 한국정신문화연구원, 1990.

桂馥 撰, 『說文解字義證』, 上海: 齊魯書社, 1987.

諸橋轍次, 『大漢和辭典』(全12卷), 東京: 大修館書店, 1984.

5. 기타

강정인 외 엮음, 『서양 근대 정치사상사』, 책세상, 2007.

강준만 외, 『신영복 함께 읽기』, 돌베개, 2006.

고연희 외, 『신사임당, 그녀를 위한 변명』, 다산기획, 2016.

구지에강, 이부오 옮김, 『중국 고대의 방사와 유생』, 온누리, 2012.

김동민, 『춘추논쟁』, 글항아리, 2014.

김상준, 『맹자의 땀, 성왕의 피』, 아카넷, 2016.

김형효 외, 『민본주의를 넘어서』, 청계, 2000.

니시지마 사다오, 변인석 편역, 『중국고대사회경제사』, 한울아카데미, 1996.

도올 김용옥, 『도올선생 중용강의』, 통나무, 1995.

로저 에임스, 장원석 옮김,『동양철학, 그 삶과 창조성』, 성균관대학교출판부, 2005.

류쭝디, 이유진 옮김,『동양 고전과 푸코의 웃음소리』, 글항아리, 2013.

리디아 류, 차태근 옮김,『충돌하는 제국』, 글항아리, 2016.

리링, 황종원 옮김,『논어, 세 번 찢다』, 글항아리, 2011.

마크 엘빈, 정철웅 옮김,『코끼리의 후퇴』, 사계절, 2011.

막스 베버, 전성우 옮김,『직업으로서의 정치』, 나남출판, 2019.

미르치아 엘리아데, 이윤기 옮김,『샤머니즘』, 까치, 1992.

미조구치 유조 외, 조영렬 옮김,『중국 제국을 움직인 네 가지 힘』, 글항아리, 2012.

미조구치 유조, 정태섭 옮김,『중국의 공과 사』, 신서원, 2004.

바이시, 이임찬 옮김,『직하학 연구』, 소나무, 2013.

박경미,『신약 성서, 새로운 삶의 희망을 전하다』, 사계절, 2014.

박동천,『플라톤 정치철학의 해체』, 모티브북, 2012.

박한제 외,『아틀라스 중국사』, 사계절, 2015.

배병삼,「유교의 공과 사」,『동서사상』, 제14집, 경북대학교 동서사상연구소, 2013.

배병삼,『우리에게 유교란 무엇인가』, 녹색평론사, 2012.

벤자민 슈워츠, 나성 옮김,『중국 고대 사상의 세계』, 살림, 2004.

사라 알란, 오만종 옮김,『선양과 세습』, 예문서원, 2009.

서울대학교 공과대학 엮음,『축적의 시간』, 지식노마드, 2015.

셸던 월린, 강정인·이지윤·공진성 옮김,『정치와 비전 1』, 후마니타스, 2007.

소공권, 최명·손문호 옮김,『중국정치사상사』, 2014.

시라카와 시즈카·우메하라 다케시, 이경덕 옮김,『주술의 사상』, 사계절, 2008.

시어도어 드 배리, 표정훈 옮김,『중국의 '자유' 전통』, 이산, 1998.

신규탁,『선사들이 가려는 세상』, 장경각, 1998.

신영복,『강의』, 돌베개, 2004.

신영복,『담론』, 돌베개, 2015.

싯다르타 무케르지, 이한음 옮김,『유전자의 내밀한 역사』, 까치, 2017.

앨런 라이언, 남경태·이광일 옮김,『정치사상사 - 헤로도토스에서 현재까지』, 문학동네, 2017.

앨버트 O. 허시먼, 이근영 옮김,『보수는 어떻게 지배하는가』, 웅진지식하우스, 2010.

앵거스 그레이엄, 나성 옮김,『도의 논쟁자들』, 새물결, 2001.

야마무로 신이치, 윤대석 옮김,『키메라, 만주국의 초상』, 소명출판, 2009.

맹자, 마음의 정치학 2

양충열, 「맹자의 문학해석학 방법론」, 『중국연구』, 제42집, 2008.

오강남, 『예수는 없다』, 현암사, 2017.

와타나베 히로시, 박홍규 옮김, 『주자학과 근세일본사회』, 예문서원, 2004.

요시다 유타카, 최혜주 옮김, 『일본의 군대』, 논형, 2005.

요시카와 고지로, 조영렬 옮김, 『독서의 학』, 글항아리, 2014.

요시카와 고지로, 조영렬 옮김, 『요시카와 고지로의 공자와 논어』, 뿌리와이파리, 2006.

우치다 타츠루, 김경옥 옮김, 『하류지향』, 민들레, 2013.

우치다 타츠루, 이수정 옮김, 『레비나스와 사랑의 현상학』, 갈라파고스, 2013.

우치야마 도시히코, 석하고전연구회 옮김, 『순자 교양강의』, 돌베개, 2013.

원주용, 『조선시대 한시 읽기 下』, 이담북스, 2010.

월터 J. 옹, 임명진 옮김, 『구술문화와 문자문화』, 문예출판사, 2018.

위잉스, 이원석 옮김, 『주희의 역사세계 상·하』, 글항아리, 2015.

유기우, 이은우 옮김, 『상서학사』, 예문서원, 2016.

유하, 『무림일기』, 문학과지성사, 2012.

이광세, 『동양과 서양, 두 지평선의 융합』, 길, 1998.

이숙인, 『동아시아 고대의 여성 사상』, 여성문화이론연구소, 2005.

이안 사피로, 노승영 옮김, 『정치의 도덕적 기초』, 문학동네, 2017.

이찬, 「『맹자』 독해의 정치철학적 함의와 經學과 史史의 긴장 – 사마광의 『의맹疑孟』과
    주희의 논평을 중심으로」, 『철학연구』, 제49집, 고려대학교 철학연구소, 2014.

이헌창, 「성호의 안민부국론」, 재단법인 실시학사 편, 『성호 이익 연구』, 사람의무늬, 2012.

장웨이, 이유진 옮김, 『제나라는 어디로 사라졌을까』, 글항아리, 2011.

전우익, 『사람이 뭔데』, 현암사, 2002.

최재천 외, 『글쓰기의 최소원칙』, 룩스문디, 2008.

탕누어, 김영문 옮김, 『역사, 눈앞의 현실』, 378, 2018.

프라센지트 두아라, 한석정 옮김, 『주권과 순수성: 만주국과 동아시아적 근대』, 나남출판,
    2008.

피터 K. 볼, 김영민 옮김, 『역사 속의 성리학』, 예문서원, 2010.

한국사상연구회, 『인성물성론』, 한길사, 1994.

해리 G. 프랭크퍼트, 이윤 옮김, 『개소리에 관하여』, 필로소픽, 2016.

Graham, A. C., *Disputers of the TAO*, Open Court Publishing Company, 1991.

맹자, 마음의 정치학 2

2019년 8월 30일 1판 1쇄
2024년 3월 10일 1판 2쇄

지은이 배병삼

편집 이진·강변구·이창연 **디자인** 김민해
제작 박흥기 **마케팅** 이병규·이민정·강효원 **홍보** 조민희

인쇄 천일문화사 **제책** 책다움

펴낸이 강맑실 **펴낸곳** (주)사계절출판사
등록 제406-2003-034호 **주소** (우)10881 경기도 파주시 회동길 252
전화 031)955-8588, 8558 **전송** 마케팅부 031)955-8595 편집부 031)955-8596
홈페이지 www.sakyejul.net **전자우편** skj@sakyejul.co.kr
블로그 skjmail.blog.me **페이스북** facebook.com/sakyejul
트위터 twitter.com/sakyejul

값은 뒤표지에 적혀 있습니다. 잘못 만든 책은 서점에서 바꾸어 드립니다.

사계절출판사는 성장의 의미를 생각합니다.
사계절출판사는 독자 여러분의 의견에 늘 귀기울이고 있습니다.

ISBN 979-11-6094-501-0 04150
ISBN 979-11-6094-499-0 (세트)